国家出版基金项目
NATIONAL PUBLICATION FOUNDATION

国家"十二五"重点图书

国际共产主义运动历史文献

第8卷

主　编　王学东
副主编　戴隆斌(常务)　童建挺

第一国际总委员会文献(1871—1872)

本卷主编　张文成

全国百佳出版社
中央编译出版社
Central Compilation & Translation Press
CCTP

总　序

　　国际共产主义运动，是由以马克思主义为指导的无产阶级政党领导的国际性的无产阶级革命运动，其宗旨是推翻资产阶级统治和一切剥削制度，建立和发展社会主义制度，进而最终实现人的彻底解放，建立共产主义社会。

　　国际共产主义运动迄今已有一百六十多年的历史。19 世纪 40 年代，马克思、恩格斯在创立科学社会主义理论的同时，努力把它与当时西欧无产阶级的革命实践相结合，于 1847 年 6 月创建了第一个国际性的无产阶级政党——共产主义者同盟，亲自拟定并于 1848 年 2 月公开发表了同盟纲领《共产党宣言》。这标志着国际共产主义运动的兴起。

　　自从共产主义者同盟建立以来，历经第一国际（国际工人协会）、第二国际、第三国际（共产国际），国际共产主义运动由小到大、由弱到强，从西方推进到东方、从欧洲扩展到全球，终于突破资本主义链条上一个又一个薄弱环节，取得了社会主义由一国到多国的胜利。二战后社会主义阵营的建立、民族解放运动的胜利进军、社会主义国家革命与建设的重大成就，为国际共产主义运动史书写了辉煌的篇章。20 世纪末，由于东欧剧变、苏联解体，国际共产主义运动遭遇了严重挫折。但是，历史并没有因此而终结。由《共产党宣言》奠基的国际共产主义运动仍在曲折中前进。各资本主义国家中的共产党、工人党仍在不断探索无产阶级取得解放的道路；中国等社会主义国家仍继续高举社会主义伟大旗帜，为完善社会主义、最终实现共产主义而不懈奋斗。

国际共产主义运动一百六十多年跌宕起伏的发展历程，积累了卷帙浩繁的文献档案，留下了丰富的历史遗产。深入发掘和充分利用这些文献档案，对于我们准确地了解和把握国际共产主义运动的发展进程及各个时期的特点，科学地研究和总结国际共产主义运动丰富且宝贵的经验教训，具有极其重要的意义。特别是无产阶级国际组织，作为国际共产主义运动的重要载体，其文献档案对于国际共产主义运动史研究更是具有特殊的重要意义。

早在 1984 年春，中国国际共产主义运动史学会就发起编辑出版《国际共产主义运动史文献》。当时由中共中央编译局、中国社会科学院马列主义毛泽东思想研究所和近代史研究所、中共中央党校和中国人民大学等单位共同组建了编辑委员会。编委会商定：这套文献主要收编共产主义者同盟、第一国际、第二国际、第三国际、共产党和工人党情报局这五个国际组织已发表的全部文献档案，包括历次代表大会、代表会议和其他重要会议的记录、决议和有关文件；收编材料力求齐全；凡外国有选编完整的版本者，根据外国版本翻译；凡文件散见于外国不同出版物者，尽力搜集完整，组织力量统一编译；文件完全按照原件翻译，译文力求准确，不作修改删节，以便读者根据完整、准确的第一手材料了解这些国际组织的历史。在当时代管全国哲学社会科学基金的中国社会科学院科研局的资助下，经过编辑委员会、编译工作者和中国人民大学出版社的共同努力，这套文献于 1986 年开始陆续出版，截至 1997 年共出版了 21 卷。

到上世纪末，文献的编辑出版工作遇到了巨大困难。首先是编委会发生了重大变故，主编林基洲、副主编王颖和校纪英相继谢世；其次是出版经费难以为继。为继续出版这套文集，中国国际共产主义运动史学会多方努力，组成以会长顾锦屏为主编的新编委会，从全国哲学社会科学规划办公室争取到一笔资助，于 1999—2001 年又出版了两卷。此后，因缺乏经费，编辑出版工作完全陷于停顿。

2010 年，在中共中央编译局和中国国际共产主义运动史学会的鼎力支持下，中央编译出版社以这套文献申报国家出版基金项目，获得立项资助。中共中央编译局对此项目高度重视，在国家出版基金资助的基础上，给予了相应的资金支持，组建了新编委会，成立了专门机构负责文献整理和编辑工作，并将这套文献纳入"中央编译局文库"出版规划。

经新编委会研究决定，这套文献定名为《国际共产主义运动历史文献》，在其前身《国际共产主义运动史文献》的基础上重新编辑出版。通过进一步广泛搜集资料和适当改变编辑方式，新《文献》的资料更详尽、收文更齐全。例如，在原《文献》的某些卷次中，对已出版的马克思主义经典著作中译本只列目录，不收正文，而新《文献》则全部依据最新的中译本收录，以方便读者查阅。此外，《国际共产主义运动历史文献》扩大了文献资料的搜集和选材范围，采用开放式结构，规模暂定 60 卷，约 2500 万字。

中共中央编译局和中国国际共产主义运动史学会对这套文献的编辑出版工作给予了强有力的支持，中央编译出版社为这套文献的立项和出版做了大量艰苦细致的工作，文献的前两任编委会和编译工作者在十分困难的条件下为这套文献奠定了良好的基础，中国人民大学出版社为这套文献的重新编辑出版提供了帮助，在此一并表示衷心感谢。

《国际共产主义运动历史文献》

编辑委员会

2011 年 12 月 20 日

编辑说明

  第一国际总委员会，是第一个世界无产阶级国际组织"国际工人协会"（即第一国际）的各国"全国性组织和地方性组织之间进行联系的国际机关"。起初它在文件中简称为委员会（Committee），有时也称为中央委员会（Central Committee）或者中央理事会（Central Council），直到1866年末才最终采用了总委员会（General Council）的名称。

  根据协会章程，代表大会每年确定总委员会驻在地，并选举总委员会委员。总委员会的主要职责是：执行代表大会的决议，监督会员组织严格遵守协会的基本原则，沟通情况，协调关系，指导开展各种活动；代表协会就各种重大问题表明立场和态度；筹备协会代表大会，向大会报告协会活动情况，提出供大会讨论的重要问题。总委员会有权增加新的委员和暂定会员组织及个人的会员资格；在紧急情况下，可以提前召开协会代表大会。总委员会从其委员中选出为处理各种事务所必需的负责人员，即主席（英文President，该职务1867年取消，以后文件所称"主席"[Chairman]均指会议主义）、财务委员、总书记、各国通讯书记等。总委员会内部设有章程没有规定的常设委员会即小委员会及其他机构。总委员会通过在报刊上发表有关报道的方式对外公布其会议情况。

  总委员会自诞生之日起，一直在第一国际的各种活动中扮演着重要角色，对它的发展起了关键作用，其中马克思、恩格斯占据着协会精神领袖的地位。《第一国际总委员会文献》展示了总委员会活动，证明了马克思、恩格斯在第一国际中的地位与作用，反映了 19 世纪下半期欧美工人运动的发展，是研究国际共产主义运动、欧美国家工人运动和马克思主义发展传播史的宝贵资料。

20 世纪上半叶，德国和苏联零星出版了一些第一国际总委员会文献。60 年代，苏联开始系统整理出版完整的总委员会文献。1961 年，苏共中央马列研究院根据该院党务档案馆收藏的会议原件和会议记录照相复制本，编辑了俄文版《第一国际总委员会会议记录》，并由莫斯科国家政治图书出版社出版。它们分别是：（1）《第一国际总委员会会议记录（1864—1866）》（伊·巴赫主编，伊·巴赫和瓦·斯米尔诺娃整理）；（2）《第一国际总委员会会议记录（1866—1868）》（伊·巴赫主编，伊·巴赫、玛·玛丽尼切娃和娜·麦舍里亚科娃整理）；（3）《第一国际总委员会会议记录（1868—1870）》（伊·巴赫主编，瓦·斯米尔诺娃和塔·瓦西里耶娃整理）；（4）《第一国际总委员会会议记录（1870—1871）》（伊·巴赫主编，В. Г. 马索罗夫、安·科罗捷耶娃整理）；（5）《第一国际总委员会会议记录（1871—1872）》（伊·巴赫主编，安·科罗捷耶娃、塔·瓦西里耶娃整理）。俄文版附有脚注和卷末注释、人名索引、报刊索引、地名索引等。

1964 年，为了纪念第一国际成立一百周年，苏共中央马列研究院以俄文版为基础，第一次用原文编辑英文版《第一国际总委员会会议记录》，并由莫斯科进步出版社出版。英文版各卷由尼·涅波姆尼亚夏娅辨认英文原件，莉·贝利亚科娃、莫·皮尔曼整理付印。英文版各卷在内容和编排上与俄文版相同，除纠正明显的笔误、拼错的单词和人名、地名之外，英文版对原文未作改动。

20 世纪 60 年代，中国开始翻译出版第一国际文献包括总委员会文献，但数量极其有限。80 年代末，中国学者以苏联英文版《第一国际总委员会会议记录》为基础，编译出版了中文版《第一国际总委员会会议记录》（五卷本），并由中国人民大学出版社出版。中文版保留了苏联英文版的卷次、结构、内容、各卷前言，以及注释、人名索引、报刊索引，对正文也未作删改，仅略去了地名索引。

2011年，在国家出版基金资助下，中央编译局《国际共产主义运动历史文献》编委会以中文版《第一国际总委员会会议记录》为基础，重新编辑出版《第一国际总委员会文献》。重新编辑的主要工作包括：（1）调整卷次，改为四卷，略去英文版各卷前言，加写编辑说明；（2）对照英文版原文对中译文中的明显错误作了修订，参照中央编译局编译马克思主义经典著作的标准重新统一了人名、地名、组织机构名、报刊名等专用名，修订了部分人名索引；（3）所收入的马克思、恩格斯著作和书信，以及他们撰写的有关文件报告，一律采用中央编译局编译的最新版本；（4）保留插图，注释除略去个别内容明显重复的内容之外，基本未作删节；（5）为了进一步帮助读者理解文献内容，在必要的地方增加了注释，并注明"——编者注"。

重新编辑的《第一国际总委员会文献》共分4卷，分别是：（1）《第一国际总委员会文献（1864—1867）》，（2）《第一国际总委员会文献（1868—1869）》，（3）《第一国际总委员会文献（1870—1871）》，（4）《第一国际总委员会文献（1871—1872）》。每卷的主要内容包括：国际工人协会总委员会记录，小委员会会议记录，马克思和恩格斯撰写的有关文件报告和著作、信件，国际工人协会总委员会文件等。

目　录

会议记录本中没有包括的恩格斯向总委员会作的

小委员会（执行委员会）会议记录

插　图

国际工人协会总委员会记录本

（1871 年 10 月 31 日—1872 年 8 月底）

1871 年

会议记录①
1871 年 10 月 31 日举行

公民**荣克**主持会议。

出席委员：公民**布列德尼克、巴特里、德拉埃、埃卡留斯、恩格斯、弗兰克尔、黑尔斯、哈里斯、荣克、若昂纳尔、列斯纳、勒穆修、马丁、梅奥、麦克唐奈、莫特斯赫德、罗沙、吕尔、赛拉叶、斯特普尼、泰勒、唐森、符卢勃列夫斯基、巴里。**

公民蒂巴尔迪和西卡尔也获准出席了会议。

放弃几种文字合印版

宣读并批准了上次会议的记录。公民**恩格斯**报告说，决议现正在印刷所里。[1]由于排字工人不懂英文，看校样是一件很吃力、很烦人的工作。他还报告说，章程、条例和决议几乎都已准备好付印。但是像代表会议决定的那样把三种文字印在一起，几乎不可能办到，因为三是个奇数。如果要印四种文字，每页可以印两种文字；但是如果在一页上印两种文字，在另一页上印一种文字，那就把整个版面弄乱了，而把这三种

---

① 本日记录由黑尔斯记在会议记录本第 318—322 页上。

文字同时放在一页上又搁不下。他在发言结束时提出如下建议：“暂时不印制章程的几种文字合印本，在章程修订委员会认为合适的时间和地点再分别印制不同文字的版本。”[2]

公民**布列德尼克**附议。

公民**弗兰克尔**说，代表会议决定印几种文字的合印本，是为了防止译文错误，然而，如果由同一个委员会担任翻译工作，同样能达到这一目的。他赞成提议。

提议交付〔表决〕，一致通过。

会费。会费券

接着宣布，会费券委员会已经拟制了会费券的样式。[3]大家传看，一致赞同。在公民**勒穆修**提议和公民**若昂纳尔**附议下，会费券样式被批准，并交回该委员会刻版和印制样品。

告意大利的宣言

公民**恩格斯**报告说，告意大利工人的宣言还没有写好，委员会建议等到本星期在意大利召开的工人代表会议结束后再写，因为这次代表会议的记录可能为委员会提供新的材料。[4]

伦敦联合会委员会

书记[①]报告说，按照代表会议决议，组成了一个伦敦联合会委员

---

① 指黑尔斯。

会。他已把决议送给各分部，他们委派他把他认为能齐心协力完成这项工作的人召集起来，开一个预备会议；他已经这样做了，会议是在10月21日星期六召开的。出席会议的会员通过了一项决议，接受代表会议的指示，组成临时的伦敦联合会委员会。10月27日举行了第二次会议，委员会委员的人数增加到25人。会议任命了一名书记和两名财务委员，还任命了两人作为联合会委员会在总委员会中的代表，负责处理财务问题。5《泰晤士报》以及其他许多日报刊登了一篇关于第一次会议的错误报道，《蜂房报》又照登了该报道。这引起了他的注意，他写了一个答复，刊登在《泰晤士报》上。6

公民**若昂纳尔**问，是否可以认为书记的这封信是令人满意的。

公民**赛拉叶**和**恩格斯**说，他们看过这封信，他们认为信写得很好。

公民**弗兰克尔**提议"接纳联合会委员会的代表，不再许可英国各分部派代表参加总委员会"。

公民**若昂纳尔**附议。

公民**荣克**认为，最好先看一下这个新成立的委员会的章程。

公民**黑尔斯**说，委员会在未被承认之前，不可能制定章程，因为在没有得到承认之前，它还不成其为委员会。

公民**埃卡留斯**说，[总]委员会应该考虑是否应承认这个由3个新成立的分部组成的委员会。工联（Trades Unions）已经缴纳了会费，应该把关于建立联合会委员会的建议通知他们；他想问，为什么不找他们商量一下。

公民**莫特斯赫德**提出一个问题，为什么没有邀请总委员会委员参加联合会［委员会］的成立大会。他认为这些人既然有资格进总委员会，他们也应该有充分的理由受到邀请。他担心书记只顾个人的喜好而不管协会的整体利益。

公民**黑尔斯**说，他没有邀请那些反对成立联合会委员会的委员。他认为邀请人们参加他们所不相信的活动是荒唐的。至于工联，他认为它们不是分部，只是有联系的同盟者而已。

公民**埃卡留斯**说，作为一名老委员，他认为新成立的这些分部无权说工联不是协会会员。会费是不能向同盟者征收的，而工联不仅要缴纳会费，而且也的确按章程规定的数目缴纳了会费。

公民**弗兰克尔**：代表会议通过这个决议时，不是想引起纷争，而是想把英国现存的各种力量集中起来。他认为新成立的这个委员会只是临时性的，待它组成后，是会邀请工联参加它的工作的。他将继续坚持自己的提议。

公民**莫特斯赫德**说，他反对这个提议，因为英国没有相应的气氛。从1848年以来这里就没有过真正的运动，如果说他丧失了青年人的乐观精神，那是情有可原的。他应该承认，书记只是运用了自己的权限，但是他对权限的运用实在是太轻率了。他想要提醒书记，他没有权力充当法官，对人们的才能或品德作出评判。

公民**巴特里**说，书记只是按照各分部代表所提出的建议行事。他相信，联合会委员会一组成，它就邀请所有的工人团体（Trades Societies）参加，但在组成之前不可能这么做。

公民**赛拉叶**说，书记没有理由召集各工人团体，因为代表会议决议明确说由各分部组织一个联合会委员会，而工联不是分部。

公民**恩格斯**说，任何时候也不〔能〕把工联说成是分部；分部须将自己的章程送交总委员会批准，而工联则是自己制定章程，不受任何约束；此外，它们可以随意行动，而无须与协会商量。再者，工联没有按人缴纳会费，而是总的交一笔钱。

公民**埃卡留斯**说，这是由于它们取的是会员的总平均数，并且每年交的数额都一样。细木工联合会、雪茄烟工人、伦敦裁缝和装订日工都是按会员人数缴纳会费的，而木工协会和泥水匠统一总会则是从其意外损失基金中拨一部分款项缴纳会费，并且还许可总委员会向它们的地方分会收会费，这些分会有一些已声明加入工人协会。工联为代表会议①的代表提供了全部经费，所以他认为应该同工联商量。他要提出如下修正案："在新建的委员会开展工作之前，应与加入协会的工会及其他团体联系，问它们是否愿意参加组建地方委员会的工作。"他提出这个建议，是因为他觉得应该同它们磋商。但是他认为它们是不会同意参加的，因为成立联合会委员会将使它们多交一倍的会费。

公民**莫特斯赫德**附议。如果协会要等工联完全赞成它的原则，那就得等很长时间，不过它们代表了对资本的反抗。

公民**恩格斯**提议辩论暂停。

公民**若昂纳尔**附议。

公民**黑尔斯**提议，公民**布列德尼克**附议，结束讨论，立即投票表决。

公民**恩格斯**赞同，收回他的提议。提议交付［表决］，1 票反对，被通过。

接着对修正案进行表决，未予通过。原提案随即被一致通过。

公民**恩格斯**报告说，《泰晤士报》刊登了一篇署名亚历山大·贝利-柯克伦攻击国际的文章。由于大部分委员都看过这篇文章，所以用不着再念一遍，但需要答复。接着他宣读了他准备的答复的草稿，会议一致通过并委托书记送交《泰晤士报》发表。**7**

书记宣读了《写真》**8**画报编辑②的来信，该编辑要求允许他们的画家③出席总委员会会议，画几幅画刊登在报上。

---

① 1871 年伦敦代表会议。
② 指卡米耶·巴莱尔。
③ 指若弗鲁瓦·杜朗。

这个问题留至下星期研究。

委员会于 11 时 15 分休会。

主席　海·荣克

书记　约翰·黑尔斯

总委员会会议记录①

1871 年 11 月 7 日举行[9]

公民**荣克**主持会议。

出席委员：公民巴里、布恩、德拉埃、埃卡留斯、恩格斯、弗兰克尔、黑尔斯、哈里斯、荣克、基恩、若昂纳尔、列斯纳、罗赫纳、梅奥、普芬德、罗奇、吕尔、赛拉叶、斯特普尼、泰勒。

宣读并批准了上次会议的记录。公民**恩格斯**报告说，总委员会的通告②已经印好，800 份英文的，800 份法文的。他还报告说，章程再过几天就能印妥。公民特鲁拉夫要求总委员会允许他在章程的封底刊登关于欧文 100 周年纪念会的报告的广告。[10]

按照公民**恩格斯**的提议和公民**列斯纳**的附议，这一要求被批准；会议还决定也可以在章程的封底刊登关于宣言《法兰西内战》的广告。

按照上述两位公民的提议，决定章程以每册 1 便士卖给协会会员，以每册 2 便士卖给非会员，并且给纽约联合会委员会寄去 1000 册。

公民**黑尔斯**报告说，《泰晤士报》没有刊登他寄去的那封信。

公民**恩格斯**提议，委托书记将这封信转送《东邮报》，要求发表。

公民**哈里斯**提议，可以送到其他报纸去试一试，比如《旗帜报》

---

① 本日记录由黑尔斯记在会议记录本第 323—325 页上。

② 载有 1871 年伦敦代表会议决议。

和《经济学家》。[11]《东邮报》并不总是不偏不倚的。

公民**恩格斯**说，《旗帜报》是不会刊登它的，所以送去也没有用。

公民**哈里斯**说，他提议把信送给所有的报纸，或许有几家会刊登。

公民**恩格斯**说，他坚决反对这种做法；这等于告诉其他的报纸《泰晤士报》拒绝刊登这封信。如果我们还想利用报刊，没有比这种做法更具自杀性的了。从宣传的角度来讲，这个提议①已经足够了，因为《东邮报》要送给所有的联合会委员会，它的报道也会被协会的一些刊物转载的。

公民**黑尔斯**说，凡是他送去的东西，《东邮报》都刊登了。

公民**哈里斯**说，他曾见过与事实不符的关于总委员会会议的报道。

公民**黑尔斯**说，他应该在看到的当时就指出来。

提议交付表决，一致通过。

书记说，他已给《写真》画报的编辑②写了一封信，说还没有对他们的请求进行研究，并且问他们的画家打算画什么样的画。他得到回信说，他们打算准确地表现会议场景，如果要求被接受，将派出该报最好的画家。他最后建议接受这一要求。

公民**泰勒**附议。

公民**埃卡留斯**提议不予理睬。

公民**哈里斯**附议。

公民**恩格斯**提议，婉言谢绝《写真》画报的要求。公民**布恩**附议并说，他认为书记未经同意就给该报写信，这种行动是不正当的。

公民**恩格斯**的修正案得到通过。

公民**弗兰克尔**说，萨克森开姆尼茨城的机械工人和铸铁工人罢工，

---

① 指恩格斯提出的将信交《东邮报》发表的建议。——编者注
② 此处原稿中划掉了"又"字。

要求缩短劳动时间和提高工资。他要求总书记①代表他们向英国工会发出呼吁。[12]

公民**恩格斯**说，现在除了德国报上的材料，没有足够的证据，因此他提议将此事再放一周，在下次会议上再提出报告。

公民**埃卡留斯**附议，一致通过。

公民**恩格斯**报告说，他收到来自意大利各支部的许多消息，他将转交给书记，供《东邮报》的每周报道用。加里波第那封与马志尼最后决裂的信在意大利产生了很大的影响。一收到这封信，就把它放到报道中去。[13]

还收到一封荷兰来信，对协会在该国的进展作了赞许的报道；信中还附有一笔捐款。[14]

还收到了柏林的消息，对所做工作作了肯定的报道。[15]

书记报告说，他收到一封新西兰来信，其中对坎特伯雷州土地法的弊端作了详细说明。信中要求提供资料和文件。[16]

公民**埃卡留斯**宣读了美国波士顿城公民沃克的来信摘录，并把它交给了书记，供他写报道用。[17]

公民**赛拉叶**宣读了委员会对新的法国人分部的章程的审查报告；这是一份很长的文件，极其详细地探讨了整个问题。

按照公民**赛拉叶**的提议和公民**罗沙**②的附议，报告被一致通过。[18]

公民**列斯纳**报告说，他找到一所他认为适合③总委员会的房子。该房准备转租，并且可以立即搬入。这所房子在菲茨罗伊街菲茨罗伊

---

① 指黑尔斯。

② 此处显系笔误，因为出席会议的是罗奇（Roach）而不是罗沙（Rochat）。——编者注

③ 此处原稿中划掉了"协会"二字。

STATUTS GÉNÉRAUX

ET

RÈGLEMENTS ADMINISTRATIFS

DE

L'ASSOCIATION INTERNATIONALE

DES

TRAVAILLEURS.

ÉDITION OFFICIELLE,
RÉVISÉE PAR LE CONSEIL GÉNÉRAL.

LONDRES,
IMPRIMERIE DE LA SOCIÉTÉ COOPÉRATIVE
TYPOGRAPHIQUE,
59, GREEKSTREET, SOHO, 59.

1871.

一本有马克思题字的国际工人协会共同章程的扉页，马克思
的题字是："公民马提奥·皮罗于 1872 年 3 月 9 日被接受
为国际会员。卡尔·马克思 1872 年 3 月 9 日于伦敦"

广场。[19]

同意由公民**恩格斯**和**巴里**①去看房子并提出报告。

公民**埃卡留斯**提前表示他将提出提议"总委员会讨论各工人团体和总委员会的关系"。

委员会于 11 时 15 分休会。

1867 年② 11 月 14 日

书记　约翰·黑尔斯

主席　托马斯·莫特斯赫德签名

总委员会会议记录③

1871 年 11 月 14 日举行[20]

公民**莫特斯赫德**主持会议。

出席委员：公民巴里、埃卡留斯、恩格斯、黑尔斯、哈里斯、荣克、列斯纳、莫特斯赫德、若昂纳尔、斯特普尼、赛拉叶、弗兰克尔、龙格。

宣读并批准了上次会议的记录。公民**恩格斯**报告说，他同公民列斯纳和巴里一起去看了菲茨罗伊街菲茨罗伊广场的房子，房子很宽敞，但租金每年要 110 镑，租期为 8 年半。考虑到这所房子适于总委员会召开会议，委员会建议列斯纳把它租下来，列斯纳已经租了。这样总委员会将有自己的家，这是期望已久的事。

公民**莫特斯赫德**认为，这个地点极不合适，但既然列斯纳已根据委员会的建议租下了这所房子，还是表示同意为好。

---

① 此处原为"荣克"，莫特斯赫德改为"巴里"。

② 会议记录此处有误，将 1871 年写成了 1867 年。

③ 本日记录由黑尔斯记在会议记录本第 326—328 页上。

公民**荣克**提议通过这个报告。

公民**若昂纳尔**附议，一致通过。

公民**埃卡留斯**提议，总委员会把那个大房间从列斯纳那里转租过来。

公民**哈里斯**附议。

公民**黑尔斯**提议暂缓解决这个问题。这个地点是再坏不过了。他上次开完会后得出的印象是，不准备对此事采取措施，东区①的委员们也有同感。如果总委员会依此建议搬迁，东区的委员们将无法参加会议。事实上，它将造成总委员会的分裂。鉴于今天出席会议的委员这样少，他认为应该暂缓解决这一问题。

公民**恩格斯**说，黑尔斯应该在任命委员会的时候就提出反对意见；他反对因参加会议的人少而推迟解决这一问题。这是一次完全合法的会议。

公民**荣克**说，他还想多了解一些有关这件事的情况，例如需要交多少租金等。

公民**恩格斯**说，有人提议总委员会每周租用那个大房间两个晚上，每年交租金20镑；总委员会得给这个房间置备家具，并且允许列斯纳在其他几个晚上把它租给他人使用，如所获租金高于每年40镑，其超过部分将归总委员会。他对失去东区的同志感到非常遗憾，但是必须考虑总委员会的整体利益。

公民**莫特斯赫德**说，他也认为如果像建议的那样租用那个房间，英国的委员是不会前去参加会议的；那不是一个适于开展宣传活动的地方，总委员会应该尽量靠近伦敦中心；在当前情况下，他还不知道如何是好。

---

① 指伦敦东区，当时是工人居住集中的地区。——编者注

公民**哈里斯**说，那个地方的运动以前开展得很成功。

公民**黑尔斯**说，这件事很像是在假公济私；另外，他反对总委员会给自己的一个成员当房客。

公民**恩格斯**说，作为该委员会的一员，他坚决反对假公济私的指责。并没有做任何事情可以让人这样说。

公民**赛拉叶**说，时间都被浪费了；东区的委员们在这个提议首次提出时就应该讨论过这件事了。

接着讨论仅就搬到上述房子的房间去的问题进行投票表决。表决结果，许多委员赞成，无人反对。

主席①宣布提议一致通过，公民**黑尔斯**立即表示，他要提议在总委员会下次会议上重新考虑这个问题。

公民**荣克**提议，公民**龙格**附议，原来的委员会成员，再加上公民若昂纳尔和唐森，组成一个委员会，商定条件和细节问题。一致通过。

公民**恩格斯**详细报告了在罗马举行的工人代表大会的情况。整个这件事都是马志尼为恢复其正在减弱的影响而搞的一个骗局，因而遭到了彻底的失败。[21]

公民**赛拉叶**报告说，决议②已刊登在法国报纸上，这样，除了③在15 家地方报纸上发表外，又发行了 20 万份。他收到 15 家报纸的来信，表示愿意刊登他送去的任何东西，所以他希望将章程免费用法文刊印出来。

公民**恩格斯**说，决议还没送给总委员会就在《谁来了!》上登出来了，编辑获得这些东西的唯一途径是通过印刷者。[22] 既然这伙人做事如

---

① 指莫特斯赫德。

② 指 1871 年伦敦代表会议决议。

③ "除了"二字是后来在批准会议记录时加上的。

此不守信用，他反对以后再给他们任何工作。

公民**黑尔斯**问委员会打算何时就《苏格兰人报》事件提出报告。[23]

公民**埃卡留斯**说，他给一家美国报纸写了一个报道，他认为他这个报道是所说的那个报道的基础，但是他的报道被严重歪曲了。

公民**哈里斯**说，他相信总委员会的某些委员为上述报道提供了材料。

会议同意将此事留至下次会议讨论。

公民**埃卡留斯**提出如下决议案，公民**哈里斯**［附议］：

鉴于，……在成立时……①[24]

委员会于 11 时 15 分休会。

主席　海·荣克

总委员会会议记录②

1871 年 11 月 21 日举行[25]

公民**荣克**主持会议。

出席委员：公民**巴里、布恩、布列德尼克、埃卡留斯、恩格斯、弗兰克尔、黑尔斯、哈里斯、若昂纳尔、荣克、基恩、列斯纳、勒穆修、罗赫纳、龙格、马丁、梅奥、莫特斯赫德、罗沙、赛拉叶、斯特普尼、泰勒、唐森、瓦扬**。

公民**马格里特**和**肖尔**代表新的法国人分部出席会议，由公民**坎汉、埃里奥特**和**德瓦尔舍**组成的一个代表团代表英国联合会委员会出席会议。

宣读并批准了上次会议的记录。之后，**主席**宣布，一个新的法国人

---

① 决议案文本在此中断。

② 本日记录由黑尔斯记在会议记录本第 329—333 页上。

分部代表团出席会议并带来一份章程。

公民**恩格斯**提议，公民**马丁**附议，将此章程转交负责修订章程的委员会。[26]一致通过。

公民**赛拉叶**提议，暂停议事日程，以便选举公民朗维埃、库尔奈和阿尔诺为总委员会委员。他说，由于辞职及其他原因，许多法国委员离开了总委员会，要使这些空缺的填补令在伦敦的全体法国人满意，最好莫过于选举所提的这三位公民；他们得到所有支部的信任，如果在即将用法文发行的章程新版本上加上他们的名字，人们会感到满意。

公民**恩格斯**附议，并指出这一选举将会在巴黎产生良好的影响。

公民**哈里斯**说，由于英国委员们不知道这几位候选人，他希望能多听到一点关于他们的资格的介绍。

公民**龙格**说，这三位都是公社最孚众望的委员——他们深受巴黎工人阶级的爱戴。朗维埃是公安委员会委员。

公民**瓦扬**说，他们在公社以前就已闻名。库尔奈曾被选为国民议会议员，但他很早就辞职不干了。朗维埃是巴黎被围时贝尔维尔区的区长，理所当然受到爱戴。阿尔诺也受到爱戴。

法国人一致表示赞成这三个人。

公民**莫特斯赫德**［说］，他丝毫不想了解他们享有盛誉的情况，他只想知道他们是否得到同事们的信任；从刚才的发言看，他们是得到了这种信任的，他要投他们的票。

于是提议交付表决，一致通过。

书记①宣读了格拉斯哥的布莱尔公民的来信，信中说，铜匠们想请国际帮忙阻止大陆上的工人过来——因为他们打算为争取提高工资而罢工，而且他们认为，如果可能，资本家会设法从国外招雇一些工人。

———————————

① 指黑尔斯。

会议同意，通讯书记们把这件事通知各个支部，并要求他们给予力所能及的帮助。[27]

主席宣布，瑞士一些反对总委员会的组织在一个小村子①里召开了一次代表大会，但是他至今还没有收到任何报告；一旦收到报告，他就会对这事作出进一步的说明。[28]

公民**恩格斯**讲了《旗帜报》和《苏格兰人报》上刊登的一则短讯的内容，其中说，由于拒绝一家画报的经理要给总委员会会议画画的建议，总委员会内发生了激烈的争吵——他认为委员们应该小心谨慎一些，不要让这种小事情弄到报纸上去。

公民**黑尔斯**不同意公民恩格斯的意见；他认为这不是言行失检的问题，而是有某个委员或是为了钱或是出于某种恶毒动机而提供了那类短讯。

公民**莫特斯赫德**认为这个消息是某个分裂分子提供的。

公民**布恩**提议，会议按议事日程进行。

公民**布列德尼克**认为这件事很严重，不能就此了结。

公民**若昂纳尔**认为应该制止这种做法。

公民**莫特斯赫德**只知道有一个人为了钱记过笔记②，那就是埃卡留斯——这是他的谋生之道。发言者认为取消这种特权将令人遗憾，他认为埃卡留斯的报道曾起过很好的作用。

公民**基恩**说，谁都能看出来所说的这篇报道的恶意。

公民**巴里**说，现在需要做的是采取某种实际措施防止这类事情再次发生。

---

① 指松维利耶村。

② 此处原为"提供报道"，1871年11月28日总委员会会议批准这些记录时改为"记过笔记"。

公民**莫特斯赫德**赞成会议按议事日程进行。

公民**黑尔斯**提议，未经事先允许，任何人不得提供关于总委员会会议或工作情况的消息。

公民**布列德尼克**附议。

公民**恩格斯**提议，公民**若昂纳尔**附议，将此事提交给负责就《苏格兰人报》上的文章提出报告的委员会处理。双方同意这一建议，并由公民布恩替代米尔纳，同时讲好了：如果有可能的话，米尔纳应该出席会议。

公民**巴里**报告，租房委员会建议总委员会租用列斯纳的房间，每年40英镑，总委员会自备家具并有权转租。如果不能接受这一建议，还有一个方案，就是总委员会按照每年15英镑每周使用两个晚上的条件租用这一房间。

公民巴里说，在提出报告之后，他必须声明，他将按照联合会委员会的指示投票反对这个报告。

随后听取出席会议的联合会委员会代表团的意见。

联合会委员会要求总委员会在某个中心地区找房子办公，以便两个委员会能够轮流在晚上使用这些房间来开会。这将是对联合会委员会极大的支持。

公民**若昂纳尔**问，联合会委员会到底有多大权力来干预总委员会的事情。

公民**黑尔斯**说，并无干预之意，只不过是恭敬地请求总委员会同意这一要求，只是请求而已。

公民**莫特斯赫德**说，他建议接受租房委员会的报告，对委员们的工作表示感谢，只是不能按照他们的报告行事。把总委员会搬到离伦敦中心如此之远的地方是最大不过的错误。宣传运动的中心离伦敦市中心愈近愈好。

公民**巴里**附议并解释说，他的行动起初是出于对某个人①的友谊，而后来的做法是受忠于原则的责任心驱使。

公民**哈里斯**说，大家都抱怨他们来回走得太远，如果考虑费用问题，不要忘了总委员会有权转租这一点。

公民**恩格斯**说，一直没人提出什么地方更合适的建议，既然没有提出更好的地方，他要求总委员会同意这项租赁建议。

公民**莫特斯赫德**的提案交付表决，通过。选举公民莫特斯赫德、埃卡留斯、布恩和巴里负责找寻一间离伦敦中心［尽可能］近一些的房子。

公民**赛拉叶**报告，组织工作正在十分满意地进行着。

公民**哈里斯**问，罗夫人是否还是总委员会委员。

公民**恩格斯**回答说，已经问过是否还认为自己是委员，她说当然是。

委员会于 12 时休会。

主席　海・荣克
书记　约翰・黑尔斯

总委员会会议记录②
1871 年 11 月 28 日举行²⁹

公民**荣克**主持会议。

出席委员：公民阿尔诺、巴里、布恩、库尔奈、德拉埃、埃卡留斯、恩格斯、弗兰克尔、黑尔斯、哈里斯、荣克、若昂纳尔、勒穆修、

---

① 指列斯纳。
② 本日记录由黑尔斯记在会议记录本第 333—335 页上。

列斯纳、马克思[30]、马丁、梅奥、莫特斯赫德、普芬德、罗沙、赛拉叶、斯特普尼、泰勒、唐森、瓦扬。

公民贝尔坦和亚罗作为来宾也出席了会议。

在宣读会议记录时，公民**埃卡留斯**说，莫特斯赫德的发言记录中有一处不大准确，要求加以更正；作了更正。

公民**马克思**说，从会议记录看，公民巴里特别为他投票提出一个理由："他得到了这样做的特别指示。"他想指出的是，总委员会委员之间不可能有任何差别，既不可能有任何特殊的委派，也不可能收到任何特殊的指示；一个公民一旦被选为总委员会的委员，他就成为它的普通一员，除了对总委员会负责以外，不对任何人负责。

公民**黑尔斯**表示不同意。联合会委员会任命代表时，是认为它能够指示他们投票的，而且，如果愿意的话，它可以撤换他们；再者，各个团体一直有撤回和更换代表的习惯。

公民**马克思**说，如果总委员会犯了错误，为什么一定要违反章程？他谈的只是章程。

随后通过会议记录，按要求作了一些改动。

公民**赛拉叶**宣读了摘自《解放报》的一大段文字，这段话转自《谁来了!》，对法国政府充满了报复情绪。会议同意由赛拉叶把它翻译出来交给书记①，供他写一篇驳斥文章用。赛拉叶说，对《谁来了!》以及与它有关的那些人的德性，必须予以揭露。[31]

公民**哈里斯**说，他碰到几个法国人，这些人在米德尔塞克斯医院附近的一所住宅里开会，似乎决心要破坏国际的精神，应该让一个既懂英语又懂法语的人去见见这批人。对他们的诋毁不应置之不理。他希望赛拉叶设法出席他们的下次会议。

---

①　指黑尔斯。

公民**赛拉叶**说，章程已经在两家法文报纸上刊登了。

公民**马克思**报告，他刚收到一封不伦瑞克来电，电报告诉他，由于抗议吞并阿尔萨斯和洛林在战争期间被逮捕并被送往普鲁士要塞的不伦瑞克委员会的委员们，刚刚由不伦瑞克法庭以参加秘密组织的罪名进行了审判，并且被判徒刑如下：白拉克 16 个月监禁，冯·邦霍尔斯特 16 个月监禁，施皮尔 10 个月监禁，卡尔·库恩 5 个月监禁。当警察被问到为什么以前没有干预协会的活动时，回答是：他们直到这个协会发表宣言谴责继续打仗时，才知道这一协会的倾向。[32]

公民**马克思**还宣布，法兰克福报纸①上刊登了一则消息，说国际的伦敦分部选举了著名的查理·迪尔克爵士为国际的名誉委员；他已经写了一个答复，指出国际不承认任何名誉委员。[33]

公民**恩格斯**报告，那不勒斯转载了决议②；他还说，马志尼又在他的报纸③上攻击国际，把巴枯宁作为权威来引证，他要求授权他作出正式答复。[34]

大家表示，每个书记按职责都有权去做恩格斯所要求的事情。

恩格斯本人表示同意这种意见。

公民**莫特斯赫德**说，他收到一封丹麦来信，其要点已在《东邮报》上发表。[35]

公民**布恩**说，被指定对《苏格兰人报》上那篇报道提出报告的委员会还没有做好充分准备，但该委员会希望在下次会议上能提出报告。

公民**赛拉叶**说，总委员会的一名委员，即公民沙兰，在一份谴责总委员会的文件上签了名；他已经同总委员会的敌人站在一起，不应该再

———————————

①　指《法兰克福报和商报》。
②　此处原为"章程"，后改为"决议"。
③　指《人民罗马》。

留在总委员会中了；因此建议将其开除出总委员会。

公民**若昂纳尔**附议，一致通过。[36]

委员会于 11 时 15 分休会。

主席　　海·荣克

总委员会会议记录①

1871 年 12 月 5 日举行[37]

公民**荣克**主持会议。

出席委员：公民**阿普尔加思、巴里、布恩、库尔奈、埃卡留斯、恩格斯、弗兰克尔、黑尔斯、哈里斯、荣克、基恩、若昂纳尔、勒穆修、列斯纳、马克思、马丁、梅奥、莫特斯赫德、罗奇、罗沙、吕尔、赛拉叶、泰勒、唐森、雷吉斯、阿尔诺**。

公民**莱瑟姆、莫让**和**斯坦斯比**作为来宾出席了会议。

宣读并批准了上次会议的记录。公民**马克思**问，为什么《东邮报》上的报道只字未提不伦瑞克的审判。

书记②作了解释，于是公民**马克思**继续说，总委员会必须向各联合会委员会提供一般报道，他认为贯彻这一规定的最好办法是由通讯书记们把《东邮报》发给他们的各相关支部；他还认为总委员会的各委员应该有一份正式报告。因此他建议："由总委员会出钱，给每个通讯书记发几份《东邮报》（不超过六份），给总委员会每个委员各发一份"。

公民**恩格斯**赞成这一提议；在当前事务繁忙的情况下，这样的提议是迫切需要的。一致通过。

———————————

① 本日记录由黑尔斯记在会议记录本第 336—340 页上。

② 指黑尔斯。

公民**恩格斯**宣读了雷吉斯公民被任命为意大利支部驻伦敦代表的委托书；他很高兴地推荐雷吉斯为总委员会委员。

公民**马克思**赞成这一提议。他相信公民雷吉斯会成为一名出色的委员，他从拉塞西利亚将军和其他流亡者那里听到对他的好评。他还确信，雷吉斯的观点同协会的原则是一致的。

提议一致通过。[38]

书记报告，在莱姆豪斯成立了一个新的分部，成员主要是机械工人；它很有可能会成为一个活跃的分部；他还报告，在利物浦成立了一个强大的分部，由公民吉尔罗伊担任书记；并说曼彻斯特的分部正在迅速扩大，有希望成为该城最强有力的组织。

书记还报告，伦敦港的一个商船海员代表团拜访了他，要求总委员会派一个代表团去讲解国际的宗旨和原则；他提议派一个代表团去。提案通过并委派公民荣克、若昂纳尔和库尔奈等为代表团成员。[①]

公民**赛拉叶**报告，马赛的《人民之声报》已被查禁，因为它是国际的机关报，不过别的报纸继续刊登协会的章程和有关协会的其他消息，好像什么事情也没有发生似的。

他还报告，鲁贝机械工人正在罢工，要求减少劳动时间和提高工资；目前，他们每天劳动 12 个小时，要求减到 10 个小时。他们要求援助，因为雇主们联合起来反对他们；他们要是得不到援助就无法坚持下去。他一收到这封信就去拜访了公民荣克，他们决定发一封回信，大意是说，要不是情况不适宜，总委员会会竭尽所能给予援助。他建议向机械工人发一封呼吁书。

公民**黑尔斯**认为这不会有用，因为机械工人预计 1 月份在伦敦举行大罢工。

---

① 发表在《东邮报》上的报道中还提到黑尔斯的名字。

公民**哈里斯**认为应该发出呼吁书。

最后指派公民埃卡留斯、莫特斯赫德和赛拉叶把这个问题交给机械工人委员会。[39]

公民**赛拉叶**说，他希望提请注意这样一个事实，在枪杀费雷和罗塞尔的前一个晚上，法国政府在蒙马特尔高地上重新安放了大炮，准备在支持被判罪的人举行示威游行时，再度轰击巴黎。[40]

公民**荣克**说，他有一大堆关于瑞士情况的信件，但是如交给总委员会处理会占用太多时间。因此他建议把这些信件交给一个委员会[①]去处理，由它向总委员会提出报告。

公民**恩格斯**说，这个办法最好。建议被通过。

公民**巴里**提请注意《旗帜报》上刊登的关于联合会委员会最近一次会议的报道以及几家报纸上刊登的几篇文章；他说，大家一定明白，这些文章的目的是想在委员们之间挑起不和，因为它们宣称英国委员们和大陆委员们之间存在极大的意见分歧。它们把事情描绘成好像英国委员们成立联合会委员会，是为了表示自己的不满，而且在他提到的这份报道中，书记被说成好像是赞同这些意见的。因此，他认为现在已是时候了，应该把两个委员会之间的界限划分得更清楚一些，结束这种表面上权力地位相同的现象，并且把联合会委员会同总委员会分开[②]。他还认为，如果由书记出面正式驳斥上述诽谤，就可以做到这点。他还认为，现在已是不应该由同一个人担任两个委员会的书记职务的时候了。如果把这两个职务分开，将会避免许多误解：因为公众容易混淆这两个委员会的活动。他对公民黑尔斯没有什么意见，尽管他在组织联合会委员会时作了许多承诺；他认为总委员会应该对他所做的宝贵工作表示感

---

① 明显指的是小委员会，即总委员会的执行机构。

② 原稿中此处划掉了"从属于"这几个字。

谢，然后请他向联合会委员会辞去书记职务；联合会委员会现在完全可以单独干了，他相信公民黑尔斯要做的工作也多得很。这样，总委员会将会得到他全力以赴的宝贵贡献。

公民**弗兰克尔**：这样的提案应该由联合会委员会来提。

公民**马克思**说，总委员会在联合会委员会尚未得到加入国际的团体赞同以前就承认它，这是有点不正式；事实上，它还不是联合会委员会而只不过是伦敦联合会委员会。它在支持迪尔克这一点上并没有按照国际的精神行事[41]；他认为两个委员会的书记职务是不一致的，不应该由同一人来担任。这两个职务如果不分开，将会造成混乱。他建议（因为他不能接受公民巴里提出的建议），总委员会应承认这两个职务是不一致的。

公民**黑尔斯**认为没有权利干预他在总委员会之外的活动；如果他没有尽到职责，总委员会可以撤掉他，他没有支持过迪尔克。

公民**巴里**说，公民黑尔斯曾建议联合会委员会以集体名义支持迪尔克，以反对公民布列德尼克提出的委员们以个人名义支持迪尔克的提议。

公民**黑尔斯**说，刚才的说法不符合事实，他并没有提议支持迪尔克；他反对支持任何个人，但他说过他要支持共和派的示威；他坚决反对任何支持个人的示威——他主张支持原则而不是支持人，这点公民巴里是知道的；他想问问他，他是否认为报道是真实的。

公民**巴里**说，他不会受骗，他拒绝回答；他赞成这一提案①。

公民**恩格斯**对赞成一人身兼两职的辩解感到吃惊；他必须说，自从联合会委员会成立以来，公民黑尔斯并没有令人满意地尽到他的职责；记录没有以前那样详细了，报道也没有以前那样好了。

---

① 指马克思的提议。——编者注

公民**赛拉叶**说，如果两个职务由同一人担任，那会发生混乱，因为两个委员会的报告要由同一人来签署——这会引起无休止的混乱。

公民**布恩**认为把两个问题分开来是可取的。

公民**埃卡留斯**反对书记频频发言；这样无法解决问题。

其他几个人在"表决！表决！"的呼喊声中发言。

主席说他不能把问题交付表决，因为两个说法明显不同，彼此矛盾。

在受到某种催促之后，他把问题交付表决，同时申明他对现在这样提出问题的方式感到不可理解——于是提案获得通过，一部分人赞成，没有人反对。

委员会于 11 时 45 分休会。

主席　海·荣克

总委员会会议①

1871 年 12 月 12 日举行[42]

公民**荣克**主持会议。

出席委员：公民**阿尔诺、巴里、布恩、库尔奈、科恩、埃卡留斯**②**、弗兰克尔、黑尔斯、哈里斯、若昂纳尔、荣克、列斯纳、勒穆修、罗赫纳、梅奥、马丁、麦克唐奈、普芬德、雷吉斯、罗奇、罗沙、吕尔、赛拉叶、斯特普尼、泰勒、唐森**。

雪茄烟工人工会的一些公民和公民查多克作为来宾出席了会议。

在宣读会议记录之前，公民**科恩**说，雪茄烟工人正在举行国际代表

---

① 本日记录由黑尔斯记在会议记录本第 341—344 页上。

② 此处划掉了"恩格斯"的名字。

会议，他们请求允许他们的一些代表在总委员会开会时出席会议。这一请求获得同意。

宣读并批准了上次会议的记录。**书记**宣读了公民布莱尔的来信；信上说铜匠争取改善境况的努力已获得胜利。

公民**赛拉叶**说，他同鲁贝的机械工人通过信，他们已经拜访过机械工人联合会鲁贝分部的书记，后者赞成他们所采取的行动，并再次写信把这一行动告诉了他；他同公民莫特斯赫德和埃卡留斯一起拜访了阿兰，阿兰告诉他们，如果鲁贝分部赞成所采取的行动，联合会可能会向机械工人提供一些帮助。

在公民**科恩**提议、公民**弗兰克尔**附议下，决定代表机械工人向纽卡斯尔的"争取九小时工作日同盟"发一份呼吁书。[43]

公民**赛拉叶**说，他不断收到法国公民请求授权建立支部的申请书，他要求授权他在他认为申请诚实可靠的情况下发给必要的委托书。

公民**黑尔斯**提议给公民赛拉叶授予过去曾授予杜邦的那种权力。

公民**若昂纳尔**附议。

公民**埃卡留斯**主张这种事情每次发生时都由总委员会处理；如果法国书记拒绝给某人发委托书，那可能是由于个人的原因。

公民**马丁**同埃卡留斯的意见一致。

公民**库尔奈**认为，每次都麻烦总委员会太不值得，而把这种事交给某一个人去办也是不明智的；他认为最好是任命一个由三人组成的委员会。

这一意见得到大家的赞同，拟成提议后被一致通过。

主席宣读了《平等报》上的一篇文章，文章中说，协会在瑞士的30个支部刚刚召开了一次会议，会议通过一项决议，表示赞成并接受伦敦代表会议的各项决议，同时感谢总委员会为坚持和贯彻执行国际原则所作的努力。[44]

　　书记和**主席**报告了受委托拜访商船队船长和海员的结果。代表团受到了热情接待，一致通过如下决议："本次会议听取了有关国际原则和目标的讲解，完全赞成国际的原则和目标，并保证协助其实现。"

　　接着，宣读了联合会委员会发来的一份通知，声明已撤销任命公民巴里为参加总委员会的代表的决定，并委派公民查多克接替他，特请总委员会接受其为联合会委员会的代表。

　　公民**基恩**接着说，他提议接纳公民查多克。公民巴里不再代表联合会委员会的观点，人们认为他不该继续留任代表。

　　公民**罗奇**附议。

　　公民**埃卡留斯**提议，暂缓考虑这一问题，以便能够对整个问题作深入研究；记录本中记下的他的动议可能会影响联合会委员会的合法地位。

　　公民**巴里**附议。他之所以被撤换是因为他接受了马克思博士对代表团问题的裁决。

　　公民**黑尔斯**要求立刻解决这个问题。

　　公民巴里的说法是不符合事实的，他被撤换的原因是他把联合会委员会的事务带入了总委员会，这有可能引起冲突，而联合会委员会是希望与总委员会协调一致地工作的。联合会委员会感到公民巴里不再代表它的观点——它要求总委员会按照自己的权力接纳公民查多克；总委员会曾接纳公民基恩和公民巴里为代表，这一点记录本可以证明，并且这是严格按照总委员会的规章进行的。

　　公民**布恩**希望暂停讨论这个问题，以便对整个有关合法性的问题作深入研究；他知道总委员会已经承认了联合会委员会，但是，如果它做错了，这也不是不能收回成命的理由。

　　这个问题交付表决，同意暂停讨论。

接着公民**巴里**要求知道书记采取了什么步骤来贯彻上次会议通过的决议。①

书记拒绝对此问题作任何答复；总委员会应当注意书记是否执行其意图，如发现他没有执行，就应对他采取措施。

公民**布恩**指责书记这个回答就像雇佣官吏一样蛮横无理。接着，他通过会议主席提出同一问题，**书记**作了同一答复，并且说如果公民布恩想了解联合会委员会的事情，他可以写信询问。

接着，公民**布恩**递交了《苏格兰人报》报道事件调查委员会的调查报告；已查明有人因这篇报道［拿了］一笔钱，并且数目相当可观，虽然尚未对任何个人提出指控，但是调查委员会希望这样做。

公民**黑尔斯**报告，他认识奥赖，并且声明说，有人曾要给他钱，但他拒绝了——他生平从未因写报道接受过 1 便士。

公民**布恩**说，调查委员会相信公民黑尔斯不是那个人。

公民**埃卡留斯**报告说，纽约联合会委员会已解散，不过正在试图重新组织该委员会。[45]

公民**赛拉叶**报告说，流亡者拒绝接受布拉德洛的讲演收入；他曾经攻击巴黎公社，人们认为接受这笔钱对他们来说是一种耻辱。[46]

委员会于 11 时 30 分休会。

主席　　马丁·詹·布恩
书记　　约翰·黑尔斯

---

① 这里指禁止一人担任两项职务——总委员会的职务和不列颠联合会委员会的职务——的决定。

总委员会会议[1]

1871 年 12 月 19 日举行[47]

公民**布恩**主持会议。

出席委员：公民巴里、布恩、德拉埃、埃卡留斯、恩格斯、弗兰克尔、黑尔斯、哈里斯、若昂纳尔、荣克、基恩、罗、列斯纳、马克思、马丁、麦克唐奈、莫特斯赫德、朗维埃、雷吉斯、罗沙、赛拉叶、斯特普尼、泰勒、唐森、瓦扬。

公民**马林斯**代表编筐工人协会出席了会议。

宣读并批准了上次会议的记录。公民**罗沙**报告说，他收到一封比利时来信。他曾去信询问为什么比利时没有发表决议，他收到回信说，他们没有发表决议是因为他们认为有些是保密的，是不打算发表的；不过已决定在 12 月 25 日召开代表会议，届时将考虑伦敦代表会议决议的问题。[48]

公民**赛拉叶**说，法国各报纷纷刊登电讯，说法国的协会组织正在改组。他想了解书记是否提供过有关这一内容的报道。他认为报道任何这类关于法国的事情都是失策的，这将引起当局的警觉，使会员担心警察的迫害。自从那篇报道发表以后，他一封信也没有收到，而以往他平均每星期收到 20 封信。

书记说，他提供的报道确实与电讯内容相符，但当时他以为这样做是有好处的；他今后再也不这样做了。

公民**莫特斯赫德**说，《泰晤士报》[2]上星期三发表了一篇歪曲总委

---

① 本日记录由黑尔斯记在会议记录本第 345—351 页上。

② 此处显系笔误，应为《旗帜报》。

员会会议的报道，他认为这件事必须细查。这篇报道［具有］蓄意中伤的性质，无论是谁送的，都应受到严厉谴责。他想请主席问一下，这篇报道是不是公民埃卡留斯送过的。

公民**埃卡留斯**回答说，他没有送过这篇报道，并且他可以提出证据，上星期二晚上，他同一些总委员会委员分手时，天已很晚，不能去报社了。

公民**莫特斯赫德**说，他听到这一答复很高兴。他个人以为，如果该报道是一位总委员会委员送的，那么，这个委员一定也是联合会委员会的委员，因为两个委员会的事情是一起提出的。

公民**马克思**说，他收到一位与内政部联系密切的人①的来信，信中转达了一个情报：英国政府打算以扰乱社会罪（civil crimes）为借口，对一些流亡者提出起诉；信上透露说，这一行动是应法国政府要求而采取的。[49]这一情报同他从大陆收到的某些消息相符合，必须就此事向政府提出质问。既然法国政府已经告知要废除通商条约，[50]那么，格莱斯顿先生要是提出以迫害流亡者为条件恢复条约就不足为奇了。但是，即使格莱斯顿制订了这样的计划，他也无法实行。英国人民决不允许任何一个大臣这样对待这个国家的自由权利。帕麦斯顿勋爵当年的声望同格莱斯顿先生现在享有的声望同样高，而当他试图去做一件类似的事情时，他顷刻之间就声誉扫地了。[51]

他还报告说，他收到一封柏林来信。俾斯麦的报纸正在攻击国际，写信人指出，俾斯麦已经改头换面，以新的身份即工人保护者的身份出现，他抗议国际干涉工人的自由。这是件好事，俾斯麦既然攻击了协会，那么，工人阶级必将更加紧密地团结在协会的周围。[52]

他还收到两封美国来信，一封来自纽约，另一封来自旧金山。第一

---

① 指梯布林。

封信报告说，在中央委员会决定（无限期）休会之后，大批的代表立即组成了一个临时的联合会委员会，并打算彻底进行改组。这场争论完全是由第十二支部的代表公民威斯特一人挑起的。这个支部的成员像其他所有宗派分子一样，制造分裂之后就将整个事情公布于世，以便大闹一场。[53]旧金山来信报道了一次大会的情况（这次会上成立了一个支部），斯密斯上尉在大会上作了非常精彩的发言，对国际工人协会的宗旨和原则进行了解说。来信索取西班牙文的章程、代表大会决议以及其他文件，因为斯密斯上尉准备去墨西哥，打算在那里建立一个支部。[54]

决定给马德里去信，要求西班牙联合会委员会提供所要的文件。

公民**马克思**还报告了瑞士俄国人支部书记公民吴亭寄给他的信的大意。他说，巴枯宁派参加了最近在瑞士召开的代表会议，并企图使伦敦代表会议的决议被宣布无效。他们的人数微不足道，正直的瑞士工人们愤怒至极，以至于吴亭不得不保护马隆、勒弗朗塞和奥斯丁，以免挨打。工人们对浪费他们的时间感到愤怒。[55]

在报告了上述情况后，公民**马克思**提到查理·布拉德洛的行为。他说：布拉德洛先生在最近一次讲演中，以他惯常的公正态度撇开上下文孤立地从《法兰西内战》中摘引了一段话（而且是歪曲原文地摘引），企图把他（马克思博士）说成是波拿巴主义者。他本来无须理会这件事，不过那可能使人们被这种曲解引入歧途。他本来无须回答布拉德洛这样一个人——他与布拉德洛毫无共同之处。他既没有要做一个口若悬河的演说家的野心，而且作为一个流亡者，他也没有干涉英国政治的个人动机。第一次看到这个报道时，他曾怀疑这种歪曲是否是有意的。他想，也许布拉德洛先生太愚笨了，以至于他理解不了这段话，这种歪曲与其说是恶意的，其实不如说是无能的结果，因为他虽然享有政治演说家的名声，然而他的科学知识却十分肤浅。但是在对这件事仔细考虑一番之后，他得出的结论是，这一歪曲是经过考虑的、蓄意的。因为布拉德洛的做法与在《国民改革者》周刊上批判《宣言》① 时的做法如出一辙——当时他就是有意歪曲，对他的这一做法，公民哈里斯已在一封出色的信里作了彻底揭露。[56]也许有些事是习惯力量造成的，他知道布拉德洛先生曾经是某一家小律师事务所的职员，他可能在那里养成了一种歪曲的习惯，歪曲已成为他的第二天性。但是，这个人的恶毒用意是不难理解的。他②知道他（公民马克思）代表战斗的工人，而这正是他诽谤马克思的原因；他知道国际为消灭阶级而斗争，而这正是他所惧怕的。从一个人的交往可以略知其人。最近，布拉德洛去过巴黎，在那里同戴特鲁瓦亚和《自由》晚报的埃米尔·德·日拉丹有交往[57]，后者是法国最臭名昭著的人物之一。他在日拉丹举行的宴会上吹嘘自己有很大影响，并且渲染科学宫是一座能容纳伦敦一半人口的巨大建筑。他完全知道布拉德洛先生在巴黎的所作所为，他保证所说的一切都是真实的。至于布拉德洛在《东邮报》上发表的信，他说这是这个人恶毒用意的又一证据，因为事实上，他既没有去听讲演，也没有出席流亡者大会，更没有出席总委员会讨论这一问题的会议，并且布拉德洛先生非常清楚，他根本不是流亡者的领导人。[58]

公民**哈里斯**想知道流亡者在声明拒绝接受布拉德洛的讲演收入后是否又拿了这笔钱；他听说，流亡者接受了这笔钱，而他被人称为马克思博士的信徒。他希望大家都清楚，他不受任何人的指挥，他既不是马克思博士的信徒，也不是布拉德洛的信徒，他要求有思想自由。

公民**埃卡留斯**说，他见到了阿道夫·斯密斯，这个人告诉他流亡者最初的确拒绝了这笔钱，不过，他和勒吕贝在星期五晚上向他们作了解释，说明布拉德洛并没有像报道中所说的那样在演讲中侮辱他们；况且

---

① 指《法兰西内战》。

② 指布拉德洛。

这些钱是英国工人阶级捐的，而不是布拉德洛捐的，如果坚持不收，英国工人阶级就会把这看成是一种侮辱。因此，这笔钱就收下了。

公民**马丁**说这不大符合实际情况。勒吕贝拿了这笔钱并试图说服流亡者接受。阿道夫·斯密斯和韦济尼埃也努力说服，可是委员会不愿接受，而是把这件事留到星期日开会时解决，会上提出了上述理由，这笔钱才被收下，并投票表决向捐款者致谢。他自己投了赞成票，因为他把这看做是对布拉德洛的谴责。

公民**雷吉斯**说，关于接受这笔钱的表决是主席已离开座位之后在小酒店的柜台旁进行的，这是违反规定的。

公民**瓦扬**认为这一说明已足够了。他们把它当做工人阶级的礼物接受了，因为这笔钱是他们捐的；他们不愿意侮辱工人阶级中的任何一个人。

公民**朗维埃**说，有些流亡者试图进行挑拨。他去听了布拉德洛的讲演，并且是带了一个朋友同去的，这个朋友把重要的论点都翻译给他听了。在他看来，这里面丝毫没有侮辱的意思，尽管对有些问题他有不同的看法。

公民**莫特斯赫德**对流亡者的这种做法表示遗憾，他认为这样做使得总委员会的委员处于尴尬的境地。他们先是拒绝，而后又接受，这样做是错误的。如果他们一开始就接受这笔钱，并且什么也不说，那就不会有问题了。

公民**黑尔斯**不同意公民莫特斯赫德的看法；他认为流亡者的做法前后并不矛盾：他们拒绝的是布拉德洛的钱，接受的是工人阶级捐赠的钱。报道发表时钱还没有被接受。

公民**莫特斯赫德**说，他是他本人荣誉的最好的鉴定人，他感到自己处在尴尬的境地。

这一问题的讨论至此结束。

公民**恩格斯**报告说，西班牙联合会委员会的机关报《解放报》发表声明说，西班牙各支部接受伦敦代表会议决议，尤其是有关政治问题和社会问题的联系的决议。协会在西班牙的其他报刊都表示同意，并转载了这一声明。[59]

来自意大利的消息不是十分肯定。

他还报告说，兰开夏郡的纺织厂主们正试图开始鼓动修改工厂法——把每日工作时间减少为 9 小时。生产的增长已超过原棉的供应，因此，他们认为减少劳动时间是他们的唯一出路。

公民**荣克**说，手头已无钱救济流亡者了，必须想一些办法，因为这些人正在挨饿。他写信给迪尔克，并同他进行了长谈，最后他给了 5 镑。书记写信建议说，若是能找到办法让一部分流亡者移居别的国家，那就好了。他①认为这个建议很好，他想提议委派一个代表团去拜会美国公使申克将军，看他能否帮助实现这个方案。

公民**莫特斯赫德**附议，不过申克将军的名字要换为莫兰先生的名字，他认为先去莫兰先生那里比较好。

提议被通过。委派下列公民组成代表团：莫特斯赫德、朗维埃、恩格斯和瓦扬。

公民**赛拉叶**问道，公民里沙尔是否为某个支部参加联合会委员会的代表。在听了回答后，他表示他将在下一次会议上提出这样一个问题：联合会委员会的行动在多大程度上符合章程。

公民**埃卡留斯**提议，公民列斯纳附议，下次会议推迟两周举行。一致通过。

委员会于 11 时 45 分休会。

主席　　海·荣克

①　指荣克本人。——编者注

1872 年

会议记录①

1872 年 1 月 2 日举行[60]

公民**荣克**主持会议。

出席委员：公民**布恩、阿尔诺、库尔奈、埃卡留斯、恩格斯、弗兰克尔、黑尔斯、哈里斯、荣克、若昂纳尔、基恩、列斯纳、勒穆修、罗赫纳、马克思、马丁、梅奥、麦克唐奈、米尔纳、莫特斯赫德、普芬德、罗沙、吕尔、雷吉斯、朗维埃、赛拉叶、斯特普尼、唐森、瓦扬、巴里**。

公民**伯克、奥康瑙尔、科耳曼**和**米切尔**作为来宾也出席了会议。

宣读并批准了上次会议的记录。公民**布恩**问被派去会见莫兰先生的代表团采取了什么行动。

公民**荣克**说他见到了莫特斯赫德，莫特斯赫德对他说他去了大使馆，得知莫兰不在伦敦。但是负责人答应为他转交他想留的字条。现在莫特斯赫德正在等回音。

书记宣读曼彻斯特、汤顿和巴黎的来信。

公民**赛拉叶**问，书记是否按照对他的委托，为鲁贝机械工人的事情给纽卡斯尔争取九小时工作日同盟写了信。

书记说他第二天就写了信，但没有得到任何回音。

---

① 本日记录由黑尔斯记在会议记录本第 352—357 页上。

公民**荣克**报告说，收到一封日内瓦来信，要求给寄 2000 册章程修订本。

公民**马克思**报告说，杜邦寄来一份名单，可以呼吁这些人援助流亡者。罗夫人寄来 2 镑，这是她为援助流亡者作的一次讲演所得的收入。马克思还报告说，比利时代表大会不是直接地而是间接地投票反对了代表大会的决议①，这是与他们自己代表投的票背道而驰的。要大家一定记得，比利时有 7 名代表参加了代表会议，对于这样一个小国来说，这个数目是很大的。他们这样做尤其令人奇怪，因为比利时联合会委员会上个星期刚刚投过完全相反的票。[61]至于日内瓦的来信，他建议提交给小委员会去处理。

此议得到附议，一致通过。

公民**恩格斯**带来了新成立的波兰人支部的章程，他建议提交给章程修订委员会。[62]

公民**黑尔斯**提议把这个委员会改为一个修改章程的常设委员会，所有送来要求批准的章程都交给它处理。

公民**若昂纳尔**附议，一致通过。

公民**马克思**说，符卢勃列夫斯基将军得到克拉科夫的消息说，社会民主党人宣布热烈拥护国际。这招致了贵族的反示威，但他们的努力彻底失败了，它起到的唯一作用就是给了运动以新的推动。

公民**弗兰克尔**报告说，维也纳举行了支持原则②的示威。那里有一些人自称比协会更为激进，目的是制造分歧。他希望总委员会发表一个声明，宣布人们不使用国际的名称也可以是国际的会员，他希望把这一点在《东邮报》上公布出来。

———————

① 笔误，这里是指 1871 年伦敦代表会议的决议。
② 指国际协会的原则。

公民**赛拉叶**提议把问题提交小委员会，他反对在作出决定以前公布。该提议得到附议，一致通过。

公民**埃卡留斯**报告说，他收到了哈尼的一封信，信中说他通过他的书商寄来 30 先令，其中 1 镑是两年的会费，10 先令是捐给流亡者的。哈尼提醒总委员会在接纳爱尔兰人入会时要谨慎，因为如果格莱斯顿觉得总委员会走得太远了，他会进行镇压的。波士顿报纸上的报道和电讯说，马克思的住宅处于秘密警察包围之中，格莱斯顿打算把他驱逐出境。

公民**罗沙**报告说，他收到一封荷兰来信，告诉他荷兰联合会委员会赞同代表会议的决议。[63]

公民**赛拉叶**宣读了《夜晚报》上一篇为布拉德洛辩护的文章。文章说他曾为该报撰稿，是政府的可靠拥护者，决不参与任何蛊惑阴谋。公民赛拉叶读完文章后说，布拉德洛描述说是他赛拉叶说布拉德洛卖身投靠于托利党人。他从来没有这样说过，他认为这样说对托利党人也是个侮辱。布拉德洛属于布拉德洛党，这是警察的党，他指的是法国警察。

公民**莫特斯赫德**宣读他收到的一封丹麦来信。信中说协会正在迅速地取得进展，而且这种进展是顶着政府和警察双方全力以赴的迫害而取得的。信中还问到应采取何种方式进行罢工。此外，还说运动在瑞典也正在取得进展，这个国家已经成立了联合会委员会。

公民**埃卡留斯**说，他要和公民莫特斯赫德到诺丁汉出席职工大会的代表大会，因此他问道，能不能给他们若干册章程和关于《法兰西内战》的宣言，以便在代表中间散发。

稍经讨论后，决定拿出 100 册章程和 200 册《法兰西内战》供他们支配。

议程上的下一个问题是研究联合会委员会①提请接受公民查多克为

---

① 指英国联合会委员会。

代表以代替被解职的公民巴里一事。

公民**布恩**提议不接受公民查多克。

公民**黑尔斯**说，对公民查多克的提名已经撤销；因为他辞职了。联合会委员会现在请总委员会接受另一名代表来代替公民巴里，具体人选问题留待以后解决；大家认为这样问题就简单了。

公民**埃卡留斯**表示反对以这种方式来处理问题，因此他要提出自己的决议案：恢复工会团体的会员资格，起码要撤销总委员会关于承认联合会委员会的决议。工会团体是协会的分支，他们的会员应该享有国际会员的全部权利。只要打算建立联合会委员会，就应该同他们商量。

公民**黑尔斯**反对讨论埃卡留斯的提议，因为它同讨论的问题，即联合会委员会是不是合法组织以及它的行动是否合法无关。联合会委员会希望的是问题得到全面讨论和彻底解决，因为事情已成僵局。

公民**马克思**同意黑尔斯的意见，埃卡留斯的提议与讨论的问题对不上。这个问题应该全面讨论和彻底解决，但是没有必要从头谈起，因为总委员会已经暂时承认了临时联合会委员会（没有正式的联合会委员会）。现在所要做的只是弄清楚临时联合会委员会从那时以来对章程遵守得怎么样；因此他提议，由书记给该委员会写信，要它开一份委员名单来，注明该委员会在得到承认时都有哪些人，以后又增加了哪些人，并且还要指明谁有代表资格，谁没有代表资格，以及曾给哪些分部和加入国际的工会团体提出过要它们加入的书面建议。

公民**布恩**附议。

公民**莫特斯赫德**说，搞多少宣传活动他都不反对，但是他坚决反对破坏规则。书记就故意破坏了规则。如果有什么东西神圣不可侵犯的话，那就应该是协会的章程；正是由于这些规则，协会才发展成现在这个样子，成了欧洲最强大的力量，因此他一定要对书记公然带头破坏协会的共同利益提出严正抗议。

公民**埃卡留斯**宣读他的决议案[64]，他认为他的决议案是切中议题的。工会团体被剥夺了作为会员的权利，这将会影响到联合会委员会的组成。

公民**马克思**宣读代表会议的决议，指出在联合会委员会成立以后要征求加入国际的各工会团体的意见。

公民**恩格斯**支持决议；把总委员会的全部时间都浪费在讨论这一个问题上是不可容忍的。

公民**基恩**说，他对总委员会的时间这样被占去感到遗憾，这是少数人心怀不满造成的。

公民**莫特斯赫德**提出抗议。他不愿一个晚上又一个晚上地到总委员会来胡扯。

公民**布恩**声明，他要在下次会议上提出公民黑尔斯已不适于担任总书记职务的提案。

委员会于 11 时 45 分休会。

奥·赛拉叶

书记　约翰·黑尔斯

总委员会会议①

1872 年 1 月 9 日举行[65]

公民**赛拉叶**主持会议。

出席委员：公民**阿尔诺、巴里、布恩、布列德尼克、库尔奈、德拉埃、埃卡留斯、恩格斯、弗兰克尔、黑尔斯、哈里斯、荣克、若昂纳**

---

①　本日记录由黑尔斯记在会议记录本第 357—362 页上。

尔、列斯纳、罗赫纳、勒穆修、龙格、马克思、马丁、梅奥、麦克唐奈①、普芬德、罗沙、吕尔、赛拉叶、泰勒、唐森、朗维埃。

公民米切尔、伯克和亚罗作为来宾也出席了会议。

书记宣读上次会议的记录，一致通过。他接着宣布，利物浦分部发表了一个简短的声明，他拿了一份放在会议桌上。他还报告说，海员协会的公民桑德斯通知他：他能找到人把总委员会希望送往马赛或波尔多的任何东西送到那里。

公民**赛拉叶**报告说，他收到一封波尔多来信，信上说这个城市的支部都赞同代表会议的决议，几天内将把所有6个支部签署的确认此事的通知寄来。他还收到一封科西嘉来信。还有一封信说，公社在促进工人阶级成长方面的作用比在公社以前发生过的任何事件都大。甚至在农村地区，人们也开始把为公社捐躯的人视为烈士。公社已经证明，工人阶级是能够自己管理自己的。凡尔赛分子进入巴黎后犯下残暴罪行的事实，只是刚刚开始为外省所知。写信人问，是不是真有12位妇女在旺多姆广场先遭到强奸然后被枪杀了，尸体就埋在她们倒下的街上。他们还听说，伤者和死者一起被扔进了拉雪兹神父墓地的墓穴里。

书记说，特鲁拉夫先生托他向总委员会索取一些印刷费。

公民**恩格斯**问，特鲁拉夫先生是不是已经送来了正式的账单。

书记回答说没有。

公民**恩格斯**于是提议，要特鲁拉夫先生开一份正式的明细账单，不见到这样的账单不付钱给他。

公民**布列德尼克**附议，一致通过。

公民**赛拉叶**问负责去找一间合适房子的那个委员会是否已找到房子。报纸和信件不断地丢失，他好几天前就在等一封信，但这封信一直

---

① 此处原稿中划掉了"米尔纳"的名字。

未见到。

公民**恩格斯**说，他订的西班牙报纸丢了。

公民**巴里**找过房子，但找不到合适的，主要困难是房租。他找不到一间合适一点而租金低于每年 20 镑或 25 镑的房子。

公民**布列德尼克**提议，公民**泰勒**附议，把委员会扩大。

此议一致通过，公民泰勒、荣克和麦克唐奈被任命为委员。

接着，公民**马克思**就新的波兰人支部的章程提出了报告；这个章程除其中两节外，符合共同章程。其中一节是提议总委员会在个人之间发生纠纷时充当上诉法庭；另一节是在出版物中使用假名，这一点意思不清楚，需要说明。

除两节外，委员会建议通过这个章程。

此议一致通过。

公民**马克思**接着又代表委员会提出了关于伦敦联合会委员会章程的报告。这个章程没有与共同章程相抵触的地方，但是有几处需要讲得更明白些，还有几处编辑错误。这些他都一一指出来了。

书记宣读联合会委员会的来信，信中开列了联合会委员会在得到总委员会承认时的委员名单，同时也写上了后来增补的委员的名字。原来有 3 名没有代表资格的公民被加了进去，他们是考威尔·斯特普尼、布兰福德和里沙尔。来信还说，除诺丁汉分部外，所有的分部都宣布参加，一直没有收到诺丁汉分部的回信。信中还开列了一份曾被邀请参加的工会团体的名单。[66]

公民**恩格斯**问公民基恩，曼彻斯特支部是怎样参加的。他收到杜邦的来信说，此事并未落实。[67]

公民**基恩**回答说，公民黑尔斯比他自己更了解伦敦和外地的分部，因为黑尔斯管通讯工作。

接下来公民**布恩**说：我希望通过主席问问公民基恩，是不是他是名义上的书记，而公民黑尔斯是实际上的书记。

公民**布列德尼克**说，曾作过一个安排，联合会委员会对这个安排也十分满意，这就是通讯工作由公民黑尔斯负责，结果证明这个安排很好。

公民**黑尔斯**说，问题很简单：他是应邀而承担联合会委员会的通讯工作的。

公民**亚罗**问，他是否还是总委员会的委员。

书记认为他已不是委员了，他是细木工工会的代表，在巴塞尔代表大会以前就离开了伦敦，已经另派了一名代表接替他。[68]不言而喻，如果一个委员无限期地离开了伦敦，他就不再是委员了。罗赫纳离开过伦敦，他回来以后，又按照通常的方式重新提名，重新选举。公民威·黑尔斯也离开过伦敦，只有 10 个月，他也经过了重新选举。

公民**亚罗**说，自从他任细木工工会的代表以后，再没有任命过别人当代表。

公民**埃卡留斯**说，斯密斯来过一两次，是来付钱和参加一次为讨论比利时事件而召开的会议。[69]

这个问题最后以公民**布恩**提议亚罗为总委员会委员，公民**列斯纳**附议得到解决。

接着公民**马克思**提议，公民**荣克**附议，允许公民亚罗在考验期内参加总委员会的会议，但没有表决权。

此议一致通过。

公民**马克思**说，有两个联合会委员会委员①还在共和大同盟[70]里担任职务；这是一个同国际争夺影响的组织，其中有两名干事一直不断地通过德国和波兰的报刊攻击国际协会，因此，不能让这两个人同时在两

① 指查多克和坎汉。

个组织里担任职务。他们必须在两者中间作出选择。还有一些不是代表的人参加委员会，这是违反章程的。因此不能承认对他们的选举。

公民**亚罗**说，细木工工会没有听说过要建立联合会委员会。他认为，从一开始就应该采取另外的做法。应该征求加入国际的那些团体的意见，从而使它们在总委员会里享有应有的代表权。

公民**黑尔斯**说，他是第一个建议总委员会着手建立联合会委员会的，他曾多次提议，但一直得不到通过。只是有了代表会议的决议之后才付诸实行。

公民**布列德尼克**说，他很遗憾，那些一直积极工作的人得到的只是某些英国委员的宗派性的反对。这些英国委员对其他运动的重视超过了对协会及其原则的重视。

公民**恩格斯**说，这个问题应该解决了。关于公民查多克和公民坎汉的问题，实际上在解决同盟问题时已经解决了，即协会会员不得属于国际内部的另一个国际委员会。[71]他对联合会委员会的章程与共同章程不相抵触感到高兴。杜邦曾写信给他说，联合会委员会希望有权自行增加委员[72]，他得知原来是〔一个〕错误，很高兴。

公民**黑尔斯**说，不是弄错了，而是确系如此。

公民**恩格斯**说，那他就提议暂不讨论这个问题，并要求拿出章程的原文来。看来他们对他们所要表决的文件一无所知。

公民**埃卡留斯**说，如果布列德尼克能在他作冒失的发言以前考虑一下就好了。事实是，在黑尔斯提出他的议案时，小委员会只有两人支持，黑尔斯保留了把议案提交给总委员会的权利。结果问题被交到代表会议，在代表会议上被大陆的代表通过。多年来他们一直在努力把英国的事务同协会的共同事务分开。事实证明，说在总委员会以外没有足够的人才领导运动，而且其中有些人还得保住自己的名声是正确的。

此时公民**赛拉叶**宣布问题暂停讨论，因为时间已到。

公民**布恩**抱怨说，他没有机会提出他的提案——下个星期他一定要提出；他要求优先讨论他的提案。

委员会于 11 时 30 分休会。

主席　**海·荣克**

书记　**约翰·黑尔斯**

总委员会会议记录①

1872 年 1 月 16 日举行**73**

公民**荣克**主持会议。

出席委员：公民**布恩、布列德尼克、库尔奈、恩格斯、埃卡留斯、弗兰克尔、黑尔斯、哈里斯、荣克、基恩、列斯纳、罗赫纳、勒穆修、马克思、梅奥、麦克唐奈、米尔纳、莫特斯赫德、普芬德、罗沙、吕尔、赛拉叶、雷吉斯、唐森**。公民**亚罗**也出席了会议。

宣读并批准了上次会议的记录。**书记**宣读来自利物浦、曼彻斯特和米德尔斯伯勒的信件。米德尔斯伯勒的来信说可以为流亡者找到工作。还宣读了休·威廉斯的一封来信，信中附有一张捐赠给流亡者的支票。威廉斯劝总委员会一定要办一个刊物，并表示愿为此出力。

主席宣布收到新的法语分部的一个通知，说公民德沃尔弗斯和马格里特已被任命为支部的代表，并要求总委员会予以接受。

有人提议［和］附议接受他们为总委员会委员。

提议被一致通过。

公民**赛拉叶**说他收到了几封法国来信。运动正在发展，特别是在南方，支部联合会正在设法筹办一家报纸，他们希望该报成为一个正式的

---

① 本日记录由黑尔斯记在会议记录本第 362—366 页上。

刊物。

公民**恩格斯**报告说，罗马发生了 3 起罢工。罢工的是马车工人、制革工人和铁匠。这是罗马首次发生的罢工。

公民**马克思**报告说，新的波兰人支部已经接受了对他们的章程所作的修改，并对有关使用假名的那一节作了令人满意的说明。这一节仅仅是就文件等的出版而言的，而且只适用于在波兰和加里西亚进行宣传。

他还报告说，小委员会①认真研究了联合会委员会的章程全文副本，他们认为，除了要求给联合会委员会以自行增加委员的权利这一条，只要按照上个星期提出的意见略作修改，这个章程就符合共同章程了。小委员会已将那一条删去，建议按照以下条件批准这个章程和承认联合会委员会：第一，必须接受小委员会所作的修改；第二，联合会委员会必须要求参加共和大同盟委员会的委员作出抉择，到底参加哪个委员会；第三，在临时联合会委员会得到承认以后增加的委员——他们没有代表权——必须开除出委员会。

第一条之所以必要是为了使章程符合共同章程。第二条之所以必要是因为共和大同盟是一个同国际争夺影响的组织，而且其中有些成员一直不断地攻击国际协会，不能许可在国际负责人员的签名中出现一个敌对组织成员的名字。第三条之所以必要是因为选举没有代表资格的人的做法是非法的。

公民**莫特斯赫德**说，他希望知道这个提议的真正含义究竟是什么。

公民**马克思**说，有两个问题必须解决，即章程的合法性和联合会委员会的组成。

公民**莫特斯赫德**说，他不是仅仅从人事方面而是从更大的方面看这个问题。他从一开始就反对成立这个所谓的联合会委员会。对为组织成

---

① 负责审查章程的小委员会。

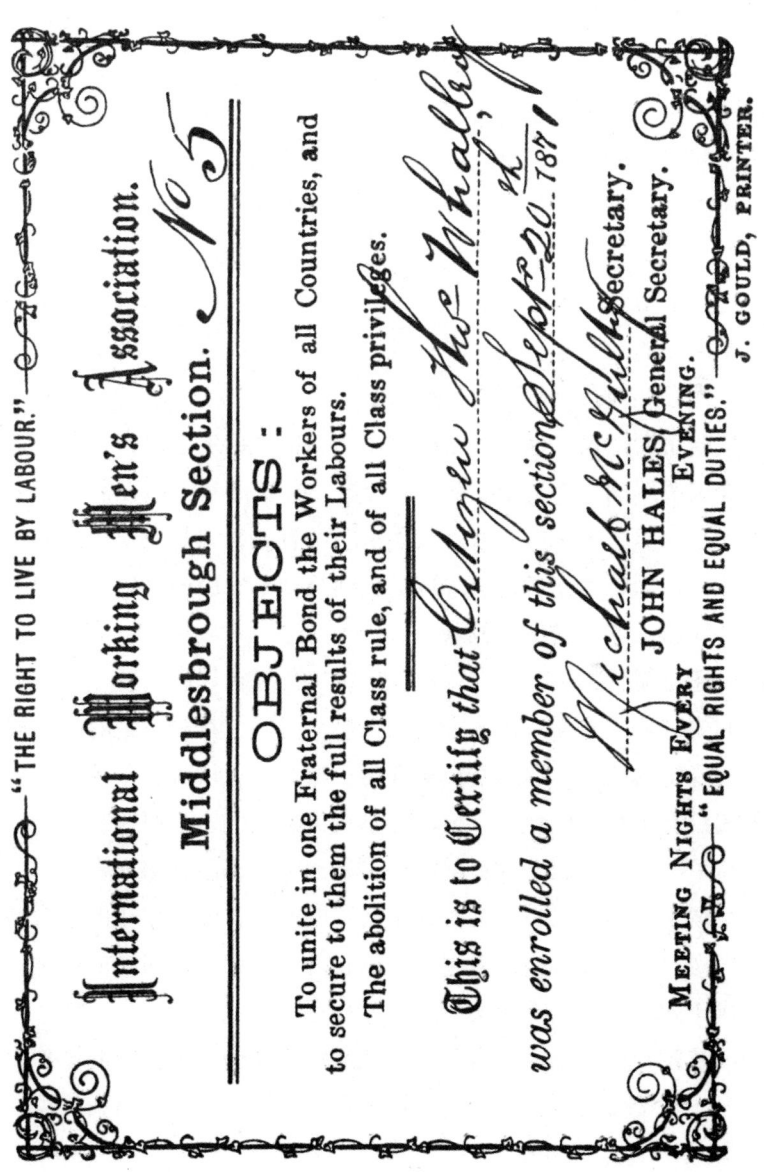

国际米德尔斯伯勒支部发给托马斯·惠利的会员卡

功这个委员会而努力的人，他可以高兴地同他们握手，但是对任何非法的行为他是不能给予承认的。如果书记真是正直无私地尽了职的话，所出现的这些争论和纠纷是不会发生的。他不能随着别人一起把公民查多克弄成替罪羊，他说不出公民查多克有什么毛病。

公民**布恩**提议，在代表会议①决议得到遵守前，不管他们自称不列颠联合会委员会还是伦敦联合会委员会，一律不予承认。他认为制定章程的机构的成员问题不解决，章程的问题就不能解决，因为也许不同的人会制定出不同的章程。书记本人就承认，在建立这个所谓的委员会的问题上，他只和他自己的朋友们商量过。

公民**哈里斯**附议；他不属于任何集团，但他确实不满意书记的非法行为。全国改革同盟[74]是国际的一个分部，有公民米尔纳在总委员会里做它的代表，但是关于建立联合会委员会的打算，它甚至连个通知也没有得到。他认为，为此目的而采取的任何行动本来应该让每一个总委员会委员都知道，这是他们的权利。

公民**恩格斯**宣读了代表会议决议，指出代表会议责成各分部按照总委员会的要求着手建立一个联合会委员会。无疑，在开始的时候有过一些不符合规定的做法，但总委员会在第一次给予承认时已予免究。要知道，他们没有干过其他什么事情以谋求在英国扩大这个组织。为已经做过的事情争吵是毫无意义的；何况许多最大的分部已宣布加入。

公民**埃卡留斯**提出一个解决这个难题的办法，即把现在的联合会委员会先当做一个临时机构，由它通知所有的分部和加入国际的团体派出代表组成正式的联合会委员会。

公民**赛拉叶**说，总委员会曾两次就承认联合会委员会的问题作出决定，第一次是接受代表，第二次是把章程提交给小委员会。如果说在代

---

① 指1871年伦敦代表会议。

表会议通过决议的时候只有 3 个分部，那就应该让这 3 个分部来执行决议。

公民**莫特斯赫德**说，这是一个真诚不真诚的问题。书记在提议建立联合会委员会的时候，只邀请了他的朋友。

公民**荣克**说，他认为书记的行为是完全合法的，但是对他的行为是否慎重不表示意见。

公民**布列德尼克**说，那些努力要为协会做点事情的人，不断地受到关心其他某个运动胜过关心国际的人的阻挠。

公民**库尔奈**说，既然没有新的论据提出，他希望进行表决。

公民**布恩**说，大家已承认书记的行为是非法的，现在又要他们原谅这种非法行为。反对的人决不会同意这样做，如果他们在表决中被击败，他们将把问题弄到总委员会以外去。

接着公民**布恩**的修正案交付表决，结果 7 票赞成，11 票反对；随后对原提案进行表决，结果以 11 票对 2 票通过。

公民**莫特斯赫德**说，他愿公开收回他过去所讲的每一句伤害公民阿普尔加思的话。在诺丁汉市长①举行的宴会上，阿普尔加思公正无私地为协会辩护。[75]这样做需要有相当的道义上的勇气。他宣布收回他所说的全部反对他的话，他之所以这样做，是因为必须让一些公民在刚才的表决以后重新考虑他们的立场，而且也许他再也不来参加会议了。

　　　　　　　　　　　　　主席　**奥·赛拉叶**
　　　　　　　　　　　　　书记　**约翰·黑尔斯**

---

① 指华德。

总委员会会议记录①

1872 年 1 月 23 日举行[76]

公民**赛拉叶**主持会议。

出席委员：公民**布列德尼克、布恩、库尔奈、埃卡留斯、恩格斯、弗兰克尔、黑尔斯、哈里斯、荣克、罗、列斯纳、勒穆修、龙格、马克思、马丁、马格里特、梅奥、莫特斯赫德、普芬德、朗维埃、罗奇、雷吉斯、罗沙、沃尔弗斯、亚罗、阿普尔加思、唐森、巴里**。

在**书记**②宣读会议记录后并提议批准之前，公民**莫特斯赫德**站起来发表了一个声明。他说他曾希望经过上星期的表决，争吵会停止；他知道，争吵总有结束的时候，并且曾认为那时应该已经结束了。但是书记对他的个人品质进行指责，称他为伪造者。他要求书记或者立即收回他所说的话，或者拿出证据来，受到这种指责而无动于衷是不可能的。

公民**黑尔斯**说，为节省总委员会的时间，他提议"指定一个委员会来调查莫特斯赫德对黑尔斯和黑尔斯针对莫特斯赫德的指责"；他希望把整个问题调查一下。

公民**莫特斯赫德**对指定一个委员会来解决有关政治道德的问题不表示反对，但他不能同意由一个委员会来介入影响到他个人品质的事件。

公民**库尔奈**说，莫特斯赫德所指的争论发生在总委员会开会之后，他认为总委员会与此事无关，如果这事一定要处理，他将支持黑尔斯的提议。

公民**黑尔斯**说，这或许是总委员会的事，或许不是。如果是，总委

---

① 本日记录由黑尔斯记在会议记录本第 366—371 页上。

② 指黑尔斯。

员会指定一个委员会就能很好地处理［它］，如果不是，就不该把它提交总委员会。

公民**莫特斯赫德**说，他不可能让一个委员会来处理涉及他个人品质的指责，他提议让书记对他自己所说的话拿出证据，或者声明收回。他的名誉有受损害的危险。

公民**马克思**说，公民莫特斯赫德自相矛盾；如果这不是总委员会指定的委员会所能解决的，那么也不是总委员会能够解决的。又要求总委员会处理，又反对总委员会决定按自己的方式解决，这不合逻辑。此事当场解决不了，因为要作出结论需要调查。再讨论下去只会碍事。这件事不存在名誉问题，而是事实问题。

公民**布恩**认为莫特斯赫德的名誉有受损害的危险，总委员会其他委员们的名誉也有同样的危险；一个人单单因为他认为可以不同意书记的意见就被指责为伪造者，这岂不是怪事。说不定下一个就该他受到攻击谴责了；这是影响到每个委员名誉的问题，谁也不知道下一次谁要受攻击了。他支持莫特斯赫德的提议。

公民**罗奇**支持黑尔斯的提议，因为他认为，既然这个问题已经提到总委员会中来，总委员会有权按自己的方式行事。

公民**恩格斯**说，布恩要求立即解决问题，这是要求总委员会像战地军事法庭那样而不是像普通法庭那样行事；这种事需要有证据才能决断，而且由［一个］小委员会来处理可以更好一些。

公民**布列德尼克**看不出这里牵涉到什么名誉问题；根据所有的法典，一个人在证明有罪之前都被看做是无辜的。

公民**朗维埃**同布列德尼克的意见一致；在被证实有罪之前，谁也不会被认为是有罪的。他问，大陆上的人在听到证词以前怎么能对事情发表意见。

公民**莫特斯赫德**说此事影响到他的个人名誉，他认为每个人都是他本人名誉的最好评判人，他就是他自己名誉的最好评判人。他要求书记要么收回他所说的话，要么拿出证据来。

公民**布恩**说，总委员会的其余委员不可能同莫特斯赫德和黑尔斯两人同时待在同一个委员会里，两人之中无疑有一人不配留在总委员会。

公民**莫特斯赫德**说他坚持要求讨论他提出的问题，他要求书记拿出证据，要么收回他说过的话，不然他就要在别处采取措施。他要求公开道歉。

公民**黑尔斯**说，他拒绝回答在总委员会会外发生的任何与个人事情有关的问题。他自认为他关于莫特斯赫德所说的是真实的。如果指定的委员会裁断他诽谤了莫特斯赫德，他将公开道歉，但是，如果不这样，他将不道歉。

公民**阿普尔加思**说，他相信莫特斯赫德受到某个诽谤者的攻击，这个人不是总委员会委员。

接着把这一问题交付表决，公民黑尔斯所提的把问题交给一个委员会的提议以绝大多数票被通过，公民龙格、亚罗、米尔纳被指定为委员会委员。

公民**马克思**报告说，在萨克森的开姆尼茨召开了代表大会，有代表60 个城镇的 120 名代表出席。在大会的秘密会议上一致通过决议，表示拥护协会的原则和赞成代表会议的决议。[77]

公民**恩格斯**报告说，他收到了一封都灵来信，内有 20 法郎，是该支部部分会员的会费。来信还表示很快将把那些没有到会的会员的会费送来。他还报告说，意大利报纸登出了一些关于协会及其活动的谣传，他举例读了两条。[78]

公民**荣克**报告，他收到了苏黎世一个支部的章程，他将把它交给章程委员会。

公民**马克思**报告，他收到了阿姆斯特丹支部书记①寄来的共同章程的译文和一份荷兰联合会委员会的章程。[79]

公民**赛拉叶**报告，他收到了从法国来的信。运动正不断取得进展，特别是在南部，那里的工会正派出代表成立联合会委员会。他有一个支部（或委员会）的成员名单，他宣读了这份名单，还报告了有关代表们所代表的各种团体及每个团体的人数的情况。

公民**黑尔斯**报告，利物浦分部正顺利地取得进展，几个新的分部正在组织中。他还收到美国的两个联合会委员会的来信。[80]

公民**埃卡留斯**报告，他收到了公民格雷戈里逝世的消息。他是协会在美国的最积极的会员之一。纽约的几个支部举行会议讨论了几个具有共产主义性质的建议，打算以这些建议作为宣传鼓动的基础。[81]

书记宣读了一封所谓德意志工人协会②的来信，信中说公民吕尔已被撤销代表资格。

公民**吕尔**问书记，来信是否盖有协会的图章。

书记回答说没有；有人提议并得到附议，会议转入原定日程。

公民**弗兰克尔**说，写信的那些人曾写信提议要那个协会退出国际，但他们没能得逞，此后便尽一切可能挑拨离间。[82]

公民**荣克**说：上次战争③期间，这伙人曾想让德意志协会宣布支持德国。[83]

公民**埃卡留斯**说：法国革命④以前，这个德意志协会收集了600册书，情况一直很好；后来新的成员加入进来，这些人除了制造不和，什

---

① 指格尔哈特。
② 指伦敦德意志工人教育协会。
③ 指普法战争。
④ 指巴黎公社。

么也不干。大多数人再也忍受不下去了，把协会及其财产搬到另一个地方，使分裂分子无法再妨碍他们。因此，现在来了这么一手。

提议获得一致通过。

公民**布列德尼克**问：报道事件调查委员会是否已将报告准备好。[84]

公民**布恩**回答：这个委员会还不能提出报告，因为了解这件事的人离开了英国；他见过这个人，这个人告诉他，他付过钱，但不愿说是付给谁了，他推托说曾以名誉担保不讲出来。

公民**赛拉叶**问租房委员会是否有什么报告。

看起来是没有。

公民**哈里斯**问，协会是否已吸收查理·迪尔克先生为名誉会员；他在《雷诺新闻》上看到了这一报道，如果不属实，就应该予以驳斥。

书记说这不属实，但在两星期前——当这一报道刚登出来时，已经驳斥过了；他认为不需要连续不断地辟谣。

公民**布列德尼克**问，什么时候布恩打算把他关于书记的提议提出来。

公民**布恩**回答说，有机会马上提出；他已充分准备并且愿意一有机会就提出。

公民**恩格斯**提议把此事推迟到刚任命的委员会提出报告之后。

公民**马克思**说，如果没有特殊情况发生，那些反对书记、反对他履行职责的方式的人，可以反对他的……①

公民**黑尔斯**说，他倒愿意这事能明确解决。把一个提议一个星期一个星期地拖下去，令人很不快。

公民**列斯纳**支持公民恩格斯的提议。

公民**库尔奈**说，每次开会都有两三个小时的时间耗费在个人争吵

---

① 会议记录在此中断。

上。他认为如果能指定一个常设委员会来审理所有这类分歧就好了。

提议获得一致通过。[85]

委员会于 11 时 15 分休会。

主席　奥·赛拉叶

书记　约翰·黑尔斯

总委员会会议①

1872 年 1 月 30 日举行[86]

公民**赛拉叶**主持会议。

出席委员：公民布恩、巴里、库尔奈、埃卡留斯、恩格斯、弗兰克尔、黑尔斯、哈里斯、荣克、基恩、勒穆修、列斯纳、龙格、罗赫纳、马克思、马丁、梅奥、马格里特、米尔纳、莫特斯赫德、普芬德、朗维埃、罗沙、雷吉斯、吕尔、赛拉叶、泰勒、唐森、沃尔弗斯、亚罗。

宣读并批准了上次会议的记录。公民**马克思**报告说，章程委员会已经审查过荷兰联合会委员会和苏黎世支部的章程，认为两个章程都符合共同章程，因此，他提议予以批准。

提议获得一致通过。

公民**马克思**还报告说，柏林已筹划成立一个工厂主的国际联合组织。该组织的章程宣布"它的任务之一是调查国际工人协会的活动和工作，随时向政府报告，遵照政府有关协会的建议行动，并执行政府正式提出的各项反对协会的措施"。柏林交易所报刊②评论这一条说，这一运动不可能取得成功，因为公然宣布自己是警察代理机关的团体，没有

---

① 本日记录由黑尔斯记在会议记录本第 372—377 页上。

② 指《柏林交易所信使报》。

一个会取得工人阶级的信任。

公民**恩格斯**报告他收到了米兰支部的章程，他认为这个章程符合共同章程。他提议予以批准。[87]

公民**雷吉斯**附议，一致通过。

他［**恩格斯**］还报告说，都灵剩下的那一部分会费还没有交上来。他还报告了来自西班牙的消息，在巴塞罗纳成立了一个新的、由店员组成的支部。他们想同所有其他店员支部建立联系，组织一次改善他们境况的运动。[88]至于一般情况，西班牙的协会会员的全部注意力都集中在政府镇压国际的措施上。首相萨加斯塔阁下向省长们发了通知，告诉他们，尽管一般说来不应侵犯公开集会和言论自由的权利，然而这些权利不应给予国际，因为它是一个同一切法律和秩序都对立的协会。协会的会员完全有权保持他们的观点，但不能表达出来，因为要是他们表达出来的话，那就等于一场革命的开始。马德里各支部的第一个行动就是立即召集公开集会来决定在这一问题上应采取的对策。他不［知道］这次集会开过没有。尽管对政府在这方面的意图不会看错，然而它还没有采取任何行动。这可能是由于解散**议会**，这次解散被激进分子看做是一场**政变**；普遍的印象是人民不会参加选举，但打击将接踵而来。国际正在考虑在这种情况下应采取什么行动。虽然它到目前为止一直脱离政治，然而这次它认为不得不既在社会方面又在政治方面采取行动——事实上，它完全承认代表会议决议中所说的政治问题和社会问题不可分的原则。[89]

公民**弗兰克尔**报告说，上一期的《人民意志报》[90]因载有一篇路易丝·米歇尔的文章而被没收。编辑诺伊迈尔以叛国罪遭到逮捕，并因遭到迫害而精神失常。

公民**黑尔斯**报告说，他收到了一封澳大利亚的来信，要求寄去有关协会的资料。

公民**埃卡留斯**说，他收到了左尔格的来信，要求寄去 1000 张会费券，2000 份德文版的和 1200 份法文版的章程；他还抱怨给某一民族的人任命书记，因为合众国联合会委员会中有各个民族的人。联合会委员会还反对总委员会不经过联合会委员会而直接同美国的支部通信联系。[91]

公民**赛拉叶**报告说，在利摩日举行了一次共和派的集会来建立协会的分部，会上宣读了他所写的一封信和代表会议决议①，之后一致决定建立分部，这个分部将完整地坚持代表会议的决议；法国南部的一个支部（其代表代表着 400 多名会员）宣布拥护代表会议决议第 16 项。[92]这表明瑞士分裂分子所说的法国南部站在他们一边，是不符合事实的。法国南部到处都最衷心地拥护总委员会的纲领。

公民**恩格斯**说，那个把一封所谓德意志协会的信带到上次会议上的人刚刚到这里来过；恩格斯告诉他将不作答复。

公民**巴里**以租房委员会一员的身份报告说，他找到了一所他认为适合总委员会的房子，租费是每周一个晚上每年 10 镑；这所房子同一个学校相连，正好在国家美术馆后边，离特拉法加广场很近。

公民**马丁**说，在拉脱本广场有几间房，他认为适合总委员会。

有人提议，让公民荣克和泰勒去看一看这些房间并在下次会议上报告一下。得到附议并通过。

公民**埃卡留斯**指出，总委员会在离开这所房子之前一个月应发出迁移的通知，由于这个月马上就要结束，他提议立即发出这一通知。

公民**列斯纳**附议。提议得到通过。

公民**布思**代表报道事件调查委员会报告，委员会没能进一步调查，因为估计可能知道此事的奥赖已离开了英国。委员会查明总委员会的一

---

① 指 1871 年伦敦代表会议决议。

名委员向一家美国报纸①提供了一篇符合事实的报道，他认为他所指的这个委员，公民埃卡留斯，能够对此作出令人满意的解释。

公民**荣克**作为报道事件调查委员会的一员认为，在报告提出之前还应开一次会对报告表决通过；他不同意提出的这份报告。他非常怀疑任何一个委员是否有权甚至向美国报纸提供报道。毫无疑问，埃卡留斯送出一篇可以被《苏格兰人报》改写刊登的报道，是很错误的。因为事实上，《苏格兰人报》的报道就是以那篇给美国报纸的报道为基础的。

公民**马克思**说，埃卡留斯已经承认那篇给美国报纸的报道是他发出的。这是个不应该犯的错误。

公民**埃卡留斯**说，他没有提供需要保密的东西，他在提供这篇东西时是说好了与此有关的任何东西不得在英国报纸上出现的。他认为，他写的东西在文件公布以前是不应登出来的。他想提一下，他所收到的数目，同他从这家报纸收到的其他文章的稿酬，是完全相同的，而且这里所谈的那篇是一篇文章，而不是报道。

公民**勒穆修**说，他认为提供关于正在讨论的事情这种性质的报道，就是出卖总委员会的机密。

公民**基恩**说，还有一些报道应该解决一下；他想问问在场的委员中是否有人给《东邮报》写了一封署名"一投稿人"的信。[93]

公民**莫特斯赫德**说，写那封信是个卑鄙手段，写［此］信的人当然不会承认。

公民**哈里斯**说，可能除埃卡留斯外还有其他人提供报道；他知道还有其他报道。

公民**埃卡留斯**说，杰勒德讲过还有3份报道安排在奥赖的报道之后，所以这清楚地证明其他报道会接着登出来。

---

① 指《世界报》。

公民**布恩**说，奥赖告诉过他，他为一份报道支付了不止 2 镑的钱，但既不是给黑尔斯，也不是给埃卡留斯。

公民**基恩**想通过主席问巴里是否写了他提到的《东邮报》上的那封信。

公民**巴里**说他不想回答个别委员提出的问题，但他会提出总委员会所要了解的各种情况。

公民**恩格斯**说他不能一言不发就让问题过去；尽管埃卡留斯是他的老朋友，但他提议总委员会对埃卡留斯向美国报纸提供关于代表会议开会情况的报道的这种行为表示谴责。

公民**莫特斯赫德**说，他认为在那样的问题上谴责一位老战士和值得尊敬的工作人员是不公正的，他认为在报上进行宣传，对协会活动的开展是最好不过了。他提出一项修正案：由于这个委员会未能查明是谁接受了奥赖的 10 镑，总委员会决定转入原定日程。他见到过奥赖拿给他看的另外 3 份报道，没有一份是埃卡留斯写的。

公民**亚罗**附议。

公民**米尔纳、马丁、勒穆修**①支持原决议案。公民**布恩、哈里斯、莫特斯赫德和巴里**支持修正案。

表决结果是：8 票赞成修正案，16 票反对；原决议案是 20 票赞成，7 票反对。

宣读了一封奥格尔维的来信，之后委员会于 11 时 30 分休会。

主席　**奥·赛拉叶**

书记　**约翰·黑尔斯**

---

① 此处原稿中划掉了"巴里"的名字。

总委员会会议记录①

1872 年 2 月 5 日②举行**94**

公民**赛拉叶**主持会议。

出席委员：公民**布恩、布列德尼克、埃卡留斯、弗兰克尔、黑尔斯、哈里斯、荣克、基恩、列斯纳、勒穆修、罗赫纳、马克思、马丁、梅奥、默里、米尔纳、普芬德、罗奇、吕尔、赛拉叶、泰勒、唐森、符卢勃列夫斯基、亚罗、龙格、巴里。**

宣读并批准了上次会议的记录。公民**马克思**提议，公民**布列德尼克**附议，关于不允许外人到会的规定，在一切情况下都应严格执行。

提议一致通过。

公民**马克思**说，他收到了一位住在美国的老宪章派的来信，要求提供一位据认为同拿破仑亲王关系密切的英国共和党人的情况。信内附有纽约《世界报》的剪报，记者叙述了他同亲王的一次会见，并说陪同亲王的是一位重要的共和党人。**95**下文清楚地表明所指的人是布拉德洛。

公民**马克思**还请会议注意这件事：阿尔伯·里沙尔和加斯帕尔·勃朗已成了波拿巴政府的奸细，并在最近发表了一个小册子以实现他们的计谋，标题是"帝国和新法兰西"。**96**在这本小册子里，他们宣布他们再也不是国际的成员了，因为他们确信唯一能够拯救法国的不是国际，而是帝国主义。他们呼吁法国工人帮助他们努力恢复帝国。这些人曾经是国际中鼓吹脱离政治的那部分人，这种脱离政治所导致的结果是使他们成了帝国的拥护者。这种说教也影响了其他人，因为波拿巴主义的反动

---

① 本日记录由黑尔斯记在会议记录本第 377—384 页上。

② 应为"6 日"。

正迅速扩大，除非工人们从当前的昏睡中清醒过来，不然他们就会重新落到发动**政变**的那个人①的统治之下。他本想提议开除这两个人，既然他们宣布不再是国际的成员，他认为这也就不必要了。他们为了见巴斯特利卡而到了伦敦。

一个新成立的法国人支部向总委员会提交了章程，请求批准，已转给了章程委员会。[97]

这时法国流亡者代表团走进房间，请求总委员会继续帮助流亡者。

公民**纳泽**谈了来访的目的。他说，法国政府每天把人运送到英国上岸，这些人几乎衣不蔽体，身无分文。在伦敦的流亡者已陷入绝境。他们没有钱，又不知怎么办。总委员会为他们募捐，直到一星期以前，每周给他们5—10镑，现在这种救济停止了。他恳请总委员会采取新的措施，看一看能否为他们再想些别的办法。现在需要救济的有75名流亡者，加上妇女和儿童一共有102人。由于法国政府的行动，这个数字大概还要增加一倍。

瑞士联邦委员会对法国政府把人驱赶到他们的国土上去提出了抗议。[98]或许这里也可以在这方面做些工作。

公民**荣克**说，总委员会近来没有为流亡者做任何事情。已经做到的一些事，都是斯特普尼、奥尔索普等一些人做的，他们向自己的朋友请求援助。但是，总委员会以前是做了很多工作的。他希望对流亡者基金进行一次财务审查，以便那些说总委员会什么也没做的人可以看到实际上做了些什么。就他个人来说，也尽了最大的努力，主要是在为流亡者寻找工作方面，但他们自己却并不总是那么急于去找，按理说他们一有机会就该抓住不放。此外，当他们找到工作时也该通知他。他向米德尔斯伯勒送去了11人，去干我们的书记在那儿找到的工作。他确信这些

---

① 指拿破仑第三。

人会受到很好的待遇。然而竟没有一个人写信回来，结果就流传了一些有关他们的极其荒谬的流言飞语。他一知道瑞士政府的行动后，就立即写信给迪尔克和哈里逊，询问他们，梯也尔是否有权把人驱逐到这里来填充英国的监狱，因为这些人不能饿死，如果找不到工作，他们就要被迫行窃。

公民**马克思**说，必须立即采取措施敦促政府表示态度。但是，他认为，这种措施应在总委员会之外采取，因为总委员会尽其所能做了一切，但是除了诽谤之外，什么也没有得到。他认为账目应该审查，到那时就会清楚地看出总委员会做了哪些工作。他认为总委员会已经尽到了自己的职责，现在应由总委员会之外的人去接手，看一看往后还能做些什么事情。当然，总委员会委员作为个人必须继续做他们力所能及的事。

公民**马丁**说，他认为总委员会不应当成立什么委员会，但在同时应当尽量宣传这件事，并且力求募到更多的钱。

公民**弗兰克尔**同意公民马克思的意见。他认为每个书记可以向各自的支部发出呼吁，而英国委员则可以召集一次会议来讨论这个问题。

公民**沃尔弗斯**认为，收到的钱应由总委员会分发，因为流亡者经常更换他们的负责人。

公民**巴里**说，既然总委员会已经赢得了一定的影响，那就可以提出问题：现在放弃这种影响究竟会有多大好处。

公民**荣克**认为，向所有的支部发出呼吁不会有任何用处。可以再向美国发出呼吁。[99]

公民**黑尔斯**提议任命一个委员会来研究这个问题。

公民**荣克**希望对账目进行审查，他认为应该首先指定查账员。

指定查账员的提议得到附议并通过。公民罗奇、泰勒、沃尔弗斯被指定为查账员。

公民**荣克**接着说，拨点钱给流亡者［是］必要的。

公民**黑尔斯**提议，公民列斯纳附议，拨出 5 镑给流亡者。一致通过。

公民**荣克**说：关于下一步的行动问题，有两种办法影响政府，一是设法让某位议员在议院中质问政府，另一是任命一个代表团去见外交大臣①。

公民**哈里斯**赞成任命代表团。

公民**黑尔斯**再次提出他的成立一个委员会的提议，他认为这是解决这个问题的最好办法。

公民**泰勒**附议；一致通过。

公民**荣克**认为，这个委员会应由全体英国委员以及愿意参加的大陆委员组成。

对此一致同意，确定于第二天晚上在牛津街拉脱本广场 38 号公民马丁的住处开会。

公民**龙格**说，为就莫特斯赫德对黑尔斯、黑尔斯对莫特斯赫德进行的指责提出报告而任命的委员会已得出结论。报告是由公民亚罗起草的，他和公民米尔纳同意这篇报告。由于时间很晚了，他提议把这篇报告宣读一下，暂不讨论。

公民**亚罗**宣读了报告，报告对争论的问题没表示意见。

公民**哈里斯**提议接受这篇报告。

公民**巴里**附议。

公民**黑尔斯**以报告中有一处与事实不符为理由表示反对。

公民**泰勒**提议，公民**布列德尼克**附议，把问题推迟到下次会议讨论。

_____

① 指格兰维尔。

公民**哈里斯**说，由于对事实有争议，他同意推迟，并撤回他的提议。

公民**埃卡留斯**接着宣读如下的抗议，他希望把这一抗议插入会议记录中。①

抗　议

我对国际工人协会总委员会大多数委员在 1872 年 1 月 30 日总委员会会议上表决通过的谴责我的决议提出抗议，理由如下：

1. 因为表决是在调查委员会提出联合报告之前匆忙作出的。

2. 因为对已经发表的报道未给予注意。这篇报道在荣克手里放了 3 个月，它无可争议地证明了：尽管有必须保守代表会议秘密的指示（因为公开宣传出去有可能危及大陆代表的安全返回），书记黑尔斯还是把秘密泄露给一个陌生人，并且把他带到代表会议开会的地方与代表会晤，其结果［是］在代表们一个也没离开之前，关于代表会议召开及其会议任务的报道便出现在英国报刊上。

3. 因为这是极其矛盾、极其偏袒不公的：一方面，对一个人加以谴责，因为他在所有代表已安全返回本国后发表了一篇关于代表会议情况的符合事实的、正面的简要报道，而且代表会议经过慎重讨论已一致决定公开发表会议决议的大部分；另一方面，对另一个人的行为却从未发生任何怀疑，尽管他在开会期间就把代表会议泄露出去，他带来一个陌生人，这个人前来的公开目的就是把了解到的情况随时告诉报刊，这个人还据此制造了种种恶意的诽谤。

约·格奥尔格·埃卡留斯

1872 年 2 月 6 日

---

① 会议记录本中此处粘贴了埃卡留斯所写的抗议。

公民**黑尔斯**表示准备建议总委员会，对以做笔记为目的参加总委员会会议并为了赚钱向报刊提供报道的那个人的行为加以研究。

公民**哈里斯**问公民基恩是否知道《东邮报》没有刊登投寄给它的某一封信的原因，据他所知这封信完全揭穿了总委员会某个负责人的行径。

公民**基恩**说，他不是编辑而是经理，他根本不知道提到的这封信。送到报社的许多信他都没有看过，他推测这封信就是其中之一。

公民**巴里**说，他想就公民基恩在上次会议上提出的问题作一声明，他本来应该在当时就回答那个问题的，但他认为那样做不妥当，因为会上还有另一个问题，可能会因他的声明而受到妨碍，并且他当时这样做，是按照总委员会一些有影响的委员的忠告行事。事实上，在他就要谈到的那件事情上，即向报刊寄送报道的事情上，他从头至尾都是按这些有影响的委员的忠告行事的。他向报社送了一篇报道，为此得到了钱，而且这是唯一的一篇，即关于流亡者拒绝接受布拉德洛的讲演报酬的那一篇。他送那一篇报道有三个原因：第一，因为他想引起舆论对总委员会的重视；第二，提高总委员会本身的威信；第三，打击布拉德洛。他没有在这件事中捞取任何好处，因为他已把得到的钱交出来援助流亡者。在整个这件事情中，他都是按照他提到的那些有影响的委员们的忠告和建议行事的。他们从头至尾了解此事，这里没有什么秘密，他在做这一切时，只是想努力为事业服务罢了。

公民**荣克**说，公民巴里说他是按照有影响的委员们的忠告寄送这篇报道的，他希望把这记下来，因为他对此事的印象完全不同。

公民**巴里**说，他没有讲他按照那些委员的忠告寄送了报道，他只是说按照他们的忠告没有把此事告诉给总委员会其他委员。

公民**荣克**希望把这记下来，尽管在这个问题上他也有不同的理解。

公民**黑尔斯**说，听了这一声明后，他要改变准备提出的建议。

他要提议把巴里从总委员会中驱逐出去，因为巴里犯有内奸行为罪。

委员会于 11 时 40 分休会。①

公民**哈里斯**对记录的准确性提出疑问。

公民**巴里**也声明说，就他的发言而论，会议记录是不准确的，他不是讲他在忠告下寄送了报道，而是说因为基恩跟某某人很亲近，没有把答复告诉他。他寄送报道完全由自己负责。

主席认为巴里讲的同记录一样。他也想就埃卡留斯的抗议说明一下，他并没有向总委员会隐瞒发表出去的东西。

哈里斯说他曾见过这篇东西，并曾告诉布恩，如果他想要的话，他可以在委员会下次会议时或者在那以前拿到它，但他没有去要，委员会也没有再开会。说发表出去的东西被隐瞒起来，这不符合事实。

主席　海·荣克

书记　约翰·黑尔斯

会议记录②

1872 年 2 月 13 日举行[100]

公民**荣克**主持会议。

出席委员：公民阿尔诺、布恩、布列德尼克、库尔奈、埃卡留斯、恩格斯、弗兰克尔、黑尔斯、哈里斯、荣克、列斯纳、勒穆修、马克思、马丁、梅奥、马格里特、默里、米尔纳、普芬德、罗沙、朗维埃、赛拉叶、泰勒、唐森、沃尔弗斯、亚罗、巴里。

---

① 以下内容是在下一次总委员会会议批准会议记录时加进去的。

② 本日记录由黑尔斯记在会议记录本第 385—390 页上。

书记①宣读上次会议记录后，公民哈里斯和公民**巴里**说会议记录不准确。公民巴里说对他发言的错误记录并非无意。

会议记录加上说明后被批准。

书记报告说，在邓迪成立了一个新的分部，在莱斯特郡的欣克利也建立了一个分部。在森德兰和伍里奇也正在成立支部。[101]

他还宣读了一位名叫赖利的先生的来信，信中说从 3 月 1 日起将出版一份报纸叫《国际报》②，并表示如果总委员会认为合适，愿意抽出一栏至一版的篇幅供总委员会使用，为此要求总委员会帮助报纸的发行。

决定让公民恩格斯拜访一下写信人，进一步弄清详细情况，然后总委员会再对此事作出决定。[102]

宣读了全国星期日同盟的来信，说一个月之后迁出的通知已收到并已同意。

公民**马克思**报告，他收到了一封柏林来信，说共同章程（德文版）已经收到。联合会委员会已经任命了统计委员会。联合会委员会还表示准备在代表会议决议规定的日期，即 3 月 1 日以前缴纳会费。[103]他认为有必要把缴纳会费的期限延长，不然的话，通过那项决议的目的就达不到了。由于某些原因，会费券已寄出 4 个月，而许多支部还没有收到，因而就不能及时普查会员人数。他提议向总委员会缴纳会费的期限延长到今年 7 月 1 日。

公民**赛拉叶**附议。

公民**恩格斯**支持，西班牙会员还没有收到会费券。

决议案一致通过。

---

① 指黑尔斯。

② 《国际先驱报》。

公民**马克思**还宣读了他收到的来自日内瓦的如下消息①：

"来自瑞士的消息特别有趣。应俄国警察的要求，国际会员、日内瓦《平等报》前编辑公民吴亭的住宅受到搜查。俄国政府得悉西欧有几处地方在伪造俄国钞票，便派出了枢密顾问卡缅斯基先生追查伪造者。卡缅斯基忠于他本国的习俗，没有告发伪造者，反而同他们勾结在一起，现在他本人正在瑞士受到伊韦尔登法官的"通缉"。俄国政府在促使瑞士当局对卡缅斯基进行追究之后，认为还可以趁此机会搞点政治情报。于是，圣彼得堡的俄国大臣便直接给伊韦尔登法官写信说：他们有理由相信，公民吴亭参与了伪造事件，如果搜查他的住宅，就会搞到证据。尽管这一要求应由俄国使馆转达给联邦政府，再由他们加上一些必要的指示转达给他们的法官，这样它才具有法律效力，但是伊韦尔登的那位法官却擅自执行了这一完全不合法的要求。他来到了日内瓦，得到了这里当局的帮助，共和国的法官们便开始扣押吴亭的所有文件。搜查整整搞了3天，所有俄文、德文和英文的信件都由一个俄国翻译检查，这个人估计是俄国政府的间谍，因为连他的姓名都没有公布。经过这次长时间的细心的搜查之后，当局人士不得不垂头丧气地撤走了，不得不承认提出的指控中没有一点实情。不管怎样，公民吴亭的全部信件和文件都被仔细检查过。参加检查的不仅有共和国当局这个俄国政府的工具，还有那个神秘的俄国翻译，他的姓名不能透露，其原因不难设想，间谍的姓名是不予公布的。整个事情从头至尾都再明显不过了，俄国政府显然是想要查出吴亭在俄国的通讯人，这才提出了捏造的、无聊的、荒谬的关于伪造钞票的指控。另一方面，那些瑞士法官们，其中之一是法国贵族，对所谓国际的秘密活动很自然会感到好奇，并且他们认为吴亭的文件会为此提供丰富材料。他们以为这样可以一箭双雕。不幸的是，整个事情从头至尾都失败了。俄国信件原来都不过是家信，国际的文件也是公众通过国际的报刊已经很熟悉的东西。因而事情的收场是好奇者大失所望，瑞士作为共和国的

---

① 在会议记录本上此处粘贴了一条剪自《东邮报》的剪报。

名誉受到严重损害，并对公民吴亭低声下气地赔礼道歉。"①

马克思还说，丹麦社会主义者的机关报主编②访问了日内瓦，在那里对丹麦通讯书记没有定期写信大加埋怨。他不知道这种埋怨有多少根据，只是把此事报告一下。

公民**哈里斯**说，他相信莫特斯赫德履行了他的职责；他抱怨写信后收不到复信。

公民**马克思**提议给比利时书记③的指示如下：

第一，他应要求比利时联合会委员会说明是否收到 200 份法文版的共同章程。

第二，他应问一下联合会委员会该支部需要多少会费券，并要向它指明在伦敦代表会议上比利时人的代表比任何其他支部都多，因此，它不能逃避它对代表会议及其决议所应担负的义务。

第三，问一下《自由报》[104] 是不是比利时联合会委员会的正式机关报。

后一条之所以必要，是因为这家报纸对总委员会的事情没有充分注意，而对瑞士分裂分子的每件琐事却很重视。

提议得到附议并一致通过。

公民**赛拉叶**报告说，运动在巴黎正取得令人满意的进展，各支部正在重新组织之中。他收到了前联合会委员会一位老委员的来信。当然，必须极为小心谨慎。

他还收到了一个人的来信，那人自称受巴黎某些工人的委托来了解总委员会的情况。他约好了同此人会面，但那人没有如约前来；之后他

---

① 剪报至此完。
② 指《社会主义者报》编辑路易·皮奥。
③ 显然是给临时书记罗沙的。

按那人给的地址去找，发现那是前法国人分部[105]一位会员的房子，由于那人不在，他就留下了他的名片，但至今仍无消息。他认为他的口信没有带到。

在阿维尼翁，运动正在稳步进展；有一位工人被选入了市政府。

波尔多联合会委员会宣布拥护总委员会①。

他还收到了布雷斯特的一位老通信员的来信，提供了有关那里监禁的罪犯的一些有趣的详细情况。

他从阿尔及利亚收到了不止 3 封信。旧的支部是由警探和资产阶级分子组成的，所以有必要将其解散——已经解散了，现在这一支部正重新组建。

公民**布拉德尼克**报告说，联合会委员会一致通过赞同［伦敦］代表会议决议。

公民**恩格斯**报告说，西班牙各支部的情况没有变化，对萨加斯塔的通知没有采取任何行动。然而，马德里支部已发表了一篇声明，宣布如果不允许和平集会，该支部决心用武力来维护自己的权利。意大利没有什么新消息。

公民**弗兰克尔**报告说，自由协会（Freiheit）在维也纳被解散。借口是该协会同欧洲其他地方的社会主义者有通讯联系。《人民意志报》不准进入匈牙利。工人受到一个名叫陶伊斯的警监的专横对待。

公民**哈里斯**要求流亡者［委员会］提出报告。

主席说，此事已经不由总委员会管了，如果再从总委员会之外的人手中把这事揽过来，对这些人将是个侮辱。

有人问租房委员会是否已提出报告。

没有提出任何报告。

---

①　此处原稿中划掉了"的章程"这几个字。

公民**赛拉叶**要求立即讨论一项议程方面的建议。他提议任命一个仲裁委员会，一切个人问题和与此有关的事情都交给它去处理。该委员会应对交来的所有问题有解决和裁决的全权。除了有关开除的决定，对它的决定不得上诉。为了不使会议记录通篇都是有关个人问题的争吵，就非通过这个提议不可。最近 4 个月没干什么事。法国委员对什么事也不能做的状态感到厌烦。

公民**默里**附议。

公民**布恩**赞成这一原则，但是他认为这不能适用于那些已经提出的问题。

公民**库尔奈**说，这些正是提议要交给它处理的问题，以便节省时间。

公民**恩格斯**说，应该先讨论任命委员会的问题，然后讨论交给它处理的问题。

公民**米尔纳**对此提议的提出感到高兴。他感到遗憾的是，一些委员竟然这样完全忘记他们的责任，以致必须提出这样的提议。

公民**亚罗**赞成这一原则，但认为把已经交给一个委员会处理过的问题再拿到这里来没什么用处。

公民**马克思、黑尔斯、默里、布列德尼克**和**朗维埃**发言赞成这一提议。

公民**布恩**提出一项修正案，建议将此问题推迟讨论。

公民**亚罗**附议，公民**埃卡留斯**和**哈里斯**发言支持修正案。

决议案以绝大多数票被通过。下列公民被提名为此委员会的成员：阿尔诺、朗维埃、布列德尼克、米尔纳、普芬德、荣克、符卢勃列夫斯基、布恩；前 7 人当选。

委员会于 11 时 45 分休会。

书记　**约翰·黑尔斯**

会议记录①

1872 年 2 月 20 日举行[106]

公民**龙格**主持会议。

出席委员：公民**布恩、库尔奈、德拉埃、埃卡留斯、恩格斯、弗兰克尔、黑尔斯、哈里斯、荣克、基恩、列斯纳、龙格、马丁、梅奥、麦克唐奈、米尔纳、马格里特、普芬德、罗沙、吕尔、赛拉叶、泰勒、唐森、符卢勃列夫斯基、巴里、亚罗**。

宣读并批准了上次会议的记录。**书记**②宣布说他收到北美两个联合会委员会的两封来信；一封信索要德文、法文、意大利文、西班牙文和英文的章程文本；另一封信寄来了该联合会委员会的章程，同时还有一份月工作报告。[107]他提议把这两封信交给小委员会处理。[108]

公民**埃卡留斯**说，由于左尔格通知他说他即将辞职，所以他把章程寄给了格雷戈里。可是格雷戈里不久就去世了，后来他听说章程没有送到有关人的手里。美国现在共有 41 个支部，其中 32 个是与一个联合会委员会有联系的。

公民**恩格斯**提议，将此事全部交给小委员会处理。

公民**荣克**附议，同时还提议，今后凡寄出的文件都应由与总委员会有联系的商船海员代送。

此议一致通过。

书记报告说，有两名积极参加纽卡斯尔争取九小时工作日斗争的公民想要在纽卡斯尔组建一个分部。他们还打算创办一家叫做《工人月

---

① 本日记录由黑尔斯记在会议记录本第 390—395 页上。

② 指黑尔斯。

刊》的杂志。

公民**恩格斯**报告说，西班牙的情况没有多大变化。那里乌云尚未散去，政府正处于瓦解的混乱状态，所以萨加斯塔关于剥夺国际会员的公民权的通告仍是一纸空文。

他还报告说，他已经根据总委员会的委托拜访了公民赖利，但目前他还说不清这家好像将定名为《国际先驱报》的报纸的倾向；不过他被告知，关于这方面问题的通告到处都可以找到。公民赖利愿意拿出整整一个版面，冠以《国际》的刊头，把它同该报其他各版清晰地分开，专门用以刊登总书记和通讯书记送去的正式报道；他还邀请总委员会委员们撰写文章。他们的文章将同会员们个人的来信一起［发表］，但不放在正式文件一栏内。这样做是必要的，因为要避免发生类似互相抵触的情况。当然，［对］送来的一切稿件，他保留审改的权利，以保证他办的报纸不登带诽谤性的东西。报纸将每两周在星期四出版一次。

他提议委托书记每周把［送］给《东邮报》发表的报道照抄一份送给《国际先驱报》。

此议得到附议，一致通过。

公民**荣克**提请总委员会注意公民吴亭受辱一事，他提议就此事通过下面这项声明。

公民**恩格斯**附议，一致通过。①

国际工人协会总委员会声明

瑞士当局认为，仅凭俄国外交部违背联邦宪法直接向伊韦尔登的法官提出的一项要求，就可以对公民吴亭在日内瓦的住宅进行搜查，他们

①　在会议记录本上此处粘贴了一条剪自《东邮报》的剪报。

卑鄙地借口说他可能与伪造俄国钞票一案有关。在这件丑闻中，不管听起来有多么奇怪，负责追查伪币制造犯的俄国枢密顾问卡缅斯基竟是这些罪犯的主要头目。他们扣押了吴亭的文件，把他全部的俄文、德文和英文信件交给一个俄国翻译去检查，而且当局连这位翻译的姓名也拒绝宣布。公民吴亭在1871年12月以前是国际的机关刊物《平等报》的编辑，因此他的来往信件大部分是国际的通讯，而且在信上都有国际的各种委员会的印章。要不是他的法律顾问公民昂伯尔尼——总委员会对他深表感谢——出面干涉，吴亭的文件和他本人就要被引渡给俄国政府，而瑞士与俄国政府之间根本就没有引渡罪犯的条约。

俄国政府由于在国内碰到日益增长的反抗，竟利用像涅恰耶夫这些与国际毫无关系的人制造的所谓密谋，在国内借口自己的反对者是国际会员而将他们送交法庭。现在它又更进了一步，在它的忠实藩臣普鲁士的支持下，开始干涉西方国家的内政，要求它们的法官迎合它的需要去迫害国际。它在一个共和国里搞起了攻势，而这个共和国的当局就赶紧变成俄国的恭顺仆人。总委员会认为，现在需要做的是向各国工人公开斥责俄国政府的计谋以及它的西方帮凶们的奴颜婢膝的行为。①

公民**巴里**说，英国政府也曾被要求这样干，但没有成功。他谈到这一情况时要求保密，不要对外发表。

公民**荣克**提议"采取措施以纪念三月十八日一周年"。迄今为止，国际一直是纪念1848年六月工人起义，因为那次起义是工人阶级夺取政权的第一次尝试，但是因为三月十八日起义是第一次**成功**，他认为现在应该纪念三月十八日了。

公民**库尔奈**附议。

公民**布恩**支持并建议组织一个委员会进行筹备。

---

① 剪报至此结束。

　　此议一致通过，公民荣克、布恩、泰勒、米尔纳和麦克唐奈被指定组成这个筹备委员会，并有权自行增补委员。

　　公民**哈里斯**问，总委员会对书记的薪金问题持什么态度；规定他的薪金时定的期限是 3 个月，现在早已满期。他原以为书记自己会提起这件事，但书记没有提，所以他想由他来提。

　　公民**黑尔斯**说，下一项议程是公民布恩关于书记不称职的提案，他认为下面应该讨论这个问题。先讨论公民哈里斯提出的问题没什么用。最好先解决是否称职的问题，然后再解决薪金问题。

　　公民**恩格斯**认为，哈里斯提的问题应该由总委员会来研究，而布恩的提案则属于应交仲裁委员会处理的问题；因此他提议将布恩的提案交给仲裁委员会。

　　公民**黑尔斯**反对交给该委员会；如果他对问题没理解错的话，这个问题不是一个个人的问题，而是能力的问题。

　　公民**布恩**同意黑尔斯的说法，这个问题绝不是个人问题，而是是否称职的问题。而且在仲裁委员会成立的时候达成一个谅解，认为这个问题不应提给它，而应由总委员会处理。

　　公民**恩格斯**否认有过这种谅解或包含有这样的意思，问题是按照原则决定的。这正好是应该由仲裁委员会处理的问题——某个人的才智如何、道德品质如何是一个个人问题。它不是一个涉及工人阶级利益的问题。

　　公民**布恩**说，这是一个影响到工人阶级利益的问题，因为协会境遇的好坏在颇大程度上决定于干事的人选是否合适。他提议讨论他提出的议案。①

　　公民**库尔奈**说，这是一个个人问题，至少在他看来是这样的，所以

————————

　　①　这句话是在通过会议记录时加上的。

应该提交给仲裁委员会。成立这个委员会的目的就是要节省总委员会的时间。

公民**黑尔斯**对布恩的议案附议，因为如果公民恩格斯的提议得到通过，它将成为一个先例，事实上也就是把任命干事的权力交给仲裁委员会，而且这会使得哪个委员都几乎无法担任职位，因为别人会奚落他，说他不是经大多数人同意而担任职位的。

公民**恩格斯**说，这毫无共同之处。这不是一个关于任命干事的提案，而是一个委员对一个干事提出指控的问题。

公民**布恩**说，这是一个由总委员会全体委员任命的干事是否可以不对整个委员会负责的问题。关于公民巴里的那个提案是涉及个人问题的，但这个提案完全是另外一回事，它并不涉及哪一个人是否适于担任总委员会委员的问题，而只是涉及一个人是否适于担任职位的问题。

公民**马格里特**说，如果布恩的提议得以通过，那干事们就可能每周都受到指控——而且都是想要在个人小节上吹毛求疵。

公民**哈里斯**说，他提的问题不同于布恩提的问题，应该讨论，实际上早就应该提出来了。布恩的提案一次又一次地推迟讨论，他这个提案在英国委员中引起了很大的不快；实际上英国委员和大陆委员相互间不是十分信任的。一位可靠人士对他说，英国委员讲的话翻译得并非完整无损，结果就使得大陆委员常常在投票表决时不理解他们表决的是什么问题。

公民**梅奥**说他感到很为难，他同意公民恩格斯的提议的精神，可是他仍然认为决定问题的应该是总委员会。据他所知，除了开除会籍的情况，对仲裁委员会的任何决定都是不得上诉的。

公民**赛拉叶**说，这次正好是提出要解除一名委员所担任的职务，所以，如果仲裁委员会作出这种裁决，当事人是有权上诉的。这个问题如不交给仲裁委员会去处理就会浪费时间。

公民**米尔纳**建议把这个问题交给仲裁委员会处理，并让它在下次会议上提出报告。

此提案得到公民**恩格斯**的赞同；问题交付表决，关于将此事交仲裁委员会处理的原提案以大多数通过。

接着公民**布恩**说，他对仲裁委员会不信任，也不认为这个问题是应该由它决定的事情；因此他声明不把提案提交给该委员会。

公民**荣克**作为该委员会的一员对布恩的这些话表示抗议，交给他处理的事情他从来都是秉公对待的。

公民**布恩**说，他不相信该委员会有解决这个问题的能力，他要说的就是这些。

公民**赛拉叶**提请大家注意，总委员会不久就要迁离此地，因此有必要宣布一个收信地址，他提议用拉脱本广场 33 号。[109]

公民**荣克**提议每位书记都要求将来信寄到自己的寓所。

公民**埃卡留斯**说，需要做的只是把地址的变动通知邮政局。

公民**恩格斯**说，如果文件不是寄给哪个个人的，那就不行了。

提议得到通过。

委员会于 11 时 30 分休会。

沙·龙格

约翰·黑尔斯

会议记录①
1872 年 3 月 5 日举行[110]

出席委员：公民布列德尼克、库尔奈、德拉埃、恩格斯、埃卡留斯、弗兰克尔、黑尔斯、哈里斯、荣克、列斯纳、勒穆修、罗赫纳、龙

---

① 本日记录由黑尔斯记在会议记录本第 395—398 页上。

格、马克思、马丁、马格里特、梅奥、米尔纳、普芬德、罗沙、吕尔、赛拉叶、泰勒、唐森、巴里、沃尔弗斯、亚罗。

公民**龙格**主持会议。

宣读并批准了上次会议的记录。**主席**宣布说，收到一封自称退休支部（Section de Retraite）的所谓国际支部的会员来信，信中责怪总委员会未答复该支部先前的来信。[111]

还宣读了一封法语支部的来信，信中敦促总委员会履行为流亡者争取援助的义务。

公民**荣克**说新成立的委员会有资金来源，他认为应将此事交给他们处理。

此议通过。

公民**恩格斯**报告说，他刚刚收到一封意大利来信，还没来得及翻译，但就他现在所能看明白的而言，这封信的内容的确是很令人高兴的；它证明了那些以领导者自居的医生、律师、记者等人的说教对真正的工人阶级毫无影响；主张他们应该放弃政治活动的那种理论根本得不到他们的响应。[112]

公民**赛拉叶**说，他收到一些巴黎来信，其中有一封来自那位不久前要在伦敦同他会见但没有得到他的地址的代表。这个人要求给他以组建支部的权力，并说 3 个月以后就可以在巴黎把协会完全重新建立起来——他已经收到法国南部一个支部书记的来信，信中谈了凡尔赛分子的所作所为；来信指出凡尔赛的马木留克们①反对国际的行径只会使人

---

① 马木留克（Mameluke）：原为阿拉伯语，意为奴隶，指主要由外来的奴隶组成的古代埃及苏丹的近卫军。他们中间有些人后来成为封建主，夺取国家政权，建立了马木留克王朝（1250—1517），亦称奴隶王朝。此处把凡尔赛政府那一伙人称为马木留克，可能隐喻这些法国统治者不过是鲁普士人的奴仆。

民更加坚决地团结在国际周围。写信人还说，他看到一篇关于巴斯特利卡、勃朗和里沙尔所采取的行动的报道。看来巴斯特利卡的名字是与那件事有关而被提到的。

他还收到一封科西嘉来信，那里建立了一个支部。

他还收到一封阿维尼翁来信，那里的组织工作正在取得进展，一位铁路乘警来信表示愿意帮忙在各个城市之间递送文件等等。

最后他说，他寄出的会费券已全部安全送到。他要求另派一位公民接替公民若昂纳尔代表委员会颁发委托书的工作。

公民**荣克**提议派公民朗维埃。

公民**马格里特**附议，一致通过。

公民**马克思**报告说，有一个人叫吕德尔，是莱比锡的警察局局长，他禁止在该市销售国际的出版物，他给一个声称自己是这些出版物的销售者的人写信，召他前去，要他提供证据证明是马克思博士委托他销售的。这表明德国警察当局的行动多么荒唐。当然，在这件事情上，其荒唐的程度也只是刚达到了英国警察当局的水平；这里的酒店老板不断受到威胁：如果他们允许支部或协会在他们的房子里开会，就吊销他们的执照。

谈到英国政治，大家可能都还记得他曾经报告说，英国政府应法国政府的要求，正准备以扰乱社会罪把流亡者驱逐出境。这个消息是十分确实的，但英国政府已经要求法国政府对此事目前不要催得太紧，因为时机不恰当。可是它却在准备把过去那个为镇压雅各宾俱乐部而通过、后来又用以对付菲格斯·奥康瑙尔的《通讯法》[113]〔改编〕出来，用它来反对整个国际。

公民**泰勒**报告说，他同公民沃尔弗斯一起审查了流亡者救济基金的账目，发现一切正确无误。钱款使用非常得当，收支相抵后尚欠财务委员公民荣克 1 镑 16 先令 8 便士，因为他分发的救济金比他收进的超出了这个数额。

报告一致通过。

公民**荣克**报告说，负责筹备三月十八日纪念大会的委员会已开过会，准备在圣乔治大厅举行一次群众大会。但是委员会没有钱，所以开始筹集一笔保证基金，希望总委员会能予以资助。有几笔钱已经有着落。有几名委员已签名作了不同数额的认捐。[114]

公民**哈里斯**说，星期日晚他参加了在"罗伯特·皮尔爵士"酒店举行的一个会议——洛德先生说他出席了星期六晚上的会议，而且直到10点钟书记还没有到场。哈里斯要问问这是怎么回事。他要报告大家，"罗伯特·皮尔爵士"分部已经为流亡者募集了18先令，并已转交给指定的收款人。

公民**荣克**说，泰斯是财务委员，实际上他没有到会，那天晚上是派了另外一名书记去的。

公民**马克思**向会议提出了就瑞士的争端所起草的宣言。宣言是用法文写的，但马克思对它的主要论点作了解释，并说明这个文件的重大意义在于：它阐述了协会的原则和政策的历史发展，来龙去脉讲得清清楚楚。[115]他要求授权委员会刊印这个宣言。[116]

公民**巴里**要求把宣言所针对的这一争端解释一下。

公民**恩格斯**作了冗长的解释。

公民**巴里**希望总委员会原谅，由于文件是用法文写的，而［他］并不十分通晓法文，所以他想划掉自己的名字——他不愿使自己的名字附在自己不懂的文件上。

关于批准宣言并授权委员会刊印的议案交付表决，一致通过。

公民**马克思**接着就美国的争端提出报告。他说，关于这个问题的材料，有许多是他自己所掌握的，其余是公民埃卡留斯和黑尔斯提供给他的，所以他想还是一起讲，以节省时间。报告是以一系列提案的形式写的，由他宣读，逐条讨论。[117]头三条得到通过①，但时已半夜，停止讨论。

此事下次开会再议。

委员会于 12 时休会。

主席　**海·荣克**

书记　**约翰·黑尔斯**

总委员会会议②

1872 年 3 月 12 日举行[118]

公民**荣克**主持会议。

出席委员：公民**布列德尼克、库尔奈、埃卡留斯、恩格斯、弗兰克尔、黑尔斯、哈里斯、荣克、基恩、列斯纳、勒穆修、马克思、马丁、马格里特、梅奥、麦克唐奈、阿尔诺、巴里、罗赫纳、朗维埃、罗奇、吕尔、泰勒、唐森、米尔纳、沃尔弗斯。**

公民**龙格**和**赛拉叶**因故缺席。

宣读上次会议记录，在纠正了公民**马克思**提出的一处疏漏后得到批准。

公民**马格里特**说，他想对上次会议的记录谈点意见。公民布恩否定仲裁委员会。他要指出，公民布恩是该委员会的候选人，他不明白为什么布恩在接受候选人提名后竟能对该委员会加以否定。

公民**巴里**说，大家应当记得公民布恩在进行选举之前就反对把正在讨论的那个问题交给该委员会。

---

① "头三条得到通过"是后来在批准会议记录时由马克思加上的。

② 本日记录由黑尔斯记在会议记录本第 390—403 页上。

公民**恩格斯**说，由会议记录引起一个问题，总委员会应该加以考虑。记录上说，公民巴里说他不愿他的名字附在总委员会的一个文件上。可总委员会的所有文件都要附上全体委员的名字，这是总委员会的一条老规则；如果公民巴里坚持自己的意见，总委员会就得考虑它的委员是否可以划掉自己的名字。

公民**巴里**说，他已经同公民恩格斯就这个问题进行过友好的交谈，而且在听了解释后，他也愿意把自己的名字附上了；但是他必须为自己作一申辩，即一般说来，应该让每个人了解他签名同意的文件的内容。

公民**恩格斯**说，对他的发言的报道完全不对，他交上一份书面更正，希望完全按原样在《东邮报》上照登。他要抗议，以前有很多次他按照总委员会的委托送稿件给黑尔斯作为每周报道的材料，而这些稿件都被窜改了，并且被加上了很多类似《雷诺新闻》上的那种华丽辞藻；他不能容忍这样干。他送的东西，必须原样照登；他都是把东西写在纸的一面上，所以没有必要重写。

公民**黑尔斯**说，大家应当记得，在报道的问题上他不仅对总委员会负责，而且还要对公众负责；尽管公民**恩格斯**的文笔可能比他好，但他的风格和报道不一样，有的时候如果不对公民恩格斯写的东西作些解释或改动就放到报道里去，报道就会显得令人莫名其妙。他要求或者允许他把公民恩格斯写的东西作为恩格斯自己的东西发表，或者让他有修改这些稿件的权力。

公民**埃卡留斯**说，记录本上有一条决议，他想是黑尔斯提的，即除非得到授权，书记什么也不能发表。虽然他本人没有同意这个决议，但决议还是通过了。问题在于书记要在报道上署名。其实，书记是没有必要署名的，如果不署名，也就没有什么责任问题了。

公民**恩格斯**说，黑尔斯所持的立场是非常可笑的；他怎么能替总委员会负责呢？书记应该做的事情不是往里面添加自己的话，而是报道别人讲了什么话，而且无疑，若是他恩格斯不嫌麻烦要书面提出报告，那他只会照原样写出他说过的话。一个人肯定最能判断自己所要说的话。黑尔斯没有必要在报道上署名。

公民**马克思**说，误解都出在书记署名的问题上；书记没有必要那样做；但是因为还有重要问题需要讨论，他提议关于此事的进一步讨论留待以后进行。

此提议①通过，会议同意把公民恩格斯的报告和下面一篇来自丹麦的报告[119]按原样发表。②

公民**恩格斯**声明说，已发表的关于上周会议的报道对他关于意大利情况的发言作了完全不正确的介绍。在对这篇报道提出更正的同时，他顺便对他关于国际在意大利的情况的发言也作些补充。迄今从这个国家得到的一切报道，无论是来自给总委员会的信件还是来自意大利的国际报纸，都说意大利的国际一致支持关于完全放弃政治活动的理论，反对代表会议关于这个问题的决议。但是不要忘记，同总委员会通信的工作和各家报纸直到现在也不是掌握在工人自己手里，而是掌握在资产阶级出身的人即律师、医生、新闻记者等人的手里。事实上，对总委员会说来，主要的困难是和意大利工人本身建立直接联系。有两三个地方已经这样做了。现在发现，这些工人绝对不是赞成放弃政治，恰恰相反，他们很高兴地看到代表国际大多数成员的总委员会根本不奉行这种理论。因此可以希望，在这个问题上，意大利工人不久也会同欧洲其他各国和美利坚合众国的工人协调一致。国际在西班牙的情况还是那样。政府不给国际会员召集公开会议的权利，但在其他方面却没有干预他们的活动。另一方面，资产阶级共和党人极力要求他们参加反对政府和新王朝

---

① 此处原稿中划掉了"连同一项提案"这几个字。

② 在会议记录本上此处粘贴了一条剪自《东邮报》的剪报。

的起义。但是国际会员们的决心是，要战斗就得为他们自己的纲领而战斗。①

公民**泰勒**报告说，纪念三月十八日的准备工作进行得不错。圣乔治大厅已经租妥，要散发的传单也准备好了。但现有的钱不够偿付欠款，他问各位委员是否还有人愿意为这笔开销提供些钱。

有几个委员响应，签名作数额不等的认捐。

公民**马克思**接着又提出关于美国的报告，宣读了第二项的第二条，这一条提出，新建支部除非有三分之二成员为雇佣工人，否则联合会委员会不得予以接受。② 目的是防止国际被资产阶级利用来搞竞选。

公民**埃卡留斯**反对这一条。用不着担心陷入困境，因为国际将同其他工人组织一起参加一次代表大会。这项原则也可以适用总委员会③：章程说，总委员会应由不同民族的工人组成。[120]

公民**巴里**也不同意这一条。他认为，逐渐把资产阶级中那些赞成我们的原则的人吸引过来是真正的政治经济学。

公民**布列德尼克**认为，不应阻止任何一个阶级的人参加国际。

公民**米尔纳**说，工人阶级总是在本阶级之外寻找自己的领袖，并且总是被引入歧途。工人阶级应该在本阶级之内寻找领袖。

公民**马丁**认为，关于所有的分部都要将其章程交来审批的规定，将能够解决可能产生的一切难题。

公民**马格里特**说，不应该忘记，任何人只要宣布自己赞成协会的原则就可以加入协会；他认为这一条是必要的。

公民**黑尔斯**反对巴里的理论；有理由担心资产阶级把工人阶级的优

---

① 剪报至此结束。

② 这里指的是第三项的第二条。

③ 下面这句话是加写在记录的行间的。

ANNIVERSARY of the SOCIAL REVOLUTION

OF THE 18th OF MARCH, 1871

PUBLIC MEETING

WILL BE HELD IN

ST. GEORGE'S HALL,

LANGHAM PLACE, REGENT STREET,

UNDER THE AUSPICES OF THE

Members of the International, the Democrats of London and the Refugees of the Commune,

ON MONDAY, MARCH 18, 1872,

AT EIGHT P M., TO COMMEMORATE THE

SOCIAL REVOLUTION OF PARIS.

President - **CITIZEN JUNG.**
Vice-Presidents { " **RANVIER.**
" **HALES.**

FRENCH SPEAKERS
RANVIER, Member of the Commune
LISSAGARAY, National Guard
LONGUET, Member of the Commune
VAILLANT
THEISZ
LEO FRANKEL
SERRAILLIER } Members of the Commune
ANDRIEUX
ARNAUD
DELAHAYE, Member of the Labour Committee
COURNET, Member of the Commune
CAMELINAT, Director of the Mint
EUDES, Member of the Commune
JOFFRIN, Delegate from the 18th Arrondisement

LE MOUSSU, Commissary of Public Safety
BOURSIER, Member of the Cemral Committee

ENGLISH SPEAKERS

DR. KARL MARX
HALES
MILNER
WESTON
McDONNELL
JOHNSON
BOON
MITCHELL
BRADNICK

ADMISSION FREE.

总委员会在 1872 年 3 月 18 日为纪念巴黎公社一周年印发的传单

秀分子拉过去，资产阶级一向力图收买工人领袖，而且将来也会永远如此。［他］将投票赞成这个决议案。

决议案交付表决，以 16 票对 3 票通过。

其他的决议案都没有经过多少讨论，就一致通过了。关于暂时开除第十二支部听候代表大会裁决的决议案也得到一致通过。

接着，公民**马克思**宣读了下面这封新西兰的来信。①

"亲爱的先生，您［1871 年］6 月的来信已收到。我们所写的关于新西兰的情况承蒙国际收阅，感到由衷高兴。**121**

我实在无法确切地向您描述这个国家。这是一个狭长而多山的国家，在平原地带偶尔有几块良田，可那是很少见的，事实上几乎不可能以每英亩 2 镑的价钱从王国政府那里买到 100 英亩的土地。其余的地方都是峭壁和山地，没有土壤。坎特伯雷是唯一有一些名副其实的平原的地方，可是那里也足足有十分之七的土地下面是鹅卵石，上面是约 3 英寸厚的沙土。

至于各级统治机构，我们得负担 10 个之多。最高一级的总部设在北岛的惠灵顿，其首脑是年薪 4000 镑的总督，另外有一名总理，还有众议院的全体议员。各省也照样有这样一帮人，他们手下有一批像小皇帝一样的官吏，他们各自都有一群幕僚，这就是：议长、财务委员、审计员、法务官、秘书以及一个一等国家所具备的全套行政班子。总之，新西兰得供养 1600 名官吏，而且还不包括警察。例如，这个省的警察机构就有一名每年拿 1000 多镑薪俸的警长，他下面有 2 名巡官、8 名巡佐和大约 20 名警察。

整个新西兰的人口（根据 1871 年的人口统计）为 25 万。人均负担国债为 40 镑，在英国为 25 镑。谈到就业问题，除收获季节外是找不到活干的。一个农场主或许能雇用一个人翻耕土地，如果这个人能当上长工的话，他的工资基本上也还是不低的。养羊的畜牧场主也是这样，他平时能雇用一个人牧羊，但在剪羊毛的季节则需要 8—10 个人。

---

① 在会议记录本上此处粘贴了一条剪自《东邮报》的剪报。

至于手工业，无论哪个行业里，只要一个人找到了工作就会使另一个有工作的人被解雇。为数众多的富余人员只好到处流浪，从这个茅舍到那个茅舍，从这个牧场到那个牧场，寻找那个无法寻得的东西——工作，乞讨充饥之食和遮身之处。通常会有人施舍给一个失业者一碗面粉，他就把这点面粉用水和了起来，凑凑合合做点东西吃。今年剪羊毛季节开始时，有个牧场一天夜里就来了300人找工作，这就是格伦马克（Glenmark）牧场。至于住的地方，人可以和狗或猪睡在一起，要不就睡在露天里。统治者们是鼓励这种制度的，因为这样他们就能够永远实行一种奴役广大人民的制度。

毫无疑问，现在你们已经掌握了有关政府移民的确切材料。统治阶级是由英国商行职员和羊场场主构成的，他们制定适应自己需要的法律。1862年发现了大量的黄金，这带来了人口的大量流入，促进了经济的繁荣，因为淘金者要比社会上其他人多交10倍的税。现在黄金储量开始枯竭，人口流入不断减少，人民普遍不满，而就在这样的时候，有个冒险家出来提议再搞"南海泡沫"那样的投机勾当[122]：靠举借百万巨债来使移民经常不断地大量输入，这样，那些偶然需要找人干一天活的人们几乎一个钱不花就可以找到人给他们干活。

我在一年前所创立的坎特伯雷工人互助协会愿意成为国际的一个分部。

您的上一封信寄到这里时，我正在偏远的地区。当时，那些反对工人阶级利益的人办的刊物上传播着一篇篇恶毒的报道，这些报道使人觉得最好是等到了解到更多情况以后再写回信。人们对旧大陆正在发生的事情是一无所知的。

我打算在积攒下几个钱后发起一场争取所有的工人都加入你们协会的运动。我将到这个岛上的所有城镇去，到墨尔本去发表露天演讲；如果你们能在报刊上公开表明你们决心采取行动制止现在所进行的欺骗，那就会使成千上万的人站到我们的旗帜下面来。负责诱骗移民的总经理——人们这样称呼他——现在正在挪威或丹麦，然后他还要去德国。如果你们能设法发表消息，那将不仅在新西兰，而且在整个澳大利亚都会产生巨大的作用。

我大约还得5个月后才能开始我的行动，所以你们如有什么有助于这项工作的章程，我将非常感谢你们寄来。我可以告诉您，我不是一个熟练工人，而是一个农业工人，现在这里有1000个像我这样的工人没有活干。

致敬礼。

詹姆斯·姆弗尔逊

于新西兰坎特伯雷省克赖斯特彻奇市

1871 年 11 月 23 日"①

接着宣布来自勃朗和里沙尔的通告信。关于通告信的讨论待以后进行。[123]

会议接着转入推选在圣乔治大厅大会上的发言人。

委员会于 12 时休会。

奥·赛拉叶

书记　约翰·黑尔斯

总委员会会议记录②

1872 年 3 月 19 日举行[124]

公民**赛拉叶**主持会议。

出席委员：公民**阿尔诺、布恩、库尔奈、埃卡留斯、恩格斯、弗兰克尔、黑尔斯、荣克、列斯纳、马克思、马丁、梅奥、米尔纳、朗维埃、罗沙、吕尔、赛拉叶、唐森、瓦扬、沃尔弗斯、巴里、亚罗**。

宣读并批准了上次会议的记录。

公民**恩格斯**报告说他收到一封西班牙来信。来信说代表会议③的代表洛伦佐曾赴各省开展组建支部的工作；以后将写信报告他此行的情况，同时还将全面汇报协会的工作并介绍其目前的处境。此外，所需会

---

① 剪报至此结束。

② 本日记录由黑尔斯记在会议记录本第 400—407a 页上。

③ 指 1871 年伦敦代表会议。

费券的数量也将在那时通知总委员会。[125]

他还收到一封里斯本的来信，是该市新成立的支部的书记①写来的。这个支部有 400 名会员。有 3 个工人团体参加了这个支部，它们有将近 1000 人。该支部宣布遵守协会的原则，并且决心尽一切努力宣传这些原则。它创办了一家报纸，宣传协会的目标和原则，并打算把它办成该支部的机关报。这家报纸的名称是《社会思想报》，出版的报纸寄送若干份给总委员会。来信说，该支部很穷，需要克服的困难很大，如果总委员会能借给他们一些钱，帮他们把报纸办好，他们将不胜感激。[126]

他已经回信告诉他们，总委员会无力提供他们所要求的援助，假若它有能力援助，那么它最乐于援助的莫过于里斯本支部。来信索要 500 张会费券。[127]

公民**恩格斯**还报告说，他收到费拉拉来信，来信说费拉拉支部愿意追随总委员会，不过它保留自主权；他不太理解这话的意思，所以他写信要他们解释清楚，并告诉他们履行章程不能有任何例外。[128]

公民**马克思**说，他将就倍倍尔和李卜克内西受审一事作个报告；由于审讯还在进行，他想把报告推迟一个星期。

他收到一封从西里西亚的布雷斯劳寄来的信。那里的支部成立了一个由 90 人②组成的统计调查委员会。这个委员会看来对开展宣传工作很起作用。但是委员们面临的一个困难是，他们找不到开会的地方。由于警察当局对酒店老板进行威胁，所以老板们都不让在他们的房子里举行会议。[129]俾斯麦政府的这套办法，跟格莱斯顿如出一辙。

---

① 指诺布雷-弗朗萨。
② 显然是笔误。

公民①宣读他收到的一封比利时来信，是回复总委员会委托他写的那封信的。第一，200 册法文版的章程已收到。第二，认为［章程］不适用于比利时，但这样回答完全不是说该支部不想缴纳会费。支部是愿意老老实实地履行自己的义务的。第三，《自由报》不是，而且从来也不是比利时联合会委员会的机关报；不久前曾有人提议把它作为机关报，但提议遭到大多数人的拒绝，因为该报的观点与联合会委员会的观点不一致。

公民**埃卡留斯**宣读了美国新的联合会委员会的一封信，信中抱怨它以前的信没有得到答复，寄给流亡者的 11 镑捐款也不知收到没有。信中说，再次要求承认未免难堪，所以请总委员会立即作出决定。信中还说，那些指责联合会委员会利用协会名义宣传诸如性爱自由等异端邪说的人，是歪曲事实。

他收到老的联合会委员会寄来的一封信，说 1056［册］收到了。②

公民**黑尔斯**说，他已经把那笔钱的收据寄给公民尼科尔森了，但他没有回复他收到的另外两封信，因为它们不在他的职责范围之内。但是那两封信收到以后就提交给总委员会了。

公民**埃卡留斯**说，直到不久前——自从发生分裂以来，他任何信件也没有收到。

公民**麦克唐奈**送来一张条子，说国际在爱尔兰的工作正在顺利地取得进展，尽管也引起了很多人反对。上个星期日，那位科克郡议员的兄弟③在教会讲坛上对协会进行了攻击。科克的马车制造匠加入了国际，并且正在为争取把每周劳动时间从 60 小时减少到 54 小时而举行罢工。

---

① 没写名字，像是指罗沙。
② 这句话是在通过会议记录时加上的。
③ 指马圭尔神父。

公民**恩格斯**说，总委员会有必要把这个情况告知英国工联和不列颠联合会委员会。他提议委托书记办理此事。有人附议，一致通过。[130]

书记报告说，西区靴帮缝制工已经交来会费。细木工联合会在几个星期以前就交了。

公民**赛拉叶**报告说，他收到几封巴黎来的信，都是令人十分高兴的。在反国际的法律[131]通过以后，有一个自己定名为费雷支部[132]的新支部成立了，它还寄来过一封信表达兄弟般的敬意，这封信本来是要在头天晚上的圣乔治大厅大会上宣读的。

公民**巴里**报告说，他去听了马克西上尉的演讲，演讲是支持协会的。

公民**荣克**报告头天晚上委员会在托登楠大院路弗朗西斯街开会的情况，并且将它通过的决议①提交给总委员会。

公民**黑尔斯**汇报了负责在圣乔治大厅召开社会革命纪念大会的委员会所采取的步骤。大厅本已租下，押金也付了，并且还拿到了收据，到星期五②晚上为止，一切安排都进行得很顺利；但是就在那天晚上，大厅的承租人威尔金森先生寄来了一封信，用支票退回押金，并且简单地通知联系人说，他不能允许大厅作这种用途。委员会当即开会，决定派人去拜访威尔金森先生；设法让他改变他的决定。星期六晚上，委员会的人拜访了他，请他讲讲他的理由。他说他认为这个会议是庆祝帝国倒台的。他们提醒他3月18日不是9月4日的周年纪念，委员会自然认为他的历史知识总还可以再往前推上一年。他承认曾告诉过他；大厅是用来召开大会纪念1871年3月18日在巴黎发生的社会革命的。接着，他说他得去和他的朋友商量一下，他离开了一会儿，回来之后说，如果

---

① 在会议记录本上此处粘贴了一条剪自《东邮报》的剪报。

② 3月15日。

Reglement Interieur de la Section Ferré

Article 1st

Une section de l'Internationale des travailleurs est constitué sous le nom de Section Ferré.

Elle ne pourra être composée de plus de vingt menbres.

Article 2ème

Nal ne pourra être admis que sur la presentation de deux menbres

Une commission de trois membres renouvelée a chaque demande d'admis-

费雷支部（巴黎）的章程

没有宣布流亡者要参加大会，大会是可以在这里开的，但既然已经宣布流亡者要参加大会，这个会就不能在大厅里举行了，"因为在英国是不准开共产主义者的大会的"。委员会对他讲，没有任何法律禁止开这样的会，但他说他对此根本不了解，他只知道，他要是答应了，他就得承担责任，所以他只能拒绝。委员会当即把支票退回，并告诉他说要告到法院去。后来决定一切准备工作仍继续进行，以便看看这件事情到底犯法不犯法，承租人的话清楚地表明有人在幕后进行操纵。

圣乔治大厅的大会没有开成，但委员会的委员们在那里等候，向前去开会的人们解释了这件事。有几个人是存心去捣乱的，一个叫韦伯的德国人提议用斧头把门劈开，但是由于引起了警察的注意，那几个要闹事的人就溜掉了。后来，委员会和一些朋友转移到设在托登楠大院路弗朗西斯街31号的社会科学小组[133]，在那里开了一个会，原拟在圣乔治大厅的大会上提出的几项决议[134]在这个会上被通过。

然后通过决议，对圣乔治大厅的业主或承租人提出起诉，要求赔偿损失。①

接着提出一项建议并得到附议：委托公民泰勒对大厅的承租人提出起诉；提议被一致通过，并委托公民黑尔斯和米尔纳一起参加这项工作。

公民**巴里**说，根据他得到的情报，他完全相信，格莱斯顿先生与前一天晚上关闭大厅一事毫无关系。

公民**荣克**问公民巴里是否能通过主席说明他的情报来自何处。

公民**巴里**说，情报的来源是保密的，他不能说，他只是想劝总委员会不要去指责首相，以免犯错误。

公民**恩格斯**通过主席问公民巴里是否与格莱斯顿通信联系。

———————

① 剪报至此结束。

公民**巴里**避而不答。

公民**黑尔斯**说，公民巴里的话不是说得过多了，就是说得太少了；他应该是要么什么话也别说，要么就拿出他的根据，他又不是像教皇那样永无谬误。

公民**布恩**问，为什么财务委员会一直不开会。

公民**黑尔斯**说，委员会开会是它自己的事；他召集了第一次会，只有恩格斯一人出席；公民布恩曾为不能去开会表示过歉意。

公民**布恩**说那次开会的事他根本就没听说过。

公民**黑尔斯**说他亲自通知过布恩，而且布恩曾为不能参加会表示过歉意。

委员会于 11 时 45 分休会。①

总委员会会议记录②

1872 年 3 月 26 日举行[135]

公民**恩格斯**主持会议。

出席委员：公民**布恩**、**德拉埃**、**埃卡留斯**、**恩格斯**、**弗兰克尔**、**黑尔斯**、**基恩**、**列斯纳**、**勒穆修**、**罗赫纳**、**马丁**、**梅奥**、**米尔纳**、**默里**、**罗奇**、**罗沙**、**吕尔**、**赛拉叶**、**泰勒**、**唐森**、**瓦扬**、**巴里**、**亚罗**。

宣读上次会议的记录，公民**埃卡留斯**指出一处遗漏，随即加上，记录随即被通过。③

公民**恩格斯**宣读了一封信，信中说，西班牙联合会委员会在任期届

---

① 本日记录无签名。

② 本日记录由黑尔斯记在会议记录本第 407a—410 页上。

③ 在记录本上此处粘贴了一条剪自《东邮报》的剪报。

满的前夕给总委员会寄来了一份关于国际在西班牙的发展情况及其目前
状况的完整报告。1869 年在西班牙筹建的协会已经于 1870 年 6 月①在
巴塞罗纳代表大会上建立起来。当时协会的力量还很薄弱，但巴黎公社
的革命和已经开始的政府迫害使它的力量迅速扩大，参加 1870 年②9 月
瓦伦西亚代表会议的已经有 13 个地方联合会的代表，而现在，在 4 月 7
日将要在萨拉戈萨召开的西班牙国际代表大会的前夕，该协会建立的地
方联合会在 70 个以上；同时在 100 多个地方都各有一个或几个地方分
部正在巩固自己的组织。在 8 个行业中建立了行业工会，它的组织遍布
整个西班牙，并且都加入了国际。现在正就一个很大的工厂工人工会，
一个拥有 4 万—5 万会员的工会加入我们协会的问题进行谈判。宣传工
作十分活跃，联合会委员会的文告全国都可以看到。自西班牙议会对国
际的问题进行辩论以来，资产阶级报刊就转载协会出版的每一个文件，
这给属于国际并且捍卫国际原则的那七八家西班牙报纸帮了很大的忙。
这就是西班牙政府在迫害我们协会会员方面所取得的成绩。现在，当迫
害和种种限制已经成为常规的时候，西班牙的国际会员们却不顾政府的
反对，打算在萨拉戈萨举行自己的第二次公开的代表大会。③

他们不知道需要多少会费券，因为会费是每月缴纳的。他们担心使
用会费券有困难；如果按月印发会费券，对他们来说会方便一些。

联合会委员会随信附来致各联合会委员会的呼吁书，希望这些委员
会以及总委员会在西班牙国际代表大会召开的时候能够向他们致电祝
贺，以表示协会所提倡的团结一致。[136]

---

① 报纸刊误，应为"7 月"。
② 报纸刊误，应为"1871 年"。
③ 剪报至此结束。

公民**列斯纳**提议，公民**罗奇**附议，授权公民恩格斯向该支部发一贺电。①

决议一致通过。**137**

公民**赛拉叶**报告说，他收到一封从阿维尼翁寄来的信，那里已经采取了挫败新的法律②的措施，即使当局查出一个人，他们也发现不了什么问题。他还收到一封从图卢兹寄来的信。那里的支部采取了类似的办法。他们任命了一个七人委员会处理这类事务。他们打算派代表参加即将举行的代表大会。他还收到一封从法国南部寄来的信，那里的会员人数在增加，正在农民中间组织支部。费雷支部要求发表本来应在圣乔治大厅大会上宣读的宣言。

一致决定把宣言翻译出来发表。

公民**赛拉叶**③还指出，巴黎工人们正在宣传巴黎公社执政时期通过的一项法律，那就是"废除面包房的夜间劳动"。由此看来，公社使工人阶级受到了教育。

他收到阿尔及利亚的消息，那里的支部已彻底瓦解，但正在为重建支部作出新的努力。

他还提请注意法国《解放报》上的一则报道，它对3月18日的大会进行了严重的歪曲。他说报道是由职业说谎家韦济尼埃写的，此人是国防政府巴黎警察局局长凯腊特里先生的雇员。

公民**黑尔斯**说，卡文迪什广场发生的事件是可笑的；在参加者中找不到五六个持有近两三年发的国际会员证的人。**138**

---

① 笔误，电报是发给在萨拉戈萨举行的西班牙各支部的代表大会的。

② 指杜弗尔法。

③ 《东邮报》对这次会议的报道，这里说的是"巴黎公社前任劳动部长"弗兰克尔，而不是赛拉叶。

公民**默里**说，他是西区靴帮缝制工的代表，他们都无条件地承认总委员会并且几乎一致赞成全年的认捐数。倘使有哪个持异议的人代表真正的组织，让他提出证据来。

公民**罗奇**提议，公民**梅奥**附议，推选公民乔治·塞克斯顿为总委员会委员。

公民**埃卡留斯**提议，公民**巴里**附议，推选公民马克·塔普利为总委员会委员。

公民**泰勒**代表负责起诉的委员会汇报。

公民**黑尔斯**也讲了几句话，好像由于曾被书面通知的公民克朗普顿缺席而没有采取行动。

公民**布恩**提议，公民**默里**附议，要委员会立即向郡法院控告大厅的承租人，要求他赔偿损失。

经过长时间的热烈讨论之后撤销了这一动议，因为委员会不消说是应该立即采取行动的。

委员会于 11 时 30 分休会。

书记 约翰·黑尔斯

总委员会会议记录①
1872 年 4 月 2 日举行[139]

公民**杜邦**主持会议。

出席委员：公民**库尔奈、杜邦、埃卡留斯、弗兰克尔、荣克、基恩、巴里、列斯纳、马格里特、马丁、马克思、梅奥、麦克唐奈、米尔纳、朗维埃、罗奇、赛拉叶、泰勒、唐森、瓦扬、符卢勃列夫斯基、**

---

① 本日记录由黑尔斯记在会议记录本第 411—415 页上。

亚罗。

由于公民**黑尔斯**在外省，上次会议的记录由公民**基恩**宣读，并得到批准。

公民**荣克**宣读德瓦尔舍的来信，德瓦尔舍要求总委员会施加它的影响，支持正在为争取九小时工作日而进行罢工的伦敦排字工人。他建议给各国书记发出指示——把这一情况通知有关支部。

公民**赛拉叶**说，他已经把这一情况告诉了与他联系的人员，他们会对这件事尽力而为；但法国的报纸不会刊登国际发出的任何消息。

公民**基恩**支持公民荣克的提案，他说大多数雇主已经让步。协会对机械工人已经做了很多好事，也应给排字工人帮点忙。

决议一致通过。

公民**麦克唐奈**报告，在布拉德福德、切尔西、科克、库特希尔、都柏林、米德尔斯伯勒、马里勒本①和索霍都成立了富有生气的爱尔兰人支部。科克的几个支部很强大。两个行业工会——马车制造匠和木工——已经加入了协会，并派出代表团拜访了 13 个别的行业工会；其中 9 个承诺考虑加入的问题，并对代表协会前去访问的代表团表示感谢。都柏林的各支部规模都很大，尽管都柏林的报纸咒骂国际是反对一切道德和一切宗教的组织，它们仍然迅速发展。拥有将近 900 人的彩画匠工会准备和国际接触。发言者收到了一个积极分子的来信，信上说他受到警察极其卑鄙的监视，警察日夜都盯着他的住宅。这种做法能毁掉一个人的事业。他还收到科克城的德摩尔根的一封来信。那里的运动遇到很大的阻力。除《爱尔兰人报》**140**外，所有的报纸都在竭力诽谤协会。雇主们以及其他敌视国际的人召开群众大会来诋毁国际，但形势对他们完全不利。马圭尔教士及其他牧师一直拼命咒骂国际；前者甚至诬

---

① 这个地名是记在记录纸边的空白处的。

蔑国际煽动暗杀。德摩尔根自己则因参加运动遭到了极其可恶的迫害；他的学生被人夺走，留下的寥寥无几，有一位女士前去见他，说如果他同国际脱离关系，就保证给他10个学生，学费每季3镑。

至于马车制造匠同盟歇业的事，已达成了妥协。工人们同意3个月内［每周］劳动57小时，这个期限满了之后就劳动54小时。不过还是需要援助。

拥有大约400名会员的布商协会（drapers' association）正在讨论是否应加入国际工人协会的问题。

布里斯托尔、波尔顿、贝尔法斯特、惠灵顿和别的一些地方现正设法成立支部。

公民**麦克唐奈**说，他向公民黑尔斯索取几份章程，但黑尔斯拒绝给他，这使他感到极为不便。

公民**荣克**说，黑尔斯告诉他，他已经发给麦克唐奈350份，不经总委员会投票表决或得到它的直接指示，他无权提供章程。埃卡留斯送给美国的章程，是由他本人提出要求，经过总委员会表决的。

公民**埃卡留斯**说，他既没有在口头上，也没有以书面形式索取过章程；总委员会决定拿出那些章程，不是由于［他的要求］。这是黑尔斯的借口，是站不住脚的。

公民**麦克唐奈**然后宣读了一封黑尔斯给他的回信。信中说，还发生了一些跟科克城马车制造匠的罢工具有同样重要意义的其他罢工，而农业工人的罢工甚至具有更为重要的意义。信中还反对在英格兰成立爱尔兰人分部，理由是这会使得民族偏见长久存在下去，而且这是违反协会的原则的。[141] 他，公民麦克唐奈，认为这些反对意见是没有说服力的。科克城马车制造匠工会加入了协会，而别的工会并没有加入。

公民**马克思**说，公民黑尔斯显然没有执行总委员会的决定。他没有权利发表意见，只能服从总委员会的决定。他也无权批评各爱尔兰分部。他认为公民黑尔斯应该受到责备，但是在黑尔斯缺席的情况下他并不打算提出这样的建议。[142]

公民**罗奇**解释说，入会团体的地址簿他是从黑尔斯那里借来的，黑尔斯曾写信给他，要他送一份入会团体的名单与通讯地址给麦克唐奈，他已经这样做了。

公民**麦克唐奈**说，他还没有收到。

根据公民**马克思**提议，公民**唐森**附议，任命了一个委员会（由公民马克思、米尔纳和麦克唐奈组成）来起草反对警察在爱尔兰的行动的声明。

公民**马克思**介绍了关于审判倍倍尔和李卜克内西的一些情况。[143]

公民**荣克**提请总委员会注意住在瑞士苏黎世附近的一个雇主定的规章。这些规章说明政体对工人的处境没有影响。工人被要求在印好的表格上签字，表上规定工人必须住雇主的小屋，只要这个家庭在工厂劳动，该合同就有效，但是不管这些家庭是否在工厂受雇，雇主都有权叫他们迁走。工人一旦被厂主解雇，全家必须搬离住宅。居民每晚10时必须就寝，就寝前所有灯火必须熄灭。还有没有医生证明不得缺勤以及其他许多同样不堪忍受的条款。

公民**埃卡留斯**宣读了一封旧金山来信，信中提出了一项请总委员会考虑的决议案。

公民**赛拉叶**提出了原定在圣乔治大厅大会上宣读的费雷支部的声明的译文。①

　　"**公民们**！一年前巴黎工人们赶走了骗子手；这些骗子手把自己的国家出卖给普鲁士之后，就着手同奥尔良、波拿巴或者尚博尔策划拍卖共和国，准备把它卖给出价最高的人。

---

① 在记录本上此处粘贴了一条剪自《东邮报》的剪报。

他们的马基雅维利式的计划失败了，他们的罪恶企图被工人阶级挫败了。3月18日敲响了那些在9月4日拼命争夺权力的冒险家们的丧钟。8月18日是这些背信弃义的骗子们的末日。梯也尔这个当今的社会救世主，茹尔·法夫尔这个伟大的演说家兼更伟大的伪造者，维努瓦这个胆大妄为的投降分子，以及他们的同伙，为了逃避正义的惩罚，就在6月杀人凶手克莱芒·托马和波拿巴派将军勒孔特遭到正义惩罚的当天，逃到凡尔赛去了。

这些胆小的逃跑者一听到国际工人协会这个名字依然感到心惊肉跳。协会虽然失败了，但是尽管人们被塞满囚船，被大批流放，被赶到新喀里多尼亚监禁起来，尽管发生了1871年5月骇人听闻的大屠杀，协会并没有屈服。

为我们弟兄们鲜血淋淋的尸体揭开罩布的时刻尚未到来，我们提到他们只是发誓要为他们复仇。

敌人的威胁与恐怖证明胜利的时刻已经不远，他们感到措施不管多凶都不够用，戒备不管多严都不保险。那目睹他们背信弃义和胡作非为的宫殿充斥着士兵和机枪、宪兵和密探。他们想要抱住自己血腥的胜利果实不放，他们想要肆无忌惮，坏事干了一桩又一桩，反动的非常法颁了一道又一道，那都是徒劳的，他们休想给协会套上锁链，休想把它扼死。

他们在惶恐地看着公正的赏罚即将来临。他们知道今天的失败者将是明天的胜利者，今天的压迫者将成为明天受审的被告。

当工人阶级的红旗再次胜利飘扬的时候，我们会想起"宽容、和解"这些骗人鬼话的真正意义。这些话使我们付出的代价太大，我们是不会忘记的。一个世纪以来，工人阶级被资产阶级用做追求政权的工具。工人阶级不止一次地在胜利的时刻忘记了自己过去的苦难，宽恕了自己最凶恶的敌人——资产阶级。历史表明，这种信任得到了怎样背信弃义的报答。1848年6月和1821年5月骇人听闻的大屠杀将永远成为无产阶级和资产阶级之间的鸿沟。

不要再唱高调，不要再讲废话，行动，只有行动，我们的解放只有靠行动。

公民们，在最近的事件中溃散了的无产阶级的军队，必须重新集合，重整旗鼓。必须刻不容缓地着手这一危险的工作。而无所作为只会削弱我们的队伍，加强我们敌人的队伍，敌人正想用恐吓来达到这一目的。对于他们的威胁只能报以蔑视。我们完全理解自己的权利与义务，我们将不顾路途的艰难险阻而奋勇前进。

在为我们的事业而奋斗的战士们当中，有些人躲过了囚船和凡尔赛刽子手的子弹，现在国外过着自由但是忧伤的流亡生活，其余的人仍旧留在这被奴役和浸染了自己孩子鲜血的国土上。你们流亡受苦，我们受尽奴役屈辱，境况一样沉重。

国际工人协会不顾种种反动措施，在巴黎复活了，并且为了向在萨托里牺牲的被卑鄙地杀害的英雄烈士们致敬，重建的第一个支部取了一个意义深长的名字——'费雷支部'！

它的进展虽然缓慢但是牢靠，它为之奋斗的目标一天比一天接近。

公民们，我们的事业绝不会衰亡，像太阳一样，它可能暂时黯淡，但当它再现时会更加灿烂辉煌。你们的流亡终有尽头，我们将尽一切努力使它更快到来。愿你们利用流亡生活中的自由为社会革命努力工作，而我们将用自己的干劲来弥补被夺去的自由，尽到自己的职责，甚至不惜冒着敌人的炮火为新的社会大厦奠定基础。

等到正义取得胜利，把我们共同的苦难化为欢乐，我们将同声向旧社会发起挑战。

全世界社会民主共和国万岁！

费雷支部

1872 年 3 月 17 日于巴黎"①

根据公民**埃卡留斯**提议，公民**荣克**附议，一致决定，如果有 10 名委员在 8 时前到会，总委员会会议于 8 时正开始，或者等 10 名委员到齐之后立刻开始。

委员会于 10 时休会。

书记　约翰·黑尔斯

---

① 剪报至此结束。

总委员会会议记录①

1872 年 4 月 9 日举行[144]

公民**荣克**主持会议。

出席委员：公民**布列德尼克、库尔奈、德拉埃、埃卡留斯、恩格斯、弗兰克尔、黑尔斯、荣克、列斯纳、罗赫纳、马丁、马格里特、梅奥、麦克唐奈、米尔纳、普芬德、吕尔、罗兹瓦多夫斯基、赛拉叶、泰勒、巴里、瓦扬、亚罗**。

公民**马克思**因病未到。

宣读并批准了上次会议的记录。公民**恩格斯**报告说，他收到一封丹麦来信。[145]由于印刷商无论如何不愿为协会工作，丹麦支部的机关报《社会主义者报》这一期不得不暂时停印。他们出的上一期曾不得不拿到汉堡去印。不过他们正在组织一个合作印刷所，希望自己独立出版报纸。另一条消息是关于北石勒苏益格举行的选举，该地是普鲁士从丹麦割来的。根据布拉格条约[146]的规定，该地应当归还，但这一规定并未执行。结果是丹麦民族主义者被选进德国国会。这次的候选人是一个丹麦资产阶级农场主和一名德国工人②。这一地区的工人写信到哥本哈根请教应如何投票。回答是：投工人的票，不管他是德国人还是丹麦人。

公民**恩格斯**还说，公民马克思收到公民李卜克内西的一封来信，信是用英文写的，将送《东邮报》发表。[147]

公民**赛拉叶**报告，图卢兹的《解放报》刊登了伦敦排字工人罢工的消息，还发表了总委员会会议的报道。此举导致它被查封并被起诉，

---

① 本日记录由黑尔斯记在会议记录本第 416—419 页上。

② 指哈森克莱维尔。

罪名是替国际进行宣传。

赛拉叶给韦济尼埃写了一封回信，《解放报》没有发表，却发表了一篇驳斥文章。[148]

公民**弗兰克尔**说，新法律不仅没有吓住法国的委员，反而使他们更坚决了。几位巴黎委员给他寄来了 2 英镑 10 先令，供宣传之用。他认为，最好的办法是把关于《法兰西内战》的宣言译成法文，［在］法国出版发行。

这项建议被采纳。根据公民**赛拉叶**提议，公民**弗兰克尔**附议，一致决定把关于《法兰西内战》的宣言翻译成法文出版。[149]

公民**罗兹瓦多夫斯基**呈交了任命他为伦敦波兰人支部驻总委员会代表的委托书。

经过短时间的讨论之后，由公民**恩格斯**提议，公民**列斯纳**附议，一致通过接纳公民罗兹瓦多夫斯基为总委员会委员。

公民**亚罗**交来细木工联合会任命公民里奇为驻总委员会代表的一份委托书。

有人提到 10 月 31 日的会议记录，那里写明总委员会已决定不再接纳任何来自英国社团的代表。

因此，关于这一问题的讨论以宣读共同章程结束；按照共同章程，总委员会在同地方联合会委员会商量之前不得承认个别分部[150]；根据这一规定，该申请①交给不列颠联合会委员会。

公民**黑尔斯**说，怀特岛赖德市的布罗德里克公民要求贝利-柯克伦在赖德市政厅讨论国际的问题，并且说如果这一要求被接受，要请总委员会来组织这件事。

---

① 指上述细木工联合会的申请。

经过短时间的讨论之后，公民**梅奥**提议，指示书记①给布罗德里克提供所有需要了解的情况。

公民**泰勒**支持这一提案，提案一致通过。

公民**麦克唐奈**报告说，利物浦正在成立一个爱尔兰分部。在科克对协会采取的恐怖行动是很可怕的。

马车制造匠工会断绝了同国际的一切关系，并拒绝接受为他们募集的款项。但是，据德摩尔根说，马车制造匠工会是自愿加入协会的。无疑他们的行动是受了教士的恫吓。德摩尔根自己已全被毁了；在加入国际之前，他是很有口才的教师，学生众多，但是他的所有学生都被别人搞走了。他还被解除了他在一个研究院中所担任的极为称职的工作——只是因为他从事这一活动。警察日夜监视着他的住宅，并且警告人们不要同他发生任何联系。显而易见是想把他赶出科克。

他，公民**麦克唐奈**认为这种打算不会得逞，因为他相信英国各爱尔兰分部的成员完全有精神与决心，每周筹得足够的款项，使德摩尔根在科克坚持下去，直至战胜教士和雇主们的阴谋。[151]

然后，他代表上次会议任命的委员会提出以下声明。②

国际工人协会总委员会声明

爱尔兰的警察恐怖

英国工人和爱尔兰工人之间的民族对抗，在英国至今还是横在争取工人阶级解放的一切运动的道路上的主要障碍之一，因而也是英国和爱

---

① 指黑尔斯。
② 在会议记录本上此处粘贴了一份传单。

尔兰的阶级统治的主要支柱之一。国际在爱尔兰的发展和各爱尔兰分部在英国本土的建立，预示着这种情况将要结束。因此，不列颠政府使用警察迫害的一切手段，企图把爱尔兰的国际扼死在襁褓之中，是非常自然的，而那些非常法和国内事实上已经常态了的戒严使警察的迫害手段得以实施。从下面的事实可以看出，爱尔兰是怎样在所谓自由的不列颠宪法的庇护下遭受纯粹普鲁士式统治的。

在都柏林国际开会的房子门口，站着穿着整齐制服的一名中士和一名私人雇的警察（private of the police）。房东问他们是不是真的由当局派来的，中士作了肯定的回答，并且说这是因为国际的名称引起了恐惧。

在科克也在干这种勾当。地方支部书记的家门口对面，白天站着"爱尔兰皇家警察局"的两个警察，到了天黑，就是四个警察，每一位拜访他的人的名字都会被记下来。不久以前，副督察访问了几位科克支部成员的雇主，并且要他们说出这些成员的地址；许多人受到了警察局的警告：如果发现他们和书记谈话，就把他们的名字通知"城堡"——这是一个使爱尔兰工人阶级感到恐惧的地方。[152]

正如一封来信中所说的，在这个城市里，

> "地方当局举行了几次专门的会议，调来了增援的警察分队，复活日那天，所有警察都全副武装，各带 10 发子弹。他们估计我们一定会在公园里举行群众集会。地方当局企图利用一切可能来挑起混乱。"

如果不列颠政府今后仍按这种办法行事，那么，他们确信：它所戴的自由主义假面具将最终被彻底撕掉。国际在世界各地的报纸都将天天把格莱斯顿先生的名字和萨加斯塔、朗扎、俾斯麦和梯也尔的名字并列在一起。

受总委员会的委托

罗·阿普尔加思、马巴里、马·詹·布恩、弗·布列德尼克、G. H. 巴特里、E. 德拉埃、欧仁·杜邦、威·黑尔斯、乔哈里斯、胡利曼、茹尔·若昂纳尔、查·基恩、哈里埃特·罗、弗·列斯纳、罗赫纳、沙·龙格、孔·马丁、捷维·莫里斯、亨·梅奥、乔·米尔纳、查·默里、普芬德、约·罗奇、吕尔、萨德勒、考威尔·斯特普尼、阿·泰勒、威·唐森、爱·瓦扬、约·韦斯顿、亚罗

通讯书记

莱奥·弗兰克尔——奥地利和匈牙利；阿·埃尔曼——比利时；托·莫特斯赫德——丹麦；奥·赛拉叶——法国；卡尔·马克思——德国和俄国；沙·罗沙——荷兰；J. 帕·麦克唐奈——爱尔兰；弗·恩格斯——意大利和西班牙；瓦列里·符卢勃列夫斯基——波兰；海尔曼·荣克——瑞士；约·格·埃卡留斯——合众国；勒穆修——合众国各法国人分部；约·黑尔斯——总书记①

公民**巴里**认为，把这种行动与其归咎于政府，不如归咎于阶级仇恨更合适。

公民**瓦扬**认为，声明对政府还不够尖锐。

公民**米尔纳**认为，从政府关于爱尔兰的声明来考虑，政府应该负责。

公民**梅奥**认为，声明对政府的措辞还不够尖锐。

公民**黑尔斯**认为，发表声明根本就是幼稚的——协会的存在本身就

---

① 传单至此结束。

是对现存社会的宣战——如果说统治阶级要用它所掌握的一切手段来破坏可能摧毁他们生存的东西，国际的会员不应抱怨。这是生死之争，特权阶级是知道这点的。他认为事情有点被爱尔兰人性格中所固有的那种热情夸大了。

公民**恩格斯**说，声明是针对**警察**的干涉的。问题与阶级仇恨无关，这纯粹是政府使用武力干涉完全合法的会议的问题。

公民**库尔奈**认为，同总委员会在别的场合就爱尔兰问题发表的言论相比，这一声明软弱无力。[153]

公民**恩格斯**深信，等到库尔奈看见刊印出来的声明时，他会满意的。

于是声明交付表决，一致通过。

根据公民**恩格斯**提议，公民**泰勒**附议，决定按传单形式将声明印1000份，在爱尔兰散发。[154]

公民**荣克**宣读一封日内瓦来信，信中报告成立了一个新支部，并且建议最好是把各支部联合为一个联合会委员会，以便能更好地使用集中起来的力量。

公民**黑尔斯**说，他认为吸收科克的马车制造匠工会显然有点错误。因此，他建议，"只有在行业工会的负责人正式签署了合法的授权证书或者入会申请书，并把这些文件交与协会的某委员会或分部之后，才能宣布该组织加入了协会。"

这一提案由公民**梅奥**附议，一致通过。

公民**黑尔斯**提出动议，他提请总委员会注意在英国成立爱尔兰分部，并打算就这项政策的继续执行提出一个决议案。

委员会于11时休会。①

---

① 本日记录无人签名。

会议记录①

1872 年 4 月 16 日举行[155]

公民**龙格**主持会议。

出席委员：公民布恩、布列德尼克、阿尔诺、德拉埃、埃卡留斯、恩格斯、巴里、黑尔斯、荣克、基恩、列斯纳、弗兰克尔、罗赫纳、勒穆修、龙格、马丁、马克思、梅奥、马格里特、麦克唐奈、默里、米尔纳、朗维埃、罗奇、吕尔、罗兹瓦多夫斯基、赛拉叶、泰勒、唐森、瓦扬、亚罗。

宣读并批准了上次会议的记录。**主席**宣读公民哈里斯要求辞去委员职务并在每周报道中公布此事的信。

根据公民**巴里**提议，公民**亚罗**附议，决定暂时不接受这一辞呈，并要求公民哈里斯说明提出辞职的理由。

主席宣布他收到德意志工人协会②的一个通知，内称任命公民考林考特为该会代表，接替已被撤回的公民吕尔。

公民**弗兰克尔**说，现在对各分部任命代表的权利存在很大的误解。他建议不再接纳任何社团的代表。

公民**恩格斯**赞成这一提案。所谓向总委员会派代表的权利，除了造成困难，无任何好处，最好是完全终止这个做法。产生这种错误的原因，是以为总委员会是由代表组成的。总委员会有权增补新的委员，而且每位增补委员都成为委员会不可分割的一部分，尽管他们原来可能是由某个分部或社团提名的。总委员会不是一个工会委员会。

---

① 本日记录由黑尔斯记在会议记录本第 419—422 页上。
② 指伦敦德意志工人教育协会。

公民**基恩**认为，公民恩格斯的发言违背代表原则，而后者是民主的灵魂。他认为，社团如果认为他们的代表不再能代表他们，就有权将其撤回。

这时**书记**①宣读一封细木工联合会的来信，信中责问为什么不接纳他们头天晚上出席会议的代表。

公民**亚罗**说，在上次会议上引用来作为不接纳代表的理由的条文不适用，因为它只适用于接纳**新的**分部，而细木工联合会是老会员了。

公民**埃卡留斯**说，这是联合会委员会的组织方式产生的麻烦之一；如果和各行业工会有适当的联系，这个麻烦就不至于出现了。自从他当书记之后，他就同他所属的那个团体没有通过气。至于派代表的问题，接纳代表不过是一种表示善意的行动，不能当做权利来要求。不列颠联合会委员会同其他任何联合会委员会一样，都没有向总委员会派代表的权利。

公民**黑尔斯**提议暂停对这一问题的讨论，理由是还有重要事务需要处理。

他的提议无人附议，而将公民**弗兰克尔**的提案交付表决，得到通过。

接着公民**黑尔斯**提议，派代表团访问细木工联合会，向他们说明情况。

公民**荣克**附议，提议被通过，公民荣克、埃卡留斯、布列德尼克和黑尔斯被选为代表团成员。

公民**罗奇**说，议事日程上的下一项是关于公民塞克斯顿的选举问题，他提议转入这一议程。

公民**马克思**提议暂停，因为这一问题看来还需要进行一些讨论，而

---

① 指黑尔斯。

现在还有很多事情要做。

公民**黑尔斯**认为没有什么要讨论的，他认为所有的反对意见几分钟就可以解决。

公民**罗奇**同意暂停。

公民**黑尔斯**暂缓提出他的在英国成立爱尔兰支部的建议。

公民**马克思**说，已经起草了两份声明书，如果总委员会批准就公开发表；第一份是关于下院辩论贝利-柯克伦提案的[156]，第二份是关于所谓的国际内部分裂的。然后，他开始宣读下面的第一份声明①：

以消灭国际为目的的凡尔赛地主议会和西班牙议会的功绩，在不列颠下院贵族代表们的心中再合意不过地激起了崇高的竞赛精神。于是贝·柯克伦先生——这是能借以判断出上等阶级智力水平的那种人物的鲜明代表之一——于 1872 年 4 月 12 日提请议会注意这个可怕的团体的言行。他不大喜欢读书，所以为了准备谈这个问题，就在去年秋天作了一次旅行，了解一下国际在大陆上的某些总部的情况；旅行归来后，他便赶忙给《泰晤士报》写了一封信，为自己保留了在该问题上的某种优先权。他在议会中发表的那篇演说，任何一个别的人都会说是存心有意不谈当时所谈的事情。国际的许多正式出版物，除了一种，他都不知道；他不去引用这些正式出版物，反而从私人在瑞士出版的印数不多的书刊上引证了一大堆乱七八糟的话，对于这些话国际这个组织根本不能负责任，就像不列颠内阁不能对柯克伦先生的演说负责任一样。按照他的话说，

　　"在英国加入国际的人共有 18 万，其中大多数根本不知道那些打算实现的原则，这些原则当他们加入国际时被小心翼翼地隐瞒起来了"。

---

① 在会议记录本上此处粘贴了一条剪自《东邮报》的剪报。

　　但是，国际打算实现的那些原则，在共同章程导言①中就阐明了；柯克伦先生幸运地不知道，无论是谁，如果不明确表示同意这些原则，就不能加入国际。接下来：

> "协会在初成立的时候是以工联主义原则为根据的，那时没有赋予它任何政治性质"。

　　不仅最初的共同章程的引言部分具有鲜明的政治性质，而且协会的政治倾向在 1864 年同这个章程同时公布的成立宣言中也得到了充分的阐明。[157]他的另一个使人惊异的发现，是巴枯宁曾"受托"以国际的名义回答马志尼的攻击，这完全是撒谎。他从巴枯宁的小册子[158]中引用了一段话之后继续写道：

> "这类哗众取宠的毫无意义的东西也许能博得我们的一笑，但是，既然这些文件来自伦敦（可是它们**并不是**来自伦敦）②，那么外国政府发出了警报，还有什么值得大惊小怪的呢？"

　　柯克伦先生成了外国政府在英国的喉舌，还有什么值得大惊小怪的呢？下一个责难——说国际不久前开始在伦敦出版"报纸"——这也是撒谎。不过柯克伦先生可以聊以自慰的是：国际在欧洲和美洲有许多自己的机关刊物，它们几乎用一切文明民族的语言出版。

　　但是整篇演说的实质包括在下面这段话中：

> "他**可以证明**，公社和国际工人协会事实上是同一个东西，设在（？）伦敦的国际协会向公社发出了焚毁巴黎并杀害这个城市的大主教的命令。"

---

① 应当是"的引言部分"，见下一段文字。
② 圆括号内的文字是马克思加的。

现在我们来看看证据。欧仁·杜邦在 1868 年 9 月举行的布鲁塞尔代表大会上以主席的身份确实断言国际致力于社会革命。但是 1868 年欧仁·杜邦的论断和 1872 年①公社的行动之间有什么神秘的联系呢？这个联系就是：

　　"欧仁·杜邦只是在上星期才在巴黎被捕，他是秘密从英国到那里去的。而这位欧仁·杜邦先生是公社委员，也是国际协会会员"。

对于这个极具说服力的论证模式来说不幸的是，在巴黎被捕的公社委员昂·杜邦并不是国际会员，而国际会员欧·杜邦则不是公社委员。第二个证据——

　　"1869 年 7 月巴枯宁在日内瓦一次由他主持的代表大会上说：'国际宣布自己是无神论的'。"

但是，1869 年 7 月在日内瓦根本没有举行任何代表大会，巴枯宁从来没有主持过国际的任何一次代表大会，也从来没有委托过他以代表大会的名义发表声明。第三个证据：国际在维也纳的机关报《人民呼声报》上写道：

　　"红旗是普遍仁爱的象征；但是让我们的敌人当心，不要使它成为普遍恐怖的象征。"

不仅如此，该报还不止一次地声明说，伦敦总委员会实际上是国际的总委员会，即国际的中央领导机关。第四个证据：在法国一次审讯国

---

　　①　印刷错误，应该是 1871 年。

际的过程中托伦嘲笑了检察官的论点，仿佛

> "只要国际的会长（根本没有这个职位）一挥手，就能够使全世界俯首听命"。

柯克伦先生的糊涂脑瓜把托伦的这个否定变成了肯定。第五个证据：总委员会关于法兰西内战的宣言，柯克伦先生从这个宣言中援引了两点，即关于必须惩罚人质和使用火作为在适当情况下进行战争的必要方法。然而从柯克伦先生赞同凡尔赛分子进行的屠杀这一事实中，难道我们应当得出结论说，这是他下令进行屠杀的，尽管实际上他除了杀害飞禽走兽并没有犯任何屠杀罪？第六个证据：

> "在纵火焚烧巴黎之前，国际和公社的领袖们举行了会议。"

这一点的可靠程度和不久前意大利报刊上盛传的一则消息差不多。这则消息说，国际的总委员会，派遣自己忠实的和钟爱的儿子亚历山大·贝利-柯克伦到大陆上来进行视察，他提出了一个极其令人满意的关于组织蓬勃发展情况的报告，并且说，参加该组织的会员已达到1700万人。最后一个是具有决定意义的证据：

> "在公社的包括捣毁旺多姆广场圆柱的命令在内的指令中说，国际赞同此举。"

虽然公社毫无疑问完全知道，全世界整个国际都会赞同这个决定，但是在公社的指令中却根本没有提到这回事。

据《泰晤士报》所载，柯克伦先生的不可辩驳的证据就是如此而已，而他却据此断言，似乎巴黎大主教的被杀，巴黎的被焚，都是根据驻在伦敦的国际总委员会的直接命令执行的。把这些牛头不对马嘴的胡说和萨卡兹先生在凡尔赛所作的关于反国际的法案的报告对照一下，就会了解到在那位法国地主议会议员和这位不列颠的道勃雷①之间仍然存在着的差别。

关于柯克伦先生的 fidus Achates② 伊斯特威克先生，如果他不是荒谬地硬说国际要对韦梅希（学者柯克伦先生把他改名为韦尔穆特）的《度申老头报》[159]负责，我们会借用但丁的一句话来说："看他一眼就从旁边走过。"

如果说有柯克伦先生这样的对手，是一件极其愉快的事，那么受到福塞特先生的随便什么样的保护，简直就是一种天灾。如果说他有足够的勇气来捍卫国际，使之免受英国政府至今都不敢采取，而且也认为不需要采取的那些镇压措施的迫害，那么他同时也具有义务感和崇高的道德勇气，促使他向国际表示自己的最高尚的教授式的谴责。可惜，他所攻击的所谓的国际的学说不是别的，正是他的智力不足的产物。

> "他说：'国家应当做这个，做那个，并且筹措资金来实现国际的一切方案。纲领的第一条说，国家应当购买全部土地和一切生产工具，并按照公平和适当的价格租给居民。'"[160]

至于说在一定情况下由国家买土地并按照公平和适当的价格租给居民，那么让福塞特先生自己同他的理论问题的老师约翰·斯图亚特·穆勒先生一起，同他的政治领袖约翰·布莱特先生一起去解决这个问题吧。纲领第二条"建议国家调节劳动日的长短"。当我们这位教授把国际变成不列颠工厂法的起草人时，他的渊博的历史知识就极其辉煌地显露出来了，而在评价这些法律时，他在经济问题上的学识也显得毫不逊

---

① 道勃雷是莎士比亚喜剧《无事烦恼》中的一个角色，是自满、无知与愚蠢的化身。
② 忠实的侍从。

色。第三条：

> "国家应当保证免费教育"。

关于在美国和瑞士实行免费教育并取得了良好结果的事实是众所周知的——但是，这些事实和福塞特教授的阴暗的预言比较起来还有什么意义呢？第四条：

> "国家应当把资本贷给合作社"。

这里有一个小小的错误：福塞特先生把还在国际创立之前就已死去的拉萨尔所提出的要求和国际的原则混为一谈了。顺便指出，拉萨尔曾援引过一个先例，即不列颠的土地占有者在改善农业的借口下通过议会非常慷慨地把公债赐给自己。第五条：

> "最重要之点是，要求对地产征收累进税，以此充实国家的全部预算收入"。

把罗伯特·格莱斯顿和他的拥护者——利物浦的资产阶级财政改革家们的要求当成是国际纲领的"最重要之点"，是无论如何行不通的！

政治经济学大专家福塞特先生渴求获得学术上的声誉的奢望，完全是以供中小学生用的约翰·斯图亚特·穆勒先生的政治经济学简明教程的通俗本为基础的，这位大专家承认，贸易自由的拥护者"25 年前的大胆预言被事实推翻了"。但与此同时，他却深信，他只要以更索然寡味的形式不断重复这些虚假的语言在 25 年前预言所依据的那些陈腐不堪的词句，就能够遏止当代的规模宏大的无产阶级运动。他这样假装捍卫国际，实际上是低三下四地回首悔悟自己过去对工人阶级表示的虚假的同情，可以预料，这必定会使那些仍然看不清福塞特先生一直企图用来掩饰自己不学无术的那种温情的英国工人睁开眼睛。

如果贝·柯克伦先生代表不列颠下院的政治智慧，而福塞特先生则代表不列颠下院的经济科学的话，那么是否可以把这家"伦敦所有俱乐部中最愉快的俱乐部"同美国众议院相提并论呢？美国众议院于1871年12月13日通过了一项关于成立劳动统计处的法律[161]，并声明说，这项法律是根据国际工人协会的迫切愿望通过的，众议院认为，这一愿望是当代极重要的现象之一。

总委员会

罗·阿普尔加思、安·阿尔诺、马·巴里、马·詹·布恩、弗·布列德尼克、G. H. 巴特里、弗·库尔奈、比·德拉埃、欧仁·杜邦、威·黑尔斯、胡利曼、茹尔·若昂纳尔、查·基恩、哈里埃德·罗、弗·列斯纳、罗赫纳、沙·龙格、马格里特、孔·马丁、捷维·莫里斯、亨·梅奥、乔·米尔纳、查·默里、普芬德、约·罗兹瓦多夫斯基、维·雷吉斯、约·罗奇、吕尔、加·朗维埃、萨德勒、考威尔·斯特普尼、阿·泰勒、威·唐森、爱·瓦扬、约·韦斯顿、德沃尔弗斯、F. J. 亚罗

通讯书记

莱奥·弗兰克尔——奥地利和匈牙利；阿·埃尔曼——比利时；托·莫特斯赫德——丹麦；奥·赛拉叶——法国；卡尔·马克思——德国和俄国；沙·罗沙——荷兰；J. 帕·麦克唐奈——爱尔兰；弗·恩格斯——意大利和西班牙；瓦列里·符卢勃列夫斯基——波兰；海尔曼·荣克——瑞士；约·格·埃卡留斯——合众国；勒穆修——合众国各法国人分部；约·黑尔斯——总书记

1872年4月17日于伦敦

西班牙通讯书记①宣读了在萨拉戈萨举行的西班牙国际代表大会发来的两个文件：

"总委员会的公民们，

今天，4月8日，西班牙的国际工人协会第二次代表大会开幕了。出席的有45名代表。大会被武力驱散了，然而这一行动所产生的影响是巨大的。尽管会议是在星期一召开的，萨拉戈萨所有的工厂车间都关了门，因为工人们已决定出席代表大会。面对我们镇定沉着和坚强有力的态度，当局表现得很克制，几乎到了谦卑的程度。我们将继续举行我们的大会，但不让它带有公开的性质。衷心感谢总委员会，我们向它以及在英国的所有弟兄致以兄弟般的敬礼。

弗·莫拉

1872年4月8日于萨拉戈萨

致总委员会，

萨拉戈萨代表大会向巴黎公社的保卫者表示谢忱，他们为了热爱工人阶级的解放事业在囚船上和放逐中受苦，大会沉痛地悼念被凡尔赛暴徒杀害的牺牲者。

萨拉戈萨代表大会

1872年4月10日

会议主席　**米·皮诺**，机械工人

书　　记　**桑特亚戈·戈麦斯**，机械工人

哈塞·帕米亚斯，鞋匠"

代表大会于4月11日闭幕，但是它所通过的决议还没有收到[162]。公民**哈里斯**辞去总委员会委员之职。②

声明被一致通过。

---

① 指恩格斯。

② 剪报至此结束。

公民**恩格斯**宣读第二项声明,这项声明是关于骚乱的制造者的,人们把骚乱的罪过归之于国际,恩格斯证明这些指责完全站不住脚。[163]

对这个声明进行了长时间的讨论。许多委员认为对某些提法不能赞同,尽管它们在道义上也许是对的。同时有少数人根本反对就这件事发表声明,因为这样做会夸大这些人的作用;最后公民**布列德尼克**提议暂停讨论这一问题。

公民**米尔纳**附议,交付表决通过。

委员会于 11 时 15 分休会。

主席　**约·罗奇**

书记　约翰·**黑尔斯**

会议记录①

1872 年 4 月 23 日举行[164]

公民**罗奇**主持会议。

出席委员:公民**布列德尼克、巴里、埃卡留斯、恩格斯、弗兰克尔、黑尔斯、荣克、基恩、列斯纳、勒穆修、罗赫纳、马克思、马丁、马格里特、梅奥、麦克唐奈、米尔纳、默里、罗奇、吕尔、赛拉叶、泰勒、唐森、瓦扬、亚罗。**

宣读并批准了上次会议的记录。**主席**说,议事日程的第一项是选举公民塞克斯顿。他认识塞克斯顿已有好多年了,他敢担保,如果塞克斯顿当选,他将是一位非常有用的总委员会委员;他的观点一向同协会所主张的观点一致,他还是一位非常老练的演说家;要是他当选的话,他能够深入各地,能为协会做许多工作。

---

① 本日记录由黑尔斯记在会议记录本第 423—427 页上。

因公民**梅奥**缺席，公民**泰勒**附议；他一直认为公民塞克斯顿是民主思想的坚定的令人敬佩的拥护者。

公民**赛拉叶**说，他曾见过一本书，书中指责公民塞克斯顿同一家其做法受到某种怀疑的解剖学博物馆有来往，还指责他曾威胁说要揭发该馆的不法行为，但是由于一笔年度津贴而隐瞒了这个情况。他认为这个问题需要澄清，在未澄清前他不能投票选公民塞克斯顿。

公民**恩格斯**认为，公民赛拉叶提到的事情应当予以澄清。

公民**荣克**说，他［认为］没有理由因为公民塞克斯顿在卡恩那里讲演而反对他；据他所知，讲演的内容是有关科学题材的——比别的题材更有价值，但是他同意**赛拉叶**和**恩格斯**的意见，对于为了钱而隐瞒情况的问题应该予以核实和澄清。

公民**马克思**说，考虑到代表会议[①]的决议，他本来不想投票赞成总委员会再增补更多的英国人[165]，可是，既然哈里斯已辞职，他的位置可以填补。然而，他认为，由于塞克斯顿的品质受到怀疑，应当像处理麦克唐奈问题[166]那样来处理这一问题。

公民**巴里**说，塞克斯顿博士［在］卡恩那里作过讲演，谁都知道，卡恩那里是藏污纳垢之所，仅仅这一点就是他不应当被接受的充足理由。他使用过医学博士的学衔，但未讲明这一学衔不是在英国获得的，这件事表明他在道德上不很正派，因而不适合于选入总委员会。

公民**黑尔斯**说，他受公民塞克斯顿的委托向总委员会保证公民赛拉叶所说的话完全不符合事实；塞克斯顿根本不认为他与那个博物馆有来往是可耻的事情，相反，他自己还在医务界人名录中宣扬此事。他在那里作的讲演是科教性质的，他敢说，凡是听过这些讲演的人都不会反对这一点。公民塞克斯顿的政治观点和社会观点是始终如一的，他还是厄

---

① 1871 年在伦敦举行。

内斯特·琼斯和罗伯特·欧文的朋友；他召开了反对帕麦斯顿勋爵的取缔阴谋活动法案[167]的第一次大会，他和厄内斯特·琼斯在同一个讲台上发表了演说。攻击他的人是个江湖医生，由于被认为是非正当开业者而受到医务界某些人士的追究。塞克斯顿是格哥根大学的医学博士、皇家地理学会会员、皇家动物学会会员、人类学学会会员和艺术学会会员，而且他被接受加入最后这个学会是在受到上述指责之后。所有这些学会都要求其会员必须具有正直诚实的品格。他认为，塞克斯顿被上述学会接受为会员这一事实，应该足以使总委员会信服了。

公民**巴里**说，公民黑尔斯为塞克斯顿博士的事情辩护，好像是为此领取过报酬似的。但是，他必须告诉黑尔斯，写这本书的人并不是江湖医生——在医生名册上有他，可是没有塞克斯顿。

公民**荣克**问，是否医生名册上没有的人全都是江湖医生。

公民**巴里**说，他不是这个意思。

公民**荣克**问，是否名册上有的人都不是江湖医生。

公民**巴里**说，哦，不是的！

公民**黑尔斯**说，公民塞克斯顿是上了名册的，他亲眼看过证据；至于他为塞克斯顿辩护，他可以说，他不是领取报酬的；他只希望公民巴里也没有为他提供的服务和情报领取报酬。

公民**亚罗**说，他只知道塞克斯顿博士不是合法医生，除此之外，对他一无所知。

公民**布列德尼克**不反对对公民塞克斯顿的品质进行调查，他只是对过去对别人没有实行同样的政策感到遗憾。

公民**马丁**认为，在增补委员时，候选人如果不是工人阶级的成员，总委员会必须慎重。

公民**马格里特**提议，这个问题暂停讨论，以便对此事进行最充分的调查。

公民**米尔纳**附议，这样就可能有足够的时间进行考虑；他仅有一点要提出，即把自由职业者增补进总委员会是否可取；就塞克斯顿博士而言，他认为塞克斯顿博士将是一位宝贵的同盟者，他过去做过有益的工作。

公民**默里**说，他希望立即处理这件事——他了解塞克斯顿博士一贯拥护进步原则，他是在英国率先挺身而出谴责**政变**①的人士之一，而那时，人们发表自己的见解是要冒危险的；他不但敢于发表演说，而且敢于署名发表文章；他还了解塞克斯顿博士不是一个可以收买的人，他曾多次代替他进行演讲以帮助他。至于塞克斯顿是自由职业者，他认为这不应成为障碍，因为他像工人一样必须为了维持生活而努力工作。

公民**马克思**认为，总委员会的绝大多数委员是工人，在这种情况下，接受自由职业者为委员没有什么值得担忧的。不过，他认为这个问题应当推迟讨论，以便有时间进行最充分的调查——这样，无论结果如何，总委员会都能有明确的态度。

提议交付表决，通过推迟讨论的提议。

公民**恩格斯**报告说，公民马克思和他本人付款印刷了 1000 份声明②，总委员会的委员都可得到这一声明。

公民**黑尔斯**宣读了公民哈里斯寄给［他］的有关他辞职的一封短笺，哈里斯仅仅重申他的声明，并没有提出理由。

根据公民**恩格斯**提议，公民**马克思**附议，辞职被接受。

宣读了森德兰分部书记③的来信，信上要求总委员会利用自己的影响阻止工人从大陆来顶替因成立工会而被厂主解雇的北方压制玻璃厂工人。

---

① 1851 年 12 月 2 日在法国发生的政变。

② 反对贝利-柯克伦。

③ 指约翰·莱蒙。

公民**荣克**提议，公民**米尔纳**附议，请各通讯书记将此事通知大陆各支部，并要求他们阻止工人前来。

一致通过。

公民**黑尔斯**宣读了公民赖利的来信，信中通知说他和总委员会关于登载报道的协议已到期。

公民**黑尔斯**说，他收到哈勒克夫人的来信，她说，现在流传着一个谣言，说她**因行为不端**已被总委员会开除。她要求总委员会向各联合会委员会发一声明正式辟谣，她说，必须这样做才能恢复她的名声。黑尔斯建议对这封信暂缓考虑[168]，建议被通过。

公民**马克思**说，他收到一封美国来信，他将在下次会议上报告信的内容。不过，他要说明一下，新联合会委员会拒绝接受总委员会的决议，而公民埃卡留斯不但拒绝给他们寄决议①，反而写信说，文件和通信被总委员会某个委员没收或扣下了。一个负责人员竟然不执行总委员会的决定，尤其是有三分之二的决议②是这位负责人员本人投票赞同的，他只能说这太不可思议了。

公民**埃卡留斯**说，他认为公民马克思应当在提出指责之前先作一番调查研究。他告诉埃利奥特，他拒绝寄发决议，因为他不满意，并打算辞职。他处处受到挑剔，他再也无法忍受了。他收到了一封信，告诉他新的委员会派了三个委员来看看是否能够妥善解决。但是写信人却担心，如果左尔格插手进去，这件事就办不成了。委员会拒绝接受关于各支部会员三分之二应是雇佣工人阶级的成员的决议和暂时取消第十二支部会员资格的决议。他们要求知道是谁说第十二支部是团结的障碍的。

---

① 关于北美联合会分裂的决议。

② 这里记录不确切。显然是指要求每个支部的会员至少有三分之二是雇佣工人的决议。

公民**恩格斯**报告了一些与处置公民库诺有关的非常有趣的消息，库诺因是国际协会会员而被意大利政府监禁和没收财物，并被列为刑事犯（common felon）。最后，他被押送到边境，在巴伐利亚领土上释放。他们提出的理由是，他是一个没有任何生活资料的游手好闲的流浪汉，其实他有正当职业，而且在被捕时有一大笔钱。[169]

公民**黑尔斯**报告说，在布宜诺斯艾利斯成立了一个支部。这个支部已建立一个月了，会员人数达 70 人。它希望同总委员会保持关系。[170]

委员会于 11 时 15 分休会。

主席　**海·荣克**

书记　**约翰·黑尔斯**

会议记录[①]

1872 年 4 月 30 日举行[171]

公民**荣克**主持会议。

出席委员：公民**阿普尔加思、布恩、巴里、阿尔诺、库尔奈、德拉埃、埃卡留斯、恩格斯、弗兰克尔、黑尔斯、荣克、列斯纳、勒穆修、罗赫纳、马克思、马丁、梅奥、麦克唐奈、默里、罗奇、罗兹瓦多夫斯基、吕尔、赛拉叶、泰勒、唐森、瓦扬、亚罗**。

宣读并批准了上次会议的记录。之后，公民**恩格斯**提出一项关于议事日程的建议。他说，事情太多，解决不完，不开一些特别会议，处理不完。首先要解决的是塞克斯顿的选举问题，第二是美国问题，第三是埃卡留斯的行为问题，第四是三月十八日纪念大会筹备委员会的报告，第五是派往细木工联合会的代表团的报告。还有，第六是考虑公民韦斯

---

① 本日记录由黑尔斯记在会议记录本第 428—431 页上。

顿的行为问题，第七是对所谓的联邦主义委员会[172]采取行动的问题，第八是公民黑尔斯提出的关于在英国建立爱尔兰民族支部的建议。因此，他提议星期六晚上召开特别会议，如有变动另行通知。

公民**列斯纳**附议，此议一致通过。

接着**书记**[①]宣读了公民塞克斯顿的来信，信中指出对他提出的指责不符合事实。

公民**亚罗**说，他认为许多事被歪曲了，因此，他要建议撤销对公民塞克斯顿的提名。

公民**黑尔斯**指出，公民亚罗错了。没有发生歪曲事实的情况。

公民**赛拉叶**认为，总委员会只需考虑公民塞克斯顿的来信是否驳倒了别人对他的指责；他认为，这封信部分地做到了这一点，但却没有完全做到。

公民**亚罗**说，公民塞克斯顿是许多皇家学会的会员这一事实完全不能证明他的高尚；谁愿意缴纳会费，谁就可以成为这些学会的会员。

公民**巴里**认为，公民塞克斯顿的朋友能够撤销对他的提名就好了。毫无疑问，塞克斯顿以他的智慧和才能支持了卡恩的博物馆，虽然他可能只是在缺钱的情况下才去那里做事的。

公民**马丁**认为，对公民塞克斯顿提出反对意见是不祥之兆。法国委员不了解这个问题，他认为塞克斯顿的选举可能会带来痛苦。

公民**黑尔斯**说，他和他的朋友同意由英国委员来决定这个问题，尽管他们并不希望如此。但是，他要求法国委员想想反对意见来自何处，要求他们回忆一下反对者过去的政策，并把他与支持者的政策加以比较。塞克斯顿如果当选的话，将是非常有用的人。

公民**埃卡留斯**说，他提出反对意见的原因与别人的完全不同——他

---

① 指黑尔斯。

反对塞克斯顿是因为他与布拉德洛的争吵。他不希望协会卷入这个争吵；塞克斯顿不进入总委员会同进入总委员会一样能够为协会做很多的工作。

公民**瓦扬**说，真正值得考虑的问题是：塞克斯顿被选入总委员会是否会增加总委员会的威信？当然，法国委员只要想一想双方过去的活动就知道该怎样投票了。

接着，提议被交付表决，以11票对8票通过。主席参加了投票。

公民**布恩**抗议主席参加投票，当别人劝告他遵守会议秩序时[①]提出抗议。

公民**恩格斯**提议，公民**赛拉叶**附议，批评公民布恩屡次干扰主席。

公民**默里**希望不要强行坚持这一建议。

公民**巴里**认为，他有责任建议对提议通过后干扰主席的任何人进行批评。

公民**弗兰克尔**提议，公民**列斯纳**附议，会议按原定议事日程进行，同时批评公民布恩的行为。

公民**莫特斯赫德**认为，提出这个建议是不明智的。公民布恩这样做很可能是出于无知。主席参加表决是不平常的事情。

公民**布恩**为自己的行为向主席道歉，但是，他要说，主席参加表决不符合英国的习惯。[②] 不过，他对这项提议是否通过并不在意。

公民**巴里**提议完全转入原定议事日程。

公民**默里**附议，交付表决，通过。

公民**黑尔斯**宣读公民韦斯顿的来信，信中对他的名字出现在所谓国际联邦主义委员会的文件上作了解释。

---

① 此处原稿中划掉了"过分激动而不冷静地"等文字。
② 后面一句是在批准会议记录时加上的。

公民**亚罗**提议，这个问题暂缓讨论，待作进一步调查。他认为，韦斯顿并没有对提出的那种指责表示同意。

公民**瓦扬**说必须维护某项纪律；他提议通知韦斯顿，除非他交给总委员会一份供公开发表用的声明，说明附上他的名字事先并未通知他，否则，他就将被开除出总委员会；如果他不满意，必须前来总委员会申述他的意见。

公民**巴里**附议。

公民**马克思**说：任何委员在担任委员期间都无权攻击总委员会，因此，必须收回全部攻击。

建议被一致通过。

公民**恩格斯**报告说，他们在意大利有新的发现。他们发现，原来，国际打算仿效巴黎公社大量使用煤油。在一所大学里烧了一张演讲单，事情就这样开始了。进行了长时间的调查，实际上已经逮捕了一批人，其目的自然是要除掉那些具有先进思想的知名人士。[173]

公民**赛拉叶**报告说，在法国，运动进展顺利。有些城镇甚至连市长和市政参议会的议员都是协会会员；某些地方已开始吸收警察参加协会；他们那里按期缴纳会费，他已收到 30 法郎的会费；不仅如此，**费雷**支部还打算在近期内创办一份报纸。

公民**勒穆修**说，他收到了一封纽约来信。有一个支部建议，如果总委员会批准的话，筹集 1000 镑资金，购买一块土地，用以维持寡妇和儿童的生活。洛格朗还告诉他，他已在给黑尔斯的信里谈了他上面提到的一件事。

公民**黑尔斯**声明说，他除了收到哈勒克夫人的来信以外没有收到其他的信。至于纽约提出的建议，他提议交给章程委员会审查，由它向总委员会提出有关此事的报告。

公民**莫特斯赫德**附议。

公民**弗兰克尔**认为这项建议是反动的，它只对一个支部有利。他反对这项建议，不过，他认为总委员会应当讨论它。他提议这个问题推迟讨论。

公民**唐森**附议，提议以 15 票对 6 票通过。

公民**莫特斯赫德**说，他无法胜任丹麦通讯书记这一工作；他曾试图学习丹麦语，但是发现自己学不好，他不打算担任他不能胜任的职务。因此，他提出辞职。他对总委员会不久前发表的文件没有任何反对意见。

公民**布恩**提议，公民**埃卡留斯**附议，接受公民莫特斯赫德的辞职。一致通过。

委员会于 11 时 15 分休会。

书记　约翰·黑尔斯

特别会议记录[①]

1872 年 5 月 4 日举行

公民**赛拉叶**主持会议。

出席委员：公民**布列德尼克、巴里、库尔奈、埃卡留斯、恩格斯、弗兰克尔、黑尔斯、荣克、列斯纳、麦克唐奈、莫特斯赫德、罗兹瓦多夫斯基、赛拉叶**。

在宣读上次会议记录时，公民**莫特斯赫德**提议删掉有关选举公民塞克斯顿的记录，不是由于记录不确切，而是因为他反对批准这一选举。

这项提议被宣布为不合议事日程，因为按规定只能讨论记录是否准确无误的问题。

---

① 本日记录由黑尔斯记在会议记录本第 432—436 页上。

公民**恩格斯**要求加上公民布恩所说的"他对是否通过一项批评他的提议并不在意",记录加上了这句话。

公民**埃卡留斯**提议,修改瓦扬的发言记录,理由是记录不准确。

这一提议遭到几位公民的反对,由于公民瓦扬未出席会议,提议没有交付表决,公民埃卡留斯保留重新提出建议的权利。

接着,记录被批准。

公民**赛拉叶**报告说,费雷支部的工作正在取得进展,在巴黎成立了一个支部,有20名会员,他们都是革命者。他还报告说,各工会的改组非常迅速,他们加入国际的希望很大。图卢兹和波尔多两地的领导人已是协会会员。他还宣读了一位积极活动的公民的来信,信中要求今后所有书面通讯都使用未加盖总委员会图章的普通白纸,以防止信件被邮政当局拆封时可能发生的危险。各支部建议联合,并且已经任命一个**社会拯救**委员会;他们可以散发大量的会费券。在法国南部,工人们最期望的就是复仇。

公民**黑尔斯**宣读了一封纽约来信,信上汇报了旧联合会委员会为执行总委员会决议而采取的措施,并且声明说,新联合会委员会不愿意执行决议是由于约·格·埃卡留斯写的一封信,他在这封信中称,新联合会委员会寄来的文件被总委员会的某些委员扣下或者**没收**了。纽约来信还说,第六支部收到一位总委员会委员的来信,信上对决议①的通过表示遗憾。

公民**恩格斯**报告,意大利费拉拉的工人协会表示完全拥护新的章程,并且把它自己的章程送来审批,估计它的章程与协会章程是完全一致的。

公民**麦克唐奈**报告说,他收到都柏林的麦基翁的来信,信中说民族

---

① 关于北美联合会分裂的决议。

教权派极力反对协会。当都柏林支部召开会议时，民族派的一个成员突然闯进来，使会场陷入一片混乱。书记受家庭影响吓得离开了都柏林。不过，已经新选了一个书记，他们打算不声不响地进行工作，让外界以为他们已不存在了；他们打算坚持悄悄地工作，直到他们的力量强大到足以抵御对他们施行的恐怖手段。德摩尔根报告说，总委员会的声明①在科克收到很好的效果，不过，警察对个别人产生了影响。协会在科克建立后起了很好的作用：该城和爱尔兰南部的所有大商行由于害怕工人参加国际，都承认了九小时工作制。总委员会关于警察恐怖的声明刊登在科克的所有报纸上，并且受到激烈的抨击。关于德摩尔根，他可以说，已经采取措施支持他战胜反对他的可怕力量。他收到恩尼斯的麦卡锡的来信，提出要在恩尼斯和利默里克建立协会的分部；写信人希望知道在所谓退出者②的文件上署名的约翰·韦斯顿是不是那个同名的总委员会委员。蒂珀雷里的消息令人鼓舞：那里也提出要建立一个分部。库特希尔支部的工作进展缓慢；那里也提出了有关所谓退出组织的问题。布拉德福德和米德尔斯伯勒的支部都在顺利地发展。设菲尔德和佩卡姆正在建立新的分部。索霍支部开会地点的房东不允许在他的房子里再开会了，他们召开了一次大会，会议决定租一所房子，供各支部开会用，这样，他们就完全不必依赖小酒店了。

公民**弗兰克尔**报告说，不久前，在佩斯一度有 27 人因是某个社会主义团体的成员而被捕；20 人已被释放，其余的将受审。

公民**荣克**说，前些时候他收到了一封日内瓦来信，信中请求指定日内瓦为下次代表大会的开会地点。由于总委员会工作繁忙，他一直没有机会向总委员会报告这件事。他已回信说，因为大陆的情况十分复杂，

---

① 指《爱尔兰的警察恐怖》。
② 指世界联邦主义委员会。

总委员会还不可能确定代表大会的会址。[174]

公民**罗兹瓦多夫斯基**说，林堡有传说，总委员会已决定于 10 月在日内瓦举行下一次代表大会。

公民**库尔奈**问道，为了制止与召开代表大会无关的怨言而宣布将要召开代表大会是否明智。

公民**恩格斯**回答说，在有关瑞士争端的声明①中已宣布将于 9 月举行年度代表大会。

公民**弗兰克尔**说，他感到遗憾的是这一声明至今尚未发表，但是他认为专门为这个问题发表一项声明是不合适的。

公民②指出，所说的这个文件是用法文写的，而怨言绝大部分来自英国人。

公民**莫特斯赫德**认为，不应该过多地宣传准备举行代表大会。

公民**黑尔斯**报告说，负责办理有关三月十八日纪念大会会址的诉讼问题的委员会咨询了谢恩先生和罗斯科先生，认为还不能正式提出诉讼，原因是公民泰勒将要离开英国；一起诉讼至少要 6 个星期才能办完，而泰勒必须在 5 月初动身；此外，由于协定没有贴印花，还要付10 镑的罚款。因此，委员会仅仅委托谢恩先生和罗斯科先生以律师名义去信要求补偿损失。这件事已交给他们办理。

公民**埃卡留斯**汇报代表团前往细木工联合会的情况。但在汇报开始前，他指责公民黑尔斯没有把大会在 9 时 45 分以后才接待代表团一事通知他，但却通知了荣克。结果，他损失了半天的工作；由于误了火车，他不得不步行回家。至于那次接待，他们遇到了一点风波，细木工联合会的书记称，自从黑尔斯任书记以来，他们未收到总委员会的一封

---

① 指《所谓国际内部的分裂》。
② 原稿中此处没有注明人名。

信；未收到变动的通知，也未收到新的章程。

公民**黑尔斯**说，他确实把章程寄给了细木工联合会并和书记通过信，他可以把他的信带来作证明。至于没有通知埃卡留斯的问题，他星期三写信给细木工联合会书记要求他们接待代表团，直到星期一午餐以后才收到回信。他去找了荣克，但他无法去找埃卡留斯，而写信已来不及了。

公民**布列德尼克**说，他没有出席大会，因为不知大会地址。

公民**荣克**说，黑尔斯找他并要求他去细木工联合会，把事情向后推迟。信中没有说要接待代表团，只是说如果代表团在 9 时 45 分左右到达，可以让他们发言，而接待他们时已是 11 时 15 分了。埃卡留斯作了精彩的发言，但是亚罗所讲的，他认为是在总委员会之外不应该讲的——他谈起委派代表的权利，并且对总委员会拒绝代表的权利表示怀疑，他认为这种做法起码是非常不得当的。他努力讲解总委员会的组成，并且指出，章程是针对一般情况而不是针对特殊情况的；总委员会可能迁到瑞士、比利时或者其他任何地方，因而章程要适应这一类意外情况。书记确实讲了埃卡留斯所说的那些话，他们没有收到章程和信件。

公民**埃卡留斯**说，他准备提出以下建议："任命一个委员会调查黑尔斯与工联的通讯。"这是完全必要的，因为工联根本不愿意与联合会委员会打交道，而他不愿意失去他们。

公民**弗兰克尔**说，他准备提出以下建议："总书记的职责范围限于总委员会，另外给英国任命一位书记。"

公民**黑尔斯**说，他坚决反对公民埃卡留斯的建议，因为这显然是表示不信任。他不反对提供所要的任何信件，但是，调查他的行为的建议得有一定的理由，对此他不能同意。

委员会于 11 时 15 分休会。

书记　约翰·黑尔斯

总委员会会议①

1872 年 5 月 7 日举行¹⁷⁵

公民**赛拉叶**主持会议。

出席委员：公民**阿尔诺**、**巴里**、**库尔奈**、**埃卡留斯**、**恩格斯**、**弗兰克尔**、**黑尔斯**、**荣克**、**列斯纳**、**罗赫纳**、**马丁**、**梅奥**、**麦克唐奈**、**米尔纳**、**莫特斯赫德**、**默里**、**罗兹瓦多夫斯基**、**赛拉叶**、**唐森**、**瓦扬**、**亚罗**。

宣读并批准了上次会议的记录。公民**黑尔斯**报告说，他收到左尔格的一封信，信上说他所在的那个联合会委员会接受了总委员会的决议，并且任命了一个委员会去会见另一个委员会。

公民**恩格斯**宣读关于西班牙萨拉戈萨代表大会的报告如下。②

他还报告说，他刚刚收到了一封米兰来信，信中更详细地叙述了上星期报告过的那个事件，称该支部被迫暂停出版自己的报纸③，因为支部的一些成员被捕了。¹⁷⁶恩格斯研究了费拉拉协会的章程并审查了同章程一起寄来的关于它无条件参加国际的申请书以后，建议批准这个章程，因为这是一个明确的和切实可行的章程。

提议被一致通过。

公民**埃卡留斯**说，他收到了一封华盛顿来信；他不知道写信者属于哪个支部，这个人的名字叫杜兰特；这个支部赞同决议④，不过，建议

---

① 本日记录由黑尔斯记在会议记录本第 437—442 页上。

② 下面有半页空白；指 1872 年 5 月 12 日《东邮报》第 189 号上刊登的恩格斯的报告。

③ 指《铁锤报》。

④ 指《总委员会关于北美联合会的分裂的决议》。

用别的词代替"雇佣工人"一词，这个词会引起很大的误解。在一家美国报纸上发表了一封信的片断，这封信声称是美国书记写的，信上对通过总委员会的决议之前没有收到报告表示遗憾，因为报告使问题更加清楚明白。那封信不是他写的，他想弄清楚究竟有多少美国书记。他还应当说一下，已经决定在 7 月的第二个星期召开代表大会①。

公民**赛拉叶**说，他收到了一封巴黎来信，信中告诉他说协会的一位积极会员因试图建立工会而被解雇；当他去询问解雇的理由时，他被告知是因为秘密警察接连不断地对他进行调查；但是，还有一些其他会员也被解雇了，无疑，雇主们决心阻挠工人们组织起来，这就是真正的理由。

公民**恩格斯**说，据各日报报道，在哥本哈根，协会的主席和财务委员被捕，但是详细情况还不知道。**177**

公民**巴里**通过主席要求公民瓦扬本人对他在讨论公民塞克斯顿的选举问题时的发言作出解释。他想知道瓦扬讲法国委员只要想一想那些反对者的活动便知道该怎样投票这句话是什么意思。

公民**瓦扬**说，他认为，总委员会里有两派，其中一派在革命性方面是积极的，而另一派是不那么积极的，他的意思就是说，假如塞克斯顿是由积极的一派提名，而受到不那么积极的一派的反对，他们便知道该怎样投票了。他还特别问过，公民塞克斯顿［如果］当选是否会提高［总委员会］的威信。他对这个问题的答复不满意。为此他在投票时弃权。

公民**莫特斯赫德**说，他认为，公民瓦扬没有投票这一事实足以说明没有任何意图。

公民**巴里**对公民瓦扬的答复不满意；他认为这是一种托词，他要求

———————————

① 指北美联合会的代表大会。

知道，瓦扬的话是否对他个人有所指。

公民**瓦扬**说，他发言时根本没有想到巴里；他从未想过要将他不认识的公民塞克斯顿与他不甚了解的公民巴里作一比较。不过，既然公民巴里强行要他说出对他的评价，那么他应当告诉巴里，他认为他是**极端的温和派**。

公民**黑尔斯**说，巴里的问题应向他提出而不是向公民瓦扬提出，是他要求法国委员考虑反对者过去的活动的。

接着，会议转入原定议程。

公民**黑尔斯**报告说，他已把总委员会的决定写信告诉了韦斯顿，可是没有接到回信。星期五晚上他去过韦斯顿住处，但他不在家。

公民**莫特斯赫德**说，他建议会议转入原定议程，因为证据不够充分——他一定要看到寄去的这封信的抄件后才能发表意见。

公民**亚罗**附议，并且声明说他关于土地和劳动同盟[178]的迈尔-恩得支部的报告不是很确切的。

公民**马丁**说，所谓的退出者委员会①的一些成员在韦斯顿那里聚会，成立了一个共济会革命分会之类的组织，他们还举行了会员的入会仪式，如蒙住他们的眼睛等等。

公民**恩格斯**说，他确信公民韦斯顿不管是否署了名，在这件事情上都不是毫无责任的，但是，为了给公民韦斯顿充分的申辩机会，他建议书记再给他写一封信，重申上星期二总委员会会议的决议，并且说明，由于没有收到对上星期四书记去信的任何答复，如果到下星期六对上述决议仍未给予答复，总委员会将考虑对开除公民韦斯顿的建议进行表决。书记应保留这封信的抄件并将信件用挂号邮寄。

公民**莫特斯赫德**放弃自己的提议而赞同恩格斯的提议，他并不想包

_____

① 指世界联邦主义委员会。

庇公民韦斯顿，但是他没有忘记韦斯顿是总委员会的一位老委员，并且作过不少重要的贡献。大家知道，公民韦斯顿不管做了什么，他总是如同初雪一般洁白无瑕。

公民**荣克**说，他认为公民莫特斯赫德所讲的那一番话反映了一种非常混乱的道德观。他坚决反对说这样一个人如同初雪一般洁白无瑕，这个人没有将账目结清就作了移交，然后指控接任的财务委员是贼，因为这就是他署名的指控书的意思。

公民**巴里**认为，也许韦斯顿在这个问题上处于少数，也许他反对附有他名字的那个文件，但他的名字也还是被利用了。

公民**黑尔斯**建议，最好还是任命一个由相信韦斯顿清白的人组成的代表团。

公民**米尔纳**赞成这个建议；这只能表明涉及一个人的名誉问题时，总委员会不是草草了事的。

接着，决议案交付表决，通过。

公民**弗兰克尔**报告说，他星期六提到的那些会员刚刚在佩斯受审完毕；尽管一些人已被拘留 10 个月等候审讯，但只有一人被判罪，此人就是公民波利策；他被判处 6 个月的监禁。维也纳《人民意志报》的编辑公民肖伊参加了工人示威游行，虽然他未发表任何讲演，但仍被判处两个月的监禁。[179]

公民**恩格斯**提议，公民**弗兰克尔**附议：任命公民库尔奈为丹麦通讯书记。一致通过。

公民**恩格斯**提议，公民**亚罗**附议：任命勒穆修为南美和北美的法国人支部通讯书记。一致通过。

公民**埃卡留斯**提出辞去美国通讯书记的职务，因为有几个总委员会委员在同美国各团体通信，而他要替所有的人负责。他等候机会辞职已有 4 个月了；自从发生分裂到现在，那里完全陷入一片混乱；问题已提到小委员会，但小委员会一直没开会。他没有玩忽职守，因为他已经没有什么职责需要履行了。黑尔斯几天前就写过一封信。

公民**恩格斯**提议不接受这个辞职要求，而把它推迟到研究整个有关美国事件的问题时去解决。

公民**埃卡留斯**说，他初次遭到指责时，曾要求拿出证据来，回答他的是证据马上就会拿出来。他说几个月前他就想辞职了。他想在接替者任命之前就辞职，不然的话，他会被说成是撤职的。

公民**莫特斯赫德**说，总委员会最好痛痛快快地去做势在必行的事，不要强迫一个人违背自己的意愿去担任职务；在他看来，这丝毫不会妨碍这件事的讨论，不管讨论情况可能如何。

公民**恩格斯**说，有人对埃卡留斯提出了明确的指控，控告他写信阻拦某联合会委员会承认总委员会的决议。只要公民马克思的健康允许他参加会议，就将提出这一指控来讨论；他受委托提出这个问题并且掌握着有关文件。如果埃卡留斯没有问题，总委员会将同意他光荣离职。必须对这件事进行调查后才能接受辞职要求。

公民**埃卡留斯**：那你是想把我赶出去啰？

公民**恩格斯**：不！你可以为自己辩白。莫特斯赫德坚决要求解决这个问题。

公民**莫特斯赫德**说，他认为这样的指控迟迟不提出讨论，而让它周复一周地悬在一个人的头上，这未免太残酷了。他建议接受辞职要求。

公民**库尔奈**认为，这两个问题是不可分的，埃卡留斯首先应该明白这一点。应该先对指控作出答复，然后才能解决辞职问题。

公民**巴里**支持莫特斯赫德的修正案。

公民**马丁**提出相反的意见：总委员会即使接受了辞职要求，也能保留行动自由。

公民**黑尔斯**与马丁意见相同。他认为总委员会既能够谴责现任书记的行为，也能够谴责前任书记的行为。在他看来，这不影响今后采取的行动。他认为，最好是撇开由谁任职的问题来解决对埃卡留斯的指控。

公民**埃卡留斯**说，他没有玩忽职守，因为他已经没有什么职责需要履行；所有的信件都已交给小委员会，而小委员会从未开过会。

公民**恩格斯**说，在美国，接受辞职要求将被看做是职权履行得很好的证据。

公民**巴里**认为，要保留一个人的职务，是因为据说他不胜任这个职务，这从逻辑上讲是荒谬的。

公民**米尔纳**认为，如果规定审查此事的明确期限，问题就能得以解决。

公民**赛拉叶**说，总委员会在接受辞职要求之前应当了解履行职责的情况。如果总委员会在韦斯顿的账目交出之前进行过检查，那就不会像现在那样混乱不堪。

公民**埃卡留斯**说，他不得不替人受过，他不愿再承担这种责任了。

公民**莫特斯赫德**：从未听到过像公民恩格斯说的那样的恶毒语言。埃卡留斯是世界知名人物，总委员会只要愿意，无论在什么时候都完全可以使他出丑；他跑不掉，总委员会无权假定他没有做好驳斥对他的指控的充分准备。

公民**马丁**说，总委员会在行使它的权力时无权剥夺委员辞职的权利。

接着，关于接受辞职要求的决议案交付表决，以 14 票对 4 票通过。

委员会于 11 时 15 分休会。①

---

① 本日记录无人签名。

会议记录①

1872 年 5 月 11 日在西区牛津街
拉脱本广场 33 号举行

公民**荣克**主持会议。

出席委员：公民**布列德尼克、巴里、埃卡留斯、恩格斯、弗兰克尔、黑尔斯、荣克、列斯纳、勒穆修、马克思、梅奥、罗兹瓦多夫斯基、赛拉叶**。

宣读并批准了上次会议的记录。公民**黑尔斯**宣读了公民莫里斯妻子的来信，信中提出莫里斯要辞去总委员会委员的职务。他有病，而且已经病了很久，完全无力按要求履行职责。

一致接受他的辞职要求。

公民**黑尔斯**报告说，他已在星期五②上午给韦斯顿去信，但还没有接到复信。不过他听说韦斯顿在城外进行着活动。

会上同意推迟讨论这个问题，由公民黑尔斯在星期天上午亲自去拜访公民韦斯顿。

公民**荣克**说，他收到了一封瑞士来信。信中说本月 19 日瑞士将举行一次代表大会，他们征求总委员会对建立一个包括所有瑞士支部的地区委员会的意见。信中还请求向《平等报》提供来自法国的消息供发表，并且恳请下次全协会代表大会在日内瓦举行。[180]

会上决定由公民荣克作如下回答：建立地区委员会的事情应当由瑞士人自己决定；关于法国，除了正式报道中的情况没有可提供的消息；

---

① 本日记录由黑尔斯记在会议记录本第 443—447 页上。

② 5 月 7 日。

下次代表大会的开会地点总委员会尚未决定。

公民**黑尔斯**报告说，收到了曼彻斯特分部书记①的信，索要"爱尔兰宣传基金"的捐款单。他已回信说不知道"爱尔兰宣传基金"的事，无论是总委员会还是联合会委员会都未发起或批准这种基金。

公民**恩格斯**认为，这是各爱尔兰分部干出的事情。[181]

接着公民**马克思**开始谈对埃卡留斯的指控。他说，美国各支部的分裂发生在去年11月19日，有关分裂的最早的几封信是在12月和1月初接到的，但那时由于总委员会的英国委员中间发生争吵，总委员会未能处理这个问题。接着是瑞士的争端，这个问题更为紧要，因为它影响到国际的存在。这场争端实际上是协会内部的一个秘密团体挑起的。必须写那篇比关于内战的宣言还要长的宣言②，把法国委员们找到一起进行讨论，总委员会得先进行关于宣言的辩论，然后才能把注意力转到美国问题上来——但上述事情一做完，就把这个问题提出来并交给了小委员会。把问题交给小委员会的目的是要节省时间，而他认为把美国问题提交给总委员会可以加速它的解决。他在总委员会忙于其他事情时就曾给埃卡留斯和黑尔斯写信索要信件，他拿到了这些信件，勒穆修收到的信件他也拿到了。他发现埃卡留斯曾收到格雷戈里的信、休伯特的信和一封私人来信……③勒穆修曾收到洛格朗的信和第十支部的信。还有一封信是写给杜邦的。黑尔斯收到休伯特的信、埃利奥特的信、新的反对派委员会成员格罗塞的信，还有老委员会的尼科尔森的信。把这些信都寄给黑尔斯是美国人的过错，而不是总委员会的过错，但是这些信中没有什么新东西；除去美国报刊上已有的东西，再就是格罗塞索要章程，

---

①　指爱德华·琼斯。

②　指《所谓国际内部的分裂》。

③　记录本上此句未完。

此外什么也没有。马克思本人没有从反对派委员会收到过任何东西，也没有从老委员会收到过什么正式的东西。他只收到过私人信件，这种信件往来是他从作为德国通讯书记与各德国人支部通信①的时候继续下来的。但是他早就写信通知过他们他已经不担任这项工作了**182**，而且他也得到过回信说他的信已收到。决议起草出来后，总委员会通过了〔它们〕，甚至连埃卡留斯本人对它们中的大部分也都投票赞成；可是决议通过后，他却拒绝寄出。现在马克思坚决主张，总委员会的决定不能任凭个人随意更改，不能承认任何负责人有权置总委员会决定要做的事于不顾，不管是什么事。在知道埃卡留斯拒绝以后，他把决议寄给了老委员会，勒穆修把决议寄给了新委员会，所以双方都拿到了决议，但这决不能开脱埃卡留斯应负的责任。他不单是拒绝履行职责，而且还写了一封信声明他拒绝寄出决议，他还讲了一些话，据说在这些话的影响之下，其中一个委员会拒绝接受决议，从而削弱了总委员会的影响。他认为有必要对他提出指控，但在形成决议以前，他要问问埃卡留斯都写了些什么。②

公民**埃卡留斯**说，他和黑尔斯情况一样；他没有留下副本，因此拒绝回答；他主张按英国法律的原则办事，即谁控告，谁举证。分裂是由于左尔格要22位代表出示委托书，并要求支部的组成必须有三分之二是雇佣工人而引起的。后来，有一个爱尔兰人支部曾试图调解未成。总委员会无权通过各支部于3个月前在12月间已拒绝接受的决议。如果小委员会开会讨论过的话，此事本来是可以不把总委员会卷入的。

公民**巴里**说，他认为总委员会委员有权在总委员会通过了他所不同意的决议之后仍保留自己的意见，但是无权在其主张与大多数人相反的

① 原稿此处空了半行。
② 原稿此处空了一行。

情况下，为实行自己的主张而占据着职位。如果他不能认真执行总委员会的意志，他就应该辞职。另一方面，他也完全有权拒绝任何人干涉他的职权。

公民**荣克**不认为总委员会委员有权坚持已为总委员会所否定或与总委员会的宣言相悖的意见；他有保留的权利，但没有坚持的权利，如果他想坚持的话，他就得先辞职。

公民**埃卡留斯**说，发表过一封信，其中说，"寄来的报告使人对这个问题有了新的认识，写信人为没有在总委员会讨论决议时收到这个报告而感到遗憾"。这封信让人觉得是美国通讯书记写的。可是他没有写过这样一封信。

公民**黑尔斯**说信是他写的，但他写这封信是非正式的，没有以美国通讯书记的身份落款。登出来的时候没有前后文，这会使人对它产生完全不同的印象。他只对全信负责。

公民**马克思**认为，黑尔斯这样极端轻率是错误的，他损害了总委员会的名誉。

公民**恩格斯**同意马克思的意见。关于公民埃卡留斯的申辩，总委员会同英国的法律扯不到一起。总委员会有权知道，埃卡留斯写了他被指控写过的那封信没有？是，还是否？

公民**荣克**读了新委员会的成员克里斯特奈来信中的一段，其中说，埃卡留斯宣布辞职的信对唤起人们的恶感产生了重要作用，如果不是因为这封信，许多支部是会接受决议的。[183]

公民**埃卡留斯**以为提出指控后，接着会有证据拿出来，可现在不是拿出证据，而是要他认罪。他拒绝作出任何回答，除非他拿到那封信。人们一直以为他进行了犯罪性的通信，他要那些提出指控的人拿出证据来。

公民**马克思**说，他没有说过犯罪性的通信，但他的确说过，如果埃卡留斯写了这封具有破坏性质即破坏总委员会影响的信，那就是犯罪。

至于要求证实指控的问题，他要指出，这里不是一个既有被告人又有原告人的普通法庭。这是一个维护总委员会影响的问题。在目前情况下，他认为没有别的办法，只有把问题先放一放，并写信要回那封信。

公民**埃卡留斯**说已经这样做了。

公民**恩格斯**说，上次会上有人说让一个人头上悬着罪名太残酷了云云；这种温情主义只是使要求拖延的呼声更加可笑。当然问题必须拖一拖，但他坚信……①

公民**布列德尼克**认为，埃卡留斯讲明他是否写了这样一封信是很容易的事。

公民**埃卡留斯**说，如果是在两个星期以前有礼貌地问他，他会回答的，可是现在他拒绝回答。

公民**巴里**提议写信要回所有的信件。②

公民**马克思**提议，公民**弗兰克尔**附议，委托公民勒穆修写信要回这封信。此议③通过。公民**巴里**和公民**黑尔斯**的两个提议没有得到附议。

根据公民**赛拉叶**提议，公民**列斯纳**附议，会议决定，总委员会开会不论到会人数多少，一律在 8 时半开始。

公民**黑尔斯**报告说，公民特鲁拉夫要求支付印刷费。

会议决定，由书记写信要他送一份详细的账单来，并说明售出和库存册数。

委员会于 11 时 15 分休会。④

---

① 记录此处中断。

② 这句话看来是后来加上的。

③ 原稿中此处划掉了"一致"两字。

④ 本日记录无人签名。

总委员会会议[1]

1872 年 5 月 14 日在西区牛津街

拉脱本广场 33 号举行[184]

公民**赛拉叶**主持会议。

出席委员：公民**布恩、巴里、库尔奈、德拉埃、埃卡留斯、恩格斯、阿尔诺、弗兰克尔、黑尔斯、荣克、列斯纳、梅奥、马丁、麦克唐奈、米尔纳、莫特斯赫德、默里、勒穆修、吕尔、赛拉叶、唐森、瓦扬、亚罗。**

宣读并批准了上次会议的记录。**书记**[2]宣读公民韦斯顿的一份声明书，声明书说，他的名字是在他本人不知道的情况下被附在那个据称是国际世界联邦主义委员会章程的文件后面的。这份声明书是韦斯顿当着埃卡留斯、罗奇和书记本人的面签字的。他对他们说，他出席了分裂主义者的一次会议，但他是应邀而去的，不是代表组织去的；他也不知道他们打算发表文件。他是不同意发表的那份文件的，尽管他确实认为一个有资格的裁判团有权对总委员会提出指控；他所说的有资格的裁判团指的仍然是由国际内部的一些人组成的一个机构。他本人对总委员会是有意见的，这就是，不告诉他文件要发表就在文件上使用了他的名字。他知道总委员会有权使用委员们的名字，但是他认为，从礼貌上讲，还是应该让所有的人了解情况，以便使他们愿意的话也有机会到场。他对这一点感受非常强烈，因为在他出席总委员会会议的时候，如果哪一次他不同意某些委员的意见，他就遭到这些委员的白眼。他确实对第二封

---

① 本日记录由黑尔斯记在会议记录本第 448—453 页上。

② 指黑尔斯。

信写了回信，可是写完的时候发现已来不及投寄。他并无任何轻慢之意。

会上通过了一项动议，承认这是一个满意的答复而予以接受，并决定在新闻报道中发表。

公民**恩格斯**报告说，新的西班牙联合会委员会已决定设在瓦伦西亚；他已经收到了第一封信；新的书记是洛伦佐。他询问所有其他联合会委员会的地址。[185]

公民**麦克唐奈**报告说，运动在科克和都柏林正在取得进展。他宣读了一位都柏林通讯员的来信，来信希望协会的报刊避免发表有无神论观点或谴责天主教的文章，因为任何这类东西都会在爱尔兰造成很大的损害。公民麦克唐奈是赞成这个意见的。

公民**亚罗**报告说，细木工联合会（他们是协会的会员）和伦敦东［区］细木工工会合并了，并且决定以后接受新工作时一律只做日班，工资按时间计算。

公民**黑尔斯**报告说，谢恩先生和罗斯科先生来信通知总委员会，圣乔治大厅的威尔金森先生同意接到收据后即支付所要求的赔偿费。

公民**巴里**表示总委员会应该纪念一下公社的失败；但因未作提案提出，此议作罢。

公民**黑尔斯**提出如下的决议草案：“总委员会认为，在英国成立**爱尔兰**民族分部是违背共同章程和协会原则的。”他说，他提出这个议案并非对爱尔兰委员有敌意，但他认为现在执行的方针不但违背章程和原则，而且会给协会带来极大的危险。协会的根本原则是彻底破除一切民族主义理论，扫除一切把人们相互隔开的障碍，不论是成立爱尔兰分部或英国分部，对运动都只会促退而不会促进。在英国成立**爱尔兰**分部只能使长期以来不幸地存在于两国人民之间的民族对立继续存在下去。误解就会产生，不，应该说已经产生，而且不同支部之间几乎肯定无疑地会在重大方针问题上发生冲突。利物浦的书记[1]写信说，他听说在利物浦成立了一个爱尔兰支部，但他不知道它在哪里和在干什么，难道这是国际和谐一致的迹象吗？在米德尔斯伯勒，以该市早先存在的一个支部为基础成立了一个支部，决定不叫它爱尔兰支部，干脆就叫米德尔斯伯勒支部。可是当公民罗奇写信要该支部与联合会委员会通讯时，他得到的回答实际上是要他少管闲事，并告诉他，如果他想知道有关该支部的什么事，可以去找公民麦克唐奈。可见互相猜忌的情况已经产生。没有人知道各爱尔兰分部在干什么，他们在自己的章程中声称他们是共和主义者，他们的第一个任务就是把爱尔兰从异族的统治下解放出来。他坚决认为，国际和爱尔兰解放无关，和在英国或爱尔兰建立任何特殊形式的政府也无关，总委员会的责任是通过他提出的决议案来防止在这个问题上犯错误。如果不这样做，就会产生可能是无可挽回的分裂。

公民**梅奥**附议。

公民**莫特斯赫德**不能不承认这个提案的逻辑性，但是他反对提案的用意。公民黑尔斯的发言表明他是受敌意驱使的，由于看到这一点，他不能投票赞成这个提案。如果有一项提案建议英国会员培养对爱尔兰会员的兄弟情谊，那他是愿意投票赞成的。可惜他太了解无知阶层的英国人对待他们爱尔兰兄弟的那种盛气凌人的态度了。他们一直都被当做他乡异土上的外人，英国工人看不起他们就像南方的穷白人看不起黑人一样。他反对书记讲话的口气和方式，他希望总委员会否决该提案，以表明它对这个问题的态度。

公民**麦克唐奈**完全赞成莫特斯赫德的意见，英国人应该培养对爱尔兰人的兄弟般的感情。他认为公民黑尔斯所作的这类发言再有害不过了。要知道，如果把他在提出自己的提案时的发言报道出去的话，就会

---

① 指乔治·吉尔罗伊。

阻碍协会在爱尔兰的建立，而且会毁灭建立协会的一切希望。看起来非常奇怪的是，总书记在爱尔兰的宣传工作碰到危险和困难的时候，竟然提出了一个实际上会使过去做的工作付诸东流的提案。此事令人怀疑。要知道，要爱尔兰人放弃他们的民族性就是侮辱他们。他可以自豪地说，他一直为爱尔兰的解放而工作，今后仍将继续这样做；爱尔兰人民的志气是压不垮的。通过这个提案的唯一后果只会妨碍爱尔兰人加入协会。他倒要问问在他进入总委员会以前为在爱尔兰人中间扩大协会的影响都做了哪些事情。什么也没做！而现在他做了些工作，竟有人提议加以推翻。

公民**布恩**对这个提案的提出感到遗憾，尽管他对书记这样做并不感到吃惊。诺曼人征服了爱尔兰，并且借助他们的撒克逊奴隶统治了它，而这个提案却意味着要撒克逊人的统治仍继续下去。这种统治的思想在有些英国工人的头脑里还是很强烈的。他赞成爱尔兰人民的组织具有民族性，而且希望他们继续保持下去，不要在英国政府或英国工人阶级的压力下放弃权利。他深信黑尔斯不理解爱尔兰人的性格；他将抗议通过这个提案。

公民**恩格斯**说[186]，这个提案，把它的全部伪善外衣剥掉之后，其真正的目的在于使各爱尔兰支部受不列颠联合会委员会的管辖。这是各爱尔兰支部绝对不会同意、而总委员会也既无权利又无权力强加于它们的事情。根据章程和条例，总委员会无权强迫任何一个支部或分部承认任何一个联合会委员会的最高地位。毫无疑问，在决定接受或拒绝任何一个新分部受一个联合会委员会管辖之前，必须听取该委员会的意见。但是他认为，英国的各爱尔兰支部也同英国的法国人支部、德国人支部、意大利人支部或波兰人支部一样，是不受不列颠联合会委员会管辖的。爱尔兰人自成一个单独的民族，［他们］讲英语这个事实并不能使他们丧失他们的权利。公民黑尔斯把英国和爱尔兰之间的关系说成是最富有田园诗性质一样的关系——充满了和谐。可是，情况完全不是这样的。事实是，英国征服和压迫爱尔兰达 700 年之久，只要这种压迫还存在，对爱尔兰工人来说，要求他们接受不列颠联合会委员会的管辖，就会是一种侮辱。爱尔兰同英国的关系不是平等的，而是像波兰同俄国的关系一样。如果总委员会号召各波兰人支部接受设在彼得堡的联合会委员会的管辖，或者号召北石勒苏益格和阿尔萨斯的各支部服从设在柏林的联合会委员会，人们会怎么说呢？可是提案就是这样要求的。它要求被征服的人民忘掉他们的民族性而屈服于他们的征服者。这不是国际主义，而纯粹是宣扬屈服。如果提出这个提案的人是那样充满了真正的国际主义精神，那就请他们把不列颠联合委员会的驻在地迁移到都柏林去，并服从一个由爱尔兰人组成的联合会委员会的管辖，来证明这一点吧。在像爱尔兰人这样的情况下，真正的国际主义一定是以单独的民族组织为基础的，他们必须在自己章程的导言中宣布，作为爱尔兰人，他们的首要的和最迫切的职责是争取自己的民族独立。对抗……①

公民**默里**说他不为讨论感到遗憾，尽管一直是一方在发言。公民黑尔斯似乎以为可以用取消各爱尔兰分部的办法来达到团结一致。他认为这是错误的。爱尔兰人决不会一下子把 700 年的英国暴政全部忘掉，而且还必须指出，英国工人一直没正确地对待爱尔兰工人。就在不久以前，报纸的广告栏里还经常有"不要爱尔兰人"这样一句公式般的话。如果通过这个决议案，实际上也就是说不要爱尔兰人。

公民**黑尔斯**说，所有反对他的发言实际上证明了他是对的。爱尔兰人不懂得国际的原则这一点被承认了，因为所有的发言者都力争说，如果把"爱尔兰"字样从各分部的名称中抹去，爱尔兰人就不会入会了，这恰恰就是说他们是民族主义者，而不是国际主义者。有人说他不懂得

---

① 记录此处中断；记录本上此处空了 15 行。

爱尔兰人的性格，可是他认为他是懂得的，而且正是因为他懂得，他才提出他的提案。他相信各爱尔兰分部的成员大部分不懂得协会的原则，正如《旗帜报》通讯员所说：他们不过是改换名称的芬尼亚社社员[187]，他们来当国际会员是因为他们知道披上这件方便的外衣有利于他们实现其特殊的意图。他对此表示反对并不是因为他反对芬尼亚运动，而是因为他希望协会不要有特殊的宗派或集团。他拥护芬尼亚运动，因为他认为爱尔兰人和其他民族的人民一样有权实行自治；自治权是不可剥夺的，不能剥夺任何民族的这种权利；他愿意明天就看到爱尔兰自治，因为他深信那时爱尔兰人自己就会如梦方醒，明白民族主义决不是医治社会弊病的灵药。他要求通过这个提案，以防止将来出问题。

提案被交付表决，未获通过，仅1票赞成。

接着对这次讨论是否宜于报道的问题进行了短暂的研究，会上决定由公民黑尔斯起草一篇报道，星期六①提交讨论。

委员会于11时30分休会。②

总委员会会议③

1872年5月18日在西区牛津街

拉脱本广场33号举行

公民**荣克**主持会议。

出席委员：公民**恩格斯、黑尔斯、荣克、列斯纳、梅奥、罗奇、赛拉叶**。

---

① 5月18日。

② 本日记录无人签名。

③ 本日记录由黑尔斯记在会议记录本第454页上。

宣读并批准了上次的会议的记录。之后，公民**黑尔斯**说，他把关于在英国建立爱尔兰分部的辩论看了一遍以后觉得，他在上次发言中说的许多话不能加以公布，否则会给协会带来很大的损害，因此他提议不发表。

会上对这个问题进行了短暂的讨论后，同意推迟到下次会议再谈。

公民**罗奇**通过主席问道：米德尔斯伯勒支部是否已被总委员会承认为爱尔兰分部？如果是的话，是在哪一天承认的？米德尔斯伯勒支部的书记曾写信告诉他，麦克唐奈说这一情况属实。

书记①说，据他所知，该支部没有得到这样的承认。会上同意，鉴于公民麦克唐奈〔缺席〕，问题推迟讨论。

委员会于 10 时 50 分休会。

主席　　**查理·默里**

书记　　**约翰·黑尔斯**

总委员会会议②

1872 年 5 月 21 日举行[188]

公民**查理·默里**主持会议。

出席委员：公民巴里、阿尔诺、埃卡留斯、恩格斯、弗兰克尔、黑尔斯、荣克、列斯纳、罗赫纳、马克思、马丁、梅奥、麦克唐奈、米尔纳、默里、罗奇、吕尔、罗兹瓦多夫斯基、赛拉叶、唐森、瓦扬、亚罗。

由于书记迟到，先讨论了信件。

---

① 指黑尔斯。

② 本日记录由黑尔斯记在会议记录本第 455—459 页上。

公民**赛拉叶**说，他收到汝拉支部一个成员的来信，信中说，他们雇用的代理人在蒙彼利埃名声极坏，据说此人在那里干过偷盗勾当，还拐跑过一个朋友的妻子。他还收到一封波尔多来信，信上说，当地支部只承认伦敦文件的权威性，瑞士人的阴谋不起作用。他收到费雷支部的一封信：他们成立了另一个小组，还要办一家报纸，自己印刷，他们买了一架印刷机，打算印制代表会议决议①。该报的创刊号将于6月1日问世，他们想要一篇来自伦敦的文章，以使报纸具有某种号召力。

会上决定寄一篇文章去，指定公民库尔奈、赛拉叶和瓦扬组成一个委员会，负责起草并寄出。

然后公民**赛拉叶**提议，由瑞士通讯书记②给瑞士联合会委员会写信，要他们汇报他们在法国采取的行动，他们所建立的支部的情况，并要他们提供他们在法国的通讯员的姓名和地址。他说为避免冲突，这是必要的，因为他必须分清敌友。

公民**恩格斯**附议，一致通过。

然后宣读并批准了上次会议的记录。

公民**马丁**报告说，巴塞罗纳支部的一个成员已到伦敦，他带有联合会的委托书，证明他是可靠的。

接着公民**黑尔斯**提议有关爱尔兰问题的辩论不应发表。

公民**梅奥**附议。此议交付表决后，通过。公民**巴里**和公民**埃卡留斯**提出一个修正案，未通过。

公民**梅奥**提议，公民**马克思**附议，停止在星期六晚上开会。一致通过。

公民**马克思**提交了下面一篇声明。[189]该声明在公民**黑尔斯**提议和公

---

① 指1871年伦敦代表会议的决议。

② 指荣克。

民**梅奥**附议下通过。①

　　几个星期以前，出版了一本名叫《国际工人协会及其所属共和社会主义团体的世界联邦主义委员会》的小册子。这本小册子所追求的目的不是别的，正是想在国际内部搞一次**政变**。它宣告成立了第二个总委员会，并对国际的整个组织和国际总委员会的领导提出指控。但是这个新的自封的委员会的委员是谁呢？这些指控的作者是谁呢？在这个文件末尾的署名中，我们首先看到的是总委员会委员和总委员会前任财务委员公民约翰·韦斯顿，他写了一封信给总委员会，声明那里的署名事前并未征得他的同意。其次是一个和国际绝不相容的团体——共和大同盟[190]的6名代表。第三是国际根本不知其存在的"国际共和联邦主义支部"的两名代表。第四是一个根本没有加入国际的团体——土地和劳动同盟[191]的两名代表。第五是两名自称是德意志工人教育协会的代表，其实只是由于公开敌视国际而被这个协会开除的一小批德国人的代表。最后是总委员会拒绝承认为国际的分部的两个法国团体（它们的会员总共不到20人）的4名代表，其中我们发现有被1868年布鲁塞尔代表大会所委派的委员会开除出国际的韦济尼埃先生[192]，以及朗德克先生，这位先生由于路易·波拿巴的警察局局长于1870年9月4日慌忙逃走才解脱了他自愿向这位官员承担的并"忠诚履行的义务——不再在法国从事政治活动和过问国际的事务"（见已公布的关于对巴黎国际的第三次审判的报告[193]），而且这位先生在不久之前刚被伦敦流亡公社社员团体驱逐出去。

　　甚至对于那些在这个文件上署名的人来说，事情也应当是很清楚的：由这样一批和国际格格不入的人成立的什么委员会根本无权干涉国际组织的事务并宣布自己是国际总委员会，就像国际总委员会无权干涉

---

　　①　在会议记录本上此处粘贴了一条剪自《东邮报》的剪报。

北部大铁路的事务并宣布自己是它的管理局一样。

　　毫不奇怪，这伙人既根本不知道国际的历史，也根本不知道国际的组织结构。他们怎么能知道，根据我们的章程总委员会应当向全协会代表大会，而不是向那伙人提出自己的报告？他们又怎么能知道，当1870年战争的爆发使代表大会不能召开的时候，所有的联合会一致决议延长总委员会的任期，直到政治形势允许召开公开的代表大会为止？至于总委员会为救济流亡者而募集的基金，进款总数不时在关于总委员会会议的报道中公布，而且在我们的财务委员公民荣克——克勒肯威尔区北安普顿广场查理街4号——那里保存着开销每一个法寻①的收据，每一个捐款人在任何时候都可以查对这些收据和账目。这样查对将表明，总委员会不仅分出了相当大一部分时间来做这件完全不属于它的通常职责范围以内的事情，而且无论是作为一个组织的总委员会本身还是它的各个委员都尽自己的能力为流亡者救济基金捐了款。

　　由于国际已发展和强大到目前这种规模，敌视国际的以及同国际相竞争的组织同国际进行斗争而有某些获胜希望的唯一道路，就是假冒国际的名义来破坏它的强大力量。属于政府和统治阶级的所有流氓报刊非常清楚地了解这一点，所以这些报刊——从警察报刊直到所谓的民主派和共和派报刊——都小心翼翼地避而不谈总委员会的任何正式声明，而总是迫不及待地向全欧洲报道诸如"世界联邦主义委员会"所发表的那些毫无意义和荒诞无稽的言论。②

　　接着公民**马克思**又回头来谈美国问题。[194]他说，他认为不必再提出提案，因为美国代表大会[195]即将召开，但他认为回顾一下总委员会所采

---

① farthing，英国四分之一旧便士（的硬币）。

② 剪报至此结束。

取的行动将证明它做得对。他不想谈两个支部①的争吵，因为他相信双方都有错。但他的立场是，决议②是必要的，因为协会必须保持应有的界限。第一，总委员会建议两个支部③联合，这只是执行章程。第二，总委员会建议人数少的支部合并起来，主要是听从属于新委员会的第六支部提出的意见。总委员会建议 7 月召开一次代表大会，是遵循一项经过同意的方针，如果再晚些时候召开，就会影响各支部为 9 月的全协会代表大会派出代表。暂时开除第十二支部的决议是唯一属于行政措施的决议，也是总委员会应对代表大会负责的唯一的一项决议。暂时开除第十二支部之所以必要，是因为它发表了一个宣言，这个宣言造成了混乱和误解，而且有人还根据它建立了新支部。[196]他们要求取代纽约联合会委员会的地位。不仅如此，他们的抗议还表明他们不懂得协会的原则。他们反对"雇佣奴隶"一词，说他们必然是政治奴隶，宜于担当领导重任的是小个体经营者。另外，他们还有许多别的奇特理论在有关协会的真正宗旨方面造成了很多的误解。

新委员会本身对此事似乎抱两可的态度，因为休伯特的信似乎是说，假使总委员会仅仅谴责了另一方，那也没有关系。要求所有的新支部必须由三分之二的雇佣奴隶组成的这项决议之所以必要，是为了防止利用协会做交易。

这段时期是一个最紧要的关头，必须做到在协会的原则方面不犯任何错误。协会的工作对真正的美国人不如像［它］对某些其他人的关系大。美国人是天生的投机家。美国工人运动中最积极的成分首先是爱尔兰人，其次是德国人，第三是黑人，第四才是美国白人自己。从美国

---

① 指纽约第一支部和第十二支部。
② 指关于北美联合会的分裂的决议。
③ 应该是"委员会"。

寄给伦敦代表会议的文件要人们注意中等阶级钻进来将造成的危险，并说改良主义团体不懂工人问题，可是它们却在不断地发展，而且工人正在被它们吸引过去。在这个文件上署名的有七个人属于新的联合会委员会。[197]

公民**埃卡留斯**说：不管对与否，普遍的印象是支部①成了阴谋的牺牲品。长期以来，总委员会找不到一个人能在美国担负起工作。杰瑟普只管通讯；西尔维斯如果活着的话，也许还能多干些；休谟被授予全权委托书；而克吕泽烈却宣布自己是首席组织者，可是迟至 1870 年 11 月才着手建立中央委员会。[198]这个中央委员会被承认为纽约的临时委员会，从此组织工作才开展起来。第九支部从 1848 年起就存在了。这个支部实际上就是一直宣传土地国有化的新民主会。[199]它的 3 位负责人是艾伦，他是个彩画匠；艾拉·戴维斯，他一向是穷苦人的朋友；〔和〕马多克斯。新民主会为了甩掉威斯特而解散，但他通过建立一个支部又进来了。不久以后联合会委员会内就成了两家，芝加哥和其他地方的德国人委派第一支部即左尔格支部的成员做他们在联合会委员会的代表，11 个成员中竟有 6 人进了联合会委员会。去年 10 月左尔格宣布他要辞职；当左尔格为了甩掉威斯特而提议解散委员会时，只有 5 人投票反对。大家决定改组联合会委员会，并决定召开一次会议，但有 7 人依旧落后，他们自己组成了一个新的委员会，这 7 个人在新委员会预定要开会的那天先开了一个会，任命了主席、财务委员、书记；当 22 位代表到达时，这 7 人要他们出示全权委托书，对他们说等两个星期。结果是这些代表开会，自己组成一个委员会，拒绝承认左尔格所做的工作。他们都说他们反对中等阶级改良主义者插手，而一切与此相反的言论都是反对他们的人捏造的。他们希望和真正的工人阶级分子一道工作，他们是想让纽

① 指第十二支部。

约的工会参加进来，不管是不是真的，反正他们认为自己是阴谋的牺牲品。

公民**马克思**说，他完全承认决议可能会像在瑞士争端中那样被曲解。埃卡留斯谈了许多细节。他也来谈细节：一个法国人支部和一个爱尔兰人支部一得知总委员会的决定，立即加入了老委员会，已经收到来自旧金山和新奥尔良的对新委员会表示不满的来信；尼科尔森来信说，宣扬未经认可的原则会带来很大的危险。第十支部来信说，老委员会代表工人的利益，而新委员会里面都是些政客，他们想利用协会捞资本。只要协会被同某种特定的理论联系在一起，工人就拒绝入会。

公民**埃卡留斯**说，宾夕法尼亚矿工的对抗情绪是由于捍卫公社而引起的，因为他们中间有很多爱尔兰人，都是天主教徒，一听到神父被枪毙[200]，他们什么都忘了。

旧金山的英国人支部从老委员会撤回了自己的代表。

公民**马克思**说，爱尔兰人是在总委员会作出决定之后才采取行动的。

公民**黑尔斯**说，他想说句话，为他写的那封信作个辩护。他坚持他那次所作的发言，他觉得总委员会采取行动时不了解情况，消息被扣压了，为此他要指控公民埃卡留斯。埃卡留斯刚才所讲的本来应该讲在决议通过之前；他了解情况，却让总委员会蒙在鼓里通过决议。

公民**恩格斯**说，黑尔斯要为自己辩护是完全可以的，但他觉得，黑尔斯刚才这样一讲，情况倒是对黑尔斯自己很不利；他提议写信把黑尔斯和埃卡留斯的信都要回来，两封信的事都必须加以处理。

公民**黑尔斯**说，他承认登出来的信是准确无误的。[201]但是如果必须要回这封信的话，他愿意附议；他希望把问题搞清楚。

随后决定公民勒穆修暂时代理美国书记，并以此身份写信要回黑尔斯的信。委员会于 11 时 16 分休会。①

总委员会会议记录②

1872 年 5 月 28 日在牛津街

拉脱本广场 33 号举行[202]

公民**荣克**主持会议。

出席委员：**阿尔诺、德拉埃、埃卡留斯、恩格斯、弗兰克尔、杜邦、黑尔斯、荣克、基恩、列斯纳、罗赫纳、勒穆修、马克思、马丁、马格里特、麦克唐奈、默里、罗奇、朗维埃、赛拉叶、瓦扬、唐森、亚罗。**

宣读并批准了上次会议的记录。**书记**③宣读美国的三封来信。老联合会委员会的信中讲述了该委员会为实现和解所作的努力，并说这种努力毫无结果，因为另一方报之以轻蔑的态度；王子街的委员会拒绝承认总委员会的权威，并表示决心要建立一个它自己的国际。在这种情况下老委员会觉得继续努力没有用了，它要求总委员会在这个问题上拿出权威来，坚决支持他们。

还宣读了圣路易斯④的一个德国人支部的来信，问它应该承认哪个委员会。

在公民**马克思**提议和公民**恩格斯**附议下，决定建议他们加入老委员会，而**黑尔斯**和**埃卡留斯**提出的要该支部自己斟酌的修正案，以大多数

---

① 本日记录无签名。

② 总委员会会议记录第 4 个记录本从本日开始到 1872 年 8 月底止（共有大页书写纸 77 页）。本日记录由黑尔斯记在第 1—5 页上。

③ 指黑尔斯。

④ 原来写的是"芝加哥"，后划掉。

票被否决。[203]

公民**马克思**说他得到纽约的消息：在阿波罗音乐厅召开了一个所谓的代表会议，装模作样地提名伍德赫尔夫人为美国总统，黑人道格拉斯为副总统。这个会议的开法成了美国的笑料。由于这样做的结果，第六支部撤回了格罗塞，任命了一个新代表。法国人第二支部的米洛特赶紧发表书面声明，谴责提名伍德赫尔一事。尽管这个会议使用了国际的名义，事实上参加的只有 3 个支部：第九支部、第十二支部和第三十五支部，其中一个支部①，众所周知完全是为政治目的而成立的。这个骗局不出 3 个星期就要破产，总委员会采取了主动，这是件好事。[204]

最后他提议立即寄出 1000 册章程。

公民**黑尔斯**说，他要从特鲁拉夫那里拿章程有困难。

公民**恩格斯**提议，公民**埃卡留斯**附议，由公民荣克去见特鲁拉夫，问他要账单和存书。

此议通过。公民**马克思**提议，公民**赛拉叶**附议，一拿到章程立即寄给左尔格 1000 册。此议亦通过。

公民**马克思**说，他收到了一封比利时来信，说罗沙不回来了；因此他提议公民库尔奈担任荷兰和丹麦的书记。**赛拉叶**附议，一致通过。

然后，公民**马克思**报告说，比利时召开了一个代表大会，但没有弗兰芒人代表出席。主要的一点是讨论一个将向全协会代表大会提出的新章程。这个代表大会提出的东西完全是要撤销总委员会。会议就此事展开了热烈的讨论，但未能作出任何决定。会上同意 7 月再召开一次代表大会解决这个问题。[205]他对这个问题没有提案可提，但是他要指出，是决定召开代表大会的时候了。显然会有人提出某种改组，总委员会应该讨论这个问题。他提议下次开会撇开其他事情，专门讨论代表大会问题。

---

① 指第十二支部。

公民**埃卡留斯**附议。看样子还可能有变化，他是根据他收到的信件作出这个判断的。

一致通过。

公民**埃卡留斯**说，他3个星期前收到了诺伊迈尔来信，说寄来了20法郎。可是钱没收到。几天后**弗兰克尔**接到诺伊迈尔的另一封信，说钱被退回了。但是在几天前，特鲁拉夫说他收到一个小包裹，打开一看，里面是一枚20法郎的硬币。

公民**弗兰克尔**说，他觉得诺伊迈尔有点神经错乱，这个人和《人民意志报》报社吵了架。弗兰克尔已经写信要他们把问题推迟到代表大会以后。

公民**弗兰克尔**还报告说，波希米亚的赖兴贝格有2000名纺纱工人举行了罢工。雇主在一年前同意作出某些让步，现在他们又想抵赖了。

公民**罗奇**问书记，米德尔斯伯勒支部是否已被承认为爱尔兰支部，如果是的话，是在什么时候；他还要大家注意公民麦克唐奈发出通告信募集爱尔兰宣传基金一事[206]；他要问是谁让这么做的。

公民**马克思**说，章程①是总委员会批准的；作为委员会②的委员，他记得审阅过这个章程，它同一批别的章程一起经总委员会通过。这个章程和索霍分部的章程一样。

公民**黑尔斯**认为公民马克思搞错了；他不记得有这样的事情，记录本里既没有记载批准章程，也没有提审阅那一批文件的事。

公民**赛拉叶**说，如果记录里没有，那就是书记的过失。记录用英语宣读，如果里面有所删节，大陆的委员们是听不出来的。

公民**恩格斯**同意赛拉叶所说的，这事他记得很清楚；如果记录里未

---

① 指米德尔斯伯勒支部的章程。
② 指章程委员会。

记此事，那就是太疏忽大意了。

公民**基恩**说，公民麦克唐奈作报告的那天晚上是他当书记，并没有提到章程；他只是宣布成立了几个支部。

公民**麦克唐奈**说，章程就是那天晚上由公民马克思提出的；他对这事记得很清楚；分部是作为爱尔兰分部成立的，而产生错误的原因在于公民罗奇和不是书记的公民惠利通信，而不是和担任书记的马修斯通信。

公民**黑尔斯**提议写信把米德尔斯伯勒支部的章程要来，或者要一份承认索霍分部章程的那封信的抄件。

公民**基恩**附议。

公民**麦克唐奈**读了一段公民马修斯的来信，马修斯在信中宣布，该分部采用了索霍分部的章程。

公民**罗奇**读了一段公民惠利的来信，信中说，该支部采用了曼彻斯特支部的章程，而曼彻斯特支部不是一个爱尔兰支部。

公民**布恩**说，关于谁是谁和事情究竟是怎样做的，还有好多东西没搞清楚。

公民**恩格斯**提议，由主席给米德尔斯伯勒分部写信，要它决定作为英国支部还是作为爱尔兰支部。

公民**埃卡留斯**附议，他以为米德尔斯伯勒有两个分部，一个英国分部，一个爱尔兰分部。

公民**黑尔斯**收回原来的提议，代之以如下提议：由主席给米德尔斯伯勒支部的书记写信，问他们采用的是什么章程，什么时候采用的，什么时候由总委员会批准的。

公民**布恩**附议，既然出现了相互矛盾的说法，就应该弄清。有人已经提出说记录不准确。①

公民**恩格斯**的提议被表决通过。

公民**黑尔斯**问，是否要对第二个问题采取措施；现在流传着难听的传言。

公民**麦克唐奈**说，他的确和一些希望援助在科克陷入绝境的德摩尔根的爱尔兰朋友一道发出了一封通告信。他是直到在曼彻斯特筹到的钱寄来以后，才向各英国分部发出呼吁的。他认为德摩尔根应该得到支持，因为他为原则牺牲了一切。麦克唐奈承认用总委员会的地址发通告信是错误的。

公民**杜邦**说，这次会议使他大失所望，那些自以为比爱尔兰人优越的英国人应该记得自己是国际主义者。

公民**黑尔斯**说，这是个严重的问题。这个问题就是任何负责人是否有权自作主张发出任何这样的通告信。如果这次不作处理，也许还会有人照此办理，抱着欺骗的目的进行募款，那怎样加以制止呢？

公民**恩格斯**提议总委员会转入下一项议程。麦克唐奈已经承认自己做了错事；他认为麦克唐奈说了不该用总委员会的地址②，这就行了。

公民**马丁**附议。

公民**黑尔斯**说，他听说为科克马车制造匠募的款被他们拒绝了。如果是这样的话，总委员会就应该知道钱干什么用了，因为钱是以总委员会的③名义募来的。

关于转入下一项议程的提议被通过。公民**布恩**声明他要提出一项议案：总委员会应尽早清查科克马车制造匠基金和爱尔兰宣传基金。

---

① 这句话是后来加上的。

② "麦克唐奈说了……地址"，这句话是在批准记录时加上的。

③ "总委员会的"是在批准记录时加上的。

委员会于 11 时 30 分休会。

主席　**查理·默里**

书记　**约翰·黑尔斯**

总委员会会议记录[①]

1872 年 6 月 4 日在牛津街
拉脱本广场 33 号举行[207]

公民**查理·默里**主持会议。

出席委员：公民**阿尔诺**、**德拉埃**、**杜邦**、**埃卡留斯**、**恩格斯**、**弗兰克尔**、**黑尔斯**、**荣克**、**若昂纳尔**、**列斯纳**、**勒穆修**、**马丁**、**马格里特**、**马克思**、**梅奥**、**米尔纳**、**默里**、**吕尔**、**赛拉叶**、**唐森**、**瓦扬**、**符卢勃列夫斯基**。

宣读并批准了上次会议的记录。公民**赛拉叶**宣读了一个在瑞士的流亡者的来信，信中叙述了他所从事的工作。他还宣读了在布鲁塞尔成立的一个法国支部的来信。信内附有 9 法郎，作为在鲁昂的 31 名会员和在巴黎的 14 名会员的会费，还有 1 法郎是在布鲁塞尔的流亡者交的。信中要求承认该支部为独立的支部。有若干原因使他们不能参加比利时联合会委员会。比利时联合会委员会的一些会员劝他们不要加入，说那会使他们有被人告发给警察而被驱逐出这个国家的危险；此外，这个委员会拒绝承认代表会议的第九项决议[②]，而支部却毫无保留地支持。支部认为必须遵守纪律，并要求承认它为独立的支部。

公民**弗兰克尔**认为在承认该支部之前，应同比利时委员会商量。

[①]　本日记录由黑尔斯记在会议记录本第 6—8 页上。

[②]　指 1871 年伦敦代表会议通过的第九项决议——《工人阶级的政治行动》。

公民**赛拉叶**说如果这样做，他们可能被驱逐。

公民**马克思**说，大家应该记得，在代表会议上比利时的代表比其他任何国家的都要多，但比利时联合会委员会还是拒绝接受代表会议关于工人阶级政治行动的决议。总委员会不应自找没趣。

公民**杜邦**认为法国人情况特殊，流亡者们代表着法国革命的精神，这就使得情况特殊，他相信接纳这一支部是符合章程的。

公民**弗兰克尔**建议，即便给以承认，也应只是暂时的，把最后的决定留给代表大会。

公民**恩格斯**赞成首先同比利时联合会委员会商量；他提议就这么办。

公民**荣克**附议；他认为应该这么办。

公民**赛拉叶**再次提请注意信中那句他们可能被驱逐的话。

公民**埃卡留斯**说，根据共同章程，总委员会可以接纳这一支部，但必须在事后通知联合会委员会。

公民**黑尔斯**说，法国人情况特殊，协会在法国是非法的。

公民**马克思**说，根据这封信，他认为应该承认这个支部，总委员会应该向代表大会承担责任。

公民**瓦扬**赞同这个意见。他认为如果在代表大会上让总委员会解释的话，这封信足以说明问题。

然后以1票反对通过**赛拉叶**提出、由**杜邦**附议的提议：

"根据比利时联合会委员会自己的会员对布鲁塞尔的法国支部提出的建议，为了不给在比利时的法国流亡者的安全带来不必要的危险，未经事先同比利时联合会委员会商议即接纳布鲁塞尔的法国支部。"

公民**瓦扬**接着提出了一些旨在加快〔讨论〕速度的议事规定，稍加议论后就逐条讨论通过。

第一，每个委员就每一个问题只应发言一次（提案人除外）①。通过。

第二，除提案人和报告人外，任何委员在任何问题上的发言不得超过 5 分钟。通过。

第三，应尽可能地让赞成者和反对者一对一地发言。

提议经过讨论，通过。

第四，当有 4 名委员要求结束争论时，就应立即进行表决而无须讨论。非原则问题两人就够了。通过。

公民**荣克**接着报告说，他见到了特鲁拉夫，并收到了一些章程；过几天他还会收到一些，还会收到一份账目单。

他还报告说，他给米德尔斯伯勒去了信，但没接到回信。

由于公民罗奇缺席，公民**黑尔斯**宣布不列颠联合会委员会已经召开了定于 7 月 21 日在诺丁汉举行的英国各支部的代表会议。

公民**马克思**把他关于考虑代表大会事宜的提议推迟到下次会议上提出。

委员会于 11 时 15 分休会。②

总委员会会议记录③

1872 年 6 月 11 日在拉脱本广场 33 号举行[208]

公民**荣克**主持会议。

出席委员：公民**巴里、阿尔诺、库尔奈、德拉埃、埃卡留斯、恩格**

---

① 括号内的话是在批准记录时加上的。

② 本日记录无人签名。

③ 本日记录由黑尔斯记在会议记录本第 9—15 页上。

斯、弗兰克尔、黑尔斯、荣克、若昂纳尔、列斯纳、罗赫纳、勒穆修、马克思、马丁、马格里特、梅奥、米尔纳、朗维埃、吕尔、罗奇、赛拉、唐森、瓦扬、卢符勃列夫斯基、亚罗。

在**书记**宣读了上次会议记录后，公民**恩格斯**反对批准会议记录，理由是会议记录没有如实地记下围绕把比利时的法国支部作为独立支部来接纳这一问题而展开的争论。他提出的论点没有记下；对他提出、后来又撤回的提议，提也没提到；所有这些应该连同他撤回提议的理由一起记在会议记录里。

公民**亚罗**认为，如果会议记录不确切，就不能批准。

书记说记录是准确的，他承认，有许多可以写入会议记录而没有写进去，但是对记下的东西必须有个限度，因此必须允许有一定的取舍；逐字地记录是不可能的。会议记录要拿到代表大会上去宣读，他认为所有那些可能会引起争吵的轻率说法，都应剔除。如果会议记录不令人满意，妥善的办法应是要求把有关的事情加进去。

公民**恩格斯**反对书记有权决定什么应该写进会议记录，什么不该写进会议记录。决不能允许书记借口可能给代表大会带来不快而把事情漏掉。他的提议所涉及的那个问题无疑会拿到代表大会上去。他要求记录下他曾提议“在承认法国支部为独立支部之前首先同比利时联合会委员会商量”，还有他撤回那个提议所提出的理由。他提议否决会议记录。

公民**荣克**说，如果有必要提到这一提议的话，记下他就这一问题的发言比记下恩格斯的发言更必要，因为他拒绝撤回他的附议，而恩格斯撤回了他的提议。

公民**马克思**说，不能全盘否定会议记录，因为那些决议可能要被引用，而它们是记得准确的。①

---

① 指 1872 年 6 月 4 日通过的组织规定。

公民**恩格斯**说，他提议只批准会议记录中有关那些决议的部分，其余的予以否决。

公民**亚罗**附议，尽管他承认他不知道会议记录是否准确，因为他没有参加他们所说的那次会议。

公民**黑尔斯**反对通过这个提议。他说，如果公民恩格斯对记录不满意，恰当的办法应是提议把这样或那样的事情加进去。他坚持现在的会议记录是准确的，它们可能不完全，但至少没有错误。

这时有几个人喊"表决，表决"，**主席**随即将问题交付表决。结果6票赞成，无人反对，主席宣布提议一致通过。

书记接着说，他请求允许他辞去他的书记职务。

主席说：好！但是在任命新的书记以前，至少在今天晚上，你得执行职务，这样我们才能继续开会。

公民**黑尔斯**说，那当然。

公民**荣克**接着宣读了下面这封瑞士来信。[209]

信中附有汝拉联合会1871年和1872年的会费。

1871年度：

穆捷支部，35名会员，3法郎50生丁；

纳沙泰尔支部，12名会员，1法郎20生丁；

洛克勒支部，14名会员，1法郎40生丁；

库特拉里支部，32名会员，3法郎20生丁，库特拉里雕版工人和机械工人，32名会员，20法郎；

绍德封社会主义宣传第二支部，12名会员，1法郎20生丁……①

公民**恩格斯**说，他赞成接收1871年的会费，但不赞成接收1872年的会费。他提议就这么办。

---

① 从这里开始空了17行。

公民**马克思**说，只有一个支部是没有被承认的，那就是……①汝拉支部是分裂分子的，但它还是支部，并没有被开除。

公民**赛拉叶**说，他赞成把钱留下，而把人开除出去。

公民**马克思**说，总委员会不能接收人家一年的钱，又拒绝另一年的钱。应该是除一个支部的钱以外，所有的钱都接收。

公民**恩格斯**提议就这么办。

公民**赛拉叶**附议，提议获得一致通过。

公民**荣克**报告，他收到了两封米德尔斯伯勒来信，马修斯和惠利两人都说这个支部是个爱尔兰支部，马修斯是书记。

公民**恩格斯**宣布，关于分裂分子的法文声明②刚从日内瓦运到，共2000份。其中1000份送到英国，留在瑞士的1000份之中500份留给瑞士人用，100份给比利时，25份给奥地利和匈牙利，50份给莱比锡，120份给意大利，留下205份将来备用。这里收到的1000份准备给美国送去200份，给德国50多份。此外，给每一支部和总委员会每一委员各送一份。他为运费花了1镑7先令6便士，如果总委员会同意的话，他提议允许他留100份来抵偿这笔钱，以免有发光的危险。他还提议向会员和一般人每本收费3便士；他已向瑞士写了信，告诉他们在那里收取同样的书费。

报告被接受，提议获得一致同意。

公民**马克思**接着提出了代表大会的问题。他提议在荷兰举行，由荷兰人选定城市，指示公民库尔奈给他们写信，让他们立即决定。比利时人自己在1870年提议在荷兰召开。[210]

公民**瓦扬**问代表大会能否在荷兰召开。

---

① 原稿此处空缺。
② 指《所谓国际内部的分裂》。

公民**马克思**说，他已经从荷兰收到肯定的答复。

公民**赛拉叶**附议，提议获得一致通过。

接着公民**马克思**提议，代表大会应在9月份的第一个星期一召开，公民**若昂纳尔**附议，一致通过。[211]

公民**马克思**说，组织问题无疑是要在代表大会上提出的主要问题。所发生的斗争足以表明这一点。处理这一问题，最好是把关于总委员会的问题和关于联合会委员会的问题分开。巴枯宁的提议只会使总委员会成为一个统计局，而为此是不值得要一个总委员会的。报纸能刊登所能收集到的一切消息，但是必须记住，尽管总委员会三番五次向各支部说明做些统计工作的必要，目前还是没有收集到任何统计数字。[212]

比利时联合会委员会的提议是合乎逻辑的，因为它赞成取消已无存在必要的总委员会。它认为必须做的一切联合会委员会都能做。它认为，联合会委员会已经或正在所有国家建立，它们能够把组织管理掌握在自己手里。西班牙的《解放报》在评论这一提议时，说它将意味着协会的终结。它甚至还不彻底，因为按理说也应同时取消各联合会委员会。[213]但是他不反对把这一提议当做某种可供选择的办法，当做一种实验来接受，尽管他确信这只会证明绝对必须重建总委员会；如果加强总委员会权力的政策遭到否决，他就准备支持这一提议，但在任何情况下他都不接受巴枯宁的保留总委员会却使它毫无作用的提议。[214]

公民**赛拉叶**提议把改组的问题作为代表大会讨论的第一个问题，公民**若昂纳尔**附议。一致通过。

公民**埃卡留斯**说，他最近对这个问题考虑了很多，得出了同马克思一样的结论，那就是应该加强总委员会的权力。他提议否决取消总委员会的提议。

公民**弗兰克尔**附议。一致通过。

公民**瓦扬**说，他认为总委员会以后应该宣布，加强总委员会是可取的。

公民**黑尔斯**说，应该首先讨论总委员会的组成，如果总委员会改变结构，他就赞成加强总委员会，但是，他不赞成加强一个像目前总委员会这样组成的机构。

公民**埃卡留斯**同意黑尔斯的意见。

公民**马克思**说，他提议总委员会只由书记组成，这些书记由各民族自己指定。人数不定，但任何民族都不应有一票以上的表决权。空缺由各民族自己填补。

公民**埃卡留斯**附议，尽管他认为必须限制委员的人数。

公民**恩格斯**认为，总委员会有权在某民族自己拒绝这样做或没有这样做的情况下，暂时填补空缺。

公民**赛拉叶**反对这么做，认为应该同有关国家商量。

公民**瓦扬**认为此提议应该修改；他认为应由各民族提出候选人，由代表大会选举。

公民**黑尔斯**问，如果一个民族提出和支持某一候选人，而代表大会的其他代表都反对，或者与此相反，这怎么办呢？当选者代表谁呢？

公民**亚罗**多少有些反对这一提议；例如，美国只会从同它有联系的人当中选择自己的代表。他认为总委员会应有权在一定限度内增加人数。

公民**赛拉叶**也认为总委员会应有权增加人数，总委员会在增加了属于公社的委员后，大大地增强了它的力量和给它带来的益处。

公民**埃卡留斯**说，那是个有争议的问题。

公民**若昂纳尔**说，他赞成总委员会由代表大会选举，总委员会有权增加人数。如果把这一问题留给各国解决，会出现各种阴谋诡计。

公民**阿尔诺**认为这一提议过于偏重民族原则。也许在一个国家内革命可能是星星之火，在另一个国家可能是燎原之势，而国际却是对整个社会负有责任。

公民**黑尔斯**不同意公民阿尔诺的想法，因为在这种政策下，可能任命那些对某些国家需要采取的行动一无所知的人。总委员会应该代表属于国际的各国人民的思想，这样才能把他们融合成一个和谐的整体；不同的人民有不同的思维习惯。

公民**恩格斯**提议暂停争论，要求所有提议都以书面形式提出。

公民**弗兰克尔**附议，通过。

公民**罗奇**代表联合会委员会提议，所有书记给各自的支部写信，让他们了解建筑工人同九小时工作日联盟有关的罢工情况。

公民**弗兰克尔**附议。一致通过。

公民**亚罗**也代表与罢工有关的商店雇员，请求对这个问题给以注意。

委员会于 11 时 30 分休会。

欧仁·杜邦

书记　约翰·黑尔斯

会议记录①

1872 年 6 月 18 日在西区牛津街

拉脱本广场 33 号举行[215]

公民**杜邦**主持会议。

出席委员：公民阿尔诺、布恩、库尔奈、杜邦、埃卡留斯、恩格斯、弗兰克尔、黑尔斯、若昂纳尔、荣克、列斯纳、勒穆修、龙格、罗赫纳、马克思、马丁、梅奥、麦克唐奈、朗维埃、赛拉叶、吕尔、唐

---

①　本日记录由黑尔斯记在记录本第 16—24 页上。

森、瓦扬、符卢勃列夫斯基、亚罗、罗兹瓦多夫斯基。

在宣读并批准了上次会议的记录之后，公民**唐森**介绍了公民W. 埃·哈科特，他是维多利亚民主协会的代表，来收集有关欧洲各种工人运动情况的。他所代表的协会同国际是一致的，它把共同章程的绪论作为自己的基础。[216]一致决定同意他出席会议。

公民**赛拉叶**宣读了一封巴黎来信，信中说改组工作正取得进展。他还收到了一封阿维尼翁来信，内有132名会员的会费；在那里，协会也在取得进展。在乡村地区，吸收了许多会员。在图卢兹，一个大学生联合会成立了一个委员会，宣布他们加入国际。他还收到了一封**纳博讷**来信。他向波尔多寄去的文件已顺利收到并已散发。

公民**恩格斯**报告，收到了安塞尔莫·洛伦佐的来信，要求把组织问题和修改章程问题列入即将召开的代表大会议事日程。他们的愿望是在各国的联合会之间促进团结。[217]

公民**埃卡留斯**宣布，他把国际的文件送给了一位先生，这个人的地位使他不能成为一名国际会员；这位先生还给他送来5先令作为印刷费用，他已经交给了财务委员。

公民**弗兰克尔**宣布他收到了诺伊迈尔的来信，信中问了许多问题。

公民**杜邦**宣读了一封曼彻斯特来信：那里的支部正在迅速扩大，刚刚有400名泥水匠加入进来。他们要章程和会费券，准备着手建立一个国际俱乐部。他们在安科茨召开了一次会议，讨论建立第二支部的问题。

公民**恩格斯**说，他认为该联合会委员会严重地忽视了自己的责任。他提议，要求该联合会委员会提出报告，说明它为执行代表会议关于会费券的决议所采取的步骤。

公民**弗兰克尔**附议。

公民**黑尔斯**认为，总委员会无权干涉联合会委员会的内部规定。联合会委员会在7月1日以前不会在会费券问题上采取任何行动。

公民**弗兰克尔**撤回了他的附议。

公民**马克思**无意干涉联合会委员会的内部规定，但是曼彻斯特支部索取会费券，他提议应该送去。

公民**恩格斯**收回自己的提议，转而支持公民马克思的提议，对它表示附议。他认为，马克思的提议对联合会委员会的谴责比他提出的决议案要厉害得多。

公民**黑尔斯**提出一个修正案，即把此事交给该联合会委员会。他反对制造不必要的分裂。此外，他认为这封信不是写给总委员会，而是写给作为曼彻斯特支部的一名成员杜邦的，并且他认为已经向联合会委员会提出过同样的请求。

公民**梅奥**附议这一修正案；该联合会委员会已经得到总委员会的承认，他认为应该让联合会委员会自己去安排自己的事情。

公民**若昂纳尔**赞成公民马克思的提议，他认为联合会委员会忽略了自己的责任。

表决结果，2 人赞成修正案，7 人反对。接着这 7 人又投票赞成提议，2 人反对。之后宣布提议通过。

主席接着宣读了公民马丁的来信，他要 3 镑作为使用房屋的房租。

公民**荣克**说，这个要求先是向他提出的，而他已经付给了马丁 2 镑，他让马丁向总委员会提出要求。

公民**弗兰克尔**提议付给 3 镑。

公民**恩格斯**问应付多少，最［好］是付清。

公民**荣克**说，他要提醒总委员会，手里没几个钱了。

公民**布恩**想要知道房租是多少；他感到惊讶的是，总委员会的钱没有谈好就付了 2 镑。他是财务委员会委员，没听说这个委员会开过什么会。他肯定没收到过任何开会的通知。

公民**恩格斯**说，任命财务委员会，只是为了监督管好账，它无权管开支的事。之所以要选举财务委员会是因为［伦敦］代表会议对过去的管账方法不满意。

公民**荣克**说，尽管他付了2镑，但没记在账里。除正常开支外，他从来没有未经表决就支付过任何钱。

公民**瓦扬**说，他对总委员会讨论这样的细节问题感到惊讶：这应该是财务委员处理的问题。

公民**赛拉叶**认为用不着讨论，应付3镑。

公民**黑尔斯**说，总委员会直到2月底才离开霍尔本，所以，索要的3镑再加上已付的2镑就比总委员会在霍尔本时付的房租高了。他可能弄错，但他的印象是，当总委员会在找房子时，马丁说他会为总委员会开会找到一间不用付钱的房子。他不是说总委员会应该使用这个房间而不付钱，但他确信房间是免费提供的；总委员会等到迁出霍尔本的通知到了期，没有开会的房子了，未经商定就搬到马丁这儿来了，打那以后也没商定过。

公民**布恩**也是同样的意见，他提议房租像总委员会在霍尔本支付的一样。如果财务委员会像它原来打算的那样开了会，就不会产生这种误会了。

公民**梅奥**原则上赞成布恩的提议，但是一笔交易要两方同意才能做成，马丁不在场，不知道他接不接受。

公民**赛拉时**赞成交3镑，然后再商定。

公民**米尔纳**认为，总委员会搬到这间房子来时就应该商定好；他认为总委员会受到无礼对待。先献殷勤，后要钱，这是侮辱。这样做也许符合法国人的思想，可不是英国人的。除赠送公民马丁一份礼物外，他根本不赞成给什么钱。他倒愿意摊多少出多少，不过这事关系到总委员会的荣誉。

公民**龙格**说这里有些误解。不管英国委员有什么样的印象，法国委员对这个问题的想法是不会使人有丝毫怀疑的；他们认为用房子要付钱。房租虽然没有定下来，但大家都明白房租是要付的。

公民**瓦扬**说，他十分肯定米尔纳所表达的感情，法国委员是没有的。再也没有什么比加在马丁头上的动机与他的性格更加格格不入的了。

公民**朗维埃**对把这种区区小事拿到总委员会上来感到惊奇。如果让人知道总委员会的时间就是耗费在这种毫无意义的事情当中，那么那些谈论国际强大力量的人会说些什么呢？他弄不懂，怎么能这样浪费时间。

公民**恩格斯**说：如果总委员会的时间白白地耗费了，这是它自己的过错。负责人不该受到责难，因为总委员会总是遵循同样的原则。

公民**瓦扬**代表公民马丁收回他的要求。

公民**黑尔斯**要求给他就这封信正式提出建议的权利：他提议付给公民马丁3镑。

公民**埃卡留斯**附议，并建议也应该付给他与霍尔本同样的房租。

公民**黑尔斯**同意把这一点加进他的提议。

提议付诸表决，一致通过。

公民**库尔奈**说他收到了一封荷兰来信。写信人说，考虑到所有情况，海牙实际是举行代表大会最恰当的地方。因此，他提议代表大会在海牙举行。

公民**恩格斯**附议，他认为海牙最合适。那里很容易去，他认为这是一个很有利的条件。

提议获得一致通过。

公民**马克思**提议下次会议的全部时间用于讨论有关代表大会的问题，即使是通信也不要拿出来宣读了。时间不等人，总委员会有必要彻底讨论一下这个问题。

Citizen Engels said if the time of the Council was taken up unnecessarily - it was it own fault. The Officers were not to blame as it had always acted upon the same principle.

Citizen Vaillant on behalf of Citizen Martin withdrew the request.

Citizen Hales claimed the right to make a motion upon the letter before the Chair he proposed that the three pounds be paid to Citizen Martin

Citizen Cournet seconded, suggesting that he should also be offered the same rent as was paid in Holborn. Citizen Hales agreed to add it to his proposition

It was put to the Vote and Carried unanimously

Citizen Cournet said he had received a letter from Holland The writer said that taking all Circumstances into Consideration the Hague was really the most available place in which to hold Congress. He therefore proposed that it should be held at the Hague.

Citizen Engels seconded as he thought it would be most adapted. It was easily reached and he thought that was a great advantage

The proposition was carried unanimously

Citizen Marx proposed that the whole of the next sitting should be devoted to Congress that not even the Correspondence should be brought on. The time was going and it was necessary the Council should thoroughly discuss the question.

Citizen Engels seconded and it was carried unanimously.

**记载马克思提议、恩格斯附议的关于下次总委员会会议专门讨论
海牙代表大会筹备工作内容的会议记录本片断**

公民**恩格斯**附议，一致通过。

公民**赛拉叶**说，通信当中可能会有一些问题需要采取及时的行动，因此他提议小委员会在通信提出的所有问题上有采取行动的充分权力。

公民**弗兰克尔**附议，一致通过。

公民**马克思**说，总委员会现在应该宣布召开代表大会的地点；他认为同时应该宣布，总委员会打算提议不等纲领的其余部分制定出来就修改章程。

公民**荣克**说，他提议任命一个小委员会，草拟一份说明理由的声明，加在通告里。

公民**默里**附议；总委员会在通告里应该尽可能把问题说清楚。

公民**朗维埃**想知道打算干什么，如果只是起草一份通告，那么书记就能办到。

公民**荣克**认为说明理由是可取的。

公民**瓦扬**反对，他认为这会给人一种问题事先就定了的印象，说各联合会委员会要求这样做就足够了。

公民**若昂纳尔**赞成，应该说明理由，他提议只用一种文本。

公民**库尔奈**说，必须发表一个声明，不然的话，每个书记都可能提出不同的理由来。

公民**黑尔斯**问，是不是打算不把声明先提交总委员会就发表。

公民**荣克**认为不必这样做，但如果需要这样做，也能做到。提议交付表决并获得一致通过。

接着决定这个委员会由 3 人组成，公民恩格斯、瓦扬、麦克唐奈、米尔纳被提名。

公民**恩格斯**得 22 票，公民瓦扬 19 票，公民麦克唐奈 18 票，公民米尔纳 17 票；前 3 人当选。

公民**布恩**接着提请会议注意会议记录中关于书记辞职的那一段话。

　　公民**若昂纳尔**认为，既然总委员会对许多小问题都处理了，它也可以将这个问题解决了。

　　公民**瓦扬**说，没听到书记再说什么，因而他断定这是在感情冲动时讲出来的，书记已把话收回了。

　　公民**布恩**说他不这么想。书记不是感情用事的人，他毫不怀疑他这样做是有充分理由的。

　　公民**黑尔斯**说，辞职不是一时冲动提出来的。他说的就是他想的，他要坚持辞职，因为他没有选择的余地。总委员会的任何其他稍有荣誉感的人，如果处于他的地位，也会被迫这样做。对会议记录的否决意味着会议记录被人篡改了。他认为，无论是谁，要是对他提出篡改会议记录的指责，他就不能继续担任这一职务。他在表决之前就指出了会议记录的不完全和不准确之间的区别。他坚持认为会议记录本身是准确的，可能不完全，但他否认会议记录不准确。

　　公民**瓦扬**并不像公民黑尔斯那样看待这一问题；这只是总委员会的一种表达意见的方式，根本不影响书记个人的荣誉。

　　公民**恩格斯**说决议案是他提出的，他可以说没有侮辱个人的打算，他丝毫没这个意思。投票表决意味着会议记录没有给人一种正确反映它们所涉及的会议的有关部分的印象，而且他现在仍然认为：会议记录没有给人以真实的印象，但他从来没有想暗示有人篡改了会议记录。如果他这样想，他就会这么说的。会议记录可能只是不完全，然而却给人以完全错误的概念。那场争论以及他关于接纳比利时法国支部的提议，根本就没记下来，要加进去，也根本不可能；唯一的办法是写一份新的，而且这是应该做到的。当书记做的工作不能让总委员会满意而受到指责时，他不应该对此反感。

　　公民**荣克**的观点同公民恩格斯的不同；他一直以为提出来后又被撤销的提议不应反映在会议记录里；既然这些提议都不反映，由它们引起的辩论当然也不应反映了。他相信那是埃卡留斯任书记时所遵守的一条规则，他自己在执行书记任务时就遵守了这一规则。如果说谁有权利抱怨的话，那就是他，因为他在恩格斯收回他的提议后仍然坚持相反的意见。他确信总委员会做错了，因此，如果说谁的话应该被记在记录里，那就是他的话。如果他处在书记的位置，他也会完全这样做。他认为在这种表决之后，书记不会继续任这个职务。书记没有征求他的意见，他只是怎么想的就怎么说。

公民**弗兰克尔**提议不接受辞职。

公民**默里**附议。他认为，根据不足挂齿的理由更换负责人，这对任何一个委员会的威信都是有害的。他认为这场争论已经澄清了误解。书记可以看到他的个人名誉并没有受到怀疑，同时他也应当明白，总委员会在书记的工作没有做得应该那样好时，有权表示不满。

公民**布恩**说他是反对说话不算数的。总委员会不得不对公民黑尔斯记的会议记录表示不满，这已不是第一次了。如果总委员会做蠢事，接受公民弗兰克尔的决议，这很可能不会是最后一次。已经有人谈到总委员会的尊严了，而他认为，如果不接受辞职，那才真是说话不算数。投票表决意味着，书记不是蓄意就是出自偏见把一些不该放在里面的东西塞进会议记录，或者由于同样原因扔掉了一些应该放在里面的东西。无论哪一种情况，他都不适合这个职务了，他希望总委员会不要为取悦某人而食言，不管他是公民黑尔斯还是别的什么人。

公民**弗兰克尔**的提议接着被交付表决，以 12 票对 7 票通过。

委员会于 11 时 30 分休会。

主席　**茹尔·若昂纳尔**

书记　**约翰·黑尔斯**

总委员会会议记录①

1872 年 6 月 25 日举行

公民**若昂纳尔**主持会议。

出席委员：公民**阿尔诺、阿普尔加思、巴里、库尔奈、埃卡留斯、恩格斯、弗兰克尔、黑尔斯、若昂纳尔、荣克、列斯纳、勒穆修、罗赫纳、龙格、马克思、梅奥、麦克唐奈、米尔纳、默里、朗维埃、罗兹瓦多夫斯基、赛拉叶、唐森、瓦扬、符卢勃列夫斯基、亚罗。**

比利时联合会委员会的公民德·维尔布罗尔②经允许作为来宾也出席了会议。

宣读并批准了上次会议的记录。公民**赛拉叶**提议不要再给《东邮报》寄送报道了；他认为总委员会无须讨论就应通过这一决议，因为那家报纸已有一段时间允许在该报上攻击总委员会。

公民**列斯纳**附议。他认为《东邮报》不应该允许总委员会的反对者那样造谣诬蔑总委员会。

公民**恩格斯**说，这件事需要考虑，因此他提议把此事交给小委员会全权处理。

公民**黑尔斯**附议，一致通过。[218]

公民**勒穆修**接着宣读了公民黑尔斯写给纽约的休伯特的信的抄件，他说，此信打算通过鼓励分裂分子来削弱总委员会的影响。因此他提议请仲裁委员会根据这封信来考虑公民黑尔斯的行为。

公民**黑尔斯**附议，他希望对此事进行全面的调查。

---

① 本日记录由黑尔斯记在会议记录本第 25—30 页上。

② 格拉泽·德·维尔布罗尔。

提议获得一致通过。公民阿尔诺被指定为仲裁委员会的召集人。[219]

公民**恩格斯**接着提议，总委员会应该把那些条文①和组织条例作为讨论的题目，以便把已开始的工作继续做下去。

公民**瓦扬**说，应该从与总委员会有关的一节开始，因为那是已在讨论的题目。

公民**恩格斯**同意这一建议，经附议后作为提议提出，获得一致通过。

接着宣布组织条例第三项为讨论的题目，一致同意逐节地进行。

第一节同意，不动。

宣读第二节后，公民**弗兰克尔**提议作点补充，意思是总委员会应监督遵守并捍卫协会的原则。[220]

公民**黑尔斯**认为这个提议不够清楚：应该把权力规定下来。

公民**马克思**说，这种补充只是打算作为一般的宣布；提议扩大的权力将写入章程有关总委员会的权力和作用部分。他支持这一提议，接着提议［交付表决］，获得一致通过。

这一提议是用法文提出的，为防止误解，公民**恩格斯**提议指定一名法文书记记下用那种语言提出的所有提议。这样总委员会就会有提议的可靠文本。

提议得到附议并通过。

公民**弗兰克尔**于是被指定为法文书记。

接着考虑第三节。

公民**恩格斯**说，这是一条需要考虑的规则，目前这样是使人不满意的，他也不清楚最好怎样修改。他提议把这一条暂时搁下，以后再讨论。

公民**列斯纳**附议，一致通过。[221]

---

① 指共同章程。

关于第四节，公民**阿尔诺**说，需要把"分部"（branch）一词用"小组"（group）来代替，因为必须先组成小组并被承认之后才成为分部。

同意改动，第五节也跟着改动，以便同前一节一致。[222]

主席接下去宣读了第六节。[223]

公民**黑尔斯**提议加上"在收到证明这一支部违反协会原则的足够证据后"。

无人附议。

公民**马克思**提议在"开除"一词后加上"国际的任何支部、小组、联合会或联合会委员会"；他说查一下用法文记下的会议记录就会发现，这是巴塞尔代表大会的真正意图[224]，很明显，这一点不应该原封不动。联合会和联合会委员会能比任何一个支部都更坏事儿，所谓美国新联合会委员会就是证据，他们行为不轨，致使德国人和法国人看到，分裂分子入会只不过是一个政治诡计，他们便退出了。

公民**赛拉叶**说，他的意见是总委员会必须加强，必须有权暂时开除支部，但他要问是否打算不同这个支部所属的联合会委员会商量就把它开除。他认为应该同联合会委员会商量，不然他们就会站到被开除的支部一边，到了那时，总委员会为维护其权威就不得不把联合会委员会也一起开除。

公民**瓦扬**说，能够为赛拉叶的提议摆出的唯一理由，是总委员会必须掌握充分证据。他认为提议是多余的，因为总委员会没有充分证据从不行动。

公民**荣克**说，总委员会必须考虑这个提议会给代表大会产生什么影响。他认为应该同联合会委员会商量，因为不这样做，他不知怎么能搞到充分的证据。此外，如果不同它们商量，代表大会会认为总委员会想把持一切权力。

公民**恩格斯**的意见同荣克一样。必须由总委员会出面采取行动的多半是单独支部的问题。如果支部属于联合会委员会，就不会有什么危险，因为问题将由联合会委员会处理；如果联合会委员会的大多数支持支部的行动，那么需要处理的就不是支部而是联合会委员会了。他提议，在支部属于联合会委员会的情况下，必须先同联合会委员会商量。

公民**阿尔诺**说：常常是想证明一点而扯得太多。如果总委员会在暂时开除一个支部之前必须获得联合会的认可，那么它在暂时开除一个联合会之前，必须得到谁的认可呢？

公民**弗兰克尔**说：因为第五节要求总委员会在它承认一个新的支部之前须同联合会委员会商量，所以总委员会在驱逐一个支部之前也必须同联合会委员会商量。

公民**荣克**说，这里不是提议应该得到联合会委员会的认可，而是提议应该同它商量，以便得到最可靠的情报。

公民**马克思**说，巴塞尔代表大会的决议是不容置疑的，而他的提议里面没什么新东西。如果假定总委员会只是为了寻开心而要暂时开除一个支部，那么公民恩格斯的提议就应该通过，但是，如果相信总委员会会理智地采取行动的话，那就不必了。他不提议对总委员会的权力增加什么了。

公民**赛拉叶**说，由于前一节的规定，他赞成同联合会委员会商量。暂时开除是比接纳入会更重大得多的事情；而且，总委员会如果不事先通知联合会委员会就暂时开除它们的支部，那就随时有受联合会委员会攻击的危险。必须记住，总委员会即使同联合会委员会商量，仍将保留自己的行动自由。

公民**弗兰克尔**说，赛拉叶提到对总委员会的攻击；这种攻击是针对革命党的，他不怕这种攻击，就像第一次革命的人们不怕贵族的攻击一样。

公民**瓦扬**说，总委员会事先未同联合会委员会商量而接纳比利时的法国支部，已经被迫违反了第五节的规定；总委员会应当保留自己的行动自由。

公民**恩格斯**提醒公民瓦扬说，总委员会确实①违反了第五节的精神，但它提出了这样做的特殊理由。承认这一节有效，但又提出了在某种特定情况下违反它的特殊理由。关于巴塞尔代表大会的决议，总委员会并不是非要继续执行这一政策②不可，目的是为了改进章程，使它更有效。

公民**巴里**认为应先同联合会委员会商量。总委员会应该有权，但应该表示准备考虑他方的意见，它才会得到更好的情报。总委员会即使实际上有权，也不应过多地使用它。

公民**黑尔斯**说，他赞成同联合会委员会商量；通过一项没法执行的决议是不明智的。现在有 7 个人发了两次言，违反了仅仅两个星期前才通过的组织条例。

公民**库尔奈**认为不必同联合会委员会商量；总委员会根据目前的章程有暂时开除的权力。

公民**龙格**提议推迟讨论这一问题。

公民**赛拉叶**提议结束争论，得到公民**荣克、埃卡留斯、黑尔斯**支持。

将结束争论的提议付诸表决，被主席的一票否决，宣布推迟讨论。

委员会于 11 时 30 分休会。

主席   **荣克**

书记   **约翰·黑尔斯**

① 最初，这里是"没有"两字，但在总委员会下一次会议批准会议记录时，这句话被更正并作了补充。

② "继续执行这一政策"是写在记录文字行间的，代替删去的"受它约束"。

总委员会会议记录①

1872 年 7 月 2 日举行

公民**荣克**主持会议。

出席委员：公民**阿尔诺**、**巴里**、**布恩**、**库尔奈**、**德拉埃**、**杜邦**、**埃卡留斯**、**恩格斯**、**弗兰克尔**、**黑尔斯**、**若昂纳尔**、**荣克**、**列斯纳**、**勒穆修**、**罗赫纳**、**马克思**、**马丁**、**梅奥**、**默里**、**罗奇**、**罗兹瓦多夫斯基**、**吕尔**、**唐森**、**瓦扬**、**符卢勃列夫斯基**、**亚罗**。

宣读并批准了上次会议的记录。公民**马克思**提议，在公民弗兰克尔关于第二条的决议案中加上"以及协会的共同章程和组织条例"等字。

公民**恩格斯**附议，提议未经讨论，交付表决，一致通过。②

公民**黑尔斯**报告说，由于对《东邮报》作出的决定，他已将召开代表大会的正式通知送给《国际先驱报》刊登，而没有送给《东邮报》。[225]他已按通常需要的数量订购了《国际先驱报》供委员们使用。

公民**恩格斯**说，他认为，无论总委员会的意图是什么，代表大会都将把修正案看做是要求扩大总委员会权力的提案。他是赞成扩大总委员会的权力的，但他认为，对所有扩大的权力都应该规定有监督措施。因此他提议，用下面的条文来代替现行的那一条。[226]

他认为，这样做将会克服因改动条文而引起的困难。虽然总委员会有权暂时开除一个支部，可是它在听取该支部所在的联合会委员会的意见之前不能行使这一权力。在解散联合会委员会时，应立即建议该联合会选出新的联合会委员会。在解散联合会时，协会所属各联合会都应有

---

① 本日记录由黑尔斯记在会议记录本第 30—36 页上。
② 这个修正案未被写入章程草案的最后文本中。

机会对这一措施进行复议。

公民**杜邦**附议。

公民**符卢勃列夫斯基**赞成总委员会有权不经各联合会审议而暂时开除任何联合会，直到应届代表大会为止。他认为恩格斯的提议将会引起各种阴谋事件。

公民**马丁**认为这个提议把事情搞得复杂了；提议中要召开的代表会议只不过是总委员会的翻版而已。

公民**马克思**说，解散联合会委员会是件严肃的事情，虽然总委员会有这个权力，然而除非整个联合会是反动的，它决不会行使这个权力。如果一个联合会被暂时开除，而所有其他联合会都反对这项措施，那么很清楚，不管这样做是否正确，总委员会都不得不作出让步。总委员会决不能使自己成为一种与协会对抗的力量。只要总委员会不犯很大的错误，决不会发生类似的情况。

公民**杜邦**认为这个提议没有削弱总委员会的权力，而只是说总委员会应该让最适当的人提供证据。

公民**埃卡留斯**反对这个提议，因为它似乎表示将来一定会出乱子，必须做好对付的准备。如果某个联合会被暂时开除，后来又恢复了会籍，总委员会就会处于尴尬的境地。如果一个联合会委员会被暂时开除，后来又恢复了会籍，总委员会就得准备提出辞职；这样一来总委员会就同议会的内阁完全一样，一切都要服从多数人的意志。他反对这种制度。这纯粹是议会制度，在国际中是行不通的。

公民**罗兹瓦多夫斯基**反对这个提议，因为它使国际带有太多的议会成分：由于大陆上的迫害，这样做将使我们的工作无法进行。

公民**阿尔诺**认为，需要在文字上改动一下，否则会出现两种解释。

公民**黑尔斯**说，他对恩格斯的提议没有什么可说的，但他认为无论暂时开除哪个支部都应该说明理由。现在的规定过于专横，按照这一规定，总委员会无须说明任何理由就可以把任何一个支部暂时开除。

公民**梅奥**怀疑这种秘密代表会议是否能够举行。

公民**巴里**认为最好能说明理由，但他认为这办不到。现在总委员会是协会集体智慧的代表，完全可以把提议赋予它的那些权力赋予它。

公民**罗奇**说，他支持公民黑尔斯提出的观点。他认为总委员会无论暂时开除哪个支部都应说明理由。

公民**恩格斯**说，公民埃卡留斯之所以反对这个提议，是因为它暗示会出乱子。在这种情况下，他应当说，在美国，由于被我们自己的人设法驱逐出去的一些中等阶级骗子的插手，曾经发生过非常类似的事件。一切改进的努力都是时代要求的产物。总委员会如果什么时候不能再代表协会，它就不应该再掌权，而应该被撵走。关于罗兹瓦多夫斯基的发言，他想说明，他赞成在必要时集中权力，但是必须记住：国际不是一个进行武装反抗的密谋团体。它也许会成为一个这样的团体，然而，目前它与任何这类的事情都毫无关系。对公民阿尔诺的意见，他回答说，他用"听取意见"一词只是由于前面一条中已经使用了这个词。对于权力，没有规定要"听取意见"，因为条文中清清楚楚写的是"总委员会在行使这一权力之前"。关于公民黑尔斯的意见，他本想立刻申明，他不反对黑尔斯的意见的精神，但是，他认为他的建议毫无必要；因为任何一届总委员会都会按照自己的理解来解释章程，所以他的提议没有什么意义。至于梅奥的意见，他想指出，提议中只是要求每个民族派一名代表，所以代表会议的花费不会很大。

提议交付表决，4 票反对，通过。

公民**黑尔斯**接着又提议，在"有权暂时开除"等字样前后加上下面两句话："在获得充分证据证明该支部、小组、联合会委员会或联合会违反了协会的原则或共同章程时"和"在暂时开除时均须说明理由"①。他说，如果本来就是这个意思，那么用文字把这个意思表达出来就不会有任何害处，这样就不会造成误会。章程最好尽量写清楚，以免对它的含义产生误解。他不赞成留下任何可以任人解释的地方，尤其是在这种解释可能有利于专横行为的时候。他坚决认为，现在这样的规定将为专横行为大开方便之门。

公民**罗奇**附议，因为他认为在采取暂时开除协会的某个支部这样重大的行动时，总委员会都应该提出理由。

公民**马克思**反对这个提议，认为没有必要这样做。如果总委员会要深入细节，那就需要有完整的刑法典。总委员会并不是要扩大权力，事实上，它是要求明确限定它已经拥有的权力。

公民**罗奇**说，总委员会经常有可能因对共同章程理解错误而吃苦头。他认为总委员会事先不听取不列颠联合会委员会的意见就承认英国的各爱尔兰分部是违反共同章程的。共同章程清楚地规定，总委员会在决定接受任何一个国家的新的支部前，必须先听取这些支部所在国家的联合会委员会的意见。因此，他赞成都应该提出理由的意见。

公民**杜邦**认为恩格斯提出的条文是相当全面的。不言而喻，任何支部只有违反协会的原则或章程，才会被暂时开除。

公民**巴里**认为，把理由公布出来会引起混乱。②

公民**埃卡留斯**指出，如果这项提议是要任命一个解释章程的委员会的话，公民罗奇的发言倒是还合适，可是在现在这种情况下就不合适了；在接受爱尔兰支部的问题上不存在对章程的错误理解，倒是在对待工联的问题上，有些委员对章程作了曲解。关于这件事，在代表大会召

---

① 这句话是加在记录的行间的。

② 这段话是后来加上的。

开之前必须采取一些措施。

　　公民**黑尔斯**说，公民杜邦说明了应当通过恩格斯提出的决议案的理由，他说："不言而喻，只有在某种特定的情况下，才会采取措施。"可是他不希望这是不言而喻的，而希望能把它写成不会造成任何曲解的绝对明确的条文。他反对在现行的章程条文和恩格斯提议的条文中规定赋予任何一届总委员会以专横的、不负责任的权力。如果赋予总委员会以那种权力，它就可以暂时开除，实际上也就是摧毁任何一个国家的协会组织，而无须对这种做法作任何说明。它只要对一个联合会说：你被解散了，于是这个联合会就被解散了。如果一个联合会能被解散，那么所有的联合会也都能被解散。所以，总委员会可以在它高兴的任何时候用解散一切联合会和暂时开除一切支部的简单办法把整个协会解散。此外，还必须记住：现任的总委员会不一定就是下届总委员会。公民恩格斯曾一再提到国际内部的秘密团体。假设下届总委员会由这个团体的人组成——这是很可能的，又怎么能保证整个组织的性质不被改变呢？——因为反对某种政策的人都可能被暂时开除。现在没有任何东西可以防止不诚实的人把整个国际变成实现秘密目的的秘密组织。这一条中所规定的权力十分专横，可以为所欲为，心地忠诚的正直人是不需要这种权力的，因为他们绝不会反对说明理由，既然不反对，也就没有任何理由不在章程中写明。

　　提议①交付表决，4 票赞成，13 票反对，未通过。

　　第七条保留原状不动，通过。

　　第八条在文字上作了一处改动后也被通过，为使本条与第四条和第五条行文一致，这一改动是必要的。

---

　　① 黑尔斯的提议。

第九条未作改动，通过。

公民**弗兰克尔**提议删去第三条，代之以下述条文："总委员会每周发表一篇关于它的会议情况的报道。"

会议经过短时间的讨论，决定以后再议。

公民**黑尔斯**表示他要在下次总委员会会议上提议增加下面这一条：

"协会的所有会员，在出示会员身份证件后，都有权出席除总委员会会议和联合会委员会会议以外的一切会员大会，并有权在会上发表自己的意见（经费问题除外）。"

公民**埃卡留斯**表示准备建议否决这个提议。

委员会于 11 时 30 分休会。

主席　　约·帕·麦克唐奈

书记　　约翰·黑尔斯

总委员会会议记录①

1872 年 7 月 9 日举行

公民**麦克唐奈**主持会议。

出席委员：公民阿尔诺、巴里、布列德尼克、库尔奈、德拉埃、杜邦、埃卡留斯、恩格斯、弗兰克尔、黑尔斯、若昂纳尔、荣克、列斯纳、勒穆修、马丁、马格里特、米尔纳、默里、朗维埃、罗兹瓦多夫斯基、赛拉叶、唐森、瓦扬、符卢勃列夫斯基、亚罗。

宣读并批准了上次会议记录之后，公民**弗兰克尔**提议取消第二项的第三条[227]，代之以下述条文："总委员会，每周发表一篇关于它的会议情况的报道。"他指出通报经常被总委员会发表的报道所代替，同时，

———————

① 本日记录由黑尔斯记在会议记录本第 37—43 页上。

关于统计的那一长段规定从来未执行过，而把不执行的规定写进章程是无益的。

公民**恩格斯**附议，因为现行的这条规定尽是繁杂的公事程序，从未执行过，而弗兰克尔提出的决议案却是切实可行的。

公民**黑尔斯**希望能将这项决议案稍稍改动一下，因为有时候可能几星期都没有什么可报道的，特别是在总委员会研究细节问题的时候。

公民**弗兰克尔**说，来往的通信中总是有些东西可供发表的。

接着，决议案交付表决并被通过。

接着，公民**黑尔斯**提出了他上次表示要提出的那个提议："协会的所有会员，在出示会员身份证件后，都有权出席总委员会会议和联合会委员会会议以外的一切会员大会，并有权在会上发表自己的意见。"

他说，他之所以提出这项提议，是因为他希望会员们能关心整个协会的活动，而不是只限于关心本支部的事情。他还希望采取各种预防措施来防止协会变成一个秘密团体。如果不通过他提出的这一规则，这种可能性是存在的。这一规则，将使会员们对宣传工作产生更大的兴趣，并且会比其他任何事情都更有助于加强协会会员之间应有的兄弟情谊。他认为这一规则对于那些有着特殊立法的国家不适用。

公民**瓦扬**坚决反对这个提议。支部有各种各样的，而且如果各分部会议对什么样的会员都公开，那就会造成极大的危害。警察也可以组成支部，并且可以随意出席任何分部的会议，从而搞到他们所需要的各种情报。另外，如果在伦敦的所有自称是协会会员的法国人都可以出席法国人分部的会议，那就什么事情也没法干了。

公民**荣克**附议。同时，他希望作些修改，把禁止国际活动的那些国家排除在外。他认为，在英国、瑞士和美国这些自由的国家里不会有人反对通过这个提议。这样做会带来很多好处，因为他知道有许多这样的情况：协会会员到了英国，却一直没有机会同这里的其他会员一起活动，因为他所在的那个法国人分部只准本分部的会员出席会议。结果，这些会员带着对英国组织的极其模糊的印象回到大陆。他认为，可以采取一些办法防止间谍混进来。

公民**埃卡留斯**提议"会议转入下一项议程"。他说：试想一下，假如有两个好争论的会员在伦敦各分部之间到处活动，干涉它们的事务，或者几个共和派的鼓动家加入协会后企图迫使他人接受他们的政策，那么，结果就将同美国所发生的情况一样。美国的分裂主要就是由于第一支部的成员到处活动，干涉别人的事务，传播消息，并且谈论人们投了什么票或没有投票等等而造成的。各支部在原则问题上完全一致，而在策略问题上各不相同，这是完全可能的。如果他们有权到处活动，并且互相干涉，那就什么事情也搞不成了。

公民**亚罗**对修正案表示附议，因为他觉得黑尔斯的决议案是针对英国各爱尔兰分部的。他访问过的各英国分部都是绝对公开的，所以它们不会需要这一条。他认为这里面一定另有企图。谁都知道，总委员会的某些委员是坚决反对英国各爱尔兰分部的，他们如果有机会，就会竭尽全力来破坏这些分部。

公民**荣克**驳斥那种把决议案看做是针对各爱尔兰分部的想法。早在几年以前，他就对爱尔兰问题有了坚定的看法，人们邀请他担任芬尼亚社领导人在伦敦的代表一事可以证实这一点。

公民**亚罗**说，他的指责不是针对公民荣克的。

公民**恩格斯**不同意黑尔斯的提议；他认为总委员会没有权力通过这种规定，而且即使把它提交给代表大会，代表大会也不会批准。大家都知道，加入协会是多么轻率。如果各式各样的人物都可以参加所有各分部的会议，那将会造成很大的危险。瑞士罗曼语区联合会所属各支部的会议本来是公开的，但由于一些法国流亡者爱好争论，它们不得不通过一项规定，非本支部会员不准参加会议。大家都很清楚，有些会员不信任各爱尔兰分部，他们可以制造各种争端；另一方面，他们也可以指使一些喝醉酒的爱尔兰人到处活动，并且干涉英国各分部的事务。这样，就会引起种种麻烦。对于美国的分裂问题，埃卡留斯讲的那番话毫无意义：退出不是因为第一支部的什么行动，而是由于很多中等阶级骗子混入协会引起的，他们参加协会只是为了捞取政治资本并且找到机会把伍德赫尔夫人提名为总统候选人。

这时4名委员提议停止讨论，根据会议程序，这项提议立即被交付表决并得到通过。

公民**黑尔斯**回答说，他对他的提议遭到这种对待深感痛心，因为这表明，总委员会里充满了猜忌、怀疑和不信任，完全没有国际主义的精神。他的提议是要给会员的互相交往提供更多的机会，而得到的回答却只是对于混进间谍、喝醉酒的会员、各式各样的人物以及中等阶级骗子等等的无穷忧虑。这说明，无论会员们怀有什么样的兄弟情谊，总委员会却没有这种情谊。

他实在感到遗憾，因为他看到有一种想把协会变成秘密组织的趋势。他要指出协会面临的这种危险。现在没有任何东西可以防止各分部参加密谋活动，防止它们以拒绝本分部以外的任何人参加其会议的办法来蒙蔽人们；再看看这种状态为建立假分部——实际根本不存在的伪造的组织——又提供了多少便利条件。6个人就可以自己组成半打分部，并且拒绝别人的调查，因为他们可以说：我们不准本分部以外的任何人参加我们的会议。也许没有人相信他，但他可以用他的名誉担保，他在提出那项提议时根本就没有想到各爱尔兰分部；他不懂，既然它们是实际存在的分部而不是为了某种目的建立起来的根本不存在的伪造的组织，这项提议怎么会触及它们。至于说想把它们压倒，那是不可能的，因为他并没有要求表决权，而只是要求出席和发言的权利。至于公民瓦扬所讲的有混入间谍的危险，他想指出，他并没有要求把这一条用于有特殊立法的那些国家，此外，在接纳支部时也应该想办法预防。应该记住，这一条规定要求提出会员身份证件。一个人光说自己是会员是不够的。对埃卡留斯讲的美国情况和恩格斯讲的瑞士情况，他的回答是：如果那里的协会会员真有那样大的意见分歧，那他们最好拟定一个共同的纲领，并根据它来解决他们之间的分歧，而不要支部对支部、分部对分部进行斗争。对美国的情况他想说一句话，他确信，总委员会已经因为严重的误解而遇到了麻烦，它已经处于进退维谷的困境。它在坚决反对欧洲的弃权论者的同时却在支持美国的弃权论者。

接着，修正案交付表决并被通过，只有4票赞成提议。①

接着，公民**瓦扬**提议，公民**马格里特**附议，总委员会回过来再讨论共同章程，因为它应当切实地把讨论继续坚持下去。

一致通过。

公民**黑尔斯**提出一项关于议事规则的提案，即："每次表决都应记名，列出赞成者、反对者和弃权者。"

公民**恩格斯**同意这个提议，但应该改写成这样：必须有4名委员提出要求，才进行记名表决。

公民**埃卡留斯**同意这个方案。

公民**巴里**同意黑尔斯的原提案。他认为无论是3个人的要求还是2个人或1个人的要求，都与4个人的要求同样重要。

公民**布列德尼克**认为，要是以前就采纳了这条的话，那就会有很多好处了。

公民**米尔纳**认为这个提案没有必要。

公民**弗兰克尔**不理解为什么总委员会要把时间浪费在这种小事上。

----

① 指黑尔斯提出的提议。

提议交付表决，以 12 票对 7 票被否决。

公民**恩格斯**接着宣读了共同章程的引言。

公民**黑尔斯**提议，公民**埃卡留斯**附议，引言维持原样。

公民**瓦扬**认为第四段中"各个不同劳动部门的工人"几个字很像是工联章程的用词，提议删去。

公民**赛拉叶**指出，如果这被删掉，整个经济部分都将被删掉，它就会成为纯粹政治性的了，因此也就没有把各工会联系在一起的东西了。

公民**巴里**认为这一条无论在实质上还是在文体上都不能修改。它指出了缺乏联合和缺乏团结的问题。

公民**阿尔诺**反对保留这种用词。他认为这使得协会太像工联理事会了。

公民**赛拉叶**不反对改动一下这种用词，但不能同意把它们统统删去。

4 名委员要求结束辩论，会议同意。

公民**瓦扬**看不出有什么理由要修改他的提议；相反他更坚信应该删去这种用词。有人谴责他，说他想把社会因素去掉。再没有比这更与他的原意相反的了。他认为他的提议将使引言更加符合逻辑。

接着，提议交付表决，9 票赞成，12 票反对。

接着，公民**巴里**提议在第五段中删去"存在有现代社会的"，并且在"合作"一词前加上"人民"一词。他认为，现在这一段的表述限制了协会活动的范围。他提出的决议案将把一切国家的人民都包括在内。决议案的后一部分将使这一节具有普遍意义。

公民**亚罗**附议。

公民**米尔纳**说，他认为，现代社会正是国际当前斗争的对象。正是这个把资本和机器积聚在一个阶级手里，而把广大人民变成雇佣奴隶的制度，使国际的建立成为必要。现代社会是产生国际的原因。

公民**弗兰克尔**说，公民巴里提议去掉的几个字恰恰是最重要的。

公民**恩格斯**说，如果像所提议的那样去掉那几个字，就会把协会变成一个类似资产阶级创建的慈善团体。现代社会——这是一个资本进行统治，而工人只被当做工具使用的社会。认为可以立即把古巴和巴西的奴隶，或者把中国和印度的居民变成有组织的工人，那是荒谬的。在他们获得解放以前，他们应先成为自由的工人。去掉"现代社会"这几个字就意味着取消这种实质性的提法。

公民**罗兹瓦多夫斯基**赞成巴里提出的修改意见；他觉得协会不应受到限制。他认为奴隶可以获得解放，并且成为一个自由人，而不必像公民恩格斯所说的那样经历一个中间阶段。如果黑人落入雇佣奴隶的境地，这要归咎于社会的腐朽。

公民**弗兰克尔**说："奴隶仍然是中等阶级的财产，不是直接的，就是间接的。"

公民**马丁**认为这几个字应该删掉，因为他觉得协会应该包括全世界。

公民**布列德尼克**认为这几个字应该保留，否则工人们就会把现代社会看成是最好的社会。要使人们得到解放就必须改变社会状况。

公民**巴里**说，他被误解了。他承认协会已起来同现代社会进行斗争，然而他认为国际应该包括全人类；任何人都不应该被排除在外，所有的人都应该包括在内。

提议交付表决，7 票赞成，10 票反对。

委员会于 11 时 30 分休会。[①]

---

① 本日记录无签名。

总委员会会议记录①

1872 年 7 月 16 日举行[228]

公民**罗赫纳**主持会议。

出席委员：公民**阿尔诺**、**巴里**、**德拉埃**、**杜邦**、**埃卡留斯**、**恩格斯**、**弗兰克尔**、**黑尔斯**、**若昂纳尔**、**荣克**、**列斯纳**、**罗赫纳**、**勒穆修**、**马克思**、**马丁**、**梅奥**、**罗兹瓦多夫斯基**、**赛拉叶**、**瓦扬**、**符卢勃列夫斯基**、**亚罗**。

纽约公民**休伯特**作为来宾也出席了会议。

宣读并批准了上次会议的记录。**书记**②宣读了不列颠联合会委员会的来信，信中要求告知在英国成立的爱尔兰分部的数字、总委员会承认它们的日期、它们开会的时间和地点、书记的姓名，以及处理分部工作时使用的语言。这些情况需要提交诺丁汉代表大会。

公民**恩格斯**提议将这封信交给小委员会处理；既然答复是要提交代表大会，由它处理完全来得及。③

公民**荣克**附议。因为他认为，如果原来通过的关于来信由小委员会处理的规定被打破，总委员会就不得不处理大陆上的来信，而他觉得没有**足够的时间讨论问题**了。

提议一致通过。

接着，公民**恩格斯**继续宣读共同章程。

公民**埃卡留斯**提议，公民**黑尔斯**附议，在宣布原则的那一段中将

---

① 本日记录由黑尔斯记在会议记录本第 44—49 页上。

② 指黑尔斯。

③ 1872 年 7 月 21—22 日。

"men"一词改为"persons"，因为人们通常对"men"的理解是仅限于一种性别。

公民**恩格斯**认为，通常是把"men"这个词当做包括两种性别的通用词来理解的。

公民**荣克**赞成这个提议。他认为，虽然我们是这样理解这个词的，但是协会外的许多人却不这样理解。每当妇女要求把她们包括在内时，裁决都是不利于她们的。

公民**弗兰克尔**说，他倒希望将这一段全部删掉，理由是他无法做到公正对待中等阶级。

公民**瓦扬**认为没有必要作任何改动，因为"men"这个词是个通用词，而公正对待中等阶级的意思就是说，应该将他们消灭。

公民**黑尔斯**希望这个提议能得到通过，因为这一条最初的本意就是启发非会员。一个人必须接受宣布原则的那一段才能成为会员。

接着，提议交付表决，以5票赞成，9票反对被否决。

接着，公民**黑尔斯**提议在宣布原则的那一段中加上"接受团结的原则"。

因无人附议，提议未成立。

关于第一条，公民**马克思**提议删去与"中心"有关的话，其理由是，协会的发展已使①情况发生了变化，他提议用下面的话来代替："是为了组织……的各国工人阶级的共同行动"。他指出，这一改动对于防止曲解是必要的。

公民**埃卡留斯**附议，一致通过。

公民**恩格斯**提议用现在时（is）代替将来时（shall）。

公民**亚罗**提议将第一条与第二条调换一下，他认为名称应该放在目

---

① 此处原稿中划掉了"工人阶级斗争的"几个字。

的前面。

公民**黑尔斯**看不出在章程中写上协会的名称有什么用处。

公民**埃卡留斯**说，名称必须写上。

公民**恩格斯**和**亚罗**的提议被合到一起并被通过。

公民**巴里**提议删去第三条的"全协会工人代表大会"中的"工人"一词。他认为这个词没有必要保留，因为这一条已经说明代表大会应由协会选派代表组成，而协会就是工人协会。

公民**马克思**说，这只是个措辞问题。但他觉得最好不作改动，因为代表大会可能会以为总委员会企图悄悄抹去代表大会的工人阶级性质。

公民**巴里**说，总委员会在处理美国的问题时要求支部会员至少有三分之二是雇佣工人，这一行动本身足以驳倒那种想法。

公民**埃卡留斯**对这一提议表示附议：他认为有必要将这一条写清楚；这一条现在给人的感觉是未参加协会的各种工人团体都在邀请之列，而各次代表大会都是按照这种理解做的。

公民**瓦扬**同意公民马克思的发言，但是，他也承认公民埃卡留斯的话有道理；既然这一改动可能会引起各种不同的理解，他认为应该将它留给代表大会处理。

公民**赛拉叶**说，鉴于一些法国人对 Ouvrier①[229]一词的狭隘解释，有必要改动一下。

公民**黑尔斯**说，协会的代表大会向来都被说成是工人代表大会，这种名称是它们与其他各种代表大会区别的标志。他想建议把"工人"这个词加在"代表"之前。

提议交付表决，仅 3 票赞成，大多数票反对，因而被否决。

对于第四条，公民**恩格斯**提议在"通知"一词后用下面这段话来

---

① 工人。

代替本条的后一部分[230]，即："总委员会有权在必要时改变代表大会的日期和地点，并且在得到多数联合会同意的情况下，以秘密代表会议代替代表大会，这种代表会议与代表大会具有同等权力。在任何情况下，代表大会或代替它的代表会议都必须在年度代表大会规定日期之后的3个月内召开。"

他指出，必须准备对付可能出现的各种情况。由于出现了不以总委员会意志为转移的情况，它不得不取消1870年代表大会，在1871年它又不得不以秘密代表会议来代替代表大会。这种做法是不合法的，对此它还必须向代表大会作出说明。他的提议实际上只不过是要使必要的做法合法化。

公民**弗兰克尔**附议。

公民**黑尔斯**反对这项提议，因为如果它得以通过，就将使总委员会握有无比专横的权力；实际上它就完全成了协会的主人，可以为所欲为。它可以根据以前通过的一条规定，将所有与它意见不同的人暂时开除，然后它可以召开赞成其政策的人的秘密代表会议，并且将妨碍贯彻其意图的规定全部废除。它将变成至多是由少数几个不对任何人负责的人操纵的秘密团体。

接着，提议交付表决，大多数票赞成，通过。

公民**埃卡留斯**接着提议取消总委员会增加新的委员的权力。原来采用这种做法，是因为英国习惯于建立庞大的委员会；而且当时没有联合会委员会，因而最好能让工人团体的代表进入总委员会，正如克里默所说，这样可以使他们有机会受到教育。从近18个月来增加委员的情况看，没有带来任何好处，因为总委员会已变得过分臃肿，难于工作了。与其说它是个执行委员会，倒不如说更像个议会。

公民**黑尔斯**附议。

公民**瓦扬**提议由代表大会任命总委员会，每个民族应有3名代表参加。总委员会无权增加已经确定的委员名额，但有权填补代表大会未任命的空额。

公民**巴里**反对。他认为总委员会不应捆住自己的手脚，而应该让自己能够自由地接受那些找上门来要求参加的人才。总委员会一向是能够辨明好人和坏人的。

公民**马克思**支持公民瓦扬的提议。这个提议解决了两个问题，它既取消了无限增加委员的权力，同时又给予总委员会在特殊情况下填补空额的权力。3 个名额是临时想到的，只要这个原则定下来，多少名额都可以。

公民**埃卡留斯**认为 3 个名额太多了，因为 33 人的委员会是没法工作的。

公民**瓦扬**说，代表大会是选举总委员会的最适当的地方，他提出的决议案肯定了这个原则，并且指出了总委员会的组成办法。

公民**埃卡留斯**不管这些，只要取消增加新的委员的权力就行。

公民**赛拉叶**认为，如果加上这一句，第五条就可以不要了。

公民**马克思**认为，删去①第五条的最后一句话不会有人提出异议。

公民**巴里**问，这 3 个人是应由每个国家派出的，还是代表每个国家的。

公民**瓦扬**说，是代表每个国家。

公民**黑尔斯**提议每个国家一名代表。

公民**恩格斯**指出，那只是通讯书记应有的名额。

会议同意将名额问题留交代表大会，这里仅就原则问题进行表决。

接着提议被通过，仅 1 票反对。

会议一致决定删去第五条的第一句，而保留第二句作为第五条。

委员会于 11 时 20 分休会。

主席　　沙·龙格

---

① "删去"二字是马克思写上的。

总委员会会议记录①

1872 年 7 月 23 日举行

公民**龙格**主持会议。

出席委员：公民阿尔诺、巴里、库尔奈、埃卡留斯、恩格斯、弗兰克尔、荣克、列斯纳、勒穆修、罗赫纳、马克思、马格里特、马丁、赛拉叶、罗兹瓦多夫斯基、朗维埃、米尔纳、瓦扬、符卢勃列夫斯基。

因为书记缺席，公民**荣克**宣读上次会议记录，记录被批准。

讨论共同章程的第六条时，**弗兰克尔**提议删去以下两句："例如，在发生国际冲突时"和"为了加强联系，总委员会发表定期报告"。[231]

公民**巴里**支持弗兰克尔建议的前一部分，但不同意后一部分。

公民**弗兰克尔**说，总委员会必要时发表报告，他认为这种规定是多余的。

提案交付表决并得到通过。

公民**巴里**提议，在总委员会发表的任何文件上署上它的委员的名字之前必须先征求本人意见，委员有署上或不署上他的名字的权利。

公民**埃卡留斯**希望作一些修改，如果巴里在讨论组织条例时提出这一提案，他将支持。

总委员会的大多数委员认为，可以立即讨论原则，修改意见若得到通过，可以在适当地方加进去。

公民**瓦扬**反对这一决议案；他认为总委员会应是一个整体，如果某些委员不满意总委员会的活动，他们可以退出。

公民**弗兰克尔**赞成瓦扬的观点。

---

① 本日记录由荣克记在会议记录本第 49—55 页上。

公民**巴里**认为应该采纳他的建议，因为它是正确的，合乎情理的。把一个人的名字署在他不同意的文件上是极不道德的；这对于那些硬要压制别人意见的人是有用的，但我们必须站在真理与正义的立场上，不能在我们不一致的时候假装一致来欺骗公众。

提案没有通过，只有 2 票赞成。

公民**阿尔诺**提议在第七条上加这样几个字："尽可能带国际性"。

公民**罗兹瓦多夫斯基**附议，提案得到通过。[232]

公民**瓦扬**提议，在第七条和第八条之间加上代表会议的如下决议：

"无产阶级在反对有产阶级联合力量的斗争中，只有把自身组织成为与有产阶级建立的一切旧政党不同的、相对立的政党，才能作为一个阶级来行动。为保证社会革命获得胜利和实现革命的最高目标——消灭阶级，无产阶级这样组织成为政党是必要的。

由于经济斗争而已经达到的工人力量的联合，同样应该成为这个阶级在反对它的剥削者的政权的斗争中所掌握的杠杆。

由于土地巨头和资本巨头总是要利用他们的政治特权来维护和永久保持他们的经济垄断，来奴役劳动，所以，夺取政权已成为无产阶级的伟大使命。"[233]

这一决议影响很大，最近国际所取得的大部分成就都应归功于它。因此，总委员会应该再次确认它，把它作为协会的基本原则之一。

公民**恩格斯**支持这一建议。促使我们在代表会议上通过这一决议的理由今天依然存在，我们应当为它在代表大会上获得通过而奋斗。

公民**马克思**说，还有一个意见，我们有两种敌人：一种是主张脱离政治的人，他们对这项决议的攻击比谁都厉害；另一种是让中等阶级利用自己来达到政治目的的英美工人阶级。我们必须通过揭露来制止这种情况。

决议获得通过。

公民**库尔奈**代表小委员会报告，建议在仲裁委员会提出报告以前总书记①暂时停职。

公民**巴里**想知道书记暂时停职的理由。

公民**赛拉叶**说，美国书记②指控他滥用职权。

公民**马克思**说，我们已经得到材料③，证明书记一面拿总委员会的报酬，一面干反对总委员会的事。

埃卡留斯说，他将投票赞成书记暂时停职；几个月前他就得到充分证据，证明黑尔斯不适于担任书记之职，但总委员会不愿听取他的意见，认为这是私人纠纷，他和他的朋友们却因提出问题而受到责难。

瓦扬对在黑尔斯缺席的情况下讨论这一问题表示遗憾。

弗兰克尔说，黑尔斯的缺席不是推迟表决的理由。

提议得到通过。

库尔奈提议，在每个开会的晚上指定一名新的书记。

巴里认为，让书记暂时停职而不同时宣布和谁通信联系，这很不便。

库尔奈的提案得到通过。

埃卡留斯说，加入协会的工会团体的两个成员抱怨，自从任命黑尔斯为书记以来他们没有收到总委员会的任何来信。因此，他提议为英国任命一位通讯书记。

弗兰克尔说，如果早提出这一建议，他会赞成，但是现在不值得任命新书记。

埃卡留斯说：你是否准备到代表大会去说忽视了工会？

---

① 指黑尔斯。
② 指勒穆修。
③ "已经得到材料"是在划去"有证据"之后写上的。

　　马克思认为，可以认命任何委员同加入协会的团体通信联系，以便弄清书记是怎样对待他们的。

　　巴里认为，原则我们大家都同意，只是对形式大家有分歧。

　　米尔纳认为，我们可以暂时任命一个通讯员协助书记。

　　埃卡留斯同意马克思的意见，把自己的决议案作了相应修改，决议案被通过。

　　巴里提议埃卡留斯。

　　弗兰克尔提议荣克。

　　荣克拒绝。

　　弗兰克尔认为谁都无权拒绝。

　　荣克无法承担更多的工作。

　　马克思提议米尔纳。

　　巴里认为埃卡留斯是担任这一工作最合适的人。

　　荣克认为埃卡留斯同黑尔斯的情况相同。

　　马格里特希望，既然谁都不应拒绝，米尔纳就应接受这一工作。

　　米尔纳以 9 票当选，**埃卡留斯**获得 5 票。

　　在重新讨论章程时，建议删除第八条，提议得到通过。

　　马克思提议，第九条应加上："每个支部（branches）至少有三分之二的成员是雇佣工人。"[234]

　　美国出现试图改变协会性质的事，一定不能丧失这种性质；对于特殊的情况，如在波兰和别的国家存在的情况，可以订出特殊的条款来。

　　埃卡留斯认为，马克思提出的措施是达不到希望的目的的；要么清除一切资产阶级人物，要么一个也不清除。

　　马丁反对制定适用于这么多不同国家的条规；规定支部的工人成员为三分之二并不比规定为四分之三更有道理。

　　弗兰克尔支持马克思的提议，因为有些支部可能完全是由律师或医师组成的。

巴里反对这一提议同他反对美国决议理由相同，他认为这是一大错误；难道穿礼服的人就不能做协会会员？有政治经验、受过良好教育的人在资产阶级中比在工人阶级中多；资产阶级人士中有热心的人；但是他担心他的反对起不了什么作用，因为来自西奈山①的一切都是神圣不可侵犯的。

赛拉叶认为，按章程一个人单有热心还没有足够资格成为一名协会会员。

米尔纳认为，如果工人缺乏知识，那么吸收三分之一的知识分子就足够了，提议的根据是对的，我们要坚持。

荣克承认资产阶级是比工人阶级更有政治经验，要不然，工人阶级占多数，就不会容忍资产阶级继续统治了；他也承认资产阶级的教育程度较高，但这是谁的过错呢？不就是那些迄今占据统治地位、控制人民教育的人的过错吗？他憎恨那些热心人，他们一只手恩赐施舍，另一只手却对工人阶级巧取豪夺；他除了要求得到自己劳动的全部成果，别无他求；他最反对接受恩赐施舍。

决议案交付表决，获得通过，2 票反对。

委员会于 11 点 20 分休会。

　　　　　　　　　当晚书记　**海·荣克**
　　　　　　　　　主　　席　**沙·龙格**

① 西奈山又称摩西山，位于西奈半岛中部，被基督教奉为圣山。据《圣经》记载，上帝选择摩西带领以色列人民走出埃及，过红海，到西奈，在西奈山上，上帝亲授摩西"十条诫命"的石板，即上帝子民必须遵守的十条戒律。——编者注

总委员会会议记录[①]

1872 年 7 月 30 日举行

公民**龙格**主持会议。

出席委员：公民**马克思、恩格斯、荣克、马丁、巴里、米尔纳、默里、列斯纳、杜邦、弗兰克尔、黑尔斯、赛拉叶、瓦扬、埃卡留斯、若昂纳尔、唐森、罗赫纳**。

宣读并批准了上次会议的记录。

由于公民**荣克**拒绝要他继续担任书记的请求，因此总委员会指定米尔纳作这次会议的记录。

公民**弗兰克尔**提议，首先考虑公民黑尔斯在诺丁汉代表大会上的行为，他说总委员会完全有权要求它的书记对他在诺丁汉代表大会上的行为作出令人满意的交代。[235]

公民**杜邦**附议，他说他出席了诺丁汉代表大会，根据他所听到的公民黑尔斯在那里的讲话来判断，他（杜邦）认为这些话是对总委员会的背叛。

公民**黑尔斯**反对总委员会接受杜邦的意见，因为他是没有委托书而出席代表大会的。他（黑尔斯）要求由总委员会而不是由仲裁委员会裁决。

他（黑尔斯）要控告公民马克思和恩格斯，虽然**主席**叫他遵守秩序，他坚持说，不给他令人满意的答复，他就不交出协会的簿册报表。

公民**瓦扬**提议，把黑尔斯的行为问题交仲裁委员会研究处理。

公民**杜邦**附议；主席将提议交付表决，提议获得通过。

---

① 本日记录由米尔纳记在会议记录本第55—57页上。

By 1193

New York Section No 1 der Int. Arb. Ass.
in Nord Amerika

Mandat

Inhaber dieses „Karl Marx" wurde in der Sitzung obiger Section am 28ten Juli 1872 als Abgeordneter für dieselbe auf dem allgem. Congress in Haag gewählt und ist der Abgeordnete der Section 1 New York hiermit ermächtigt für letztere sein endgültiges Stimme abzugeben

28ten Juli 1872

C. Speyer. cor. Sec

F. A. Sorge, Vorsitzender der Sitzung

纽约第一支部发给马克思的出席海牙代表大会的委托书

公民**马克思**提请总委员会注意黑尔斯关于他不交出协会的簿册报表的声明。马克思坚决认为簿册是全协会的财产，只是托付总委员会保管。因此，黑尔斯没有处置它们的权利。

公民**马克思**还认为，按黑尔斯当晚的发言，他应该被开除出协会。

公民**黑尔斯**表示要收回他为了与总委员会对抗而不交出簿册报表的声明，他说，这些话是他在被激怒的时候说的，无非是想为自己的行为辩护。

会议又进行了一段时间，随后研究章程。

主　　席　**茹·若昂纳尔**

临时书记　**乔治·米尔纳**

总委员会会议记录①

1872 年 8 月 6 日

公民**若昂纳尔**主持会议。

出席委员：公民**马克思、恩格斯、荣克、默里、马丁、米尔纳、弗兰克尔、巴里、唐森、列斯纳、瓦扬、杜邦、罗赫纳、埃卡留斯、黑尔斯、赛拉叶**，还有其他几个人没有登记姓名。

宣读并批准了上次会议的记录。

公民**恩格斯**宣读小委员会关于称做社会主义同盟的新运动的报告。

翻译完通告信②之后，公民**恩格斯**说同盟的打算是要束缚和搞垮协会。**236**巴枯宁是同盟的主要组织者，他以前就给我们添了许多麻烦，但是我们必须尽自己的责任，揭露这一阴谋；他提议接受这一报告。

公民**瓦扬**不同意发表这一报告；他说，我们最好在即将举行的代表

---

① 本日记录由米尔纳记在会议记录本第 59—62 页上。

② 指新马德里联合会的通告信。

大会上进行这场战斗。

公民**赛拉叶**说，小委员会在起草这一报告时就认为他们已充分准备好打破同盟的计划。

公民**马丁**反对发表这一报告，因为这样做对同盟是利多弊少。

公民**杜邦**说，总委员会必须立即反对同盟，哪怕只隔一天就要召开代表大会。

公民**瓦扬**同意杜邦说的话，但是反对起草这个报告的方式。如果一个联合会委员会背叛协会，我们的责任是把它开除出协会。

公民**默里**说，考虑到西班牙目前的情况，存在这个秘密组织也许有一定道理，修改一下报告，它就可以被接受。

公民**巴里**说，我们的责任是要撕下敌人的假面具，彻底揭露他们的作为；他同意小委员会的报告。

公民**瓦扬**说，总委员会必须特别仔细考虑报告中关于西班牙的部分。

公民**黑尔斯**怀疑［小］委员会的论断是否正确；他不能在缺乏证据的情况下投票，他认为整个问题不过是一场选举骗局，他要求事实根据，他认为整个问题就是某一个秘密组织耍的消灭他人、壮大自己的阴谋诡计。

公民**赛拉叶**说：是你委托小委员会去调查这件事的，他们完成了你的委托；事实既然如此，你就应当接受这一报告。如果你要修改报告，那另当别论。

公民**弗兰克尔**说，他怀疑小委员会是否真拥有它自以为拥有的权力；总委员会应该同受到责难的西班牙支部直接联系。

公民**恩格斯**回答瓦扬说，这一报告是按照总委员会以前所有报告一样的精神起草的。他（恩格斯）坚决认为，同盟是反对我们协会的秘密组织；他答复要求证据的黑尔斯说，我们在我们的通信中就有证据[237]；他最后要求：我们现在就对报告进行表决，因为代表大会马上就要召开，没有时间按瓦扬的提议做了。

公民**马丁**说，他信任小委员会。

公民**赛拉叶**坚持要就报告的原则进行表决。

公民**瓦扬**要求主席把他的提议交付表决。

公民**米尔纳**说，他认为拒绝对报告进行表决是派性的表现，并认为不应在现在接受报告时收回在委托该委员会去进行这一工作时对它的信任。

公民**巴里**不同意米尔纳的意见。

接着**主席**将公民瓦扬的提议交付表决。

公民**瓦扬**［的］提议被否决，接着**主席**将接受小委员会报告的议案交付表决。

公民**若昂纳尔**要求在报告中加上证据，因为它［里面］没有说明对巴枯宁进行攻击的理由。

公民**瓦扬**表示，如果报告中不加上证据，他将反对表决。

在一片高喊表决声中，**主席**提议通过［由］公民恩格斯宣读的小委员会报告，宣布提议以 12 票赞成、8 票反对获得通过。

委员会休会。此后，公民**黑尔斯**交来一份用铅笔写的抗议书，实质上是重复他自己在发言中已经谈过的东西。

茹·若昂纳尔

总委员会会议记录①

1872 年 8 月 13 日

公民**若昂纳尔**主持会议。

出席委员：公民**马克思、马丁、米尔纳、默里、布恩、巴里、荣**

---

①　本日记录由米尔纳记在会议记录本第 63—64 页上。

克、莫特斯赫德、恩格斯、弗兰克尔、马格里特、赛拉叶、瓦扬、阿普尔加思、罗兹瓦多夫斯基。

宣读了上次会议的记录，公民黑尔斯说他的讲话记得不准确。

会议决定，**黑尔斯**的讲话记录实质上是准确的，不过在记录签字前他可以改正任何词句。

公民**黑尔斯**说，瓦扬的决议案措词不确切；会议决定，瓦扬可以修改他的决议案，然后再批准记录。

公民**恩格斯**说，他受小委员会的委托草拟协会的财务以及上次代表大会以来全部收支情况的报告；他（恩格斯）现在请黑尔斯交出有关协会银钱事务的所有簿册报表。

公民**黑尔斯**不接受公民恩格斯的要求，理由是他的账簿还没有经过审查：他的账簿可能被篡改从而有损他的信誉。因此，他（黑尔斯）提议任命3名查账员查账，然后才同意恩格斯的要求。

公民**默里**支持黑尔斯对这一情况的看法，并赞成任命查账员。

公民**马克思**和**莫特斯赫德**站起来，对公民黑尔斯卑鄙地影射总委员会尊敬的委员中有人可能篡改账目，表示极大的愤慨。

公民**布恩**要求财务委员会履行自己的职责。

公民**荣克**提议立即任命查账员，提议随后由**主席**交付表决，没有人反对，获得通过。

任命公民布恩、马格里特和列斯纳为审查黑尔斯账目的查账员。

委员会研究章程直到会议结束。

主　　席　**龙格**
临时书记　**乔治·米尔纳**

总委员会会议记录①

1872 年 8 月 23 日，星期五

公民**龙格**主持会议。

出席委员：公民**马克思、布恩、巴里、恩格斯、瓦扬、梅奥、马丁、荣克、唐森、埃卡留斯、若昂纳尔、马格里特、米尔纳、杜邦、符卢勃列夫斯基、赛拉叶、弗兰克尔**。

宣读了上次会议的记录，公民**巴里**提议去掉一些"不必要的"话。同意。

公民**马克思**指出，委员会决定要求公民黑尔斯交出他为代表大会起草报告所必需的一切簿册报表，这一点漏记了。

主席指示改正，然后记录被通过。②

公民**恩格斯**要求查账员按照会议作出的决定，提出他们的报告。③

公民**布恩**说，他不准备在这些账簿上签字，因为他不明白公民黑尔斯根据什么决定在过了总委员会规定的 3 个星期④之后仍然领取 15 先令；没有总委员会的同意，出纳无权支付款项。

公民**荣克**说，总委员会规定的是 3 个月 15 先令，3 个月后它应重新研究这一问题，这是不言而喻的。他们没有照此办理，这不是出纳的过错。

公民**布恩**说，在埃卡留斯当书记的时候，公民黑尔斯自己提出做这

---

① 本日记录由米尔纳记在会议记录本第 65—68 页上。
② 这一改正记录本中漏掉了。
③ 1872 年 8 月 13 日。
④ 应改为"月"。

一工作的报酬起初是 5 先令，后来是 10 先令；但是，现在他发现黑尔斯长期领取 15 先令。

公民**巴里**认为，不能责怪出纳，公民黑尔斯作为总委员会书记应该把问题提出来。他，巴里，以及另外几个委员曾提请总委员会注意这件事。

公民**恩格斯**提议，公民**若昂纳尔**附议，现在通过表决来批准公民黑尔斯每周领取 15 先令的津贴，因为现在提出这个问题已经太迟。

公民**巴里**提议，**布恩**附议，要求公民黑尔斯归还他已经领取的钱，听候总委员会决定是否把这笔钱付给他。

提议交付表决，没有通过。

由公民**恩格斯**提出、得到**若昂纳尔**附议的上述建议，交付表决，获得通过。

公民**马克思**要求，把公民黑尔斯所掌握的所有簿册报表移交给他，以便他为代表大会起草报告。

会议一致同意公民黑尔斯应该按公民马克思的要求去做。

按总委员会决定改正——临时书记**乔·米尔纳**。①

公民**赛拉叶**说，小委员会已要求提醒委员们对协会应尽的义务；他们缺乏资金。

主席宣读章程中关于会员会费的规定等。

公民**若昂纳尔**提议，**弗兰克尔**附议，今后的会费定为每月 1 便士。

公民**默里**反对提高会费，提议保持原来数目。

公民**杜邦**反对若昂纳尔的提案，因为它对协会的利益是致命的。

公民**瓦扬**支持若昂纳尔的提案，认为如果要人们多交一些，他们也会多交的。

----

① 这句话是后来加上的。

　　赛拉叶说，1 便士是使工人和较穷的工会能够参加协会的最低会费，但是希望那些交得起的人多交些。

　　公民**库尔奈**：总委员会需要经费，协会为工会做了许多事情，他们应该多交一点。

　　公民**荣克**承认这个问题很重要；总委员会需要经费，但是在章程中作一些不能实行的规定是无益的；法国与瑞士的部分地区人民十分贫穷。

　　公民**若昂纳尔**：工会有能力多交一些。如果总委员会有钱派出人员，就可以防止许多分裂现象。

　　公民**巴里**提议每年缴纳会费 6 便士。

　　公民**埃卡留斯**反对作任何修改：破坏现状是不会有好结果的。政治团体从未交过会费。工会交过。当会费在大陆上是 3 便士的时候，我们收到的会费倒少了，而当会费是半便士的时候我们得到的会费却最多。看看这些账本就可以知道谁交谁没有交。

　　公民**赛拉叶**提议，**黑尔斯**附议，暂停讨论。

　　提议交付表决，获得通过。

　　委员会休会。

主　　席　**沙·龙格**

临时书记　**乔治·米尔纳**

总委员会会议记录①

1872 年 8 月 27 日

　　公民**龙格**主持会议。

----

　　①　本日记录由米尔纳记在会议记录本第 69—72 页上。

出席委员：公民**马克思**、**布恩**、**马丁**、**杜邦**、**若昂纳尔**、**黑尔斯**、**列斯纳**、**梅奥**、**瓦扬**、**罗奇**、**默里**、**弗兰克尔**、**赛拉叶**、**埃卡留斯**、**符卢勃列夫斯基**、**荣克**、**米尔纳**、**罗兹瓦多夫斯基**、**库尔奈**、**勒穆修**、**恩格斯**、**巴里**、**马格里特**、**阿尔诺**、**莫特斯赫德**、**唐森**、**朗维埃**。

公民**马克思**抱怨，按照总委员会决定要求公民**黑尔斯**交出的簿册报表，均未交出。

公民**杜邦**提议，**勒穆修**附议：要求公民**黑尔斯**在 24 小时内交出簿册报表。

公民**恩格斯**提议加上：否则开除出协会。

公民**瓦扬**建议，请公民**荣克**劝说公民**黑尔斯**执行决定。

公民**荣克**表示愿尽全力按照总委员会所希望的去办。

当晚不久公民**黑尔斯**带来账簿，交给了公民**马克思**。

公民**恩格斯**提议，在记录中写上公民黑尔斯在 8 月 6 日星期二指责公民恩格斯在给总委员会的信中歪曲篡改他所得到的消息，并提议责成公民黑尔斯在两天内以书面形式向仲裁委员会主席符卢勃列夫斯基说明他进行上述指责所依据的事实。

提案交付表决，得到通过。

会议恢复上次暂停的关于改动协会会费的讨论。

公民**马丁**赞成会费为每年 12 便士；应该按月收；他认为最好直接向群众呼吁，因为领导人太保守。

公民**马克思**说，对工会的表扬太多，今后应该把它们当做已经入会的团体来对待，并把它们作为在劳动反对资本的斗争中进攻的中心或据点。

他希望也不要忘记在大陆上正在成立新的工会。他认为总委员会应作出必须提高会员会费的决定，但是数额和收款方式留给即将召开的代表大会去解决。[238]

公民**瓦扬**提议，对公民马克思的建议进行表决。

公民**布恩**要求主席结束讨论。

公民**黑尔斯**反对作任何改动。会费必须定期收；各支部必须为地方开支和总开支筹款；提高会费将对协会带来巨大的损害。

公民**阿尔诺**：工会团体不会反对增加会费，如果国际工人协会要成为领导机构，它必须有更多的基金。

公民**默里**要求对公民马克思的建议作一些解释。

公民**埃卡留斯**说，公民若昂纳尔必须先撤回他的提案，我们才能表决公民马克思的建议。

公民**瓦扬**认为，会议可以就公民马克思的建议进行表决。

公民**莫特斯赫德**发言，要求按议事规则办事；他提议，除提案人外，任何委员对提案只能作一次发言。

主席将提案交付表决，提案被通过。

公民**赛拉叶**要求唱名表决，因为这是一个十分重要的问题。主席将提议交付表决，提议被通过；没有人反对。

接着，**主席**将几个提案依次交付表决：首先表决由公民**默里**提出、**赛拉叶**附议的不改动会员会费的提案。

赞成默里提案的有：公民布恩、杜邦、黑尔斯、列斯纳、米尔纳、默里、罗奇、莫特斯赫德、荣克、埃卡留斯、赛拉叶。

赞成者 11 票。

反对公民默里提案的有：公民阿尔诺、库尔奈、若昂纳尔、马格里特、罗兹瓦多夫斯基、朗维埃、瓦扬、马克思、弗兰克尔、勒穆修、恩格斯、符卢勃列夫斯基、龙格、巴里、马丁。

反对者 15 票。

公民**马克思**提议，提高会员会费，但收费的方式与数额由代表大会决定。

投票赞成的人有：恩格斯、巴里、马克思、弗兰克尔、勒穆修、龙格（总共6票）。

投票反对的人有：黑尔斯、列斯纳、莫特斯赫德、米尔纳、默里、埃卡留斯、罗奇、赛拉叶、荣克、杜邦（总共10票）。

公民**若昂纳尔**提议，会费每月1便士即每年12便士。

公民**瓦扬**附议。

投票赞成的有：公民阿尔诺、库尔奈、若昂纳尔、马格里特、马丁、罗兹瓦多夫斯基、朗维埃、瓦扬、弗兰克尔、巴里、符卢勃列夫斯基。11票赞成。

投票反对的有：公民杜邦、黑尔斯、列斯纳、米尔纳、默里、荣克、莫特斯赫德、埃卡留斯、赛拉叶、罗奇。10票反对。

没有投票的有：公民恩格斯、马克思、弗兰克尔、勒穆修、龙格。总共5票。

主席将公民若昂纳尔［的］提议交付表决，提议以1票的多数被通过。

委员会休会。

主　　席　**托·莫特斯赫德**

临时书记　**乔·米尔纳**

总委员会会议记录①

1872 年 8 月

公民**莫特斯赫德**主持会议。

---

① 本日记录由米尔纳记在会议记录本第73—74页上，没有写明具体日子。

布雷斯劳支部发给恩格斯的出席海牙代表大会的委托书

出席委员：公民马克思、恩格斯、默里、布恩、列斯纳、马丁、埃卡留斯、杜邦、巴里、黑尔斯、布列德尼克、若昂纳尔、库尔奈、瓦扬、马格里特、米尔纳、罗奇、符卢勃列夫斯基。

会议开始时，在总委员会出席本届代表大会代表的选举方法上发生了很大的意见分歧。

主席首先建议由总委员会选举代表，主席将提案交付表决，提案获得通过。

然后提出代表人数问题。关于代表人数有几个提议，但它们后来都被撤销，只留下由**弗兰克尔**附议的**瓦扬**的提议：代表总委员会出席代表大会的代表为6名。主席将该提议交付表决，提议获得通过。

至于选举代表的方法，开始意见分歧很大，最后，会议同意由主席提交表决：只有获得绝大多数票的人才能当选。得到通过。

这时会议由于美国联合会委员会第十二支部代表公民威斯特的出现而暂时中断。

主席解释，根据总委员会不久前的决定，不能接纳公民威斯特，他应当带着他的委托书去代表大会。[239]

接着投票选举代表，经过缓慢而有秩序的投票之后，**主席**宣布当选为总委员会代表的委员有：公民马克思、杜邦、赛拉叶、符卢勃列夫斯基、库尔奈和米尔纳。[240]

下一个要考虑的问题是基金问题，但由于时间太晚委员会休会。

杜邦

临时书记　**米尔纳**

总委员会会议记录①

8 月

公民**杜邦**主持会议。

出席委员：公民**马克思、荣克、列斯纳、埃卡留斯、唐森、弗兰克尔、赛拉叶、瓦扬、勒穆修、默里、龙格、若昂纳尔、符卢勃列夫斯基、恩格斯、塞克斯顿、罗赫纳、阿尔诺、梅奥、布列德尼克、马丁、罗奇、黑尔斯、马格里特、布恩、莫特斯赫德**。

宣读了上次会议的记录②，公民**马克思**建议宣读总委员会委托他起草的告代表大会书。

公民**龙格**宣读它的法译本。

主席提出采用这一告代表大会书，提议得到通过，没有异议。[241]

公民**米尔纳**说，他由于生病不得不谢绝总委员会托付他代表该会的荣誉。

建议选举一名代表接替已表示谢绝的米尔纳。

接着对候选人进行表决；**主席**宣布公民塞克斯顿当选。

公民**布恩**问，财务委员手头有什么钱支付代表们的费用。

公民**荣克**说，手头没有现钱，但预期可以收到一些钱。

公民**恩格斯**说，将预支一笔钱给总委员会应付这项开支。

公民**荣克**提议，下次代表大会在大陆上召开。

对**荣克**的提议，

埃卡留斯附议，

---

① 本日记录不知由谁记在会议记录本第 75—77 页上，没有写明具体日期。

② 此处空了三行。

黑尔斯附议，

恩格斯反对，

若昂纳尔附议。①

主席提议结束讨论，提议得到通过。

黑尔斯要求，对荣克的提议唱名表决。

赞成对荣克的提议唱名表决。

反对荣克的提议……

这是最后一次会议。

主席　欧仁·杜邦②

赞成者	反对者
布恩	阿尔诺
布列德尼克	库尔奈
杜邦	列斯纳
黑尔斯	马丁
若昂纳尔	朗维埃
梅奥	唐森
米尔纳	瓦扬
罗奇	马克思
莫特斯赫德	弗兰克尔
埃卡留斯	勒穆修
赛拉叶	恩格斯

---

① 此处空了一行。

② 下面有一张小纸片贴在记录本上，上面用铅笔写了那些表决荣克提案的人的名字。

荣克　　　　　　　龙格
　　　　　　　　　马格里特
　　　　　　　　　罗赫纳

　　　　　　　　　默里——弃权①

---

① 这是总委员会会议记录本第 4 册的最末一篇记录。

会议记录本中没有包括的恩格斯向
总委员会作的几个报告的记录

意大利的形势

恩格斯在 1871 年 11 月 7 日
总委员会会议上的报告[242]

　　来自意大利的消息具有特殊的重要性；接到了意大利的一些城市、其中包括都灵、米兰、拉韦纳和吉尔真蒂的来信。这些信件完全证实协会在意大利取得了长足的进展。

　　工人阶级，至少是在城市中，正在迅速地抛弃马志尼。马志尼对国际的攻击在群众中没有起任何影响。[243]但是马志尼的攻击却起了一个很好的作用：促使加里波第不仅明确表示完全支持我们的协会，而且就在这个问题上同马志尼公开决裂。加里波第在给撒丁王国法学家佩特罗尼先生（他后来当选为如今正在罗马开会的意大利工人代表大会的主席）的一封长信中表示出对马志尼派的愤慨，因为他们竟敢把他说成是一个对他周围的人，他的喽啰和谄媚者向来言听计从的老糊涂虫。他问，这些喽啰是谁？是否就是他参谋部里那些在 1848 年同他一起从南美洲来的人、那些 1849 年他在罗马遇到的人、1859 年和 1860 年他参谋部里的那些人[244]、那些不久前同他一起与普鲁士人作战的人？如果是的话，那么他肯定这是这样一些人：在意大利人们将永远以感激的心情怀念着他们的名字。让马志尼派去当这样的喽啰和谄媚者试试看。

　　"我再说一遍，您又搬出什么我的喽啰和谄媚者来，说他们总是牵着尼斯的那个白发孺子的鼻子跑，您这样做连别出心裁也算不上。您，佩特罗尼，在宗教裁判所的监狱里受苦 18 年，而那时候恰恰是您那一派的人（马志尼派）被保皇派指控为我的喽啰和追随者。您把朝廷所发表的全部垃圾，特别是 1860 年以后的东西读一读，就会发现里面有这样的说法：要不是加里波第不幸处于马志尼的领导之下并被马志尼派所包围，那他还可能会有点用处。这都是假的。您可以问一问那些同我更接近或更亲近的人。他们还见到过有哪个人在下决心做一件自己认定是正确的事的时候比我更顽强？请问问马志尼本人，当他想把我拉过去干干他那种行不通的事情时，他是否觉得我那样容易被说服？请问问马志尼，我们之间分歧的由来，难道不是因为 1848 年我对他说，他在我军在明乔河同敌人打仗时以某种借口把米兰青年阻滞在市内是错误的吗？要知道马志尼是这样一种人：谁要是怀疑他的绝对正确，他是绝不宽恕的。"

加里波第接着说，1860 年马志尼竭尽全力来阻挠和破坏将军的最终导致了意大利统一的西西里岛远征；后来，当马志尼知道了加里波第取得成功时，就坚持要加里波第在意大利宣布成立共和国，而在当时条件下这样做是荒谬的、极端愚蠢的；最后他①责备这位"人人都知道是呆在意大利的伟大流亡者"无耻地诬蔑巴黎的烈士，那些唯一在这个暴政、谎言、怯懦和堕落的时代高举着，甚至在临死时还高举着权利和正义的神圣旗帜的人们。[245]

他接着写道：

"您诅咒巴黎，因为巴黎毁掉了旺多姆圆柱和梯也尔的住宅。可是您有没有看见整座村庄由于掩护了一个志愿兵或自由射手而被烧毁？而且不仅在法国如此，在伦巴第和威尼斯也是如此。至于在巴黎把宫殿倒上煤油放火焚烧的事，让他们去问教士们吧，教士们非常熟悉自己所宣讲的地狱之火，应该能够很好地判断煤油之火和奥地利人为烧光伦巴第和威尼斯的村庄而放的火之间有什么区别。那个时候伦巴第和威尼斯是处于这样一些人的奴役之下，他们枪杀了乌

---

① 指加里波第。

果·巴希、小西塞罗和他的两个儿子，以及成千上万的意大利人，因为这些意大利人犯有为罗马要求自由、为意大利要求自由的渎神罪。

一旦光明驱散笼罩着巴黎的黑暗，我希望您，我的朋友，要多多宽容人民因处境绝望而干出来的行为，这样的人民肯定是受了不好的领导——而易受教条主义者的高调所迷惑的民族一般都是如此，但他们实质上是为自己的权利而英勇斗争的。不管那些诽谤巴黎的人怎么说，他们永远无法证明，是一些坏蛋和外国人——1849年他们在罗马就是这样称呼我们的——同一支有最精锐的普鲁士军队做后盾的大军对抗三个月之久。

而对国际呢？为什么要在几乎对这个协会一无所知的情况下来攻击它？难道这个协会不是由于全世界的社会状况不正常而产生的吗？一个多数人为了勉强生存而做奴隶，少数人不是凭自己的汗水而是凭谎言凭暴力占有多数人的大部分劳动产品的社会，这样的社会难道不应当引起受苦群众的不满和报复吗？

我希望国际不要发生像巴黎人民那样的情况，就是说不要上那些教条炮制者们的当，相信了那些人的教条就会被弄得头脑膨胀起来，最后成为笑柄，希望国际对那些带领他们在精神和物质改进的道路上前进的人，要先认真考查其品格，然后才给予信任。"

他又回过头来谈了一下马志尼：

"马志尼和我两个人都老了，但是没有人能提出要我们和解。一贯正确的人是死也不会让步的。同马志尼和解？要和解只有一个办法，就是服从他，而这一点我觉得我是做不到的。"

最后，这位老战士用自己的过去来说明他始终是一位真正的国际主义者，他不论在什么地方都为自由而战斗：起初在南美洲，后来为罗马教皇①效劳（是啊，甚至为罗马教皇效劳，当时罗马教皇扮演着自由派

---

① 指庇护九世。

的角色），后来在维克多–艾曼努埃尔手下，最后在法国在特罗胥和茹尔·法夫尔手下。他在结尾中写道：

"我和意大利的青年愿在需要的时候同你们，马志尼派并肩为意大利服务。"

加里波第在许多信中都明白地表示出他对国际的同情，但总是避免公开谈论马志尼，而最近这封信就不这样了，因而在意大利产生了巨大的影响，他将促使新的拥护者站到我们的旗帜之下。

还有通知说，关于罗马工人代表大会的全面报告将送交总委员会的下一次会议。[246]

载于 1871 年 11 月 11 日《东邮报》
第 163 号

原文是英文
参看《马克思恩格斯全集》中文第
1 版第 44 卷第 550—553 页

丹麦国际会员在土地问题上的立场

恩格斯在 1871 年 12 月 5 日
总委员会会议上的报告[247]

　　我们收到一份来自丹麦的报告，主要谈的是农业工人的状况和在他们中的宣传鼓动。丹麦只有两个正式的政党，一个是代表资本家阶级的"学理主义者"的党，另一个是自称为"农民之友"的党，他们代表着包括土地贵族和大农民私有者在内的土地占有者。他们还自称代表农业工人，可是不用说却从来没有为他们办过一件事。因为丹麦贵族比较软弱，所以大租佃者构成了"农民之友"党的大多数。小农场主和农业工人迄今一直处在他们的领导下，尽管这些人中间也有少数代表选入议会，但他们的行动受大租佃者的影响，他们被大租佃者纯粹当做工具来使用。

　　国际的目的是要使小农和农业工人不再依附于靠他们的劳动而发财致富的人，国际正在努力把他们组织成为一个不同于所谓的"农民之友"、而和城镇工人紧密团结的独立的政党。这个新的农业工人的党将以巴塞尔代表大会关于**土地国有化**的决议[248]作为自己行动的基础。

　　我们的哥本哈根的机关报《社会主义者报》说："土地是人民的共同财产，人民应当共同耕种土地，享受共同的产品，并将剩余部分〈地租〉交给国家，用于共同的目的，这已越来越成为公认的真理。"

　　但是，丹麦的土地主要是每人占有 50 英亩到 100 英亩好地的、人数众多的农民私有者的财产，不可能立即没收这么一大批人的土地。因此提出了一个对租佃者和农业工人都很有好处的计划，这就是建立由租佃者和农业工人组成的农业合作社，共同耕种目前由他们各自耕种的土地。这样，中小型农场就将为拥有500英亩甚至更多的土地的农场所代替，从而就能够采用农业机具，利用蒸汽力和在小规模经营农业时无法利用的其他现代化的改良措施，所需的资产可以用每个合作社的土地作为抵押向国家借贷。这些建议必然都是最起码的；但是它们看来却很适合农村居民目前的知识水平和接受能力；同时始终坚持宣传**土地国有化是运动的最终目的**，将大大有助于打破大土地所有者在教区牧师、乡村教师和政府官吏帮助下使农业工人至今所处的那种政治依附状态。

载于1871年12月9日《东邮报》
第167号

原文是英文
参看《马克思恩格斯全集》中文第
1版第44卷第560—561页

萨拉戈萨代表大会

恩格斯在 1872 年 5 月 7 日总委员会会议上的报告[249]

　　国际西班牙组织的代表大会是 4 月初在萨拉戈萨召开的，但是会议记录只是现在才发表；代表大会的结果是，在巴枯宁领导下在最近四年中无时无刻不企图在我们协会的队伍里制造纠纷的那个人数不多、但是非常活跃的派别遭到了彻底的失败。这个派别组成了一个叫做社会主义民主同盟的国际性团体，当它被允许加入国际工人协会时，曾经庄严地保证一定解散自己的特殊组织，并且完全溶化在国际中。但是，尽管有这个庄严的保证，同盟却继续作为一个**秘密**团体存在于国际内部，这是目的不在于反对各国统治阶级及其政府，而是要反对它允诺溶化在其中的那个无产阶级组织本身的秘密团体的第一个例子。在西班牙，这个秘密团体一度控制了国际，但是在瓦伦西亚代表会议（1871 年 9 月）召开前不久，在它的队伍中发生了意见分歧。把国际的利益确实看得比一个渺小的宗派集团的利益珍贵的那部分盟员遭到了这个宗派的狂热分子和阴谋分子的攻击，最后，不得不由萨拉戈萨代表大会来解决这个冲突。在这里，同盟的忠实信徒提出了章程修改草案。他们在草案中向西班牙联合会委员会提出的要求，同他们的朋友、瑞士汝拉山区的宗派主义分子在他们的通告中向总委员会提出的要求一样。[250]这两个委员会以及所有的委员会都应该被剥夺一切权力，并且被贬为简单的通讯统计局；应该授权各分部和地方联合会通过任何它们认为合适的地方性章程而不受联合会委员会的任何监督；只是它们必须把这些章程提交应届代

表大会批准。应该让一切分部完全自治，它们有权做一切它们认为应当
做的事情而不考虑任何章程；实际上就是整个协会应该解散，它的组织
作为一个政党应该完全取消，它的活动应该停止；而且这正好是在这样
的时刻提出的：政府力图扼杀西班牙的国际，国际的集会被禁止，就是
这次代表大会的公开会议也被用武力驱散，而卡洛斯派[251]的宣传家们则
手持武器，伺机利用国际来在萨拉戈萨发动一次归根到底必然为他们的
目的服务的起义！不仅如此，在提出这些建议的时候，瓦伦西亚代表会
议所贯彻的、确实非常良好的组织措施已经产生了完全出乎意外的效
果，已经整顿好组织的地方联合会已经从 15 个增加到 55 个，还不算正
在整顿组织的 19 个联合会和虽然有了分部但是还没有把地方联合会完
全组织起来的 94 个地区。这些结果证明，情况有利于瓦伦西亚通过的
章程，有利于贯彻这个章程的联合会委员会，可是在这种情况下，有些
人却主张实行一种体制，以便恢复彻底的混乱状态，断送已经获得的一
切成就，并且向任何政府的或者警察局的密探和任何数量的资产阶级叛
徒敞开协会的大门，试问这些人究竟有什么成功的希望呢？代表大会在
只有两三个人弃权的情况下一致地声明，在瓦伦西亚通过的章程仍然完
全有效，因此，想借口建立国际的更完全的组织来消灭西班牙的国际的
企图显然已经破产。这个结果对于我们整个协会具有很大意义。它再一
次证明，在西班牙也像在任何其他国家一样，只要诉诸工人阶级坚定不
移的健全理智，就可以粉碎虚伪的改组派和冒牌预言家的骗局和宗派主
义的阴谋诡计。巴枯宁及其追随者把西班牙看成是他们的堡垒，因为他
们在好几年内一直控制着在这个国家里的全部宣传工作。但是，一当无
产阶级运动在整个西班牙开展起来，西班牙工人就再不允许狭隘的宗派
主义教条来束缚自己了，他们拒绝为了一小撮阴谋家的个人目的而牺牲
由他们自己建立和完善起来的组织；这些阴谋家不止一次地企图把国际
变成自己的工具，但是都遭到了失败，现在他们又千方百计地要在实际

上搞垮国际。大家很清楚，总共只有9个分部而且其中大多数已经彻底垮台的瑞士汝拉联合会在去年12月建议立即召开全协会非常代表大会，其目的就是要在现在向萨拉戈萨代表大会提出的并且取得了如此辉煌的结果的那些原则上彻底改组国际。在西班牙的所有地方联合会中，只有马略尔卡岛上的帕耳马市的一个联合会曾表示赞成召开这次非常代表大会。可是现在在萨拉戈萨，就是这个帕耳马地方联合会的一个代表也声明说，选举他的人给了他一个正式指示，要他投票反对这一套所谓的改组和赞成原封不动地保留现有的章程！可见，萨拉戈萨代表大会的表决一方面确认了授予西班牙联合会委员会的权力，同时也间接确认了巴塞尔代表大会授予协会总委员会的与此相同的权力，而汝拉通告不久前却攻击这些权力是独裁的和专制的权力。

在意大利，贵族和资产阶级仍然厚颜无耻地企图继续冒充工人阶级的真正代表。在4月的最后几天，在罗马城一个最好的剧院里，举行了一次所谓的工人代表大会[252]。泰亚诺公爵担任主席。代表都是王公、公爵、侯爵、伯爵和诸如此类的"高贵"人物，以及银行家、工厂主、议员和几个小店主。真正的工人只有八个。这并不妨碍这次受政府领导和特别庇护的"代表大会"打着意大利工人的招牌来高谈阔论并且通过一大堆决议，声称工人对于"大人先生们"慈悲地俯允为他们效劳表示非常满意和感激；只要他们能得到更多的贷款和建立更多的合作社，他们的夙愿就会得到充分满足。使他们失望的是，罗马的真正工人自己决定举行集会，讨论这次代表大会是否有权代表意大利工人阶级的问题。虽然政府不准在墙上张贴关于举行这次集会的通告，但是仍有大批工人前来开会。他们对这次骗人的代表大会所作的决议提出抗议，并且声明，只有意大利工人自己在与全世界工人结成联盟的情况下才能够解决一切和他们有关的社会问题。

　　他①还通知说，他刚刚收到了一封米兰来信，信中更详细地叙述了在上星期报告过的那个事件；来信说，该支部被迫停止出版自己的报纸，因为支部的一些成员被捕了。恩格斯研究了费拉拉协会的章程并审查了同章程一起寄来的关于它无条件参加国际的申请书以后，建议批准这个章程，因为这是一个明确的和切实可行的章程。

恩格斯写于大约 1872 年 5 月 7 日

载于 1872 年 5 月 12 日《东邮报》第 189 期（最后一段摘自会议记录）

原文是英文

参看《马克思恩格斯全集》中文第 1 版第 18 卷第 718—721 页

---

① 会议记录原文如此，指的是恩格斯。——编者注

关于各爱尔兰支部和不列颠
联合会委员会的相互关系

恩格斯关于他在总委员会 1872 年 5 月 14 日
会议上的报告的记述[253]

公民恩格斯说：这个提案的真正目的在于使各爱尔兰支部受不列颠联合会委员会的管辖。这是各爱尔兰支部绝对不会同意的、而总委员会也既无权利又无权力强加于它们的事情。根据章程和条例，总委员会无权强迫任何一个支部或分部承认任何一个联合会委员会的管辖权。毫无疑问，总委员会在决定接受或不接受任何一个联合会委员会管辖下的任何一个新分部以前，必须听取该委员会的意见。恩格斯断言，英国的各爱尔兰支部并不比在这个国家的法国人支部、德国人支部或意大利人支部①更应该接受不列颠联合会委员会的管辖。爱尔兰人在各方面都组成了自己的独立的民族，他们讲英语这个事实并不能使他们丧失在国际内部具有独立的民族组织这一大家共同享有的权利。

公民黑尔斯把英国和爱尔兰之间的关系说成像克里木战争期间在英国和法国之间存在过的关系那样最富有田园诗的性质，当时英法两国的统治阶级无休止地互相吹捧，一切都充满了最高度的和谐。可是，这里的情况完全不是这样。英国征服和压迫爱尔兰达 700 年之久是现存的事实，只要这种压迫还存在，对爱尔兰工人说来，要求他们接受不列颠联

---

① 在总委员会的记录本中此处是："和波兰人支部"。

合会委员会的管辖，就会是一种侮辱。爱尔兰同英国的关系，就像波兰同俄国的关系一样，是不平等的。如果总委员会号召各波兰人支部承认在彼得堡的俄国联合会委员会的领导，号召普属波兰、北石勒苏益格或阿尔萨斯的各支部承认在柏林的联合会委员会的领导，人们会怎么说呢？要知道，对各爱尔兰支部提出的要求实质上和这一样。如果属于统治民族的国际会员号召被征服的和继续受压迫的民族忘掉自己的民族性和处境，"抛开民族分歧"等等，这就不是国际主义，而只不过宣扬向压迫屈服，是企图在国际主义的掩盖下替征服者的统治辩护，并使这种统治永世长存。这只会加深在英国工人中间流行很广的一种观念：他们比爱尔兰人高一等，对爱尔兰人说来他们是贵族，正如蓄奴州的最堕落的白人认为自己对黑人说来是贵族一样。

在像爱尔兰这样的情况下，真正的国际主义无疑应当以独立的民族组织为基础。爱尔兰人也和其他被压迫民族一样，只有在和统治民族的代表享有平等权利并反对奴役的情况下才能加入协会。所以，各爱尔兰支部的存在不仅是正当的，而且，他们甚至必须在自己章程的导言中宣布，作为爱尔兰人，他们的首要的和最迫切的职责是争取自己的民族独立。在英国，爱尔兰工人和英国工人的对抗，始终是英国的阶级统治赖以维持的最有力的手段之一。他想起了他经历过的菲格斯·奥康瑙尔和英国宪章派被爱尔兰人逐出曼彻斯特科学厅这件往事。[254]现在，英国工人和爱尔兰工人第一次有可能协同一致来争取自己的共同解放——这种结果至今英国的任何一次运动都还没有达到。但是，在这个目的尚未达到之前，就有人要求我们向爱尔兰人发号施令并对他们说，他们不应发展自己的运动，而应服从英国委员会的领导！要知道，这等于在国际内部实行英国人对爱尔兰人的压迫。

如果提出这个建议的人们是那样充满了真正的国际主义精神，那就请他们把不列颠联合会委员会的驻在地迁移到都柏林去，并服从一个由爱尔兰人组成的委员会的管辖，以便证明这一点吧！

　　至于各爱尔兰支部同各英国支部之间的所谓冲突，其产生的原因是：不列颠联合会委员会的委员们企图干涉各爱尔兰支部的事务，强迫它们抛弃自己的民族特性而承认不列颠委员会的领导。

　　此外，在英国的各爱尔兰支部不能同在爱尔兰的各爱尔兰支部分割开来；不能允许有一些爱尔兰人受伦敦联合会委员会的领导，而另一些爱尔兰人则受都柏林联合会委员会的领导。在英国的各爱尔兰支部是我们对爱尔兰本土的爱尔兰工人进行工作的据点。只要使各爱尔兰支部处在更有利的条件下，那它们就会取得更大的成就，而爱尔兰运动的宣传和组织工作只有通过它们才能进行。难道我们应当故意地破坏自己的这些据点，毁灭国际在整个爱尔兰扩大自己影响的唯一手段吗？不应该忘记，各爱尔兰支部绝不会同意放弃自己独立的民族组织而受不列颠委员会的管辖，它们这样做是完全正当的。因此，问题在于：给爱尔兰人以行动自由呢，还是把他们推出协会？如果提出的建议被总委员会接受，那就等于说，总委员会要向爱尔兰工人声明：在英国贵族统治爱尔兰之后，在英国资产阶级统治爱尔兰之后，现在他们应该准备接受英国工人阶级对爱尔兰的统治。

弗·恩格斯写于 1872 年 5 月 14 日　　　　原文是英文

左右　　　　　　　　　　　　　　　　　参看《马克思恩格斯全集》中文第

　　　　　　　　　　　　　　　　　　　1 版第 18 卷第 86—88 页

小委员会（执行委员会）会议记录

（1872 年 6 月 28 日—8 月 28 日）

小委员会会议

1872 年 6 月 28 日，星期五

于瑞琴特公园路 122 号[255]

出席者：**库尔奈、恩格斯、弗兰克尔、黑尔斯、马克思、荣克、赛拉叶、符卢勃列夫斯基**。

宣读纽约临时委员会 1872 年 5 月的报告。

决定发表，有关国际内部事务部分除外。

对该委员会关于细木工等罢工的决议的处理同上。

在此地和大陆发表。[256]

委托库尔奈把决议转给比利时，并同这个国家通信。

赛拉叶提议，今后不再向《东邮报》提供会议报道。

决定写信告诉基恩，《东邮报》是世界联邦主义委员会的机关报，我们不能再把它看做国际的机关报。

委托恩格斯写信。

赛拉叶宣读巴黎来信，信中威胁说，要向总委员会控告他，因为他没有把代表总委员会答应为他们报纸写的文章寄去。

会议决定：这是法国的事情，文章应于明晚交给在马克思那里开会的法国人。

符卢勃列夫斯基提议，文章应写成给费雷支部的信的形式，在报上也应这样发表；赛拉叶应给费雷支部写信，说他已立即把此事通知了总委员会，但是为此事任命的委员会在让总委员会着手处理如此严肃的事情以前，必须先听取意见。[257]

　　　　　　　　　　　　书　　记　**弗·恩格斯**

　　　　　　　　　　　　会议主席　**卡尔·马克思**

用法文写　　　　　　　　　　　　　　　　　　第一次用原文发表

1872 年 7 月 5 日星期五小委员会会议①

　　弗兰克尔主持会议，**赛拉叶**任书记。

　　出席委员：**恩格斯、符卢勃列夫斯基、库尔奈、麦克唐奈、勒穆修**。

　　马克思宣读洛格朗的来信，信中指责总委员会在有关第十二支部的问题上为了便宜牺牲正义。约·黑尔斯的信已经充分证明了这一点，总委员会最近作出的决定只是加重了他的错误。鉴于他的无能，联合会委员会通过了以下决议②：

　　来信结尾指责总委员会被左尔格的支部收买，这个支部不顾其他支部的反对，把钱全部留下了。**258**

　　恩格斯宣读一封都灵来信，信上说，汝拉人的宣传和他们的通告相抵触；信上还说，一个所谓的工人代表会议将在 8 月上半月举行。**259**

　　恩格斯收到一封葡萄牙来的长信，内有关于工人阶级的详细统计资料。国际的葡萄牙会员说，他们完全赞成总委员会的意见，他们认为总

---

① 本日记录由赛拉叶记在 3 张纸上，纸的上端印有"国际工人协会，伦敦西中央区海-霍尔本街 256 号"（International Working Men's Association. 256, High Holborn, London, W. C.），纸上还盖有"国际工人协会中央委员会，伦敦"的印章（International Working Men's Association. Central Council. London）。

② 下面空了二行。

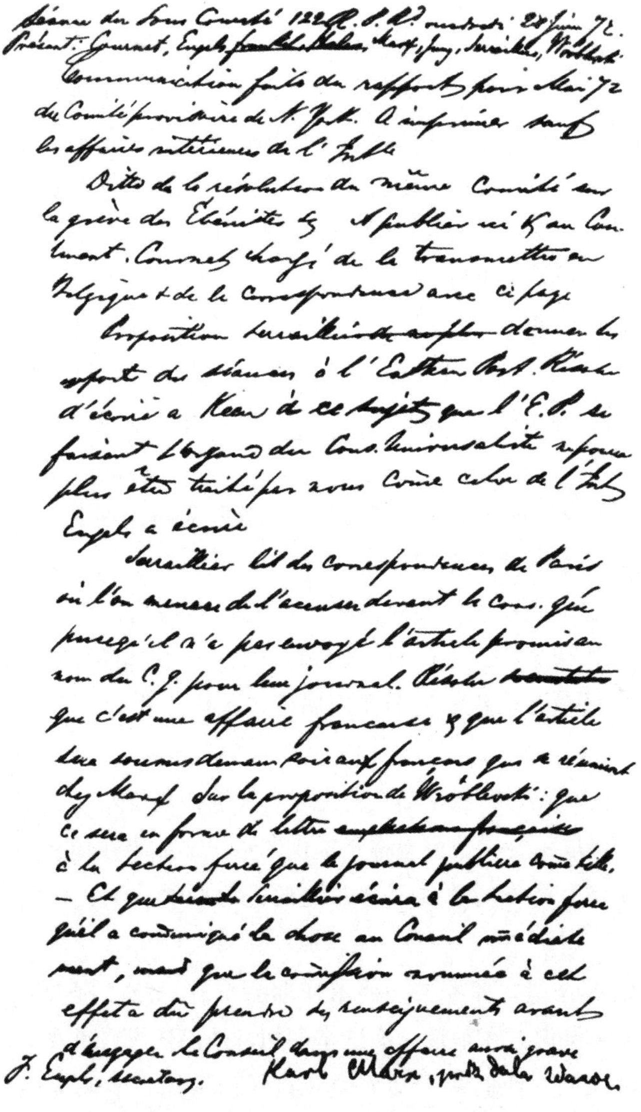
Séance du Sous Comité 122 R. P. Rd. vendredi 28 juin 72.
Présent: Cournet, Engels, Marx, Frey, Serailler, Wróblewski.
Communication faite du rapport pour Mai 72 du Comité provisoire de N. York. A imprimer sauf les affaires intérieures de l'Intle.
Ditto de la résolution du même Comité sur la grève des Ébénistes etc. A publier ici et au Continent. Cournet chargé de la transmettre en Belgique et de la correspondance avec ce pays.
Proposition Serailler de donner les report des séances à l'Eastern Post. Résolu d'écrire à Kean à ce sujet que l'E. P. se faisant l'organe des Cons. Universaliste ne pourra plus être traité par nous comme celui de l'Intle. Engels a écrit.
Serailler lit des correspondances de Paris où l'on menace de l'accuser devant le Cons. gén. parce qu'il n'a pas envoyé l'article promis au nom du C. G. pour leur journal. Résolu que c'est une affaire française et que l'article sera soumis demain soir aux français qui se réunissent chez Marx. Sur la proposition de Wróblewski: que ce sera en forme de lettre à la section forcé que le journal publiera comme telle. — Et que Serailler écrira à la section forcé qu'il a communiqué la chose au Conseil immédiatement, mais que la commission nommée à cet effet a dû prendre des renseignements avant d'engager le Conseil dans une affaire aussi grave.
F. Engels, secretary. Karl Marx, pro tem. chairman.

恩格斯作的执行委员会 1872 年 6 月 28 日会议记录

委员会的存在是必需的。[260]

巴枯宁在一封来信中对总委员会的小册子《所谓国际内部的分裂》作了答复。这封信由公民恩格斯译出，据这封信说，那本小册子只不过是德国犹太人所能捏造出来的最卑鄙的谣言的汇集。他说，他在巴塞尔曾投票反对马克思的政策。他打算诉诸代表大会，请求公意审判，不过代表大会要为他提供解决问题的一切保证。但是他打算事先发表他认为进行辩护所必需的说明材料。[261]

符卢勃列夫斯基说，听了宣读的这封信，更加坚定了他的看法：发表这个小册子对总委员会是有好处的。他认为，如果巴枯宁可以用事实来回答，他最好是把这些事实发表出来，而不是说这样粗鲁的话。

小委员会在听取了关于西班牙情况的文件后决定如下：

1. 对巴枯宁的信不作答复。

2. 公民恩格斯给瓦伦西亚的联合会委员会写信，要它说明它和同盟的关系，因为该委员会至少有 3 名委员是这个团体的成员。

3. 小委员会要求总委员会在应届代表大会上提议开除巴枯宁和同盟盟员。

委托公民马克思和恩格斯把意见整理出来以便交给总委员会。[262]

根据公民埃尔曼向公民恩格斯提供的情况，如果在比利时代表大会的头几次会议上就支持总委员会的问题进行投票，绝大多数人会投赞成票。[263]

弗兰克尔收到 5 弗罗林，要求换取会费券；他已寄去 100 张会费券。他的通讯员说，在最近一次选举期间，他们还没有准备好。尽管报界人士支持他们，他们眼下却无力建立任何组织。他们提议翻译《内战》。书记将给布德写信，促使工人成立工人支部。

法国的几封来信表明运动正在这个国家迅速前进。第一批章程已经寄到。

委员会于 11 时休会。

会议书记　奥·赛拉叶

用法文写　　　　　　　　　　　　　　　　　　第一次用原文发表

1872 年 7 月 19 日会议[①]

9 时会议开始。

出席公民：**恩格斯、马克思、荣克、符卢勃列夫斯基、赛拉叶、库尔奈、弗兰克尔、杜邦、勒穆修。**

公民**符卢勃列夫斯基**主持会议，公民**库尔奈**任书记。

宣读了上次会议的记录后，公民**赛拉叶**向小委员会报告法国的来信。信中谈到协会在一些省——其中包括洛特-加龙、阿韦龙、奥德、埃罗——的发展情况，来信还说明了波尔多、阿维尼翁、图卢兹、利雪、蒙巴尔（科多尔）和巴黎等城市的局势。图卢兹建立了一个学校支部。巴黎建立了几个支部。

公民**赛拉叶**收到费雷支部的章程。章程被转给专门的审查委员会。

提　议

1. 公民**马克思**提议小委员会审查公民黑尔斯的行为，因为他的活

---

① 本日记录由库尔奈记在四张纸上。

动既违反总委员会的利益，也违反协会的利益。他提议解除公民黑尔斯的总书记职务，关于这个问题，他提出，公民黑尔斯从未报告过英国各支部的组织情况，他在这方面极其不怀好意。为了报复，他曾要联合会委员会秘密地采纳已被总委员会否决的提议，甚至还曾声称联合会委员会应当有权改组总委员会。

公民马克思扼要地叙述了公民黑尔斯在爱尔兰支部问题上的行为，以及他对美国事务的粗暴干涉。

公民**符卢勃列夫斯基**提议，以小委员会名义要求总委员会暂时解除公民黑尔斯的总书记职务，听候仲裁委员会研究处理。

公民**荣克**附议，公民马克思也同意。

公民**弗兰克尔**问，公民马克思提供的有关公民黑尔斯对联合会委员会态度的消息是否完全可信。

公民**恩格斯**：问题根本不在这里，只要知道消息是否确切就行了，消息当然是确切的。

公民**荣克**说，提供这一消息的那个公民同时却又赞成公民黑尔斯的提议。

公民**勒穆修**强调指出公民黑尔斯在美国问题上所起的作用，令人遗憾。

公民**马克思**：刚才说的每件事都证实公民黑尔斯曾经自己提出和怂恿别人提出一些完全同总委员会对立的或已经被总委员会否决的决议案。他的所作所为充分说明，他一直是撇开总委员会，而且几乎总是同总委员会对抗的。

公民**赛拉叶**支持公民马克思提出的论点。

公民**杜邦**提请大家注意在曼彻斯特发生的与公民黑尔斯有关的事情[264]。

公民**恩格斯**就公民黑尔斯在诺丁汉代表大会窃取权力一事[265]说了几

句话后，讨论结束，进行表决。

一致同意小委员会向总委员会提议暂时解除公民黑尔斯的总委员会总书记职务，听候仲裁委员会对问题作出最后决定。

委托书记把这项提议交给总委员会。[266]

2. 第二个提议是要搞清楚是否应当给联合会委员会答复。

公民**马克思**表示，总委员会不应给联合会委员会答复，因为它的任期即将结束。此外，还可以回想一下联合会委员会是如何建立的，它是公民黑尔斯一手拼凑的。

一致决定总委员会不给联合会委员会答复。

3. 公民**恩格斯**提议，委派公民杜邦代表总委员会出席诺丁汉代表大会。公民杜邦可以自行斟酌按照协会的最高利益行使权力。

一致同意授予公民杜邦这些权力[267]。

公民**荣克**宣读了一封瑞士来信，信中对下届全协会代表大会会址定在海牙（荷兰）表示遗憾。在写信人看来，瑞士更适合。确定海牙为会址已给罗曼语区支部、德国人支部和意大利人支部留下了很坏的印象。

公民**荣克**还收到瑞士德语区委员会的章程。这个章程将交给专门负责审查章程的委员会[268]。

公民**恩格斯**统计了要去参加代表大会的代表人数。这个必然是大致的统计结果，使他得出有利于海牙的结论。

公民**赛拉叶**同意公民恩格斯的意见；他进一步发挥说，在海牙，总委员会的成就将是普遍性的而不是地方性的，如果总委员会选择瑞士为会址，人们一定会把它的成就说成是地方性的。在这里，斗争是国际性的，而不是一国范围内的。

然而公民**马克思**却指出海牙引起的危险。

公民**恩格斯**提议，无论如何要维持现状。

公民**弗兰克尔**提议总委员会为代表大会起草一个报告。

此议通过，一致提名公民马克思起草报告。

他表示将起草一个总报告和一些专题报告。

公民**赛拉叶**提议，除了财务报告，还要有一个总报告之类的东西，最好是协会建立以来所收会费的一个总的结算，包括总委员会的开支在内。由此可以看出总委员会能够支配的经费多么微薄，以及它在经费不足的情况下所做的一切。

此议一致通过。

提名公民恩格斯起草这一报告。

日程进行完毕，11 时会议休会。

主席　　瓦列里·符卢勃列夫斯基

书记　　弗·库尔奈

用法文写　　　　　　　　　　　　　　　　　第一次用原文发表

1872 年 7 月 27 日会议①

9 时会议开始。

出席者：公民**库尔奈、杜邦、恩格斯、弗兰克尔、荣克、马克思、符卢勃列夫斯基**。

缺席者：公民**勒穆修、赛拉叶**。

公民**库尔奈**主持会议。

公民**弗兰克尔**任书记。

---

① 本日记录由弗兰克尔记在四张纸上，纸的上端印有"国际工人协会，伦敦西中央区海–霍尔本街 256 号"，纸上还盖有"国际工人协会中央委员会，伦敦"的印章。

宣读并一致批准了上次会议的记录之后，公民**库尔奈**宣读一封荷兰来信，信中说，这个国家的报纸对预定在海牙召开的应届代表大会，表示好奇或者漠不关心。唯有官方报纸是例外，它用尽一切恶毒语言攻击协会。来信说，一般来说，对于国际与其说是仇恨，不如说是畏惧。来信还要求总委员会为筹备应届代表大会先预支一笔必要的款子，例如租用一个大厅就要花费近200法郎。他们无法预支这笔款子，因为荷兰只有250名会员交了会费。

来信还问，总委员会是否能让他们知道有多少代表出席代表大会，以便能为他们准备住处[269]。

荣克说，没有必要知道有多少代表出席代表大会，在海牙的国际会员可以征集住处，把地址连同一周所需膳宿费记下来，代表到达后，只要把地址分发给他们就行了，上次代表大会①期间瑞士就是这样安排的。

恩格斯说，举行代表大会的大厅要尽快预订，并且要把房子的用途告诉房主。他说："我相信，房主会立即去问政府他在这种情况下应该怎么办，等等。这样，我们就能确切地知道荷兰政府是否准许我们的代表大会在海牙举行。"

马克思提议给荷兰的国际会员寄去75法郎以支付最初的费用。

（一致通过。）

委托公民库尔奈寄钱并转达前几个发言者的意见。

荣克宣读汝拉联合会的一封来信，信中说，总委员会有权在紧急情况下改变代表大会会址，但它**首先应当同各联合会协商**。总委员会确定海牙为会址，是作了很不恰当的选择，如果它选择瑞士的某个城市，那就好了。因此，来信希望总委员会改变这个决定[270]。

---

① 1869年在巴塞尔举行。

　　马克思说，已经在瑞士举行了3次代表大会①，比利时人在1870年就提出了荷兰，荷兰处于英国、比利时、德国和法国北部的中心，因此没有必要改变总委员会原来的决议。

　　（通过。）

　　委托公民荣克将此决定通知汝拉联合会[271]。

　　马克思接着代表章程委员会提议同意瑞士的德国人提交的章程，因为里面没有与共同章程相抵触的东西。

　　（通过。）

　　接着，**马克思**提议接受费雷（巴黎）支部的章程，有关联合会委员会的条款除外。

　　（通过，附此保留意见[272]。）

　　恩格斯宣读一封西班牙来信，然后又宣读了他打算以西班牙书记身份寄给瓦伦西亚联合会委员会的一封信。他在这封信中要求委员会报告同盟的存在和活动情况[273]。

　　宣读法语支部的一封来信，信中通知总委员会，由于公民沃尔弗斯已辞去该支部代表的职务，因此他不再是总委员会委员。

　　在宣读了一封意大利来信后，会议即转入原定议事日程，因为写这封信的支部从未付过应向总委员会缴纳的会费。

　　杜邦作有关诺丁汉代表大会的报告；他谴责黑尔斯对这个代表大会采取模棱两可的态度。例如，他指责黑尔斯提出了一个允许各联合会委员会不通过总委员会而相互直接通信的决议案。由于总委员会从未反对过这种通信方式，所以黑尔斯的用意显然就是要挑拨不列颠联合会委员会和总委员会的关系。

　　恩格斯提议把诺丁汉代表大会的事交给总委员会的仲裁委员会。

---

　　①　即日内瓦、洛桑和巴塞尔。

（通过。）

弗兰克尔宣读一封维也纳来信。

11 时半会议休会。

主席　瓦列里·符卢勃列夫斯基

书记　莱奥·弗兰克尔

用法文写　　　　　　　　　　　　　　　　第一次用原文发表

1872 年 8 月 4 日会议①

赛拉叶主持会议，**马克思**任书记。

出席者：公民**符卢勃列夫斯基、赛拉叶、荣克、恩格斯、马克思、勒穆修、库尔奈**。

马克思报告荷兰、意大利和美国的情况。

恩格斯宣读库诺[274]从列日寄来的信。②

接着，他宣读了一封梅萨（马德里）的来信。新的马德里联合会的宣言（7 月 22 日）。见 7 月 27 日《解放报》。对同盟的揭露。巴枯宁给莫拉戈的信，信中有巴枯宁给他作的对西班牙的全部指示。莫拉戈是在梅萨的一家咖啡馆得到这封信的。[275]

---

① 本日记录由马克思记在三张纸上。

② 此处原稿中划掉了下面这些话："布鲁塞尔联合会委员会暂时开除了韦尔维耶的德国人支部，根据仅仅是安斯先生提出的把该支部派去参加布鲁塞尔代表大会的一个德国代表开除出去的要求。这个德国人竟敢揭发安斯的一个支持者是警察。因为这条罪状，曾要求韦尔维耶支部开除他，他本人没有被接受参加布鲁塞尔代表大会"。

小委员会一致要求恩格斯把新的马德里联合会的通告译成法文、英文和德文。①

恩格斯宣读一封 28 日梅萨来信和贝克尔从日内瓦寄来的信。[276]

弗朗萨 7 月 27 日从里斯本的来信（葡萄牙联合会委员会）。[277]

瓦里阿（Varia）支部②开除了两个同巴枯宁分子莫拉戈有联系的成员。

马克思问给荷兰的 3 镑是否寄去了。恩格斯将把钱先寄去。

马克思要求让魏勒尔到仲裁委员会做证人。

通过。

赛拉叶：巴黎已派了 500 警探到各省去搜索国际的代理人和组建的支部。

杜邦：有关肖尔的事和新波拿巴主义无产者的阴谋。

恩格斯提议，**卡·马克思**附议：要公民勒穆修和公民孔博一道去关注公民杜邦揭露的绍耳的波拿巴主义阴谋，每次小委员会开会时汇报。

一致通过（勒穆修未投票）。

符卢勃列夫斯基：必须对出席海牙代表大会的代表预先作一个统计。

库尔奈发表同样的意见。

马克思提议，以总委员会的名义发一通知，要各支部把它们派去参加代表大会的代表人数告诉总委员会，并且重申巴塞尔代表大会关于不按规定向总委员会缴纳会费的支部的决议。[278]

符卢勃列夫斯基附议。

---

① 此处原稿中划掉了下面一句话："库尔奈报告有关 8 月 3 日《号召报》的情况"。

② 由各行业的人组成的支部。

　　库尔奈提议由马克思和恩格斯起草。

　　一致通过。

用法文写　　　　　　　　　　　　　　　　　第一次用原文发表

1872 年 8 月 28 日会议①

　　9 时半会议开始。

　　公民**马克思**主持会议。

　　弗兰克尔任书记。

　　上次会议的记录放错了地方。

　　符卢勃列夫斯基通知会议说，裁缝正在准备罢工。

　　库尔奈问，公民赛拉叶是否已收到法国寄来的空白委托书，让他转交给那些被授权的总委员会委员。

　　赛拉叶回答说，他收到了给公民**朗维埃**的一份委托书，给**龙格**的一份，给**若昂纳尔**的一份，还有一份已经给了曼彻斯特的维尔马尔。两名代表将从法国前往海牙。

　　接着，他宣读了几封信，说明他为了从法国搞到委托书所做的工作。

　　他讲了在法国建立的支部的数字，并说出它们所在地方的名称。

　　公民**马克思**要求小委员会对公民赛拉叶进行的工作表示满意。

　　公民**库尔奈**说他弃权。

　　公民**马克思**说，谁都不应当弃权。如果在意大利、西班牙和瑞士的

———————————

　　①　本日记录由弗兰克尔记在三张纸上。

马克思作的执行委员会 1872 年 8 月 4 日会议记录中的一页

假国际会员面前，总委员会委员也相互指责，那是令人遗憾的。

符卢勃列夫斯基发表了同样的意见。

弗兰克尔说，如果赛拉叶不宣布他也不对总委员会的某些法国委员进行指责的话，他就不投票。

符卢勃列夫斯基赞同。

赛拉叶不接受带有这些条件的投票。

马克思说，他的提议同讨论中的这一方和另一方的攻击无关。

弗兰克尔说，他知道无论哪一位书记都没有赛拉叶工作努力，如果赛拉叶由于他的工作受到攻击，他准备为他辩护；但是，如果赛拉叶不宣布停止攻击，让委员们保留不同的政治观点的话，他就不投票。

马克思说，有一个不属于国际的团体反对赛拉叶，他收回提议。

库尔奈说，就总委员会的法国委员而论，从来没有提出过赛拉叶的问题，理由很简单，这个团体和国际无关。

赛拉叶宣布他不再攻击，但是他并不害怕攻击他们。

马克思提议，在讨论总委员会委员的选举问题以前，总委员会的任何委员都无权在国际工人协会的代表大会上指责其他委员。

一致通过。

接着讨论寄来的空白委托书应该给谁的问题。

赛拉叶提议孔博。

弗兰克尔、瓦扬、库尔奈附议。

马克思［提议］阿尔诺。

弗兰克尔说，如果像总委员会所了解的那样，瓦扬会得到委托书，那么，他希望把这份委托书给孔博，因为他知道有关马隆的一切事情。

马克思说，美国代表大会[279]派出的代表左尔格所持的那封信肯定旧金山支部已提名瓦扬为参加代表大会的代表。即使委托书没有到达，这封信也足以保证瓦扬被接受参加代表大会。

马克思说完后，**弗兰克尔**撤回提议。

投票通过把委托书给予孔博。

会议于午夜休会。

莱奥·弗兰克尔

用法文写　　　　　　　　　　　　　　　　　第一次用原文发表

卡尔·马克思的手稿

美国的分裂[280]

1872 年 5 月[①]

1871 年 10 月 15 日，**伍德赫尔**（银行家的老婆、自由同居论者、大骗子手）和**克拉夫林**（她的妹妹，一类货色）的报纸发表了**第十二支部的宣言**（第十二支部是**伍德赫尔**建立的，里面几乎全是资产阶级骗子和改革运动中的潦倒背时的美国痞棍；**第九支部**是克拉夫林小姐建立的）。

第十二支部的宣言（致合众国**讲英语的公民**）（日期是 1871 年 8 月 30 日，由第十二支部书记**威·威斯特**署名）。

下面是这篇宣言的摘录：

"国际的目的就是要通过夺取政权解放男女工人。""这就要求，第一：男女的**政治平等和社会自由**。""**政治平等**就是人人亲自参与拟订、通过和实行一切人都受其管辖的法律。""**社会自由**就是在一切纯属个人性质的问题上，例如宗教信仰、**男女关系、服装式样**等等**绝对不受无理的干涉**。"[②]

"这一主张第二还要求**建立一个世界政府**……自然，这个**纲领**也**包含**消灭……甚至**语言差别**。"

"**第十二支部**"邀请大家根据这个纲领在合众国组织"英语支部"。

---

① 标题是恩格斯亲笔在单独一页纸上写的。
② 引文中的着重号（黑体字）是马克思加的。

整个这一组织是用来**猎取职位**和为了**选举目的**，这从下面的引文可以看出：

"尽可能在**每一个预选区**建立一个支部**以便于开展政治活动**。"

"最终应在**每个城市**成立一个相当于市议会的**城市委员会**，在每个州成立一个相当于州立法机关的州委员会，在全国范围内成立一个相当于合众国国会的全国委员会。"

"国际的任务可以说是**在现有政治体制内**建立起将完全取代前者的另**一种政治体制**。"

这个宣言，以及在宣言基础上建立形形色色的资产阶级骗人支部——自由同居论者的、招魂术者的、招魂震教徒[281]等等的支部——是导致分裂的原因，老委员会的第一支部（德国人的）要求开除第十二支部和不接受那种不是由三分之二以上的工人组成的支部。[①]

起初，五个分裂主义者于1871年11月19日成立了一个由美国人、法国人、德国人组成的单独的委员会。

在1871年11月18日《伍德赫尔报》上第十二支部（书记是威斯特）对第一支部提出抗议，其中谈到：

"简单的真理在于：使一切人——不分种族、性别，不论处于**任何条件**下——享有同样的政治平等和社会自由，乃是国际所要求的更激进的改革的必要前提。

在对现存的劳资关系进行任何总改变以前，应该先在全世界给妇女以平等的公民权。""第十二支部还要驳斥贯串在这里所说的抗议书（第一支部的抗议书）中的一个错误思想，即国际工人协会**是一个工人阶级的组织**……"

---

① 接着原稿中删去了下面几个字："这个新委员会成立了"。

更早些时候，第十二支部就在 1871 年 10 月 21 日《伍德赫尔报》上宣称

"每个支部都有不容干涉的权利对历次代表大会的**那些记录**，以及那个总委员会的**章程和条例**〈！〉作出、保持和**表明自己的理解**，每个支部只对自己的行动负责。"

1871 年 11 月 25 日《伍德赫尔报》。第十二支部抗议《**第一支部的呼吁书**》[282]（就是你交给意大利报纸和其他报纸去发表的那个呼吁书）。

"说单单是各国工人的'相互谅解和协调一致，本身就构成协会的基础，这是不对的……说工人阶级的解放只能由他们自己去争取，这是不可否认的，**但是它只是在这样的意义上才是正确的，即工人阶级不能违背自己的意志而获得解放**。"

1871 年 12 月 3 日，新的北美联合会委员会正式成立（美国人、德国人、法国人）。

12 月 4 日，老委员会（华德旅馆 10 号）在致合众国的国际各支部的通告中揭露了骗子手，其中谈到：

"在本应成为防止一切骗人的改革活动的屏障的委员会（老中央委员会）里，终于形成了由几乎已被遗忘的改革家和人民造福者构成的多数……结果，宣传自由同居福音的人和想用**一种**共同的语言来造福全世界的人亲密无间地坐在一起，这些人有：农业合作社专家、**招魂术士**，无神论者和自然神论者，一个个力图各显其能。尤其是第十二支部伍德赫尔……为了推进运动而必须在这里迈出的第一步就是组织起来，同时使资本家和工人的利益对立所产生的革命因素活跃起来……

"第一、四、五、七、八、十一、十六、二十一、二十三、二十四、二十五支部以及其他支部的代表们鉴于一切制止这种胡作非为的努力都没有结果，因

此决定，在老中央委员会（1871 年 12 月 3 日）无限期停止活动之后，建立一个**由真正的工人组成**的新委员会，而不让一切只会把问题搞乱的人参加。"（1871 年 12 月 9 日《纽约民主主义者报》）

威斯特当选为新委员会的代表。

应当指出，新委员会很快就充满了大部分来自由第九支部（克拉夫林）和第十二支部（伍德赫尔）建立的新支部的代表，这些新支部成分低劣，而且大部分人数很少，连填充必要的职位都不够。

同时《伍德赫尔报》（威斯特等人）却恬不知耻地撒谎说肯定会得到总委员会的支持。

两个委员会都向总委员会申诉。好些支部，如法国人第十支部（纽约）和所有爱尔兰人支部都从两个委员会召回了自己的代表，听候总委员会的裁决。12 月 2 日《伍德赫尔报》上的一篇文章说明该报撒谎，文章的标题是：《**第十二支部得到支持。——总委员会的决定**》。（这是指 1871 年 11 月 5 日总委员会的决定，决定恰恰相反，是肯定中央委员会的地位，反对第十二支部要**作为美国人**取而代之的无理要求的。）

1871 年① 3 月 5 日和 12 日总委员会的决议。

这些决议关系着国际在合众国的命运。（同时应当指出《伍德赫尔报》迄今故意搞的那一套对我的崇拜。）

决议一寄到纽约，反委员会的人们就实行他们那套老策略。一开始他们就曾在纽约名声最坏的资产阶级报纸上谈论最初的分裂问题。现在他们又在所有敌视工人的报刊的一片欢呼声中对总委员会干起同样的勾当来（把事情说成是法国人和德国人之间，社会主义和共产主义之间的斗争）。

---

① 马克思在手稿里写错了，应该是"1872 年"。

1872 年 5 月 4 日《伍德赫尔报》上对总委员会决议的评论是很说明问题的。

早在 1871 年 12 月 18 日，《伍德赫尔报》就写道：

"在成员方面，要求支部的三分之二或多少成员必须是**雇佣奴隶，似乎做自由人就是犯罪**。除此之外没有提出新的要求"。

（这是在反委员会成立时）

1872 年 5 月 4 日《伍德赫尔报》写道：

"……在总委员会的这个指令中，它的作者们居然建议，今后不接受任何一个不是起码由三分之二的雇佣奴隶组成的**美国支部。各支部的成员是不是也必须成为政治上的奴隶呢？二者没有什么区别……"。"假改革派，资产阶级骗子手和政治投机分子**渗入国际工人协会的危险，大半来自仅仅**依靠雇佣奴隶制下的工钱过活**而别无其他谋生手段的**那一类公民。**"

同时，随着总统选举的临近，问题的症结所在也就暴露出来了：原来国际应当为选举服务……选举**伍德赫尔夫人！**

顺便提一下，早在 1872 年 3 月 2 日《伍德赫尔报》上由威·威斯特署名的文章中就有这样的话：

"去年 8 月发表第十二支部对合众国讲英语的公民的'宣言'，是国际历史上的一个新起点，导致了总委员会承认男女的政治平等和社会自由，和承认我们当前活动的本质上的**政治性**。"

1872 年 5 月 2 日《伍德赫尔报》在《即将举行的联合大会》标题下写道：

"全国各派致力于改革的人士的代表目前正讨论关于今年 5 月在纪念周期间在这里举行联合大会的建议……的确，如果 5 月的这个大会开得好的话，那么谁能说已经消逝的民主党的残余［那些……原则比共和党派或民主党派更宝贵的人……不会参加大会］①不会活跃起来并参加计划中的大会呢……合众国各地区的**一切激进组织**应当在参加大会的邀请一发表，就马上采取措施派代表出席。"

（顺便提一下，《伍德赫尔报》——我找不到是哪天的了——安慰那些**招魂术士支部**，劝他们不要理会总委员会。）

1872 **年** 4 **月** 6 **日**《伍德赫尔报》写道：

"日益增多的材料证明：各种改革主张的代表订于 5 月 9 日和 10 日举行的大会……将是一次人民自发的奋起行动。"

全国争取妇女选举权协会要求：

"这次大会……研究合众国总统和副总统的提名。"

在下面这一标题之下也有同样的内容：

《1872 年 5 月合众国即将成立保障人权的人民党》。

首先在呼吁书上签名的是**维多利亚·克·伍德赫尔**，然后是**西奥多·H. 班克斯、罗·威·休谟**（两人都是**反委员会**的成员，班克斯还是它的创建人之一）。在这个呼吁书中说：大会将研究"合众国总统和副总统的提名"。特别邀请

"工人问题和土地问题的改革家、和平主义者、禁酒运动家、**国际会员**和**妇女选举权运动家**——包括一切从事争取选举权活动的各种团体——以及**其他一切**相信在我们的立法中贯彻永恒正义和人类平等的准则的时候已经来临的人"。

---

①　手稿中有删节。方括号中的文字是按报纸恢复的。

　　在 1872 年 4 月 15 日《伍德赫尔周刊》上，有关总统选举的诡计暴露得越加明显了。这次变了一下样子，向下列人士发出呼吁：

　　"国际会员和其他的工人问题改革家——和平、禁酒运动和教育事业的支持者，以及一切相信在立法、司法和商业中贯彻真正道德**和宗教**的准则的时候已经来临的人。"

　　以 "人民党……" 为题的新呼吁书。首先签名的仍然是：**维多利亚·克·伍德赫尔**，随后是反委员会里的头目们——**西·H. 班克斯、罗·威·休谟、乔·R. 艾伦、威廉·威斯特、G. W. 马多克斯**（后来在阿波罗大厅会议上当主席）、**约·T. 埃利奥特**（反委员会的英国书记）、**T. 米约**（法国人第二支部代表）。

　　《**伍德赫尔……周刊**》（不是报，而是周刊），1872 **年** 4 **月** 20 **日**。继续玩弄同样的手法。

　　名单增加了，仍然是以维·克·伍德赫尔为首（在名单中还有些 "达官贵人"）。①

　　《**伍德赫尔……周刊**》，1827 **年**② 4 **月** 27 **日**。继续同样的宣传。（开始刊登代表名单）。

　　《**伍德赫尔……周刊**》，1872 **年** 5 **月** 4 **日**。继续搞那一套。（继续刊登那个扩大了的名单）。

　　《**伍德赫尔……周刊**》，1872 **年** 5 **月** 25 **日**。最后（5 月 9、10、11日阿波罗大厅的丑剧）提名伍德赫尔为合众国总统，提名弗·道格拉斯为副总统（反委员会的**马多克斯**是第一天的大会主席）。纽约和合众国的笑料。

---

①　美国国会成员。——编者注
②　马克思手稿中有误，应该是 1872 年。

此外还有反委员会的负责人：**约翰·T. 埃利奥特**——副主席。**乔·R. 艾伦**——书记（兼决议和纲领起草委员会委员）。在后一个委员会里的是：**西·H. 班克斯**（1871年11月19日反委员会的五个创建人之一）。还有臭名远扬的**玛丽·哈勒克**夫人参加了一个委员会。**在合众国纽约全国中央委员会里有乔·R. 艾伦、西·H. 班克斯**（与第十二支部成员、维多利亚的第二个丈夫布拉德上校一起）**、艾·B. 戴维斯**。

反委员会的崩溃。

第二支部（法国人支部）撤销**洛格朗**（在此以前是反委员会的法国书记）的代表权。指责这些家伙

> "利用组织来达到政治目的，把组织弄成女权派自由同居论者这一支的某种附属物……公民**米约**（他提出第二支部退出反委员会的决议案，决议案被通过）在提出决议案时说：只有三个支部——第九（克拉夫林）、第十二（伍德赫尔）和第三十五——在七拼八凑的阿波罗大厅会议上有代表，这些代表都是别有政治目的的；在上述会议上伪装代表联合会委员会进行活动的代表团是冒充的、自封的"。

（但是联合会反委员会并不否认这个代表团。）（《世界报》，1872年5月13日。）

第六支部（德国人支部）撤回了自己的代表爱·格罗塞（冯·施韦泽先生的前任私人秘书），并声明，如果反委员会不接受总委员会的全部决议，就退出这个委员会。

《社会主义者报》（纽约），1872年5月18日。

纽约第二支部在5月12日星期日的会议上通过了如下决议：

> "鉴于……
>
> 第二支部有根据确信首饰匠协会拒绝加入国际，而这个协会却有一名代表继续在联合会委员会里代表它；

第二支部有根据认为另外一些代表所代表的是**虚假的**或只有六至八名成员的**支部**；

第二支部声明，必须进行调查……"

"鉴于第十二支部，**不论是对还是不对**，已被总委员会根据巴塞尔代表大会所授予的权力暂时开除，第二支部抗议第十二支部的代表作为有表决权的代表留在联合会委员会里。

最后，鉴于国际是一个旨在使**工人自己解放自己的工人协会**，第二支部抗议**接纳大多由非工人组成的支部。**"

第二支部的另一项决议。

"第二支部

在原则上完全承认妇女的选举权，但**鉴于女公民伍德赫尔**在阿波罗大厅的会议上**向公众暗示国际支持这次会上所提出的候选人，**

兹声明：

现在国际不能也不应该被任何美国政党牵着走，因为其中没有一个代表工人的愿望，没有一个把工人的经济解放作为纲领和目的。

第二支部认为，

当前我们唯一的目的应当是组织和团结美国的工人阶级。"

同一号《社会主义者报》在《**国际会员们，要小心啊！**》的标题下载有这样的话：

"国际在美国没有遭到也不可能遭到迫害；政客们绝不想消灭它，而是一心想利用它作为达到自己私人目的的杠杆和支点。如果国际让人家把自己引上这条道路，那它就不再是**工人协会**，而成为政客们的活动场所。

警报早就发出过，可是现在阿波罗大厅会议**以国际的名义**提名伍德赫尔夫人为总统候选人一事应当使目光不很敏锐的人也擦亮眼睛了。美国的国际会员们，要小心啊！"

《世界报》，1872 年 5 月 20 日。

1872 年 5 月 19 日反委员会会议。（阿波罗大厅的）马多克斯主持。八名代表（代表八个支部）（法国人和德国人）退出。

1872 年 5 月 20 日《先驱报》登载了这次会议的消息，标题是：

> 《法国人受辱，愤然退场……恶言相加。合众国仅有会员 1500 名。伦敦国际会员发生分裂。伍德赫尔集团获胜》

1872 年 5 月 28 日总委员会决议，根据该决议——回答圣路易斯的德国人支部和新奥尔良的法国人支部的问题——**只承认老委员会**[283]（**合众国临时联合会委员会**）。

卡·马克思写于 1872 年 5 月

原文是英文、德文和法文
参看《马克思恩格斯全集》中文第
1 版第 44 卷第 562—571 页

国际工人协会总委员会文件

总委员会关于柯克伦的信的声明[284]

致《东邮报》编辑

阁下：

10月31日《泰晤士报》发表了一封由亚历山大·贝利·柯克伦署名的关于国际的信。请您把我对这封信的答复刊登在贵报上。首先来谈亚·贝·柯[①]先生

> "不了解，奥哲尔先生现在是否仍是该协会英国分部的主席"。

国际总委员会（亚·贝·柯先生称为该协会英国分部）的主席职位，早在1867年9月就被取消了。众所周知，在我们发表了关于法兰西内战的宣言（今年6月）以后，奥哲尔先生就退出了总委员会。

亚·贝·柯先生在欧洲报纸上看到了一些关于我们今年9月在伦敦举行的代表会议成员的谣言，就把这些消息归之于1864年9月28日在圣马丁堂举行的公开大会。正如10月27日《泰晤士报》一篇文章的作者[②]十分正确地指出的，在这次大会上选出了国际工人协会临时委员

---

① A. B. C. 是 Alexander Baillie-Cochrane（亚历山大·贝利·柯克伦）的缩写字母。——编者注
② 应指埃卡留斯。

会，但是根本没有像亚·贝·柯先生认定的那样，选举了"奥哲尔先生为主席，克里默和惠勒两位先生为书记"。

亚·贝·柯先生接着以下面的"真实文件"来证实他的消息的可靠性。

第一，

> "红旗是普遍仁爱的象征"。

这份真实文件无非是巴黎警察机关不久前以国际的名义散布并受到总委员会及时批驳的无数伪造文件之一的序言。

第二，

> "在俄国人米哈伊尔·巴枯宁主持下的日内瓦纲领（很难设想，纲领怎能在谁的主持下）于1869年7月由伦敦总委员会通过"。

这个日内瓦纲领无非是日内瓦社会主义民主同盟的章程，在茹尔·法夫尔关于国际的通告中它已经被引用。我在答复这个通告时曾经声明（见6月13日《泰晤士报》），总委员会从来没有发表过这样的文件。相反地，它发表了一个宣布同盟的章程无效的文件。[285]

此外我还可以补充一点，不久前在伦敦举行的代表会议，已和米哈伊尔·巴枯宁创立的同盟彻底分手；《日内瓦报》[286]——亚·贝·柯先生所属政党的教条的可敬代表——袒护同盟，反对国际。

第三，亚·贝·柯先生从他那叠"真实文件"中抽出了一段从我们的朋友欧仁·杜邦写的一封私人信中摘出的被歪曲了的话，这段话在很早以前曾由前波拿巴派的检察官奥斯卡尔·泰斯蒂发表过。[287]还在亚·贝·柯先生动身到欧洲去寻找这种"可靠消息"以前，这段话就在所有英国报纸上刊登了。

亚历山大·贝利·柯克伦先生称我们的协会是"卑鄙的"。那么，我应当怎样来称呼一个把立法工作托付给这位亚历山大·贝利·柯克伦的协会呢？

　　阁下，我仍然是您的顺从的仆人

　　　　　　　国际工人协会总书记　　约翰·黑尔斯

　　　　　　　　　　　　　　　　于海-霍尔本街256号

弗·恩格斯写于1871年10月31日

载于1871年11月11日《东邮报》第163期

原文是英文

参看《马克思恩格斯全集》中文第1版第17卷第493—495页

总委员会关于国际工人协会美国各支部中央委员会的决议[288]

小委员会起草的决议

鉴于：

（1）美国的每一个支部都有权派代表参加纽约的美国联合会委员会，于是该委员会便具有真正代表机构的性质；

（2）国际在美国的组织与成就，在很大程度上应归功于纽约的联合会委员会；

（3）无论在协会的章程中或者在国际为美国特别规定的组织原则中，都没有任何条文妨碍任何支部在本民族中扩大协会的影响；

总委员会建议继续维持纽约的美国中央委员会的职权，直到国际在美国由于扩大而必需召集美国所有分部来选举新的联合会委员会为止。

1871 年 11 月 5 日总委员会通过

载于 1871 年 11 月 25 日《社会主义者报》第 8 号和 1871 年 12 月 2 日《伍德赫尔和克拉夫林周刊》第 3 期（总第 81 期）

原文是英文

参看《马克思恩格斯全集》中文第 1 版第 17 卷第 716 页

关于 1871 年法国人支部的决议草案[289]

总委员会决议
1871 年 11 月 7 日会议通过

一、预先的说明

总委员会认为，1871 年法国人支部提出的关于共同章程中有关总委员会成员的条款应作根本改变的观点，同它所应当讨论的问题毫不相干。

至于这个支部对总委员会的辱骂，则将由各国的委员会和联合会委员会来作出正确的判断。

总委员会仅仅指出：

从巴塞尔代表大会（它是在 1869 年 9 月 6 日至 11 日举行的）以来，还不到**三年**，而上述该支部别有用心地硬说已过三年。

1870 年，普法战争前夕，总委员会在给所有的联合会——其中包括巴黎联合会委员会——的总通告中，曾建议将总委员会驻在地迁离伦敦[290]；

得到的回答是一致坚持保留总委员会现在的驻在地，并延长总委员会的任期；

1871 年，总委员会在刚一有可能的时候就召开了代表会议，这是在当时条件下可能采取的唯一措施；

在这次代表会议上①，来自大陆的代表们宣称，在他们的国家里已经有人担心，把过多的法国流亡者加聘到总委员会中会破坏总委员会的国际性；

代表会议（见《伦敦代表会议决议》第十五项）授权总委员会确定——根据事态的发展——应届代表大会或可以用来代替代表大会的代表会议的时间和地点。**291**

至于上述该支部以自己成员中有人曾经是巴黎工人团体的主席而自命为"法国革命力量"的唯一代表，则总委员会指出：

总委员会当然可以考虑某人过去是工人团体的主席，但是这决不能作为这个人"有权"被总委员会接纳并在总委员会代表"革命力量"的论据。如果是那样，总委员会就应当接纳曾经是巴黎首饰匠协会主席和伦敦的法国人支部书记的古斯塔夫·杜朗先生为委员。何况，总委员会委员应当代表的是国际工人协会的原则，而不是这个或那个团体的意见和利益。

二、1871 年法国人支部在 10 月 31 日总委员会会议上对 10 月 17 日决议提出的异议

（1）关于支部章程第二条中的这样一点：

"凡欲被接受为支部成员者，必须说明其生活来源，提供行为端正的保证"等等。

———————————

① 在第二份手稿里此处是："**法国人支部的成员清楚地知道**，在 1871 年 9 月 17—23 日于伦敦举行的这次代表会议上"。

支部声称：

"共同章程规定支部应当对其成员的行为端正负责，因此也就承认支部有权使用**它认为必需的任何手段**来取得保证。"

从这种观点出发，一个由 teetotalers ［**戒酒协会会员**］成立的国际支部就可以在自己的地方性章程中写上这样一条："凡欲被接受为支部成员者，必须宣誓决不饮用任何酒类。"一句话，个别的支部借口要用它们"认为必需的那种办法"来履行保证其成员品质纯洁的责任，总是能够在地方性章程中规定出加入国际的最荒唐、最无理的条件。

总委员会在其10月17日决议的第一条里指明，往往"没有生活来源完全可以作为行为端正的保证"。总委员会认为，支部可以不必重复这一点，不必说"流亡者以自己的贫穷这个最可信的见证使自己免受任何怀疑"。

对于"罢工基金会"是罢工工人的"生活来源"的说法，首先可以这样反驳：这种"基金会"常常是虚构的。①

其次，英国官方的调查表明，大多数英国工人——一般说来他们的境遇比他们在大陆上的弟兄们好一些——有时由于罢工和失业、有时由于工资的不足和拖欠或由于其他原因，而不得不经常去典当、**借债**，也就是说去找那些非采取不能容许的干预公民私人生活的办法就不能被证实的"生活来源"。

二者必居其一：

---

① 第二份手稿接下来是："难道罢工的结果不总是工人遭受剥夺和痛苦吗？这一事实好像被1871年支部忽视了！"

　　要么，支部把"生活来源"只看做是"行为端正的保证"。① 在这种情况下，总委员会所提出的"凡欲被接受为支部成员者，必须提供行为端正的保证"的建议是符合这个目的的，因为它规定（见 10 月 17 日决议第一条）："在可疑的情况下，支部可以把生活来源**作为行为端正的保证**加以调查。"²⁹²

　　要么就是，支部在其章程第二条内故意把说明"生活来源"说成是除了它有权要求的"行为端正的保证"之外的加入支部的条件。在这种情况下，总委员会认为，"这是资产阶级式的新做法，是与共同章程的文字和精神相抵触的"。

　　（2）关于总委员会否决支部章程第十一条中的这一款：

　　"将派一个或几个代表参加总委员会"。

支部答复说：

　　"我们决不是不知道……共同章程的文字含义给予它（总委员会）接受或不接受代表的权利。"

　　这清楚地证明②支部并不了解共同章程的文字含义。

　　事实上，共同章程只承认**两种**选举总委员会的方式——或者是由代表大会任命，或者是由总委员会自行加聘，**没有任何一处**讲到总委员会可以接受或不接受支部或小组的代表。

　　接纳由伦敦各支部直接提出的代表做委员，一向都是总委员会的**行政措施**。总委员会在这种情况下只是行使了它所享有的加聘成员的权利（见 10 月 17 日总委员会决议第二条的第 2 点）。

---

① 第二份手稿接下来是："以逃避其责任"。
② 第二份手稿此处有："在这一点上就像在许多其他点上一样"。

使总委员会不得不采取这种加聘方式的特殊情况，在总委员会的10月17日决议中可以找到充分的说明。

总委员会在这同一决议中（第二条第3点）声明，它准备按照接受伦敦各支部其他代表的**同样条件**接受1871年法国人支部的代表。但是它不能当真考虑这种要求：不顾共同章程而为该支部规定一种特权地位。

1871年法国人支部在共章程第十一条中写上了这样一款："**将派**一个或几个代表参加总委员会"，是企图以共同章程为根据，取得派代表参加总委员会的权利。它装出一副对这种臆想的权利似乎深信不疑的姿态，而且在它本身还没有得到总委员会承认以前（见巴塞尔代表大会关于组织问题的决议第四条[293]），就毫不犹豫地于10月17日"根据权利"派遣两名持有20个有表决权的支部成员发给的"限权代表委托书"的代表出席总委员会会议。最后，这个支部在其最近的来信中又再一次坚持它有"义务和权利派代表参加总委员会"。

为了给自己的无理要求辩护，支部企图以公民埃尔曼在总委员会里的情况为先例。它假装不知道，公民埃尔曼被加聘为总委员会委员是由**比利时代表大会**推荐的，而且他在总委员会里决不代表列日支部。[①]

（3）关于总委员会拒绝承认支部章程中如下一点：

"支部的每个成员必须作为本支部的代表参加总委员会"，

支部回答说：

"为了回答这一点，我们只想指出，我们的章程是在我们支部范围内生效的，我们的协议只是考虑到我们自己，只与我们自己有关，这一要求与共同章

---

① 第二份手稿接下来是："尽管事实上他是该支部的成员"。

程毫不抵触，因为共同章程没有提到这一点。"

很难理解，共同章程没有提到派代表参加总委员会的权利，怎么能够令人信服地用来论证在总委员会里当代表的条件。而地方性的支部章程只是在支部范围内生效，倒容易理解得多。虽然如此，却不能同意，地方性的支部章程"只是考虑到它自己，只与它自己有关"。[294] 因为比如说，总委员会批准了1871年法国人支部章程的第十一条，那就势必要在所有其他支部的章程里也加上这一条，而这一条一经加以普遍化，就会把总委员会根据共同章程所拥有的加聘成员的权利完全勾销。[295]

有鉴于此，

（一）总委员会保持它在1871年10月17日作出的决议完全有效。[296]

（二）如果本决议在11月21日总委员会开会以前不为支部所接受，则各个通讯书记将把1871年法国人支部章程、该支部代表在10月17日会议上向总委员会递交的委托书、总委员会10月17日的决议、1871年法国人支部在10月31日会议上向总委员会所作的答复以及11月7日总委员会的最后决议分发给各国联合会委员会，在没有联合会委员会的国家则发给地方组织。

代表总委员会并受总委员会委托[297]

1871年11月7日于伦敦

卡·马克思写　　　　　　　　　　　原文是法文

参看《马克思恩格斯全集》中文第
1版第17卷第499—504页

总委员会给《法兰克福报和商报》编辑部的声明[298]

在《法兰克福报》第 326 号第二版的一篇注明"**伦敦** 11 **月** 18 **日**"的通讯里有这样一段话：

"**国际伦敦支部在上次会议上通过了下列决议：**'**查理·迪尔克爵士在为人民的事业的斗争中建树的卓越功绩，理应受到人民的感激；此建议授予他国际工人联合会名誉会员的称号。**'**在以前的一次会议上科苏特被选为会员。**"

国际没有名誉会员这样的制度。上述决议或许是伦敦的一个小团体作出的，这个团体起初定名为"国际民主协会"，后来取名为"共和大同盟"[299]。它和**国际**毫无关系。

代表国际工人协会总委员会

德国通讯书记　**卡尔·马克思**

马克思写于 1871 年 11 月 24 日
载于 1871 年 11 月 28 日《法兰克福报和商报》第 333 号

原文是德文，根据报纸译成英文
参看《马克思恩格斯全集》中文第 1 版第 17 卷第 505 页

总委员会给《意大利无产者报》编辑部的声明[300]

公民们：

贵报第 39 号登载了都灵工人的一篇宣言，其中说：

"我们公开宣布，伦敦大委员会把社会主义放在次于政治的地位的决议刚一发表，就由《无产者报》编辑部向我们报道了，这样的决议不具有正式的性质，因为大委员会鉴于许多欧洲的协会也会像我们一样一致拒绝这个决议，就把它撤销了。"

这种说法使总委员会不得不作如下声明：

（1）总委员会从来没有作过把社会主义放在次于政治的地位的任何决议；

（2）因此它不可能撤销这样的决议；

（3）任何欧洲的或美国的协会都不可能拒绝这样的决议，而且也没有拒绝过总委员会的其他任何决议。

总委员会对无产阶级的政治行动的态度是十分明确的。

这种态度是根据：

（1）共同章程，章程中**绪论部分**的第四段中说："工人阶级的经济解放是**一切政治运动都应该作为手段服于它**的伟大目标。"

（2）协会成立宣言（1864 年），即对章程的一种正式的和具有约束性的解释，宣言里说：

"土地巨头和资本巨头总是要利用他们的政治特权来维护和永久保

持他们的经济垄断的。他们不仅不会赞助劳动解放的事业，而且恰恰相反，会继续在它的道路上设置种种障碍……所以，夺取政权已成为工人阶级的伟大使命。"[301]

（3）洛桑代表大会决议（1867年），其中关于这一点说道："工人的社会解放同他们的政治解放是不可分割的。"[302]

（4）伦敦代表会议第九项决议（1871年9月），它依据上述各项决议提请国际的会员注意：在工人阶级的斗争中，它的经济运动是和政治行动密切联系着的。[303]

这样替总委员会规定的立场，总委员会始终遵守着，而且将来仍将遵守。因此总委员会宣布，不知道是由谁转告《无产者报》编辑部的上述消息是捏造的和诽谤性的。

受总委员会的委托并代表总委员会

意大利书记　弗·恩

附言：我刚才收到了日内瓦寄来的《社会革命报》[304]，该报报道说，汝拉的一个小组反对伦敦代表会议的决议。总委员会没有得到任何通知。一俟总委员会得到这一通知，它将采取必要的措施。

1871年11月29日

恩格斯用意大利文写

参看《马克思恩格斯全集》中文第
1版第17卷第507—508页

给朱泽培·博里安尼的委托书[305]

1871 年 11 月 30 日于伦敦西中央区

海–霍尔本街 256 号国际工人协会

公民朱泽培·博里安尼已被接受为国际工人协会会员，今授予他接受新会员和组织新支部的权力，条件是他和新接受入会的会员和支部必须承认协会的正式文件对他们有约束力，这些文件就是：

共同章程和组织条例，

成立宣言，

各次代表大会的决议，

1871 年 9 月伦敦代表会议的决议。

受总委员会委托并代表总委员会

意大利书记　**弗里德里希·恩格斯**

恩格斯用意大利文写　　　　　　　第一次用原文发表

参看《马克思恩格斯全集》中文第
1 版第 17 卷第 509 页

总委员会就马志尼关于国际的若干文章
给意大利几家报纸编辑部的声明[306]

1871 年 12 月 6 日于伦敦西中央区

海–霍尔本街 256 号国际工人协会

致《人民罗马》编辑

编辑先生：

我相信您的正直，请您将随信附上的声明予以发表。既然战斗，就要正直地战斗。

请接受崇高的敬意

国际工人协会总委员会意大利书记   弗·恩格斯

致《人民罗马》编辑部

在《人民罗马》第 38 期上，公民朱·马志尼发表了题为"关于国际的文件"的一系列文章的头一篇。他预先告诉读者说：

"我……从我所能利用的一切来源收集了它的全部决定，它的有影响的委员的所有口头声明和书面声明。"

这就是他发表的文件。他引用了两段来作为开头。

一、"放弃政治行动竟达到这样的地步，以致某些法国的国际创始人答应路易-拿破仑，只要他向工人提供我不知是什么样的物质利益，他们就停止一切政治行动。"

我们要求公民马志尼为这种说法提出论据，我们认为这是一种诬蔑。

二、"巴枯宁在和平和自由同盟1868年伯尔尼代表大会上所发表的一篇演说中说：我希望个人之间和阶级之间都得到平等；不这样就谈不到正义的思想，就不可能建立和平。冗长的演说已经把工人欺骗够了。**必须告诉他们，他们应当要求什么，如果这一点他们自己不知道。**我是集体主义者，而不是共产主义者，如果我要求废除继承权，那只是为了更快地达到社会平等。"

公民巴枯宁是否讲过这些话，这与我们毫无关系。对总委员会说来，重要的只是要指出以下几点：

（1）正如马志尼自己所说的，这些话不是在国际的代表大会上讲的，而是在资产阶级的和平和自由同盟的代表大会上讲的；

（2）1868年9月在布鲁塞尔召开的国际的代表大会曾在一项特别决定中声明，它同**和平和自由同盟**的这次代表大会毫无共同之处[307]；

（3）在公民巴枯宁讲这些话的时候，他根本不是国际的会员；

（4）总委员会始终反对屡次想以狭隘的宗派主义的巴枯宁纲领来代替国际的广泛的纲领（它也使巴枯宁的信徒能够加入它的队伍）的企图，采用巴枯宁的纲领立刻就会使绝大多数国际会员被开除；

（5）因此，国际绝对不能对公民巴枯宁的私人行动和他的言论负责。

至于公民马志尼答应要在最近发表的有关国际的其他文件，总委员会预先声明，国际只对它所发表的正式文件负责。

受国际工人协会总委员会委托

并代表国际工人协会总委员会

意大利书记　**弗里德里希·恩格斯**

恩格斯用意大利文和法文写①
载于 1871 年 12 月 12 日《人民报》
第 144 号、1871 年 12 月 12 日《玫
瑰小报》第 345 号、1871 年 12 月
21 日《人民罗马》第 43 期

参看《马克思恩格斯全集》中文第
1 版第 17 卷第 511—513 页

---

① 《马克思恩格斯全集》中文第 1 版第 17 卷第 513 页上只说"意大利文"而
没有说法文。——编者注

给《玫瑰小报》编辑部的信[308]

2 月 7 日于伦敦西中央区
海-霍尔本街 256 号国际工人协会

致《玫瑰小报》编辑

公民：

佛罗伦萨的《自由思想》杂志不断地攻击国际已经有好几个月了，好像伟大的工人协会是这家杂志所维护的受俸神甫-唯理论者协会的对头似的。直到现在，我总觉得回答这些攻讦是多余的，可是这家杂志竟卑鄙地在意大利散布俾斯麦报刊上有关国际及其总委员会的无耻谰言，这时我不得不提出抗议了。因此我给《自由思想》写了如下一封信，请将该信在《玫瑰小报》上发表。

敬礼和兄弟情谊

总委员会意大利书记　**弗·恩格斯**

致《自由思想》编辑鲁伊治·斯蒂凡诺尼先生

阁下：

1872 年 1 月 4 日《自由思想》第 1 期上刊登了一篇题为"国际和伦敦最高委员会"的文章，关于它我应当说几句话。

这篇文章中提出这样一个问题：

"我们很愿意知道，恩格斯先生凭什么权力充当意大利的代表？"

我绝不要求而且从未要求代表意大利。我很荣幸地在总委员会中担任专门受委托与意大利进行通讯联系的书记，在执行这项委托时，我应该代表总委员会，而不是代表意大利。

其次，文章中引用了一些从柏林《新社会民主党人报》[309]抄来的伦敦通讯，其中充满了对总委员会和整个国际的十分卑鄙的诬蔑。对于这种诬蔑，我不打算回答。谁也不会同这种报纸进行辩论。全德国都清楚地知道《新社会民主党人报》是什么报纸：这是一家靠俾斯麦出钱维持的报纸，是普鲁士的政府社会主义的机关报。如果您需要关于这家报纸的更确切的材料，请写封信给您的莱比锡通讯员李卜克内西，他一定会给您提供足够的数量。我只想补充一点，要是您对于这种诬蔑国际的言论这样大感兴趣，那么在《费加罗报》、《高卢人报》、《小报》及其他巴黎的 demi-monde［名誉可疑的］报纸、伦敦的《旗帜报》、《日内瓦报》、维也纳的《每日新闻报》以及《莫斯科新闻》上，您可以找到成千上万条这样的东西，——这都是一些权威报纸，您可以不必再去引用可怜的施奈德。

在编辑部的按语中说道：

"可能这是暗指1850年卡尔·马克思在科隆建立的共产主义的秘密团体；正像在这种情况下常常发生的情况那样，这个团体被揭露以后，许多可怜的人落入普鲁士警察的手中，而主角却在伦敦安然无恙。"

谁要是说这种话，他就是撒谎者。我曾经属于这个团体。[310]它不是马克思创办的，不是在1850年创办的，也不是在科隆创办的。在此以前，它已经存在了十年。科隆支部由于自己不谨慎落入警察手中的时候，马克思和我因受普鲁士政府迫害，侨居英国已经一年了。要是您愿意更详细地了解，请您去问问多特蒙特的市长兼普鲁士议会和德国议会的议员贝克尔先生，科隆市参议员、医生克莱因先生，《维斯巴登日报》[311]的编辑毕尔格尔斯先生，伦敦总委员会委员、成衣匠列斯纳先生。他们在这次共产党人案件中都被判了罪。[312]

这篇辟谣声明请在贵刊最近一期上发表为荷！

谨致崇高的敬意

弗里德里希·恩格斯

载于1872年2月20日《玫瑰小报》
第50号

原文是意大利文
参看《马克思恩格斯全集》中文第
1版第17卷第526—527页

所谓国际内部的分裂

国际工人协会总委员会内部通告[313]

到现在为止，总委员会都一直认为应当完全避免发表任何关于国际内部斗争的言论，而且也从来没有公开回答过两年多来国际某些会员对它进行的公开攻击。

但是，如果说，当问题还只局限于几个阴谋家玩弄诡计，有意力图在国际和某个从产生之日起就对国际抱敌视态度的团体①之间制造混乱的时候，总委员会还可以继续保持沉默，那么现在，当欧洲反动派在这个团体所干的丑事中为自己找到了支柱，当国际经受着从它创立以来从未经受过的危机的时候，总委员会就不得不对所有这些阴谋作一个历史的概述。

一

总委员会在巴黎公社覆灭后所采取的第一个步骤，就是在资产阶级、各种报刊和欧洲各国政府正以公社的活动为借口来对巴黎的战败者大肆进行最卑鄙龌龊的诽谤的时候，公布了关于法兰西内战的宣言，宣布自己拥护公社的一切活动。甚至工人阶级中有一部分人也不了解，遭到失败的是他们自己的事业。对于总委员会说来，这种情形的证明之一

---

① 指国际社会主义民主同盟。

就是，它的两名委员，即公民奥哲尔和鲁克拉夫特退出了总委员会，宣布他们完全不同意这个宣言。可以说，宣言在世界所有文明国家的公布为统一工人阶级对巴黎事件的观点奠定了基础。

另一方面，国际在资产阶级报刊，特别是英国的大报刊中找到了非常强大的宣传手段，因为国际以这篇宣言迫使它们参加由于总委员会的不断反驳而继续进行下去的论战。[314]

公社流亡者大量来到伦敦，使总委员会变成了一个救济委员会，使它在八个多月中一直履行这个完全不属于它的一般责任范围的职能。[315]不言而喻，战败了的并遭到驱逐的公社社员不可能指望资产阶级的援助。至于工人阶级，关于援助的要求是在他们也很艰难的时刻提出来的。已经有大批流亡者来到瑞士和比利时，需要给他们以支援，或者帮助他们转移到伦敦去。在德国、奥地利和西班牙募集的钱都送到瑞士去了。在英国，以纽卡斯尔事件[316]为决定关头的争取九小时工作日的紧张斗争既耗尽了工人个人缴纳的会费，也耗尽了工联的基金。这里顺便提一下，按照章程的规定，这些会费和基金也只能用于工会斗争的目的。然而，由于不倦的活动和通讯的结果，总委员会募集到了一笔为数不多的钱，每周加以分配。美国工人最广泛地响应了它的号召。在吓破了胆的资产阶级的想象中，国际财务处拥有千百万巨款，要是总委员会能够把资产阶级的想象慷慨赠予国际财务处的这笔巨款变成现金，那就好了！

1871年5月以后，一批公社流亡者被吸收为总委员会委员，以代替由于战争而离职的法国代表。在加聘的委员中有的是国际的老会员，也有一些是以具有革命毅力而闻名的人，选举他们是表示对巴黎公社尊敬。[317]

除了这一切事务而外，总委员会还要为自己召开的代表会议进行筹备工作。[318]

　　由于波拿巴政府对国际的残酷迫害，巴塞尔代表大会决议规定在巴黎召开代表大会一事已无法实现。总委员会就行使章程第四条赋予它的权利，于1870年7月12日发出通告，宣布在美因兹召开代表大会。[319]与此同时，它写信给各个联合会，建议把总委员会的驻在地从英国迁往任何别的国家，并要求就这个问题发给代表们以限权代表委托书；各联合会一致主张总委员会留在伦敦。[320]几天以后便爆发了普法战争，使得代表大会根本不可能召开。于是我们征询各联合会的意见，它们就授权我们根据局势的发展情况确定召开应届代表大会的日期。

　　当政治局势一有了可能，总委员会就依据1865年代表会议[321]和在每次代表大会期间就组织问题举行的秘密会议的先例，召开了秘密代表会议。因为当时的情况是：欧洲的反动派正在过自己的狂饮节；茹尔·法夫尔要求各国政府，甚至是英国政府把流亡者当做刑事犯引渡给他；杜弗尔向地主议会提出宣布国际为非法的法案[322]，后来马鲁又把这个法案的伪善的膺制品奉送给了比利时人；在瑞士有一个公社流亡者，由于被要求引渡而在联邦政府还没有作出决定之前就遭到了审前羁押；对国际会员的迫害成了博伊斯特和俾斯麦结成同盟的公开基础，而且维克多-艾曼努尔也赶忙表示赞同反对国际的协议的条款，西班牙政府完全听命于凡尔赛的刽子手，迫使驻在马德里的联合会委员会到葡萄牙去寻找避难所[323]；最后，团结自己的组织并接受各国政府向它提出的挑战已成为国际的首要任务，——在这样的时候召开公开的代表大会是不可能的，其结果只能是把大陆的代表交到各国政府的手里。

　　所有同总委员会保持着经常联系的支部，都及时地被邀请参加代表会议，这次会议尽管不是公开的代表大会，但是它的筹备工作仍然遇到了严重的困难。不言而喻，法国由于当时的处境不可能推选代表。在意大利，当时唯一已经组织起来的支部是那不勒斯支部；但它还没有选举代表就被武力驱散了。在奥地利和匈牙利，最积极的国际会员都被关进

了监狱。在德国，一些最著名的国际会员被控叛国而遭到迫害，另一些
会员则被关进了监狱，党的经费完全用来救济他们的家庭。[324]美国人把
本应用来派遣代表团的经费用来支援流亡者，只给代表会议送来了一份
关于国际在他们国内的状况的详细报告。[325]但是，所有的联合会都认为
必须召开秘密代表会议以代替公开的代表大会。

1871 年 9 月 17 日至 23 日在伦敦举行的代表会议，在自己工作结束
时曾责成总委员会公布会议所通过的决议，综合出一个总的组织条例，
并用三种语言把它同修改和审订后的共同章程一起公布，执行关于以会
费券代替会员卡的决议，改组在英国的国际[326]，以及筹措为完成这种种
工作所必需的经费。

当代表会议的材料刚一公布，从巴黎到莫斯科，从伦敦到纽约的反
动报刊就宣称关于工人阶级的政治的决议[327]是图谋不轨，——《泰晤士
报》指责它是"冷静预谋的卤莽行为"，——因此必须立即宣布国际为
非法。另一方面，谴责了宗派主义的冒牌的支部的决议[328]，使国际上的
警察得到了一个期待已久的借口，掀起一场似乎是捍卫受它保护的工人
的自由自治而反对总委员会和代表会议的侮辱性专制的叫嚣。工人阶级
感到自己受到总委员会如此"沉重的压迫"，以致总委员会不断从欧
洲、美洲、澳洲，甚至从印度收到要求加入国际的申请书和关于成立新
支部的通知书。

二

资产阶级报刊的诬控和国际上的警察的怨恨，甚至在我们协会内部
得到了同情的反应。表面上反对总委员会实际上是反对整个协会的阴
谋，在协会内部制造出来了。在背后制造这些阴谋的总是**国际社会主义
民主同盟**——俄国人米哈伊尔·巴枯宁的产儿。巴枯宁从西伯利亚回来

后便开始在赫尔岑的《钟声》报上宣传他多年实验的成果——泛斯拉夫主义和种族战争。[329]稍后，在旅居瑞士期间，他被选入为了同国际对抗而建立的和平和自由同盟的领导委员会。由于这个资产阶级团体的处境越来越不妙，它的主席古·福格特先生依照巴枯宁的劝告向1868年9月在布鲁塞尔开会的国际代表大会建议与同盟缔结联盟。代表大会一致声明，二者必居其一：或者同盟追求的目的和国际是一样的，那么它的存在就没有任何意义，或者它别有所图，在这种情况下就不可能缔结联盟。几天之后，在伯尔尼举行的同盟代表大会上巴枯宁来了一个转变，他在会上提出了一个仓猝拼凑的纲领，这个纲领的科学价值，从**"各阶级在经济和社会方面的平等"**这句话中就可以判断出来。[330]支持他的是微不足道的少数人，于是他和同盟决裂，以便加入国际，企图用他的偶然的、被同盟否决了的纲领来代替国际的共同章程，用他的个人独裁来代替总委员会。为了达到这个目的，他给自己制造了一个专门的工具——**国际社会主义民主同盟**，并预谋把这个同盟变成国际中的国际。

巴枯宁在他旅居意大利期间结识的那些人中间，以及在一小群俄国流亡者中间找到了成立这个团体所必需的分子；他们替他当密使，替他在瑞士、法国和西班牙拉拢国际会员。但是，只是在比利时联合会委员会和巴黎联合会委员会一再拒绝承认同盟以后，巴枯宁才决定把自己的新团体的章程提请总委员会批准，这个章程只不过是"莫名其妙的"伯尔尼纲领的精确的翻版。总委员会于1868年12月22日发出下述通告[331]作为回答：

总委员会致国际社会主义民主同盟

约一个月以前，一些公民在日内瓦成立了一个名为**国际社会主义民主同盟**的新的国际性团体的**中央发起委员会**，这个团体宣布自己的"**特**

殊使命是根据伟大的**平等**原则研究政治问题和哲学问题"，云云。

国际工人协会总委员会只是在 1868 年 12 月 15 日才得知由该发起委员会印发的纲领和章程。根据这两个文件，上述的同盟"完全溶化在国际中"，但同时又完全成立于该协会之外。根据发起者的章程，除了由日内瓦代表大会、洛桑代表大会和布鲁塞尔代表大会选出的**国际**总委员会之外，在日内瓦还将存在另外一个自己任命自己的总委员会。除了**国际**的地方组织之外，还将存在**同盟**的地方组织，后者将通过活动于**国际**的各个民族局之外的它们自己的民族局"**向同盟中央局提出请求加入国际**"；这样，**同盟**中央委员会就攫取了接纳加入**国际**的权利。此外，**国际工人协会的全协会代表大会**也将有一个孪生兄弟——**全同盟代表大会**，因为根据发起者的条例，在每年一次的工人代表大会期间，作为国际工人协会的一个分部的国际社会主义民主同盟的代表团，"**将在单独的会场内举行自己的公开会议**"。

鉴于：

既在国际工人协会之内，又在该协会之外进行活动的第二个国际性组织的存在，必将使协会陷于瓦解；

任何地方的任何别的一伙人都可以仿效日内瓦发起小组的做法，以各种冠冕堂皇的借口把负有别的特殊使命的其他国际性协会引到国际工人协会里来；

这样，国际工人协会很快就会变成任何民族和任何党派的阴谋家手中的玩物；

此外，根据国际工人协会章程，许可加入国际的只能是地方性的和全国性的支部（见章程第一条和第六条）；

国际工人协会的各个支部不得规定同国际工人协会的共同章程和组织条例相抵触的章程和组织条例（见组织条例第十二条）；

国际工人协会的章程和组织条例只能由全协会的代表大会进行修

改，但须有出席代表的三分之二赞成修改（见组织条例第十三条）；

这个问题在布鲁塞尔全协会代表大会一致通过的反对**和平同盟**的决议中已预先得到解决；

代表大会在这些决议中声明，**和平同盟**没有任何理由存在，因为根据它不久前发表的声明，其宗旨和原则与国际工人协会的宗旨和原则完全相同；

同盟发起小组的某些成员作为布鲁塞尔代表大会的代表曾投票赞成这些决议；

国际工人协会总委员会在1868年12月22日的会议上一致决定：

（1）国际社会主义民主同盟章程中规定它同国际工人协会关系的所有条文一律宣布废除和无效。

（2）不接纳国际社会主义民主同盟作为一个支部加入国际工人协会。

会议主席——**乔·奥哲尔**

总 书 记——**罗·肖**

1868年12月22日于伦敦

几个月以后，同盟又写信给总委员会，问它是否承认同盟的**原则：是还是否**？如果得到的答复是肯定的，同盟就声明它准备溶化在国际各支部中。同盟收到的回答是下面这个1869年3月9日通告[332]：

总委员会致国际社会主义民主同盟中央局

根据我们的章程第一条，协会接受**追求共同目标即追求工人阶级的互相保护、发展和彻底解放**的一切工人团体。

由于每个国家工人阶级的各种队伍所处的发展条件不同，因此它们反映实际运动的理论观点也必然会各不相同。

但是，国际工人协会所确定的行动一致，由各个全国性支部的机关报刊所促进的思想交流，以及在全协会代表大会上进行的直接讨论，应当逐步导致一个共同的理论纲领的形成。

因此，**批判地审查同盟的纲领**并不属于总委员会的职权范围。研究这个纲领是不是如实地反映了无产阶级运动并不是我们的任务。对我们来说，重要的只是要了解，它同我们协会的**总的方向**即**工人阶级的彻底解放**有没有什么相抵触的地方。在你们的纲领中，有一句话是不符合这个要求的。你们纲领的第二条写道：

"它（同盟）首先力求实现**各阶级在政治、经济和社会方面的平等**。"

各阶级的平等，照字面上理解，就是资产阶级社会主义者所拼命鼓吹的**资本和劳动的协调**。不是各阶级的平等——这是谬论，实际上是做不到的——相反地是**消灭阶级**，这才是无产阶级运动的真正秘密，也是**国际工人协会**的伟大目标。

但是，如果看一下**各阶级的平等**这句话的上下文，那么这个地方似乎纯粹是一个被忽略的笔误。总委员会相信，你们不会拒绝从你们的纲领中删去这个可能引起如此危险的误解的词句的。我们协会根据自己的原则允许每个支部在不违背协会的总方向的情况下自由制定它的理论纲领。

因此，没有任何障碍会阻挡同盟各支部**变成**国际工人协会的支部。

如果**解散同盟以及同盟各支部加入国际**的问题最后决定了，那么，根据我们的条例，必须把**每一个新支部的所在地及其人数通知总委员会**。

1869 年 3 月 9 日总委员会会议

由于同盟同意了这些条件，被巴枯宁的纲领上的几个签名所蒙骗的总委员会接受了同盟加入国际，它以为，同盟已被日内瓦罗曼语区联合会委员会承认了，而实际上正好相反，后者始终避免和它打交道。同盟达到了它最近的目的：争得了派代表参加巴塞尔代表大会的权利。虽然巴枯宁的信徒采取了龌龊的手段，采取了除了这次而外在国际的历次代表大会上从未有过的手段，但是巴枯宁的打算还是落空了，他本想使代表大会把总委员会的驻在地迁到日内瓦去并正式批准巴枯宁作为社会主义的实际出发点提出来的一种措施，即圣西门主义关于立即废除继承权的胡说。这就成了同盟对国际进行公开不断的战争的信号，这个战争不仅反对总委员会，而且也反对一切拒绝承认这个宗派集团的纲领、尤其是拒绝承认它关于完全放弃政治的学说的国际支部。

还在巴塞尔代表大会召开以前，当涅恰耶夫来到日内瓦的时候，巴枯宁就和他建立了联系，并在俄国的大学生中间建立了一个秘密团体。他经常用各种"革命委员会"的名义把自己的本来面目掩盖起来，从而猎取了用卡利奥斯特罗时代的一切可能的欺骗和愚弄手段来维持的无限权力。这个团体的主要宣传方法是，从日内瓦用黄色信封给人寄信，信上盖着有"秘密革命委员会"等俄文字样的印记，从而使这些无辜的人受到俄国警察的怀疑。已公布的关于涅恰耶夫案件的报告，就是卑鄙地滥用**国际**名义的证明。[①][333]

在此期间同盟开始同总委员会进行公开的论战，起初是在勒洛克勒出版的《进步报》[334]上，后来是在日内瓦的《平等报》上（这是罗曼语区联合会的机关报，继巴枯宁之后还有几个同盟盟员混入了该报）。总委员会不屑于理睬巴枯宁的私人机关报《进步报》的攻讦，但是对于《平等报》的攻讦却不能置之不理，因为它认为，这些攻讦是得到罗曼

---

① 不久即将公布涅恰耶夫案件的摘要。读者可以从中找到荒诞的同时也是卑劣的准则的典范，而巴枯宁的朋友们却让**国际**对这些准则负责。——马克思、恩格斯原注

语区联合会委员会的同意的。于是总委员会便于 1870 年 1 月 1 日公布了一份通告[335]，其中说：

"在 1869 年 12 月 11 日《平等报》上我们读到这样一段话：

'**毫无疑义**，总委员会轻视极其重要的事情。我们援引条例的第一条来提醒它注意它的职责，这一条规定：总委员会**必须**执行代表大会的决议等等，我们本来可以向总委员会提出大量的问题，这些问题的答案足以构成一份冗长的文件。稍后我们将这样做……而现在……'云云。

"总委员会无论在章程或条例中都找不到这样一条规定，即它必须同《平等报》通信或辩论，或者'回答'任何报纸提出的'问题'。总委员会认为，只有设在日内瓦的联合会委员会才是瑞士罗曼语区各支部的代表者。如果罗曼语区联合会委员会通过唯一合法的途径，即通过自己的书记向我们提出质问或指责，那么总委员会随时都准备回答它。但是，罗曼语区联合会委员会既无权把自己的职责推卸给《平等报》和《进步报》的编辑，也无权让这两家报纸篡夺它的职责。一般地说，如果把总委员会同全国性的和地方性的委员会关于组织问题的来往信件公布出来，那就会使协会的总的利益遭到巨大的损害。的确，如果国际的其他机关报也仿效《进步报》和《平等报》，那么总委员会就不得不二者择其一：或者保持缄默而使自己在社会面前丧失威信，或者违反自己的职责而公开作答。《平等报》和《进步报》一起向巴黎《劳动报》[336]**建议**，要它也来攻击总委员会。多么像个公共福利同盟！"[337]

然而，罗曼语区联合会委员会还在看到这个通告之前就把同盟的拥护者从《平等报》编辑部清除出去了。

1870 年 1 月 1 日的通告和 1868 年 12 月 22 日以及 1869 年 3 月 9 日的通告一样，得到了国际所有支部的赞同。

不言而喻，同盟没有履行它所接受的任何一个条件。它的所谓的支部仍对总委员会保持秘密。巴枯宁力图把西班牙和意大利的几个分散的小组，以及由于他的影响而脱离国际的那不勒斯支部，控制在他的个人领导之下。在意大利其他城市中，他同一些不是由工人而是由律师、新闻记者和其他资产阶级空论家组成的人数不多的小组保持着联系。在巴塞罗纳，他的影响由他的一些朋友在维护。在法国南部的一些城市中，同盟企图建立以里昂的阿尔伯·里沙尔和加斯帕尔·勃朗为领导的分立主义支部，关于这些支部以后还要谈到。简言之，一个国际性团体继续在国际内部进行活动。

同盟打算在 1870 年 4 月 4 日开幕的绍德封代表大会上实行决定性的打击——夺取瑞士罗曼语区各支部的领导权。

斗争是从关于同盟代表参加代表大会的权利问题开始的，日内瓦联合会和绍德封各支部的代表对这个权利持有异议。

虽然同盟的拥护者按照他们自己的计算只是联合会五分之一会员的代表，但他们重施巴塞尔的阴谋诡计，终于为自己保证了一两票的虚假多数。用他们自己机关报的话（见 1870 年 5 月 7 日《团结报》[338]）来说，这个多数只代表 15 个支部，可是仅仅日内瓦一地就有 30 个支部！表决的结果，罗曼语区代表大会分裂为两部分，这两部分都各自继续开会。同盟的信徒们以全联合会的合法代表者自居，把罗曼语区联合会委员会的会址迁往绍德封，并在纳沙泰尔创办了自己的正式机关报《团结报》，由公民吉约姆主编。这位青年作家的专门使命，就是诬蔑可憎的"资产者"即日内瓦的"工厂工人"[339]，同罗曼语区联合会机关报《平等报》进行斗争，以及宣传完全放弃政治。有关这一主题的最有分量的文章的作者，在马赛是巴斯特利卡，在里昂是同盟的两大台柱：阿尔伯·里沙尔和加斯帕尔·勃朗。

日内瓦的代表们回去以后，召开了自己支部的全体大会。大会不顾巴枯宁和他的朋友们的反对，赞同了代表们在绍德封代表大会上的行动。

过后不久，巴枯宁和他的最积极的喽啰就被开除出旧罗曼语区联合会。

罗曼语区代表大会刚刚闭幕，绍德封的新委员会就写信要求总委员会进行干预，在信上签字的是书记弗·罗伯尔、主席昂利·舍瓦累（两个月以后，该委员会机关报《团结报》在 7 月 9 日指责舍瓦累进行**盗窃**）。总委员会研究了双方所提出的文件，于 1870 年 6 月 28 日决定，保留日内瓦联合会委员会原有的职权，并建议新的绍德封联合会委员会用一个地方性的名称。[340] 绍德封的委员会对这个决定感到大失所望，于是便借口总委员会有**权威主义**而大叫大嚷，忘记了是它最先要求总委员会进行干预的。这个委员会顽强地企图篡夺罗曼语区联合会委员会的名称，从而使瑞士联合会卷入了一场纷争，这迫使总委员会同它断绝了任何正式关系。

在此以前不久，路易·波拿巴在色当率部投降。从四面八方传来了国际会员抗议继续进行战争的呼声。总委员会在 9 月 9 日的宣言中揭露了普鲁士的侵略计划，指出普鲁士的胜利对无产阶级的事业多么危险，并警告德国工人说，他们将首先成为这个胜利的牺牲品。[341] 在英国，总委员会召开了**群众大会**，会上对英国宫廷的亲普倾向进行了反击。在德国，国际的工人会员举行了示威，要求承认共和国和"使法国获得光荣的和平"……

这时，热情洋溢的（纳沙泰尔的）吉约姆的好战本性启发他想出了一个发表**匿名**宣言的好主意，他在正式机关报《团结报》的附刊中，以团结为标题发表了一个宣言，要求组织瑞士志愿部队来同普鲁士人作战，至于吉约姆本人，毫无疑问，他的弃权论的信念妨碍他去打仗。[342]

里昂爆发了起义。[343] 巴枯宁急忙赶到那里去，他在阿尔伯·里沙尔、加斯帕尔·勃朗和巴斯特利卡的支持下于 9 月 28 日搬进市政厅，但是**放弃**在周围设置警卫，认为这是一种政治行动。正当他的关于**废除国家**的法令经过分娩的剧痛之后终于出世的时候，他便可耻地被几个国民自卫军兵士从那里赶走了。

1870 年 10 月，总委员会鉴于它的法国委员缺位，便加聘了从布雷斯特来的流亡者公民保尔·罗班，他是同盟的最著名的拥护者之一，而且还是《平等报》上攻击总委员会的文章的作者。从这时起，罗班便在总委员会中不断执行绍德封委员会的半官方通讯员的职务。1871 年 3 月 14 日，他建议召开国际的秘密代表会议来解决瑞士冲突。总委员会预见到，重大的事件正在巴黎酝酿成熟，就断然拒绝了这个建议。罗班一再提出这个问题，甚至建议总委员会对这个冲突作出最终决定。7 月 25 日，总委员会决定把这个问题列为应由 1871 年 9 月召开的代表会议解决的问题之一。

同盟根本不愿意让代表会议调查它的阴谋，就在 8 月 10 日宣布，它从 8 月 6 日起已经解散。[344]但是 9 月 15 日它又重新出现了，并以**无神论社会主义者支部**的名称要求总委员会接受它。根据巴塞尔代表大会第五项关于组织问题的决议[345]，总委员会如果不征求两年来一直肩负着同各宗派主义支部作斗争的重担的日内瓦联合会委员会的意见，就没有权利接受这一支部。此外，总委员会早先已经向英国基督教青年团体（Young men's Christian Association ［基督教青年会］）宣布，国际不承认有神论支部。

8 月 6 日，即同盟解散的那一天，绍德封的联合会委员会在重新提出同总委员会建立正式关系的要求并向总委员会声明，它将和过去一样不理睬 6 月 28 日的决议，对于日内瓦方面它继续认为自己是罗曼语区联合会委员会，而且认为"这个问题应由全协会代表大会来解决"。9 月 4 日这个委员会又送来了一份抗议书，对代表会议的权能提出异议，尽管是它最先提出关于召开代表会议的问题的。代表会议本来也可以质问，在巴黎被围之前，绍德封的委员会曾请求巴黎联合会委员会就瑞士冲突问题作出决议，而这个巴黎联合会委员会究竟有什么权能呢?[346]但代表会议仅限于批准了总委员会 1870 年 6 月 28 日的决议（理由见 1871 年 10 月 21 日的日内瓦《平等报》）[347]。

三

　　一些逃到瑞士来避难的法国流亡者的出现，使同盟有了某些活跃。

　　日内瓦的国际会员为流亡者做了他们力所能及的一切事情。他们从第一天起就保证给流亡者以援助，他们展开了广泛的鼓动工作，从而阻止了瑞士当局同意凡尔赛政府提出的引渡流亡者的要求。许多国际会员曾冒着巨大危险到法国去帮助逃亡者越过国境线。当日内瓦的工人们知道下述事实的时候，他们该是多么惊异呵！这就是，某些首领，如像贝·马隆①立即和同盟的先生们建立了联系，并在同盟前书记尼·茹柯夫斯基的帮助下企图在日内瓦，在罗曼语区联合会之外成立一个新的"宣传和革命社会主义行动支部"[349]，这个支部在它的章程的第一条中声明说，它

　　"接受国际工人协会共同章程，**但保留充分的行动和首创的自由**，这种自由

---

① 贝·马隆的朋友们三个月来喋喋不休地吹嘘他是**国际的创始人**，宣称他的书[348]**是关于公社的唯一客观的著作**，他们是否知道巴提诺尔市市长的这位助手在二月选举前夕所持的立场呢？贝·马隆在当时尚未预见到公社，他想使自己被选入国民议会，为此施展了种种阴谋诡计，希图以国际会员的资格被列入四个选举委员会的名单。为此目的，他厚颜无耻地否认巴黎联合会委员会的存在，并向各个委员会提交了一份他在巴提诺尔建立的支部所草拟的名单，冒称是全协会提出的名单。——稍后，3 月 19 日，他在一份正式文件中痛骂在这前夕发生的大革命的领导人。现在这个无政府主义者在竭力吹嘘或者让人吹嘘，他还在一年前就向四个委员会说过："朕即国际！"贝·马隆居然要同时模仿路易十四和巧克力糖制造商佩龙。后者不是曾经声明，**只有他的巧克力……才是可口的**！——马克思、恩格斯原注

是协会的章程和**历届代表大会**所承认的自治和联邦原则的合乎逻辑的结果"。

换句话说，它保留同盟事业继续下去的充分自由。

1871 年 10 月 20 日，马隆先生写信给总委员会，在信中这个新支部第三次请求接受它加入国际。根据巴塞尔代表大会的第五项决议，总委员会征求了日内瓦联合会委员会的意见，后者激烈反对总委员会承认这个"阴谋和纠纷"的新的"策源地"。为了不愿把贝·马隆和同盟前书记尼·茹柯夫斯基的意志强加于全联合会，总委员会是表现得够"权威的"。

由于《团结报》停刊了，同盟的新信徒们便创办了以安得列·莱奥女士为最高领导的《社会革命报》[350]，在此之前不久，她曾在和平同盟的洛桑代表大会上宣称：

> "拉乌尔·里果和费雷是公社的两个穷凶极恶的人物，他们在此以前在人质被处死以前不断地要求——诚然，始终没有成功——采取血腥手段。"[351]

这家报纸从第一号起就急急忙忙同《费加罗报》、《高卢人报》、《巴黎报》[352]以及其他肮脏报纸站在一条线上，转载它们攻击总委员会的卑鄙言论。它认为甚至可以在国际内部也燃起民族仇恨的火焰的良机已经到了。用它的话来说，总委员会是一个德国的委员会，领导它的是一个具有俾斯麦气质的人。①

《社会革命报》在确信总委员会的某些委员不会拿他们"**首先是高卢人**"来吹嘘之后，别无他法，于是只好抓住第二个口号，即欧洲警察

---

① 请看这个委员会的民族成分是怎样的：20 个英国人，15 个法国人，7 个德国人（其中有 5 个是国际的创始人），2 个瑞士人，2 个匈牙利人，1 个波兰人，1 个比利时人，1 个爱尔兰人，1 个丹麦人和 1 个意大利人。——马克思、恩格斯原注

当局放出来的口号，大肆宣扬总委员会的**权威主义**。

他们企图用来为这种幼稚胡说辩白的究竟是些什么事实呢？总委员会曾让同盟自然死亡，并依照日内瓦联合会委员会的意见不让它复活。此外，总委员会曾向绍德封的委员会建议，要它取一个能使它和瑞士罗曼语区的绝大多数国际会员和睦相处的名称。

除了这些"权威主义的"行动之外，在1869年10月至1871年10月这个期间，总委员会还怎样行使了巴塞尔代表大会所赋予它的那些相当广泛的权力呢？

（1）1870年2月8日巴黎"实证主义无产者协会"向总委员会申请加入国际。总委员会回答说，该协会的特别章程中，在涉及资本的那一部分所阐述的实证主义原则明显地同共同章程的导言相抵触，因而，应当抛弃这些原则，并且以"无产者"的资格而不是以"实证主义者"的资格加入国际，但是可以保留自由地使自己的理论观点和协会的共同原则协调起来的权利。这个支部在承认了这一决定的正确性后便加入了国际。

（2）在里昂，在1865年支部和不久前成立的、除了正直的工人而外还有同盟的代表阿尔伯·里沙尔和加斯帕尔·勃朗参加的支部之间发生了分裂。像在这种情况下常有的那样，在瑞士成立的仲裁法庭的决议没有被承认。1870年2月15日，新支部不仅要求总委员会根据巴塞尔代表大会的第七项决议就这一冲突作出决议，而且还给总委员会送了一份现成决议，建议它痛斥1865年支部的成员并将他们开除出国际。新支部建议总委员会在这个决议上签字，并**连同回信**一起寄给它。总委员会谴责了这种闻所未闻的举动，并要求提供相应的文件。1865年支部在回答这一质询时说，已呈交仲裁法庭的控告阿尔伯·里沙尔的文件被巴枯宁拿去了，他拒绝送回；由于这个缘故，它不能充分满足总委员会的希望。3月8日总委员会就这个问题作出的决议没有遭到任何一方的反对。

（3）在伦敦的法国人支部接受了非常可疑的分子加入自己的队伍，因此逐渐变成了一个由费里克斯·皮阿先生为所欲为地经营一切的特种股份公司。他利用这个支部来组织要求杀死路·波拿巴的败坏声誉的示威游行等等，并且以国际的名义在法国散布自己的荒诞的宣言。总委员会只是在协会各机关刊物上发表了一个声明，说皮阿先生不是国际的会员，国际不能对他的行为和狂妄行动负责。于是法国人支部宣布，它既不承认总委员会，也不承认历届代表大会，它在伦敦的墙壁上张贴了许多标语，宣称除它而外整个国际是一个反对革命的团体。全民投票前夕，法国的国际会员被逮捕了，借口是他们参加阴谋活动。其实，所谓的阴谋活动是警察当局捏造出来的，而皮阿分子的宣言却把它说得好像真有其事。于是总委员会不得不在《马赛曲报》和《觉醒报》上发表它在1870年5月10日作出的决议，其中宣称，所谓的法国人支部已经有两年多不属于国际了，它的所作所为都是警察当局的走狗所干的勾当。[353]巴黎联合会委员会在这两家报纸上发表的声明以及巴黎的国际会员在他们受审讯期间发表的声明，证实了采取这个步骤的必要性；两个声明都援引了总委员会的决议。法国人支部在战争初期就瓦解了，但是，正像同盟在瑞士一样，它又在伦敦出现了，而且找到了新的盟友并取了另外的名称。

在代表会议的最后几天，公社流亡者在伦敦成立了一个1871年法国人支部，大约有35个成员。总委员会的第一个"权威主义的"行动就是，公开揭露这个支部的书记古斯塔夫·杜朗是法国警察当局的密探。[354]我们所掌握的文件表明，警察当局的企图是，首先使杜朗参加代表会议，然后使他钻进总委员会。由于新支部的章程规定它的会员"不接受要他们参加总委员会工作的任何委任，除非这种委任是由自己支部提出的"，因此公民泰斯和巴斯特利卡退出了总委员会。

10月17日，这个支部派了两名持有限权代表委托书的会员到总委员会来；其中之一正好就是前炮兵委员会委员绍塔尔先生。总委员会在没有审查1871年支部的章程以前拒绝接受他们加入总委员会。① 在这里只要指出这个章程所引起的主要争论点就够了。

第二条规定：

"凡欲被接受为支部成员者，必须**说明其生活来源**，提供行为端正的保证"等等。

总委员会在1871年10月17日的决议中建议删除"**说明其生活来源**"一语。

总委员会声明说："在可疑的情况下，支部可以把生活来源作为'行为端正的保证'加以调查，尽管在许多其他情况下，——例如对于流亡者、罢工工人等等，——没有生活来源完全可以作为他们行为端正的保证。但是，如果要求申请者把说明其生活来源作为加入国际的一般条件，那将是一种资产阶级式的新做法，是与共同章程的文字和精神相抵触的。"该支部回答说，

"共同章程规定支部应当对其成员的行为端正负责，因此也就承认支部有权要求**它认为必需的保证**"。

11月7日总委员会对这一点作了驳斥：

"从这种观点出发，一个由teetotalers（戒酒协会会员）成立的国际支部就可以在自己的地方性章程中写上这样一条：'凡欲被接受为支部成员者，必须宣誓决不饮用任何酒类。'一句话，支部能够在自己的地

---

① 过了若干时候，有人打算硬要总委员会接受的那个绍塔尔被自己的支部驱逐了，因为他是梯也尔的警探。揭露他的正好是那些认为他最有资格做他们在总委员会中的代表的人。——马克思、恩格斯原注

方性章程中规定出加入国际的最荒唐的和五花八门的条件，其借口是，通过这种办法它们才能确信自己会员的行为端正……。1871年法国人支部补充说：'罢工基金会是罢工工人的生活来源。'对于这种说法首先可以这样反驳：罢工基金会常常是虚构的……。其次，英国官方的调查表明，大多数英国工人……有时由于罢工和失业，有时由于工资不足和付款日期逼近，以及其他许多原因，而不得不经常去典当、**借债**。这是非采取不能容许的干预公民私人生活的办法就不能说明的生活来源。因此，二者必居其一：要么，支部要求说明生活来源只是为了寻求行为端正的保证，在这种情况下，总委员会所提出的建议是符合这个目的的……要么就是，支部在其章程第二条内故意把说明生活来源说成是**除了**……行为端正的保证之外的加入支部的条件。在这种情况下，总委员会认为，这是资产阶级式的新做法，是与共同章程的文字和精神相抵触的。"

他们章程的第十一条说：

"将派一个或几个代表参加总委员会。"

总委员会要求取消这一条，"因为国际的共同章程不承认支部有权派代表参加总委员会"。总委员会补充说："共同章程只承认两种选举总委员会委员的方式：或者由代表大会选举，或者由总委员会加聘……"

确实曾建议伦敦的各个支部派代表参加总委员会。而总委员会为了不违反共同章程，一向采取如下做法：预先它规定每一个支部派代表参加总委员会的名额，并保留有根据这些代表能否胜任他们应担负的全面领导职务来决定接受或不接受这些代表的权利。这些代表之成为总委员会委员，不是由于他们是自己支部派出的代表，而是由于根据共同章程，总委员会有权加聘新的委员。在最近这次代表会议作出决议以前，伦敦委员会既是国际工人协会的总委员会又是英国的中央委员会，因此它认为，除了委员会直接加聘的委员之外，再接受由相应的支部直接提名的委员是适当的。如果把国际工人协会总委员会的选举程序同巴黎联合会委员会的选举混为一谈，那是非常错误的，后者甚至不是一个像布鲁塞尔联合会委员会和马德里联合会委员会那样的由全国代表大会选举出来的全国委员会。巴黎联合会委员会只是由巴黎各支部的代表组成的……总委员会的选举程序是由共同章程规定的，它的成员除共同章程和条例所规定的委托书外，不能接受任何其他限权代表委托书……如果注意到前面的条款，那么非常清楚，第十一条的含义就只能是完全改变总委员会的选举程序，并且违背共同章程第三条的规定而把总委员会变成伦敦各支部代表的会议，在这个会议里整个国际工人协会的影响将为各地方组织的影响所代替。最后，总委员会鉴于它的第一个义务就是执行代表大会的决议（见日内瓦代表大会通过的组织条例第一条），因此声明，"1871 年法国人支部提出的关于共同章程中有关总委员会成员的条款应作根本改变的观点，同它所应当讨论的问题毫不相干"。

不过，总委员会声明说，它将按照接受伦敦其他支部的代表的同样条件接受该支部的两名代表。

1871 年支部不满意这个回答，于 12 月 14 日发表了一个宣言[355]，在宣言上签字的有该支部的全体成员，其中也包括新书记，但这个新书记很快就被流亡者赶走了，因为他原来是个坏蛋。这个宣言宣布，拒绝攫取立法职能的总委员会犯了"最粗暴地歪曲社会思想"的罪行。

我们举几个例子来说明制定这个文件时所表现的正直性。

伦敦代表会议赞扬了德国工人在战争期间的行为。[356]非常明显，瑞士代表①所提出的、受到比利时代表的支持并被一致通过的这个决议，仅仅是指德国的国际会员而言，他们由于自己在战争期间的反沙文主义的言行而遭到了监禁，而且直到现在还被关在监狱中。不仅如此，为了防止任何不怀好意的解释，总委员会的法国书记②在《谁来了!》、《宪法报》、《激进报》、《解放报》、《欧洲》等报刊上发表的一封信[357]中刚刚解释了这个决议的真正含义。然而过了一星期，即在1871年11月20日，1871年法国人支部的15名成员在《谁来了!》上面发表了一封充满了对德国工人的侮辱的"抗议书"，并宣布说，代表会议的决议无可争辩地证明"泛日耳曼主义思想"支配了总委员会。德国的所有封建的、自由主义的和警察的报刊都贪婪地抓住这个事件，企图向德国工人证明他们的国际主义夙愿是徒劳无益的。最后整个1871年支部完全支持11月20日的抗议书，把它附入自己的12月14日宣言。

为了证明"总委员会正在沿着权威主义的陡坡滚下去"，宣言引证说，"**总委员会公布了由它自己修改过的**共同章程的**正式版本**。"

只要看一看新版的章程就会晓得，在附录中摘录了新版章程的每一个条文所根据的文献，这些摘录可以证实它们和原本是一致的！至于"**正式版本**"这几个字，那么国际第一次代表大会曾决定，"共同章程和条例的**正式的和必须遵行**的文本将由总委员会予以公布"[358]。

不言而喻，1871年支部同日内瓦和纳沙泰尔的分裂分子保持着经常的联系。它的一个成员沙兰——他在反对总委员会的斗争中表现出了他在保卫巴黎公社时都从未表现过的那种坚毅精神——完全出乎意外地被贝·马隆恢复了名誉，而后者还在不久前给一位总委员会委员的信中对他提出了严厉的指责。不过，1871年法国人支部还没有来得及发表

---

① 指尼·吴亭。
② 指奥·赛拉叶。

自己的宣言，在它的队伍中就爆发了内战。首先，泰斯、阿夫里亚尔和卡梅利纳退出了支部。此后，它分裂成了几个小集团，其中之一的领导人是皮埃尔·韦济尼埃先生，他曾因为诽谤瓦尔兰等人而被开除出总委员会，后来又被 1868 年布鲁塞尔代表大会所选举的比利时委员会驱逐出国际。这些小集团中的另一个是由贝·朗德克创立的，他只是由于 9 月 4 日警察局长比埃特里的突然逃跑才摆脱了

> "他忠诚履行的义务——不再在法国从事**政治**活动和过问国际的事务"（见《对巴黎国际工人协会的第三次审判》1870 年版第 4 页[359]）。

另一方面，伦敦的法国流亡者的基本群众成立了一个与总委员会完全一致行动的支部。

四

躲在纳沙泰尔联合会委员会背后的同盟的先生们，企图再一次更大规模地破坏国际的组织，于 1871 年 11 月 12 日在松维利耶召开了自己支部的代表大会。——教师吉约姆在给他的朋友罗班的两封信中还在 7 月就威胁总委员会说，如果它拒绝承认他们"对日内瓦匪徒们的态度"是正确的，他就要发起这种破坏运动。

松维利耶代表大会由 16 名代表组成，自命代表 9 个支部，其中也包括设在日内瓦的新的"宣传和革命社会主义行动支部"。

这 16 个人一开始就发出了一项无政府主义的指令，宣布解散罗曼语区联合会。联合会也赶忙把同盟分子的"自治"还给了他们，把他们从所有支部中赶了出去。不过，总委员会应当承认，他们还是有一点健全理性的，因为他们接受了伦敦代表会议给他们取的汝拉联合会这个名称。[360]

随后，十六人代表大会就来着手"改组国际"了，它向国际工人协会的所有联合会发出了一个反对代表会议和总委员会的通告。

通告的作者首先责难总委员会在1871年没有召开代表大会而召开了代表会议。从上面的解释中可以看出，这些攻击是直接针对着整个国际的，因为国际一致同意召开代表会议，顺便指出，在这次会议上同盟也理所当然地派出了代表，即公民罗班和巴斯特利卡。

总委员会在每次代表大会上都有自己的代表，例如，在巴塞尔代表大会上就有6名，而十六人断言：

> "代表会议的多数是在总委员会的6名有表决权的代表的操纵下事先拼凑好的。"

事实上在参加代表会议的总委员会的代表中，法国流亡者是巴黎公社的代表，而它的英国和瑞士委员参加会议的机会非常少，这从将要提交给下一次代表大会的记录中就可以看出。有一位总委员会代表的代表资格证是一个全国性联合会发出的，另一位总委员会委员的代表资格证，正如一封寄给代表会议的信所表明的，由于报上登载了他死亡①的消息而没有送来。剩下的只有1名代表。由此可见，单单是比利时的代表名额和总委员会的代表名额相较，就是6与1之比。

国际上的警察由于想让古斯塔夫·杜朗参加代表会议的企图未能得逞，便伤心地抱怨说，召开"秘密"代表会议是违反共同章程的。它还不大熟悉我们的共同条例，还不知道代表大会关于组织问题的会议**必须**是**秘密的**。

然而，警察当局的抱怨引起了在松维利耶的十六人的共鸣，他们叫嚷道：

---

① 指马克思。——编者注

"除此以外，代表会议还决定，总委员会可以自行规定召开下次代表大会或者**代替它的代表会议**的时间和地点；这样一来，全协会代表大会这种国际的伟大的公开会议便有被取消的危险。"

十六人不想了解，国际通过这个决议只是为了在各国政府面前证明自己的坚定不移的决心：它将不顾任何迫害，用这种或那种方式举行自己的全协会的大会。

1871 年 12 月 2 日举行了日内瓦各支部全体大会，公民马隆和勒弗朗塞在会上受到了冷遇，他们建议赞同十六人在松维利耶通过的决议，并谴责总委员会和拒绝承认代表会议。[361]——代表会议决定，"代表会议不准备发表的决议，**将由总委员会通过**通讯书记**通知各国联合会委员会**"。

这个完全符合共同章程和条例的决议，被贝·马隆及其伙伴们篡改成：

"代表会议的**部分**决议，**将只通知**联合会委员会和通讯书记。"

此外，他们还责难总委员会"违反了**真诚这一原则**"，因为它拒绝把那些唯一的目的是要在国际被禁止的国家内改组国际的决议"**公诸于世**"，即拒绝把它们交到警察手里。

其次，公民马隆和勒弗朗塞还抱怨说，

"代表会议侵犯了思想自由和表达思想的自由……因为它授权总委员会揭露和拒绝承认支部和联合会的任何机关报，如果这些机关报讨论协会赖以建立的原则，或者讨论支部和联合会的相互利益，或者讨论整个协会的共同利益"（见 10 月 21 日《平等报》）。

10 月 21 日的《平等报》引用的是什么呢？是代表会议的决议，

在决议中代表会议"预先声明：如果自称为国际机关报的任何报刊效法《进步报》和《团结报》，在它们的篇幅内当着资产阶级公众讨论那些只应在地方委员会和联合会委员会以及总委员会的会议上、或者在联合会代表大会或全协会代表大会讨论组织问题的秘密会议上予以讨论的问题，那么总委员会今后有责任一概予以公开揭露和拒绝承认"[362]。

为了给贝·马隆的既酸又甜的抱怨一个应有的评价，必须注意到，这个决议一下子永远地打消了某些新闻记者的企图；他们渴望取代国际的极其重要的委员会，并在国际中起到名士派新闻记者在资产阶级世界中所起的那种作用。正是由于这种企图，**同盟**盟员才当着日内瓦联合会委员会公开用一种和罗曼语区联合会完全敌对的精神来编辑联合会的正式机关报《平等报》。

其实，即使没有伦敦代表会议，总委员会也可以"公开揭露和拒绝承认"记者们滥用职权的行为，因为巴塞尔代表大会曾规定（第二项决议）：

"各支部应立即将一切含有攻击协会的言论的出版物寄给总委员会。"

罗曼语区联合会委员会在其1871年12月20日的宣言（12月24日《平等报》）中说："很明显，通过这一点并不是为了使总委员会把含有攻击协会的言论的出版物保存在自己的档案中，而是为了使它能够回答，如果有必要，甚至消灭诽谤和恶毒攻击的有害行为。同样也很明显，这一点一般和所有出版物都有关，如果我们不愿对资产阶级报纸的攻击避而不答，那么我们就更应该通过我们的中央代表机关，即通过总委员会拒绝承认那些在我们协会名义的掩盖下对我们进行攻击的出版物。"

我们顺便指出，资本主义报刊中的利维坦①——《泰晤士报》、在里昂出版的自由资产阶级报纸《进步报》以及极端反动的报纸《日内瓦国民、政治和文学报》，在攻击代表会议时所用词句同公民马隆和勒弗朗塞所用的词句几乎一模一样。

十六人通告起初反对召开代表会议，然后反对它的成员和所谓秘密性质，接着又攻击它的决议本身。

它首先断定巴塞尔代表大会放弃了自己的权利，因为它

> "授予总委员会接受或者拒绝接受支部加入国际和将国际的支部暂时开除的权利"，

然后，通告又将下述罪行加在代表会议身上：

> "这次代表会议……通过了各种决议……其倾向是要把国际这个各自治支部的自由联合变成一个完全服从总委员会的、服从纪律的支部的教阶制的和权威主义的组织，总委员会可以任意地拒绝接纳它们或者让它们停止活动!!"

接着，通告又提到似乎"歪曲了总委员会职能的"巴塞尔代表大会。

十六人通告的所有这些反对意见可以归结如下：1871 年的代表会议要对 1869 年巴塞尔代表大会的决议负责，而总委员会的过错在于它遵守了规定它必须执行历届代表大会的决议的章程。

事实上，对代表会议的这些攻击的真正原因带有更隐秘的性质。首先，代表会议的决议防止了在瑞士的**同盟**的先生们的阴谋。此外，在意大利、西班牙和瑞士与比利时的一部分地区，同盟的首领们在**国际工人**

---

① 利维坦，也有译为勒维亚坦的，是《圣经》中象征邪恶的一个大海怪。此处喻指《泰晤士报》是一家最有势力的大报。——编者注

协会的纲领和巴枯宁的仓猝拼凑成的纲领之间制造了明显的混乱，并且异常顽强地来保持这种混乱。

代表会议在它通过的关于无产阶级的政治和关于宗派主义支部的两个决议中注意到了这种蓄意制造的混乱。第一个决议粉碎了巴枯宁纲领中所鼓吹的放弃政治的论调，它在自己的以共同章程、洛桑代表大会的决议和其他先例为依据的引言部分中得到了充分的论证。①

现在来谈谈宗派组织：

无产阶级反对资产阶级斗争的第一阶段，带有宗派运动的性质。这

---

① 下面是代表会议**关于工人阶级的政治行动**的决议：

"鉴于，

最初的章程的导言中说：'工人阶级的经济解放是一切政治运动都应该**作为手段**服从于它的伟大目标'；

国际工人协会成立宣言（1864年）宣称：'土地巨头和资本巨头总是要利用他们的政治特权来维护和永久保持他们的经济垄断的。他们不仅不会赞助劳动解放的事业，而且恰恰相反，会继续在它的道路上设置种种障碍……所以，夺取政权已成为工人阶级的伟大使命'；

洛桑代表大会（1867年）曾通过如下决议：'工人的社会解放同他们的政治解放是不可分割的'；

总委员会就公民投票（1870年）前夕臆造的国际法国支部会员密谋事件发表的声明中说：'按本会章程的精神，本会在英国、在欧洲大陆和在美国的所有支部的专门任务，毫无疑问是不仅要成为工人阶级斗争的组织中心，而且要支持上述各国的任何一种有助于达到我们的最终目标——工人阶级的经济解放——的政治运动'；

最初的章程的歪曲了的译文给曲解章程提供了凭据，这种曲解已给国际工人协会的发展和活动带来危害；

肆无忌惮的反动势力正在残酷地镇压工人的一切争取解放的尝试，并竭力用暴力来保存阶级差别以及由此产生的有产阶级的政治统治；

鉴于：

工人阶级在它反对有产阶级联合权力的斗争中，只有组织成为与有产阶级建立的一切旧政党对立的独立政党，才能作为一个阶级来行动；

在无产阶级还没有发展到作为一个阶级来行动的时期是有其理由的。有些思想家在批判社会矛盾的时候，提出了一些解决这些矛盾的幻想的办法，而工人群众则只有接受、宣传和实现这些办法。这些倡导者建立的宗派，按本质来说是弃权论的，即厌弃任何实际活动、政治、罢工、结社——总而言之，厌弃任何集体的运动。无产阶级绝大多数对它们的宣传始终是漠不关心的，甚至是敌视的。巴黎和里昂的工人不愿意理睬圣西门派、傅立叶派和伊加利亚派，就像英国的宪章派和工联派不承认欧文派一样。宗派在开始出现时曾经是运动的杠杆，而当它们一旦被这个运动所超过，就会变成一种障碍；那时宗派就成为反动的了。法国和英国的宗派，以及目前德国的拉萨尔派都证明了这一点。拉萨尔派多年来一直是组织无产阶级的绊脚石，而最终成了警察手中的简单工具。总之，这是无产阶级运动的童年，正像占星术和炼金术是科学的童年一样。在国际的建立成为可能以前，无产阶级必须跨过这个阶段。

同那些耽于幻想和相互争斗的宗派组织相反，国际是在反对资本家和土地占有者、反对他们的组织成为国家的阶级统治的共同斗争中联合起来的全世界无产阶级的真正的、战斗的组织。因此，在国际的章程中直截了当地提到追求共同目标、承认同一纲领的"工人团体"，这个纲领仅限于指出无产阶级运动的基本路线，而从理论上阐明这些路线，则要在实际斗争需要的推动下，在容纳一切色彩的社会主义信念的各个支

（续前注）　工人阶级这样组织成为政党是必要的，为的是要保证社会革命获得胜利和实现这一革命的最终目标——消灭阶级；

工人阶级由于经济斗争而已经达到的本身力量的团结，同样应当成为它在反对大土地所有者和大资本家的政权的斗争中的杠杆：——

代表会议提醒**国际**会员们注意，

在工人阶级的斗争中，它的经济运动是和政治行动密切联系着的。"——马克思、恩格斯原注

部内，在它们的机关刊物和代表大会上，通过交换意见加以实现。

正如旧的错误在每一个新的历史阶段上会在短期内重新出现然后又很快消逝一样，宗派组织在国际内部也复活了，尽管表现形式是不大显著的。

同盟以为宗派的复活是向前跨进了一大步，然而它本身却令人信服地证明了，宗派的时代已经过去。因为如果说宗派在其产生的初期还带有进步的因素，那么听命于"没有可兰经的穆罕默德"的同盟的纲领，则不过是在响亮词句掩饰下的一些早已被埋葬了的思想的杂乱堆集而已，而那些响亮词句只能吓唬资产阶级的呆小病者或者只能作为波拿巴的或其他的检察官用来控告国际会员的罪证。①363

有各种色彩的社会主义观点的代表参加的代表会议一致赞同反对宗派主义支部的决议，深信这一决议重申了国际的真正性质，将标志出国际发展的一个新阶段。遭到这一决议的致命打击的同盟的拥护者，把决议仅仅看做是总委员会对国际的胜利。他们的通告宣称，由于这个胜利，总委员会保证了它的少数几个委员的"特殊纲领的统治"，"他们个人的学说"、"正统的学说"、"唯一在协会中具有公民权的正式理论"的统治。但是，这不是这些委员们的过错，而是他们加入了总委员会这一事实的必然结果，这一事实的"败坏作用"，因为：

> "一个有权〈！〉统治与自己相同的人而仍旧不失为一个有道德的人，这是根本不可能的事情，总委员会成了阴谋的策源地"。

---

① 最近在报刊上出现的警察当局对**国际**的描述，其中包括茹尔·法夫尔致列强的通告，地主议会议员萨卡兹关于杜弗尔法案的报告，都充满了从同盟的哗众取宠的宣言中摘录下来的话。这些宗派主义者的全部激进主义在于说大话，说最有利于反动派阴谋的大话。——马克思、恩格斯原注

按照十六人的意见，国际的共同章程单单是因为它授予总委员会加聘新委员的权利这一点就应受到严厉的指责。他们说，享有这一权力的

"总委员会今后会加聘一大批这样的人，他们会根本改变总委员会的大多数及其意向"。

显然，他们认为只要一成为总委员会委员就不仅会丧失**道德面貌**，而且会失去健全思想。不然的话，能够设想多数会通过自愿的加聘把自己变成少数吗？

不过，这十六人自己显然还不很相信所有这一切，因为他们继续埋怨说，总委员会

"五年来一直是**由那些经常被连选的人组成的**"，

但随后又立即声明：

"**他们当中的大多数人**不是我们的合法代表，因为**他们不是在代表大会上选举出来的**"。

事实上总委员会的成员是经常变动的，尽管有些创始人继续留任，就像在比利时、罗曼语区和其他联合会委员会内一样。

总委员会必须符合三个根本条件才能执行自己的权力。首先，它必须有足够数量的委员，以便完成它所担负的多种的工作；其次，总委员会应当由"参加国际协会的各国工人"组成，最后，工人成分应在总委员会中占优势。但是，由于工人受就业机会的束缚而使总委员会的人员经常变更，如果总委员会没有加聘权，它怎么能够把所有这些必要的条件结合起来呢？因此总委员会终究认为必须比较明确地规定这项权利；它在最近一次代表会议上表示了这种愿望。

在历届代表大会上（英国在这些代表大会上的代表很少）总委

会原有成员的连选连任似乎已经证明，总委员会是尽其可能履行自己的职责的。但十六人则相反，他们认为这只是证明了"代表大会的盲目信任"，这种信任在巴塞尔达到了

> "一种仿佛是自愿让位给总委员会的地步"。

按照他们的意见，总委员会的"正常作用"应当归结为"简单的通讯统计局"的作用。他们从章程的被歪曲了的译文中摘引了几条来证实这种说法。

和一切资产阶级团体的章程相反，国际的共同章程对自己的组织结构问题只是轻轻地提了一笔。它让组织结构在实践中发展，而由未来的代表大会进行整顿。但是，鉴于只有行动的统一和一致才能赋予各个国家的支部以真正国际的性质，所以章程对总委员会比对组织的其他环节给予了更多的注意。

最初的章程第五条[364]规定：

"总委员会是各种全国性组织和地方性组织的**国际机关**"，

然后又举了几个例子来说明总委员会应当如何行动。在这些例子当中有一个对总委员会的指示，这个指示要求总委员会

"在需要立刻采取实际措施时，例如在发生国际冲突时，使加入协会的团体能同时和一致行动"。

这一条继续说道：

"在一切适当的场合，总委员会应主动向各种全国性团体或地方性团体提出建议。"

此外，章程还规定了总委员会在筹备和召开代表大会工作中的作用，并委托它拟订应提交代表大会审查的具体问题。在最初的章程中各组织的独立活动同整个协会的统一行动是没有抵触的，因此第六条规定：

"既然每个国家的工人运动的成功只能靠团结和联合的力量来保证，

而总委员会的活动将更有成效……国际的会员应该竭力使他们本国的分散的工人团体联合成由中央机关来代表的全国性组织。"

日内瓦代表大会关于组织问题的第一个决议（第一条）声称：

"总委员会**必须执行**代表大会的决议。"

这一决议使总委员会从一开始起所处的那种地位，即协会的**执行机关**的地位合法化了。在没有其他的"被自愿承认的权威"的情况下，如果没有道义上的"权威"，要执行决议是很困难的。同时日内瓦代表大会委托总委员会公布"章程的正式的和必须遵行的文本"。

这次代表大会决定（日内瓦代表大会关于组织问题的决议，第十四条）：

"每一个支部均有权根据当地条件和本国法律的特点制订自己的地方性章程和条例。但其内容不得与共同章程和条例有任何抵触。"

首先我们要指出，这里丝毫也没有提到可以有特殊的原则宣言，或是某个支部除国际的一切组织所追求的共同目标之外可以自己承担特殊的任务。这里所说的只是支部使共同章程和条例适合于"当地条件和本国法律"的权利。

其次，谁应当确定，地方性章程是否同共同章程一致呢？显然，如果没有这一职能所依据的"权威"，决议就会无效。那时不仅可能产生警察的或者敌对的支部，而且游民宗派分子和资产阶级慈善家也可能钻进协会而歪曲它的性质，这些分子在代表大会上就会以数量上的优势压倒工人。

全国性联合会和地方性联合会一开始在本国就掌握权力，根据新支部的章程是否符合共同章程这一点，决定是否接受新支部。总委员会履行这类职能是由共同章程第六条加以规定的，这一条给**地方性独立团**

体，即在该国联合会组织之外成立的团体，保留了同总委员会发生直接联系的权利。**同盟**并不轻视这项权利，同时还力图为自己创造派代表参加巴塞尔代表大会的条件。

章程第六条还估计到成立全国性联合会在某些国家中会遇到立法方面的障碍，因此，总委员会受托在那里代行联合会委员会的职能（见"1867年洛桑代表大会记录等等"第13页[365]）。

自从公社覆灭以来，这些立法方面的障碍在各国日益增多了，使得总委员会在那些国家中为防止可疑分子钻进协会队伍而进行的工作更加必要了。例如，不久以前法国的一些委员会曾请求总委员会进行干预，以便摆脱警探的纠缠，而另一个大国①的国际会员则要求总委员会只承认那些由它直接指派的全权代表或他们自己建立的支部。他们提出这个要求时所持的理由是，必须用这种办法来摆脱挑衅分子，后者大肆叫嚷要赶紧建立按其激进主义来说是前所未见的支部。另一方面，在所谓反权威主义的支部中只要一发生冲突，它们就毫不犹豫地向总委员会呼吁，甚至要求总委员会对它们的敌人实行最严厉的制裁，在里昂冲突期间所发生的情形就是那样的。就在不久以前，在代表会议已经闭幕后，都灵工人联合会决定宣布自己为国际的支部。在这个联合会发生分裂后，少数派建立了无产者解放社。[366]这个团体加入国际后一开始就通过了一个有利于汝拉人的决议。它的《无产者报》上充满了对任何权威主义都表示深恶痛绝的词句。它的书记②在缴纳该团体的会费的时候警告总委员会说，旧联合会大概也会缴纳会费。往下他写道：

"你们大概在《无产者报》上读到过，无产者解放社……曾经声明……拒绝

---

① 奥地利。

② 指卡·特尔察吉。

支持假装工人来建立**工人联合会**的资产阶级",

他还请求总委员会

"将这一决议通知所有的支部，并且不要接受10生丁的会费，如果有人向它缴纳这种会费的话"①。

总委员会和国际的所有组织一样，有义务进行宣传。它依靠自己的宣言和通过它在北美、德国和法国的许多城市中为国际的第一批组织奠定了基础的代表来履行这个义务。

总委员会的另一个义务是帮助罢工工人，保证整个国际对他们的支援（见总委员会向历届代表大会的报告）。下述事实同时也可以表明，总委员会对罢工斗争的干预具有怎样的意义。英国翻砂工人抵抗团体本身是一个在其他国家，尤其是在合众国有分支机构的国际工联。然而美国翻砂工人在罢工期间认为必须请总委员会来说情，以防止把英国翻砂工人运往他们国家去。

国际的发展赋予了总委员会以及联合会委员会以仲裁者的职能。

布鲁塞尔代表大会决定：

"联合会委员会应向总委员会每三个月提出一次有关所属各支部的**组织工作和财务状况**的报告"（关于组织问题的第三项决议[367]）。

最后，使十六人大发雷霆的巴塞尔代表大会，只是使那些在协会发展进程中在组织工作方面形成的关系固定下来。如果它过分扩大了总委

---

① 这**似乎是**当时无产者解放社的观点，该团体的代表者是它的通讯书记巴枯宁的一个朋友。事实上这个支部的意图完全不是这样。这个团体因这位极端背信弃义的代表贪污基金以及和都灵警察局局长有交情而将其驱逐之后，作了解释，消除了它和总委员会之间的误会。——马克思、恩格斯原注

员会的权力范围，那么这究竟是谁的过失呢？难道不是造成这种状况的巴枯宁、施维茨格贝耳、弗·罗伯尔、吉约姆和同盟的其他代表们的过失吗？他们不是已经开始责备自己"盲目信任"伦敦的总委员会了吗？

下面是巴塞尔代表大会的两项决议：

"四、每一个想加入国际的新支部或团体，必须立即将其申请通知委员会。"

"五、总委员会有权接受或不接受新的团体或组织，但它们保留有向应届代表大会提出申诉的权利。"

对于在联合会组织之外成立的地方性独立团体来说，这些条文只是证实了从国际产生时起就规定下来的做法，保持这种做法对于国际是个生死存亡的问题。然而有人竟把这种做法加以概括并不加区别地运用于一切新成立的支部或团体，这就走得太远了。这几项决议的确给了总委员会干预联合会内部生活的权利，但总委员会从来没有在这种意义上运用过它们。总委员会肯定说，十六人举不出任何一件事实来说明总委员会什么时候曾干预了准备参加已存在的组织或联合会的新支部的事务。

我们在上面所援引的决议和新成立的支部有关；而下面的决议则和已被承认的支部有关：

"六、总委员会也有权将国际的支部暂时开除直到应届代表大会为止。"

"七、总委员会有权解决属于一个全国性组织的团体或支部之间、或各全国性组织之间发生的纠纷；但是，它们保留有在应届代表大会上对总委员会的决定提出申诉的权利，应届代表大会应该作出最终决定。"

这两条在万不得已时是必需的，但迄今为止总委员会从未使用过它们。以上所作的历史概述证明，总委员会一次都没有采取过暂时开除支部的手段，遇到冲突时它只是以双方都承认的仲裁者的身份进行活动。

最后，我们谈谈由于斗争本身的需要所赋予总委员会的那个职能。

尽管同盟的拥护者感到不愉快，但事实却无疑是这样的：总委员会之所以站在拥护国际工人协会的全体战士的前列，正是因为它遭到了无产阶级运动的所有敌人的猛烈攻击。

五

在制裁了现在这个国际之后，十六人告诉我们国际应当是什么样的。

首先，总委员会在形式上应当成为简单的通讯统计局。随着组织职能的停止，它的信件必然会成为协会的各个刊物上已经公布的消息的复制。这样一来，通讯局也会被取消。至于统计，如果没有坚强的组织，尤其是——这一点在最初的章程中曾专门指出——如果没有总的领导，这项工作是无法完成的。但是，由于这一切都带有强烈的"权威主义"色彩，因而局倒是可能有的，不过没有任何统计罢了。总之，总委员会正在消失。根据同一逻辑，联合会委员会、地方委员会和其他"权威"中心也正在被消灭。剩下的只是自治的支部。

这些自由联合的、幸运地摆脱了任何权力，"甚至是工人所选举和建立的权力"的"自治支部"的使命是什么呢？

这里有必要用汝拉联合会委员会向十六人代表大会提出的报告，对通告作一个补充。

"为了把工人阶级变成人类的新利益的真正代表"——必须使它的组织"遵循应当获得胜利的那种思想。用彻底研究社会生活现象的办法从我们时代的要求中，从人类深心的愿望中**引出**这一思想，**然后力求将**这一思想**灌输**到我们的工人组织中去——这就是应抱的目的，等等。"最后，应当"在我们的工人居民**中**"创办"真正的社会主义革命**学校**"。

这样一来，自治的工人支部突然变成了**学校**，而同盟的先生们将成为这些学校的老师。他们将用它绝不会有任何成果的"彻底研究"的办法**引出思想**。"然后"由他们将它"**灌输**到我们的工人组织中去"。对他们来说，工人阶级是原料，是一堆杂乱的东西，要使它成形，须经他们的圣灵的吹拂。

这一切只是重弹同盟旧纲领[368]的老调。同盟旧纲领是以这样的话开头的：

> "和平和自由同盟的社会主义少数派，脱离了这个同盟"，打算建立"新的社会主义民主同盟……承担起研究政治问题和哲学问题的**特殊使命**……"

这就是从纲领中"引出"的思想！

> "这个倡议……将给欧洲和美洲的真诚的社会主义民主派提供一个找到共同语言和确立**自己思想的手段**"①。

可见，一个资产阶级团体的少数派，根据它自己的招认，在巴塞尔代表大会召开之前不久钻进了国际，它的唯一目的是，利用国际**作为一种**手段，以便以一种秘密科学的献身者的身份出现在工人群众面前，这门科学可以归纳为四句话，它的顶点是"各阶级在经济和社会方面的平等"。

---

① 同盟的先生们不断地指责总委员会召开秘密代表会议的做法，而当时召开公开的代表大会就是一种最大的叛卖行为或愚蠢行为。这些不顾条件主张喧嚣和公开的人，违反我们章程的规定，在国际内部组织了一个真正的秘密团体，其目的在于反对国际本身和使国际的对什么都不怀疑的支部服从最高祭司——巴枯宁的领导。

总委员会准备要求在下次代表大会上调查这个秘密组织及其鼓舞者在某些国家，例如在西班牙的活动。——马克思、恩格斯原注除了这种"理论使命"之外，向国际推荐的这个新组织还有自己的实践方面。

十六人通告说："未来社会应当只是国际将具有的组织形式的普遍化而已。所以我们必须设法使这个组织尽可能地接近我们的理想。"

"从权威组织中是否能产生一个建立在平等和自由基础上的社会呢？不可能。国际是未来人类社会的萌芽，它现在就应当正确地反映我们的自由和联邦的原则。"

换言之，正像中世纪的寺院显示出一幅天堂生活的情景一样，国际也应当成为新耶路撒冷的原型。这个新耶路撒冷的"萌芽"已在同盟的内部形成了。自然，如果巴黎公社社员了解到公社是"未来人类社会的萌芽"，那他们一定不会遭到失败，他们一定会把纪律和武器——这些只有当不再有战争的时候才应当消失的东西——抛得一干二净！

但是，为了更好地证明，尽管十六人进行了"彻底研究"，这个在国际正为自己的生存而斗争的时候来瓦解国际并使它解除武装的可爱计划，却不是他们苦苦思索出来的。巴枯宁不久以前在其关于国际的组织的札记中公布了这个计划的原本（见《1872 年人民年鉴》日内瓦版）[369]。

六

现在请读一读汝拉委员会向十六人代表大会提出的报告。

他们的正式机关报《社会革命报》（11 月 16 日）宣称："阅读它能够使人**明确地知道**就自我牺牲精神和实践理性而言可以从汝拉联合会的信徒们那里期待到什么东西。"

报告一开始就说，它认为普法战争和法兰西内战"这些可怕的事件对国际各支部的状况在一定程度上产生了**使人沮丧的……**"影响。

如果说普法战争由于动员了大量工人参加两国军队必然促使各支部**瓦解**这一点是正确的，那么同样正确的是，帝国的倾覆和俾斯麦的公开宣布掠夺战争，在德国和英国，在站在普鲁士人一边的资产阶级和比任何时候都更强烈地表达了自己的国际主义感情的无产阶级之间引起了一场残酷的斗争。单单是因为这一点，国际在这两个国家里的影响就必然要增长。在美国，这些事件在人数众多的德国工人侨民中引起了分裂；它的国际主义部分同沙文主义部分断然分离了。

另一方面，巴黎公社的宣告成立，以空前的力量推动了国际的广泛发展以及所有各民族支部对国际的各项原则的坚决维护，只有汝拉各支部不在此例。汝拉各支部的报告继而说道："巨大战斗的开始发人深思……有些人为了掩盖自己的无力而躲开……对许多人来说已经造成的局势（在他们的队伍中）是分崩离析的征兆"，但是"恰恰相反……这**种形势完全能够**"按照他们自己的样子"**把国际改造过来**"……在对这种如此有利的形势作了比较深入的考察后，这个小小的愿望就是可以理解的了。

如果不算被解散了的后来为马隆的支部所代替的同盟，汝拉委员会应当提出关于 20 个支部的情况的报告。这 20 个支部中有 7 个支部已然和它断绝来往；关于这点在报告中说道：

> "比恩的**套匣制造工**支部，以及**雕刻匠和花饰瓦工**支部对我们给它们的任何一个函件都没有答复过。"
>
> "纳沙泰尔的各行业的支部——细木工、套匣制造工、雕刻匠和花饰瓦工——从来**没有**对联合会委员会作出**任何**答复。"
>
> "我们不能从**瓦尔-德-留**支部那里得到**任何**消息。"

　　"勒洛克勒的雕刻匠和花饰瓦工支部对联合会委员会的函件没有作过任何答复。"

　　这就是所谓自治的支部同自己的联合会委员会的**自由**来往。

　　另一个支部，也就是

　　"库尔特拉里区的雕刻匠和花饰瓦工" 支部，"在经过三年的顽强坚持后……现在……组成一个抵抗团体"——

　　这个团体处于**国际之外**，但是这丝毫也不妨碍它派遣两名代表参加十六人代表大会。

　　然后是 4 个完全僵死的支部：

　　"**比恩中央支部**现在**瓦解**了，但是它的一个忠诚的会员不久前写信告诉我们，对国际在比恩的复活还**没有失去全部希望**。"

　　"**圣布勒兹支部瓦解**了。"

　　"**卡特巴支部**在经历了光辉的存在之后，由于当地雇主〈！〉所进行的，企图解散这一**勇敢的**〈！〉支部的阴谋而**被迫退却了**。"

　　"最后，**科尔热蒙支部**也**成了当地雇主的阴谋的牺牲品**。"

　　然后是**库尔特拉里区中央支部**，它

　　"采取了明智的办法：**暂时停止了活动**"，——

　　但是这并不妨碍它派遣两名代表参加十六人代表大会。

　　然后是四个支部，这些支部是否存在都大可怀疑。

　　"**格朗惹支部**缩小成小小的工人社会主义者**核心**……他们的地方性活动由于他们人数过少而瘫痪了。"

　　"**纳沙泰尔中央支部**由于各种事件而**遭到了很大的损失**，如果不是它的个别会员的自我牺牲精神和积极性，**它的灭亡是不可避免的**。"

　　"**勒洛克勒中央支部**，好几个月来都**介乎生死之间**，最后**瓦解了**。不久以前它又重新组织起来"——

　　显然，其唯一目的是要派遣两名代表参加十六人代表大会。

　　"**绍德封社会主义宣传支部**处于**危急状态**……它的状况不仅没有好转，反而在恶化。"

　　然后是两个支部——**圣伊米耶启蒙小组和松维利耶启蒙小组**。关于它们只是稍带谈了一下，对它们的情况只字未提。

　　剩下一个模范支部，根据它的**中央**支部这一名称来判断，它本身只不过是其他业已消逝的支部的残骸而已。

　　"**穆蒂埃**中央支部无疑比其他支部受害都小……它的委员会同联合会委员会保持着经常联系……**各支部均尚未成立**……"

　　其原因如下：

　　"**穆蒂埃**支部的活动由于保存了民俗的工人居民的**热心关注**……而处在特别**有利的**条件之下；我们希望，这个地方的工人阶级对任何政治因素保持更多的独立性。"

　　于是，这个报告事实上

　　"使人**明确地知道**就自我牺牲精神和**实践理性**而言可以从汝拉联合会的信徒们那里期待到什么东西"。

　　他们应当再补充一下这个报告，加上一句话：绍德封——他们的委员会的最初驻在地——的工人始终拒绝同他们发生任何关系。不久以前在 1872 年 1 月 18 日的大会上，这些工人用下述一致行动回答了十六人通告，这就是他们批准了伦敦代表会议的决议，以及 1871 年 5 月罗曼语区代表大会的决议，这个决议说：

"将巴枯宁、吉约姆和他们的信徒永远赶出国际。"

既然所谓的松维利耶代表大会，按照它的参加者的说法，"在国际内部引起了一场战争，一场公开的战争"，那么关于这次代表大会的意义难道还需要作只字片语的补充吗？

当然，这些自己愈渺小就叫嚷得愈厉害的人，获得了不容置辩的成就。全部自由主义的和警察的报刊都公开站在他们那方面；他们对总委员会的诽谤，他们对国际的无力的攻击，得到了一切国家的冒牌改革家们的支持。在英国，支持他们的有资产阶级共和派，这些人的阴谋已被总委员会所挫败。在意大利，支持他们的有自由思想的教条主义者，这些人不久前在斯蒂凡诺尼的旗帜下建立了一个以罗马为当然会址的"唯理论者总协会"，这个协会是个"权威主义的"和"教阶制的"组织，是无神论修士和修女的寺院，它的章程规定，在会议厅里要给每一个捐献一万法郎的资产者立一座大理石胸像。[370] 最后，在德国他们受到了俾斯麦派社会主义者的支持，这些人扮演着普鲁士-德意志帝国的白衫党[371]的角色，至于他们出版的警察的《新社会民主党人报》就更不必提了。

松维利耶的教皇选举会向国际的所有支部发出了一个感人的号召：坚决要求立即召开代表大会，"以便制止"，——正如公民马隆和勒弗朗塞所说的——"伦敦总委员会逐步篡夺权力的行为"，而实际上则是要用同盟来偷换国际。这一号召得到了极其令人鼓舞的响应，以致他们只得立即着手伪造最近一次比利时代表大会的决议。他们在自己的正式机关报（1872 年 1 月 4 日《社会革命报》）上声明说：

> "最后，比较重要的是，比利时各支部在其 12 月 24 日和 25 日举行的布鲁塞尔代表大会上一致作出了和松维利耶代表大会的决议相符合的、关于必须立即召开全协会代表大会的决定。"

必须指出，比利时代表大会通过了完全相反的决议。它责成将于 6 月以后举行的下次比利时代表大会制定新的共同章程的草案，以便提交国际**应届代表大会**审查。[372]

在绝大多数国际会员的同意下，总委员会只准备在 1872 年 9 月召开年度代表大会。

七

代表会议闭幕后过了几个星期，**同盟**的最有影响的和最卖力气的盟员阿尔伯·里沙尔先生和加斯帕尔·勃朗先生来到了伦敦，他们所负的使命是，在法国流亡者中搜罗准备为帝国复辟效劳的帮手，在他们看来，帝国复辟是摆脱梯也尔的唯一手段，而他们自己也不会无利可图。关于他们的波拿巴主义的阴谋，总委员会曾向有关系的人，其中包括布鲁塞尔联合会委员会提出过警告。

1872 年 1 月他们抛弃了假面具，发表了一本小册子：《**帝国和新法兰西。人民和青年向法国人的良心的呼吁**》。阿尔伯·里沙尔和加斯帕尔·勃朗著。1872 年布鲁塞尔版。

他们以同盟的诈骗家所固有的谦虚精神宣告：

> "我们是组织了法国无产阶级大军的人……我们是国际在法国的最有影响的

领袖①，我们幸而没有被枪杀，我们来到这里，是要在他们（**徒骛虚名的议员们、脑满肠肥的共和派、各式各样的冒牌民主派**）面前竖立起引导我们进行战斗的旗帜，并且不顾我们将要遭到的诽谤、威胁和各种攻击，向惊愕不已的欧洲发出出自我们意识深处的呼声，很快就会在所有法国人的心中得到共鸣的呼声：'**皇帝万岁！**'

"需要给横遭屈辱的拿破仑第三好好地恢复名誉"，——

于是从"侵略第三"的秘密经费中获得犒赏的阿尔伯·里沙尔先生和加斯帕尔·勃朗先生就担负了替他恢复名誉的专门任务。

不过，他们承认，

"我们思想的自然发展进程使我们成为帝国的拥护者"。

这就是一定会使他们在**同盟**中的伙伴听起来悦耳的招认。正如在《团结报》的那些美好的日子里一样，阿·里沙尔和加·勃朗慎重其事地重弹他们关于"放弃政治"的老调，根据"自然发展进程"的材料

---

① 在 1872 年 2 月 15 日的《平等报》（出版于日内瓦）上，在"**揭穿丑行**"的标题下我们读到这样一段话："叙述法国南部公社运动失败的历史的时机还没有到来，但是，我们这些人大多数是 4 月 30 日里昂起义的惨痛失败的目击者，我们现在就可以声明，使这次起义遭到失败的原因之一，是加·勃朗的胆小、背叛和盗窃行为，他无孔不入，执行着躲在暗中的阿·里沙尔的指示。

这些坏蛋蓄意用他们早就策划好的阴谋来败坏许多参加过起义委员会准备工作的人的声誉。

不仅如此，这些叛徒把国际在里昂的威信破坏到这种程度，以致当巴黎发生革命的时候，里昂的工人对国际采取了极不信任的态度。这就是完全缺乏组织性的原因，这就是起义遭到失败的原因，而起义的失败不可避免地导致了仅仅依靠自身力量的公社的覆灭。只是在这个血的教训之后，我们才得以用宣传的办法把里昂的工人团结在国际的旗帜的周围。

阿尔伯·里沙尔是巴枯宁及同伙的宠儿和先知。"——马克思、恩格斯原注

来看，这个主张只有在最严酷的专制暴政下才能实现，那时工人们将放弃参加无论哪一种政治活动，就像囚犯放弃在阳光灿烂的日子散步一样。

他们声明说："革命者的时代已经过去了……共产主义已在德国和英国，首先是在德国确立起来了。顺便说一句，正是在德国，共产主义老早就认真地在制定，以便随后在整个国际中推广。**德国的影响**在协会中所达到的这些令人惊慌的成就，对阻止国际的发展起了不小作用，或者更确切些说，给国际在法国中部和南部各支部中的发展指出了新的方向，这些支部从来没有从任何一个德国人那里接受任何一个口号。"

这里我们不是已经听到最伟大的祭司长①的声音了吗？——自从同盟产生以来他就以一个俄国人的资格承担了代表各**拉丁种族**的特殊使命。或者这是《社会革命报》（1871 年 11 月 2 日）的"真正传教士"的声音？——这些传教士郑重宣告

"德国的和俾斯麦的智者们企图把倒退运动强加给国际"。

但是，国际的真正传统幸而保存下来了，——阿尔伯·里沙尔先生和加斯帕尔·勃朗先生没有被枪杀！因而，他们的个人的"工作"就是给法国中部和南部的国际"指出新的方向"——其方法是企图建立波拿巴主义的支部，单因这一点就已是"自治的"支部。

至于读到伦敦代表会议所建议的使无产阶级组织成为一个政党的问题，那么**"在帝国复辟之后我们"**——里沙尔和勃朗——

"不仅将迅速消除社会主义理论，而且将迅速消除在群众的革命组织中获得

_____

① 指米·巴枯宁。——编者注

反映的实现这些理论的企图"。总而言之，利用伟大的"支部自治原则"，这一原则"构成国际的真正力量……特别是在**拉丁种族**各国内"……（1月4日《社会革命报》），——

这些先生把赌注押在国际的无政府状态上。

无政府状态——这就是他们的只从各种社会主义体系中剽窃了一些标签的导师巴枯宁的战马。所有社会主义者都把无政府状态理解为：在无产阶级运动的目的——消灭阶级——达到以后，为了保持为数极少的剥削者对由生产者组成的社会绝大多数的压迫而存在的国家政权就会消失，而政府职能就会变成简单的管理职能。同盟则本末倒置，它宣布在无产阶级队伍中实行无政府状态，是摧毁集中在剥削者手中的强大的社会力量和政治力量的最可靠的手段。它以此为借口，竟要求国际在旧世界正力图置国际于死地的时候，用无政府状态来代替自己的组织。为了给梯也尔的共和国披上皇袍，使之永世长存，国际上的警察再也不需要做什么事情了。①

总委员会：

| 罗·阿普尔加思 | 安都昂·阿尔诺 |
| 马·詹·布恩 | 弗·布列德尼克 |

----

① 在关于杜弗尔法的报告中，地主议会议员萨卡兹首先攻击国际的"组织"。他憎恨这一组织。他在指出了"这个可怕的协会的前进运动"以后，接着说："这个协会摈弃了……在它以前的宗派的秘密活动。它的组织在众目睽睽之下不断地成立和改变。由于这一组织的强大……它的活动和影响的范围愈来愈扩大了。这种影响正在渗入一切国家。"然后，萨卡兹对这个组织作了"简短的描述"，末了他说："这一广泛组织的计划……在其英明的统一性上就是这样。它的力量在于它的意向本身中。它的力量也在于它的为共同活动联系在一起的广大信徒中，最后，在于促使他们行动起来的不可抗拒的动因中。"——马克思、恩格斯原注

G. H. 巴特里　　　　　　弗·库尔奈

德拉埃　　　　　　　　　欧仁·杜邦

威·黑尔斯　　　　　　　胡利曼

茹尔·若昂纳尔　　　　　哈里埃特·罗

弗·列斯纳　　　　　　　罗赫纳

马格里特　　　　　　　　孔斯旦·马丁

捷维·莫里斯　　　　　　亨利·梅奥

乔治·米尔纳　　　　　　查理·默里

普芬德　　　　　　　　　维塔勒·雷吉斯

约·罗兹瓦多夫斯基　　　约翰·罗奇

吕尔　　　　　　　　　　加·朗维埃

萨德勒　　　　　　　　　考威尔·斯特普尼

阿尔弗·泰勒　　　　　　威·唐森

爱德华·瓦扬　　　　　　约翰·韦斯顿

F. J. 亚罗

通讯书记：

卡尔·马克思——俄国和德国

莱奥·弗兰克尔——奥地利和匈牙利

阿·埃尔曼——比利时

托·莫特斯赫德——丹麦

约·格·埃卡留斯——合众国

勒穆修——在合众国的法国人支部

奥·赛拉叶——法国

沙尔·罗沙——荷兰

J. 帕·麦克唐奈——爱尔兰

弗里德里希·恩格斯——意大利和西班牙

瓦列里·符卢勃列夫斯基——波兰

海·荣克——瑞士

会议主席　沙尔·龙格

财务委员　海尔曼·荣克

总 书 记　约翰·黑尔斯

1872 年 3 月 5 日于伦敦拉脱本广场 33 号

马克思和恩格斯写于 1872 年 1 月中
至 3 月 5 日之间
1872 年以小册子形式在日内瓦出版

原文是法文
参看《马克思恩格斯全集》中文第
1 版第 18 卷第 7—55 页

国际工人协会总委员会 1872 年 3 月 5 日和 12 日
会议通过的关于合众国联合会的分裂的决议[373]

一、关于两个联合会委员会

第一条——鉴于各中央委员会的成立只是为了保证每个国家的"工人运动的团结和联合的力量"（共同章程第七条）；因而，在同一个联合会中存在两个互相竞争的中央委员会是明显违反共同章程的行为；

总委员会号召纽约的两个临时联合会委员会重新团结起来，并在不久将要举行的美国全国代表大会召开之前，作为合众国的统一的临时联合会委员会进行活动。

第二条——鉴于这个临时联合会委员会的委员中如果包括过多的不久前才加入国际工人协会的会员，它的工作能力将被削弱，总委员会建议新近成立的和人数较少的支部联合起来委派几个共同的代表。

二、合众国联合会全国代表大会

第一条——总委员会建议于 1872 年 7 月 1 日召开美国各支部和所属团体的全国代表大会。

第二条——这个代表大会应当选举合众国联合会委员会。它可以——如果认为这是合适的话——授予由此选出的联合会委员会以加聘少数委员的权利。

第三条——只有这个代表大会才具有制订合众国国际工人协会组织的地方章程和条例的权利，但是，此种地方章程和条例的内容，不得与协会的共同章程和条例有任何抵触（组织条例第五节第一条）。

三、支部

第一条——鉴于纽约第十二支部不仅正式决定："每个支部"有"独立地"任意解释"各次代表大会的决议"以及"共同章程和条例"的"权利"；并且它已把这一原则彻底付诸实施，而如果这一原则被所有的人接受，国际工人协会就会只剩下一个空名称；

鉴于这一支部经常利用国际工人协会来实现同国际的任务和宗旨格格不入或者直接对立的目的；

因此，总委员会认为自己有责任履行巴塞尔代表大会第四项关于组织问题的决议[374]并**暂时开除**第十二支部，听候应于1872年9月召开的国际工人协会下次全协会代表大会裁决。

第二条——鉴于：根据共同章程，国际工人协会只应由"工人团体"所组成（见共同章程第一、七和十一条）；

共同章程第九条（这一条规定："每一个承认并维护国际工人协会原则的人，都可成为国际工人协会的会员"）虽然也给予不是工人①但是积极拥护**国际**的人个别地直接加入国际或被接受参加由工人组成的国际支部的权利，然而它绝不认为成立纯粹是或主要是由非工人阶级的成员组成的支部是合法的；

---

① 在《伍德赫尔和克拉夫林周刊》上，"不是工人"这几个字被删掉了。——编者注

因此，总委员会几个月前不得不拒绝承认纯粹由大学生组成的斯拉夫人支部[375]；

根据组织条例第五节第一条的规定，可以使共同章程和条例适合于"每个国家的当地条件"；

合众国的社会条件尽管在其他许多方面对工人运动的胜利极其有利，但是也特别容易使伪改革家、资产阶级骗子手和卖身投靠的政客钻进国际；

因此，总委员会建议今后仍不接受新的[①]美国支部加入协会，除非它的会员至少有三分之二是雇佣工人。

第三条——总委员会提请美国联合会注意伦敦代表会议第二项关于"宗派主义"[②] 支部或关于"妄想执行"与协会的共同目标不同的"特殊任务"的"分立主义组织"的决议第三条；协会的共同目标是使劳动者从"在经济上受劳动资料垄断者支配"的状况下解放出来，因为这种支配是"一切形式的奴役即一切社会贫困、精神屈辱和政治依附的基础"（见共同章程导言）。

卡·马克思写于1872年3月5日左右 载于1872年4月6日《解放报》第43号、1872的5月4日《伍德赫尔和克拉夫林周刊》第103期和1872年5月8日《人民国家报》第37号	原文是英文 参看《马克思恩格斯全集》中文第1版第18卷第56—59页

---

① 在《伍德赫尔和克拉夫林周刊》上，"新的"两个字被删掉了。——编者注
② 在《伍德赫尔和克拉夫林周刊》上，"宗派主义"这几个字被删掉了。——编者注

巴黎公社一周年纪念大会决议[376]

1871 年三月十八日起义一周年纪念大会通过下列决议：

一

大会认为，英勇的三月十八日运动是把人类从阶级社会中永远解放出来的伟大社会革命的曙光。

二

大会声明，由于仇恨工人阶级而在全欧洲联合起来的资产阶级的愚蠢和罪行，宣判了旧社会的死刑，不管旧社会的统治形式如何——是君主制还是共和制。

三

大会声明，各国政府对国际的十字军征讨，以及凡尔赛刽子手和他们的普鲁士胜利者的恐怖行为，表明他们的胜利是不牢靠的，证明在被梯也尔和威廉协力消灭的英勇先锋队的后面屹立着声势浩大的全世界无产阶级大军。

马克思写于 1872 年 3 月 13 日和 18
日之间
载于 1872 年 3 月 24 日《自由报》
第 12 号和 1872 年 3 月 30 日《国际
先驱报》第 3 号

按《国际先驱报》刊印
参看《马克思恩格斯全集》中文第
1 版第 18 卷第 61 页

致在萨拉戈萨举行的西班牙全国
代表大会的代表公民们[377]

1872 年 4 月 3 日于伦敦

公民们！

在西班牙各支部第二次代表大会召开之际，国际工人协会总委员会委托我向你们转致它的祝贺。的确，你们可以庆贺自己在这样短的期间内所取得的成就。西班牙国际的成立还不到三年，如今它的支部和联合会已遍布全国；它在所有的城市都有自己的组织，目前它正向乡村深入。由于你们的活动，以及你们国家的互相更替的政府的荒谬而又愚蠢的迫害，你们才能够取得这些巨大的成就，并使国际在西班牙成为一种实际的力量。但是，也不应当忘记，这些成就之所以可能取得，只是因为我们协会具有一种特殊的组织结构，这种结构给予每个全国性的或地方性的联合会以充分的行动自由，而对于协会的各个中央机关则只是在必要的范围内才给与全权，以便使这些机关能够顺利地为纲领的统一性和共同利益而斗争，并且使协会不致变成资产阶级或警察的阴谋诡计的玩物。①

---

① 在这封信的草稿上接着还有这样一段话："任何一个资产阶级组织在同样的条件下都不可能存在下去；现代无产阶级的最大功绩在于，它为了进行共同斗争而建立了一个遍布一切文明国家，但是丝毫也不损害每一个独立的联合会的自治的协会。"——编者注

可能，你们还会遭到不少迫害。那时就请你们记住，有其他一些国家（如法国、德国、奥地利、匈牙利），在那里国际会员正遭受政府方面的更为残酷的迫害，但他们终究没有屈服；因为他们和你们一样地知道，对于我们协会说来，迫害是一种最好的宣传手段，而且世界上没有任何力量强大到足以根除现代无产阶级的不断高涨的革命运动。要消灭国际，就必须消灭自然产生国际的基础，即现代社会本身。

敬礼和兄弟情谊

受总委员会的委托

西班牙书记　弗里德里希·恩格斯

载于 1872 年 4 月 13 日《解放报》第 44 号、1872 年 4 月 28 日《自由报》第 17 号和 1872 年 5 月 4 日《人民国家报》第 36 号

原文是西班牙文

参看《马克思恩格斯全集》中文第 1 版第 18 卷第 68—69 页

致萨拉戈萨代表大会

1872 年 4 月 8 日于伦敦

总委员会和不列颠联合会委员会谨向萨拉戈萨代表大会表示祝贺。无产阶级解放万岁！

恩格斯

载于 1872 年 4 月 13 日《解放报》
第 44 号

原文是西班牙文
参看《马克思恩格斯全集》中文第
1 版第 18 卷第 70 页

总委员会关于在海牙召开代表大会和
代表大会议事日程的决议[378]

1. 鉴于巴塞尔代表大会曾决定在巴黎召开下次代表大会，后来由于代表大会无法在巴黎召开，于是根据共同章程第四条规定，总委员会又于1870年7月12日确定美因兹为召开代表大会的地点；其次，鉴于目前无论在法国还是在德国，国际都遭到政府当局的迫害，以致代表大会无论在巴黎还是在美因兹都无法召开；

总委员会根据共同章程第四条——这一条授权总委员会在必要时改变代表大会的开会地点——的规定，确定国际工人协会下次代表大会于1872年9月2日星期一在荷兰海牙召开。

2. 鉴于原定1870年9月5日在美因兹召开的代表大会的议事日程的内容目前已不适应国际的迫切需要，因为这些需要已由于发生的巨大历史事件而起了重大的变化；鉴于各国的许多支部和联合会都建议下次代表大会修改共同章程和条例；鉴于目前几乎在所有的欧洲国家中，国际都面临着迫害，因而国际面临的任务是巩固自己的组织；

总委员会决定把修改共同章程和条例作为海牙代表大会议应予讨论的最重要的问题列入议事日程，同时保留以后根据各支部和联合会的建议，拟定代表大会的较详细议程的权利。

1872年6月18日于伦敦

弗·恩格斯写

载于 1872 年 6 月 29 日《国际先驱报》第 13 号、1872 年 7 月 3 日《人民国家报》第 53 号、1872 年 7 月 7 日《平等报》第 14 号、1872 年 7 月 13 日《解放报》第 57 号和 1872 年 7 月 14 日《自由报》第 28 号

原文是英文

参看《马克思恩格斯全集》中文第 1 版第 18 卷第 102—103 页

国际工人协会的共同章程和组织条例³⁷⁹

[1872 年经总委员会修改]

国际工人协会共同章程

鉴于：

工人阶级的解放应该由工人阶级自己去争取；工人阶级的解放斗争不是要争取阶级特权和垄断权，而是要争取平等的权利和义务，并消灭一切阶级统治；

劳动者在经济上受劳动资料即生活源泉的垄断者的支配，是一切形式的奴役的基础，是一切社会贫困、精神沉沦和政治依附的基础；

因而工人阶级的经济解放是伟大的目标，一切政治运动都应该作为手段服从于这一目标；

为达到这个伟大目标所作的一切努力之所以至今没有收到效果，是由于每个国家里各个不同劳动部门的工人彼此间不够团结，由于各国工人阶级彼此间缺乏亲密的联合；

劳动的解放①既不是一个地方的问题，也不是一个国家的问题，而是涉及存在现代社会的一切国家的社会问题，它的解决有赖于最先进的国家在实践上和理论上的合作；

---

① 在德文版中是"工人阶级的解放"。

目前欧洲各个最发达的工业国工人阶级运动的新高涨，在鼓起新的希望的同时，也郑重地警告不要重犯过去的错误，要求立刻把各个仍然分散的运动联合起来；

鉴于上述理由，创立了国际工人协会。

协会宣布：

加入协会的一切团体和个人，承认真理、正义和道德是他们彼此间和对一切人的关系的基础，而不分肤色、信仰或民族：

协会认为：**没有无义务的权利，也没有无权利的义务**。

根据上述精神，制定章程如下：

第一条　本协会的成立，目的是要成为追求共同目标即工人阶级得到保护、发展和彻底解放的各国工人团体进行联络和合作①的中心。

第二条　本协会定名为"国际工人协会"。

第三条　每年召开由协会各支部选派代表组成的全协会工人代表大会。代表大会宣布工人阶级共同的要求，采取使国际协会能够顺利进行活动的措施，并任命协会的总委员会。

第四条　每次代表大会规定下次代表大会召开的时间和地点。代表按规定的时间在规定的地点集会，不再另行通知。总委员会有权在必要时改变集会地点，但无权推迟集会时间。代表大会每年确定总委员会驻在地，并选举总委员会委员。当选的总委员会有权增加新的委员。

全协会代表大会在年会上听取总委员会关于一年来活动的公开报告。在紧急情况下，总委员会可以早于规定的一年期限召开全协会代表大会。

第五条　总委员会由参加国际协会的各国工人代表组成。总委员会从其委员中选出处理各种事务的必要负责人，如财务委员、总书记、各

---

①　在德文版中，在"合作"的前面加有"有计划的"。

国通讯书记等。

第六条　总委员会是在协会各国的全国性组织和地方性组织之间进行联系的国际机关，应使一国工人能经常了解其他各国工人阶级运动的情况；在统一领导下①对欧洲各国社会状况同时进行调查；使一个团体中提出的但具有普遍意义的问题能由一切团体加以讨论，并且在需要立刻采取实际措施，例如在发生国际冲突时，使加入协会的团体能同时一致行动。在一切适当场合，总委员会应主动向各国的全国性团体或地方性团体提出建议。为了加强联系，总委员会发表定期报告。

第七条　既然每个国家的工人运动的成功只能靠团结和联合的力量来保证，而国际总委员会活动的成效又在很大程度上取决于它是同少数全国性的工人协会中心还是同许多小而分散的地方性团体联系，所以，国际协会的会员应竭力使他们本国的分散的工人团体联合成以全国性中央机关为代表的全国性组织。但是，不言而喻，本条规定的运用要取决于每一国家法律的特点，并且除非存在法律障碍，任何独立的地方性团体均可与总委员会直接通信。

第七条（a）　无产阶级在反对有产阶级联合力量的斗争中，只有把自身组织成为与有产阶级建立的一切旧政党不同的、相对立的政党，才能作为一个阶级来行动。为保证社会革命获得胜利和实现革命的最高目标——消灭阶级，无产阶级这样组织成为政党是必要的。

由于经济斗争而已经达到的工人力量的联合，同样应该成为这个阶级在反对它的剥削者的政权的斗争中所掌握的杠杆。

由于土地巨头和资本巨头总是要利用他们的政治特权来维护和永久保持他们的经济垄断，来奴役劳动，所以，夺取政权已成为无产阶级的

---

①　在法文版中是"在共同精神下"。

— 4 —

Que tous les efforts tendant à ce but ont jusqu'ici échoué, faute de solidarité entre les travailleurs des différentes professions dans le même pays et d'une union fraternelle entre les classes ouvrières des divers pays ;

Que l'émancipation du travail, n'étant un problème ni local ni national, mais social, embrasse tous les pays dans lesquels existe la société moderne, et nécessite, pour sa solution, le concours théorique et pratique des pays les plus avancés ;

Que le mouvement qui vient de renaître parmi les ou-vriers des pays les plus industrieux de l'Europe, tout en réveillant de nouvelles espérances, donne un solennel avertissement de ne pas retomber dans les vieilles er-reurs et de combiner le plus tôt possible les efforts en-core isolés ;

Pour ces raisons,

L'*Association Internationale des Travailleurs* a été fondée.

Elle déclare,

Que toutes les sociétés et individus y adhérant re-connaîtront comme base de leur conduite envers tous les hommes, sans distinction de couleur, de croyance et de nationalité, la *Vérité*, la *Justice* et la *Morale*.

Pas de devoirs sans droits, pas de droits sans devoirs.

C'est dans cet esprit que les statuts suivants ont été conçus :

Art. 1er. — L'Association est établie pour créer un point central de communication et de coopération entre les sociétés ouvrières des différents pays aspirant au même but, savoir : le concours mutuel, le progrès et le omplet affranchissement de la classé ouvrière.

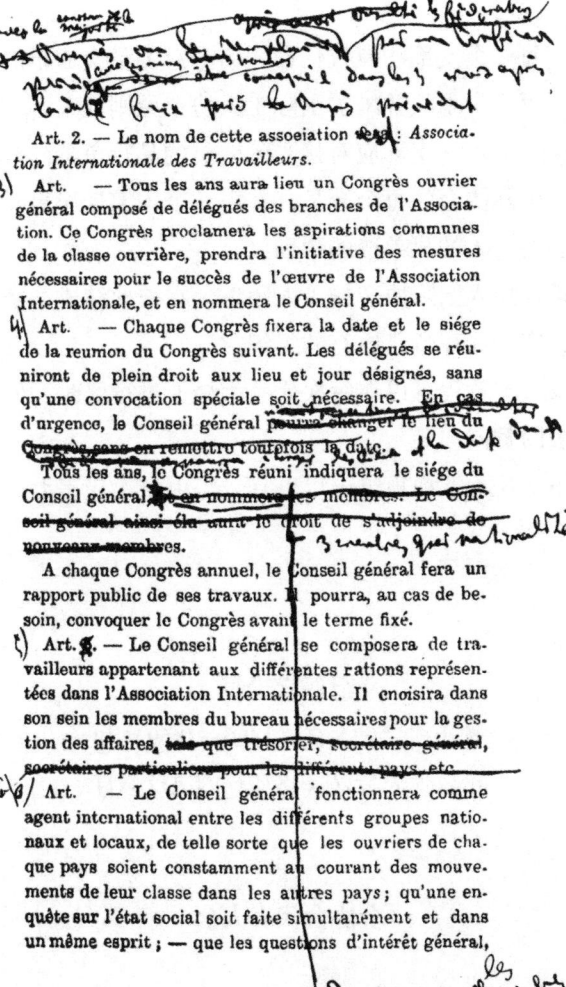

Art. 2. — Le nom de cette assoeiation ~~est~~ : *Association Internationale des Travailleurs.*

3) Art. — Tous les ans aura lieu un Congrès ouvrier général composé de délégués des branches de l'Association. Ce Congrès proclamera les aspirations communes de la classe ouvrière, prendra l'initiative des mesures nécessaires pour le succès de l'œuvre de l'Association Internationale, et en nommera le Conseil général.

4) Art. — Chaque Congrès fixera la date et le siége de la reunion du Congrès suivant. Les délégués se réuniront de plein droit aux lieu et jour désignés, sans qu'une convocation spéciale soit nécessaire. En cas d'urgence, le Conseil général ~~pourra changer le lieu du Congrès sans en remettre toutefois la date.~~

Tous les ans, le Congrès réuni indiquera le siége du Conseil général, ~~et en nommera les membres. Le Conseil général ainsi élu aura le droit de s'adjoindre de nouveaux membres.~~

A chaque Congrès annuel, le Conseil général fera un rapport public de ses travaux. Il pourra, au cas de besoin, convoquer le Congrès avant le terme fixé.

5) Art. ~~5~~. — Le Conseil général se composera de travailleurs appartenant aux différentes rations représentées dans l'Association Internationale. Il choisira dans son sein les membres du bureau nécessaires pour la gestion des affaires, ~~tels que trésorier, secrétaire général, secrétaires particuliers pour les différents pays, etc.~~

6) Art. — Le Conseil général fonctionnera comme agent international entre les différents groupes nationaux et locaux, de telle sorte que les ouvriers de chaque pays soient constamment au courant des mouvements de leur classe dans les autres pays; qu'une enquête sur l'état social soit faite simultanément et dans un même esprit; — que les questions d'intérét général,

马克思修改过的法文版共同章程和组织条例中的两页

伟大使命。

第八条　每一个支部均有权任命一名与总委员会通讯的书记。

第九条　每一个承认并维护国际工人协会原则的人，均可成为国际工人协会的会员。每一支部应对接受的会员的品行负责。

第十条　国际协会的每个会员，在由一个国家迁居另一国家时，应得到加入协会的工人的兄弟般的帮助。

第十一条　加入国际协会的工人团体，在彼此结成亲密合作的永久联盟的同时，完全保存自己原有的组织。

第十二条　本章程可以在每次代表大会上进行修改，但须获得三分之二与会代表的赞同。

第十三条　凡本章程规定未尽事宜，得由每次代表大会上审订的专项条款加以补充。

组织条例①

按历届代表大会（1866—1869）和
伦敦代表会议（1871）的决议修订

一

全协会代表大会

1. 国际工人协会的每一支部的每个成员均有参加选举代表大会的权利，每个协会会员均有被选为代表的资格。

---

① 正文中凡用楷体排印的，均系总委员会于1872年夏所批准的改动。——编者注

2. 凡成员不少于五十人的支部或成员总数不少于五十人的若干支部，有权派遣一名代表参加代表大会。

3. 凡成员在五十人以上的支部或总人数在 50 人以上的若干支部，每超过一百人有权增派代表一名。

4. 每一个代表在代表大会上只有一票表决权。

5. 代表由选出代表的那个或几个支部支给补贴费。

6. 今后只有加入国际并向总委员会缴清会费的团体、支部或小组的代表，才能参加代表大会，享有表决权。

7. 代表大会的会议分两种：讨论组织问题的秘密会议和讨论并表决大会议程中列有的原则问题的公开会议。

8. 总委员会制订代表大会的正式议程。议程中须包括上次代表大会提出的问题和总委员会补充提出的问题，以及各支部和小组或它们的委员会向总委员会提交并为总委员会所接受的问题。

所有支部，如果要把上次代表大会没有提出的问题提交将举行的代表大会讨论，应于 3 月 31 日前通知总委员会。

9. 总委员会负责组织代表大会并通过联合会委员会将大会议程及时通知所有的支部。

10. 代表大会为它所应讨论的每一个问题都成立一个委员会。每一个代表可提出他愿意参加的委员会。各小组或支部提出的报告，交给哪个委员会研究，就在该委员会的会议上宣读。该委员会根据这些报告编写一个总报告，在公开会议上只宣读总报告；该委员会还决定哪些报告应作为正式报告的附录。

11. 代表大会在其公开会议上，应首先讨论总委员会提出的问题；然后讨论其余问题。

12. 对有关原则的问题，均实行唱名表决。

13. 每一个支部或支部联合会，至迟均须在每年召开代表大会前两个月向总委员会提出关于该组织本年度内的工作和发展情况的详细报告。

　　总委员会根据这些报告编写一个总报告，在代表大会上只宣读这个总报告。

二

总委员会

　　1. 国际工人协会的中央委员会仍用**总委员会**名称。

　　设有**国际**正规组织的各国的中央委员会，应定名为**联合会委员会**，冠以各该国的国名。

　　2. 总委员会必须执行代表大会的决议，并且监督每一国家严格遵守国际的基本原则。

　　3. 总委员会应每周公布其开会情况。

　　4. 凡在联合会之外的团体，如想加入国际，必须立即将其申请通知总委员会。

　　5. 总委员会有权接受或不接受任何新的团体或小组，但它们可以向代表大会提出申诉。

　　但在设有联合会委员会的地方，总委员会在决定接受或不接受一个新的支部或团体之前，须听取联合会委员会的意见；但总委员会保留作出临时决定的权利。

　　6. 总委员会也有权将国际的分部、支部、联合会委员会及联合会暂时开除，直到应届代表大会为止。

　　但是对属于某一个联合会的支部，总委员会只有在事先听取了有关联合会委员会的意见以后，才能行使这一权利。

　　总委员会在解散联合会委员会时应同时要求该联合会各支部在三十天以内选出新的联合会委员会。

总委员会在暂时开除整个联合会时，应立即通知其余各联合会。如果大多数联合会都提出要求，总委员会应在一个月内召开非常代表会议，由每一个民族各派一名代表出席，对这个问题作出最后决定。

不言而喻，国际遭到禁止的那些国家，享有与正规的联合会同样的权利。

7. 总委员会有权解决属于一个全国性组织的团体或支部之间、或各全国性组织之间可能发生的纠纷，但是，它们可以向代表大会进行申诉，代表大会的决定才是最终决定。

8. 由总委员会任命执行特殊任务的一切代表，均有权出席联合会的、地方性的或**国际团体**的一切会议并发表意见，但没有表决权。

9. 用英文、法文和德文出版的共同章程和条例，应按总委员会颁布的正式文本印行。

共同章程和条例的所有其他文字的译文，均应在发表前提请总委员会批准。

三
应向总委员会缴纳的会费

1. 总委员会向一切支部和附属团体征收会费，数额为每个会员每月十生丁。

这笔会费用来支付总委员会的各项开支。

2. 总委员会应印制价值十生丁的固定式样的会费券，每年向各联合会委员会按要求数量供应这种会费券。

3. 联合会委员会向各地方委员会，在没有地方委员会时，则向所属各支部按其会员人数寄发会费券。

4. 这种会费券应粘贴在会员证的专页或协会每个会员均须持有的

那份章程上。

5. 各国或各地区的联合会委员会每个季度均应将与所用会费券价值相符的金额寄给总委员会，并交回剩余的会费券。

6. 这些会费券，须标明当年年份。

四
联合会委员会

1. 联合会委员会的费用由所属各支部负担。

2. 每一个联合会委员会应每月向总委员会呈交一次报告。

3. 联合会委员会应向总委员会每个季度提出一次有关所属各支部的组织工作和财务状况的报告。

4. 每一个联合会都可以不接受或者开除个别支部或团体，但无权取消它们的国际组织的资格；然而它可以建议总委员会将它们暂时开除。

五
地方性团体、支部和小组

1. 每一个支部均有权根据当地条件和本国法律的特点制定自己的地方性章程和条例。但是，此种章程和条例不得与共同章程和条例有任何抵触。

2. 此种带有地方特点的章程和条例，由联合会委员会审定其是否符合共同章程和条例；不在联合会内的支部，其章程和条例由总委员会审定。

3. 所有地方分部、支部或小组及其委员会，今后其名称和性质一律只是国际工人协会分部、支部、小组和委员会，在名称前冠以该地地名。

4. 因此，分部、支部和小组，今后不得再用宗派名称，如实证论分部、互助主义分部、集体主义分部、共产主义分部等等，或者用"宣传支部"等类名称成立执行与所有国际组织的共同目标不符的特殊任务的分立主义组织。

5. 不言而喻，本节第二条①不适用于加入国际的工会。

6. 请所有的支部和加入国际的工人团体废除各该支部或团体中的主席职位。

7. 建议在工人阶级当中成立妇女支部。不言而喻，本条绝不妨碍由男女工人混合组成的支部的存在和建立。

8. 凡载有攻击协会之言论的报刊，支部应立即寄送总委员会。

9. 协会的机关报应每三个月公布一次各联合会委员会的地址和总委员会的地址。

六
关于对工人阶级进行普遍统计

1. 总委员会应将章程中涉及对工人阶级进行普遍统计的第六条以及1866年日内瓦代表大会就这一问题所作的决议付诸实施。

2. 每个地方支部内均应设一专门的统计委员会，以便随时在力所能及的范围内答复本国联合会委员会或国际总委员会可能向它提出的问题。鉴于统计委员会书记的工作对工人阶级的重要性和给工人阶级带来的共同利益，建议所有支部对统计委员会书记均支付薪金。

---

① 这是指本节原来的第二条，即现在的第三条。——编者注

3. 每年 8 月 1 日，联合会委员会应将收集的材料寄往总委员会，总委员会则应根据这些材料写成总报告，提交代表大会或代表会议。

4. 应将拒绝提供所需材料的工会和国际支部通知总委员会，总委员会将对此采取相应措施。

5. 本节第一条中提及的日内瓦代表大会的决议说：

由工人自己进行的对各国工人阶级状况的**统计调查**，将是一项伟大的国际联合行动。显然，为了行动起来有些把握，应该熟悉所要涉及的材料。同时工人也将通过亲手进行这样一项伟大的工作来证明他们能够把自己的命运掌握在自己手中。因此，代表大会建议：在设有本协会分部的每个地区，应立即开始统计工作，按后面所附的调查大纲所示各点收集实际资料；

此项关于劳动的统计工作，由欧洲和美国的全体工人共同合作进行；

报告和证明材料应寄给总委员会；

总委员会将根据这些材料编写一份总报告，把证明材料作为总报告的附录；

这个总报告将同附录一起提交给年度代表大会，经代表大会批准后，由协会出资刊印。

调查大纲
（可根据本地区的情况修改）

1. 何种生产部门？
2. 工人的年龄和性别。
3. 从业人员的人数。
4. 工资：（a）学徒工资；（b）计日工资或计件工资。中间人所付的工资额。平均每周工资，平均每年工资。

5. （a）工厂中的劳动时间；（b）小企业主雇工和家庭生产的劳动时间；（c）日工和夜工；（d）休息时间。

6. 工场规则。

7. 工场状况和劳动性质。房屋拥挤，通风不良。光线不足。瓦斯的采用。清洁条件等等。

8. 劳动对身体的影响。

9. 道德状况；教育。

10. 生产情况：生产是随季节变化还是全年内开工比较平衡；是否发生大的繁荣和停滞的波动；是否遭到国外的竞争；主要是为国内市场生产还是为国外市场生产。

11. 专管劳资关系的法律。

12. 居住条件和营养状况。

马克思修订于1871年9月底10月初—大约11月6日

《共同章程》参看《马克思恩格斯文集》第3卷第226—229页；《组织条例》参看《马克思恩格斯全集》中文第1版第44卷第572—585页

总委员会对汝拉联合会抗议代表大会在
海牙召开的答复[380]

国际工人协会总委员会

伦敦牛津街拉脱本广场 33 号

致汝拉联合会委员会通讯书记，公民施维茨格贝耳：

我已将你今年 7 月 15 日的来信交给了总委员会，总委员会委托我通知你，在作出应届代表大会在海牙举行的决定时，总委员会已对你信中谈到的一切理由都给予了应有的注意，作出这个选择是由于以下的考虑：

代表大会不能在瑞士举行，因为瑞士是争论的发源地和中心，代表大会总是会在某种程度上受到开会地点的影响；为了使代表大会的决定更有分量和使大会的讨论更加深入，必须避免地方性，为此必须选择一个远离争论中心的地方。

你不会不知道，最近 4 次代表大会中有 3 次是在瑞士举行的，并且在巴塞尔，比利时的代表曾极其坚决地要求应届代表大会在韦尔维耶或荷兰举行。

瑞士尽管相对地说享有自由，但她未必能要求有垄断代表大会的权利。

罗曼语区联合会委员会也对总委员会的选择表示不满和不赞成。

　　顺致兄弟般的问候!

瑞士通讯书记　**海·荣克**

1872 年 7 月 18 日

原文是法文　　　　　　　　　载于 1872 年 8 月 1 日《汝拉联合会

简报》第 14 期

总委员会告国际工人协会全体会员书[381]

公民们！

　　总委员会有必要向你们公开揭露国际内部的一些阴谋活动，这些活动已经进行了好几年，但是你们当中大多数人却从来没有怀疑到它们是存在的。

　　在我们 1872 年 3 月 5 日的内部通告《所谓国际内部的分裂》中，我们不得不提醒你们注意所谓**社会主义民主同盟**的宗派分子的阴谋，这些阴谋的目的，就是要在我们的队伍中制造纠纷，偷偷地把我们协会的最高领导权转交给以米哈伊尔·巴枯宁为首的集团。

　　你们记得，社会主义民主同盟在成立的时候曾经印行了一个章程，如果我们批准这个章程，它就会保证同盟的双重存在——既存在于国际之内，同时又存在于国际之外。事实上，同盟也就会一方面有自己的同国际的支部、联合会和代表大会并存的支部、联合会和代表大会，同时却又自称是国际的一个组成部分。同盟的目的在于，用巴枯宁先生的特殊纲领来代替我们的共同章程，并把巴枯宁的个人独裁强加于我们的协会。

　　总委员会在 1868 年 12 月 22 日的通告中拒绝了这种狂妄要求。[382]它表示只有在这样一个不可缺少的条件下才同意接受社会主义民主同盟加入国际，即同盟不再作为一个国际联合组织而存在，它必须解散自己的组织，它的各个支部将根据普通地方支部的权利加入国际。同盟正式接受了这些条件。但是在它的所谓支部中只有一个支部，即日内瓦中央支部加入了我们协会。而其余的支部对总委员会仍然保持秘密，因此总委员会只能认为这些支部是不存在的。

现在，过了三年多以后，我们掌握的一些文件无可辩驳地证明，这个社会主义民主同盟违反自己正式许下的诺言，过去和现在始终都作为一个国际联合组织而存在，而且是以秘密团体的形式存在于国际内部；它现在仍然受巴枯宁先生的领导；它的目的依然如故，最近一年来表面上是针对伦敦代表会议和总委员会而实际上是针对我们的整个组织的一切攻击都来自同盟。有些人指责总委员会有"权威主义"，虽然他们一次也不能指出总委员会有什么权威主义的行为，他们一有机会就鼓吹"支部自治"、"小组自由联合"，他们指责总委员会想把"自己的正式的和正统的学说"强加于国际，把国际变成一个有"教阶制的"团体；事实上正是这些人结成了一个"按教阶制"组织起来的、不仅实行权威主义领导，而且实行不折不扣的独裁领导的秘密团体；他们践踏了支部和联合会的任何自治；他们力图依靠这个秘密组织把巴枯宁先生个人的和正统的学说强加于国际。他们要求国际按"自下而上"的原则组织起来，但他们自己作为同盟的盟员却俯首帖耳地听从"自上而下"的命令。

用不着证明，在国际内部存在着这类秘密团体显然违反了我们的共同章程。我们的章程只承认有一种在权利和义务上一律平等的国际会员；同盟却把他们分成两类，即亲信者和非亲信者，而且后者注定要由前者通过一个后者根本不知道的组织来领导。国际要求自己的会员承认真理、正义和道德是自己行为的准则；同盟却规定自己的拥护者把造谣、伪装和欺骗当做首要的义务，指使他们欺骗国际的亲信的会员，向他们隐瞒秘密组织的存在，以及自己言行的动机和目的。国际的纲领包含在它的章程中，是尽人皆知的，同盟的纲领则一贯被隐瞒起来，而且直到今天大家仍然不知道。

　　同盟的核心是汝拉联合会；由它提出口号，而秘密组织所属的其他支部和报纸则立即接受和拥护。在意大利有一些受同盟控制的团体。这些团体自称为国际的支部，但是从来没有申请过加入国际，从来没有缴纳过会费，从来没有履行过我们的条例中规定的其他任何条件。在比利时，同盟有几个有影响的代理人。在法国南部，同盟有自己的通讯员；其中有些人还把这种职务和警官助手的职务结合于一身。但是同盟组织得最好的还是在西班牙，它在那里分支最多。在那里一开头它就不露形迹地混进了西班牙国际的队伍，并且几乎一直控制着历届联合会委员会和代表大会，他们甚至使西班牙最忠实的国际会员都相信，这个秘密组织在我们协会内部到处都存在，加入这个组织几乎是每个人的义务。伦敦代表会议（在这次会议上，身为同盟盟员的西班牙代表①，也确信情况恰好相反）以及巴枯宁的忠实信徒按照他的旨意立即对代表会议和总委员会所散布的谣言和进行的疯狂攻击都澄清了上面那种错觉。在同盟内部经过长期斗争后，那些把国际看得比同盟珍贵的西班牙会员退出了同盟。他们立即遭到了那些仍然忠实于秘密团体的人的最恶毒的侮辱和诽谤。他们被两度开除出马德里地方联合会，这是明显违反现行条例的行为。当他们想组织一个新马德里联合会**383**的时候，西班牙联合委员会不准他们这样做，并退回他们寄去的会费。这里需要指出，就我们所知，该联合会委员会的八名委员中有五名是同盟盟员（维森特·罗塞尔耳、佩雷格林·蒙托罗、塞韦里诺·阿尔瓦拉辛、弗朗西斯科·托马斯和弗朗科·马丁内斯），甚至可能还有别的人。这样一来，因自己的自治而无比自豪的西班牙各支部和地方联合会，自己根本没有怀疑到自己正是像一群绵羊那样地顺从自瑞士发出的秘密命令，这些命令联合会委员会必须盲目地执行，如果它不这样做就会被同盟宣布为非法。

────────────

　　①　指安塞尔莫·洛伦佐。——编者注

　　为了保证同盟盟员被选举为出席海牙代表大会的代表，西班牙联合会委员会于7月7日向各支部和地方联合会发出了一个内部通告，要求它们缴纳额外会费，作为代表出席代表大会的费用，并权威主义地命令它们按照全西班牙的一张共同名单来选举这些代表，以便由它，即联合会委员会，来负责计算选票。这种选举办法是要保证同盟的候选人当选。不仅如此，联合会委员会还通知说，它草拟了一份这些代表绝对必须遵从的共同的限权代表委托书。当我们一获悉这个用国际会员的钱派遣同盟的代表参加代表大会的方案以及得到西班牙联合会委员会同秘密团体一起搞阴谋活动的证据后，我们便在7月24日向它提出了以下几点要求：

　　（1）把西班牙同盟的全体盟员的名单告知我们，并注明他们在国际中所担任的职务；

　　（2）组织调查西班牙同盟的性质和活动，及其组织和国外分支；

　　（3）寄一份7月7日的内部通告给我们；

　　（4）向我们说明，为什么你们认为，在你们的委员会中至少有三个知名的同盟盟员这一事实，同你们履行自己对国际的义务是可以并行不悖的；

　　（5）在回信时要作详尽回答。①

　　我们至迟在8月1日以前就应当收到回答。但是，直到8月5日我们才收到一封表明"8月1日于瓦伦西亚"的信（邮戳已辨认不清），信中借口说该委员会的委员们不懂我们用法文写的信，因为需要时间来翻译这封信，所以回答推迟了。然而就是这个委员会曾在6月15日的信中请求我们在给他们寄我们的刊物等等的时候尽可能寄法文的，因为他们（委员会的委员们）多少懂得一点这种语言！可见借口是虚伪的：

　　① 见下一篇文章。——编者注

他们只不过想使我们丧失宝贵的时间。

因此，我们不得不向协会的全体会员，尤其是国际的西班牙会员宣布，西班牙联合会委员会**背叛了国际工人协会**。这个委员会不但没有严格遵照国际西班牙会员所赋予它的权力行事，反而成了一个不仅与国际背道而驰，而且甚至敌视国际的团体的机构。它所服从的不是共同章程和条例，以及历次全协会代表大会和西班牙代表大会的决议，而是巴枯宁先生发出的秘密指令。一个联合会委员会，其委员的大多数都是同国际格格不入的秘密团体的成员，它的存在本身就是对共同章程的明目张胆的破坏。由于联合会委员会的委员大多数都是同国际格格不入的秘密团体的成员，所以这个委员会的存在本身就是显然违反共同章程的。

公民们，这就是在选举代表大会代表之前必须告诉你们的一些事实。在工人阶级斗争的历史中，我们第一次在工人阶级内部遇到了一个目的不是要摧毁现存的资本主义制度，而是要摧毁为反对这种制度进行最坚毅斗争的协会的秘密阴谋。这是一个旨在反对无产阶级运动本身的阴谋。因此，凡是我们接触到这个阴谋的地方，我们都看到，它鼓吹的是起削弱作用的绝对放弃政治活动的学说。当不了解这个阴谋的普通国际会员几乎在所有欧洲国家都遭到迫害和逮捕的时候，"英勇的"同盟盟员却享有不受任何侵犯的特权。

公民们，你们应当作出抉择。现在问题不在于支部自治、小组自由联合，不在于"自下而上"的组织，也不在于任何其他的夸夸其谈的和响亮的词句。现在问题在于：你们希望我们的中央机关由那些除了你们所赋予的权力而外不承认别的权力的人来组成，还是希望我们的中央机关由那些通过欺骗的办法选举出来并从你们那里获得权力，但是决意遵照在瑞士的某位神秘人物的秘密指令把你们当成一群绵羊来驱使的人组成？

揭露这个秘密的骗子手团体的存在，就是消灭它的力量。同盟那伙人自己不会笨得相信，当国际的广大会员群众知道存在这个组织时还会自觉服从这个组织。在骗子手和他想欺骗的人之间，在同盟和国际之间毫无共同之处。

此外，必须一举永远地结束由于协会内存在着这个寄生组织而一再发生的内部纠纷。这些纠纷尽是浪费本来应该用来反对现存资产阶级制度的力量。同盟既然阻挠国际反对工人阶级敌人的活动，因此它就是在最好地替资产阶级和各国政府效劳。

有鉴于此，总委员会要求海牙代表大会将同盟的全体盟员开除出国际，并授予总委员会以必要的权力来有效地防止今后发生类似的阴谋。

总委员会

恩格斯写于1872年8月4—6日

原文是法文

参看《马克思恩格斯全集》中文第1版第18卷第128—134页

致国际工人协会西班牙各支部[384]

1872 年 8 月 8 日于伦敦

鉴于同盟这个秘密团体的成员进行反对**国际工人协会**的阴谋活动，总委员会执行委员会曾在 1872 年 7 月 24 日的会议上，委托西班牙书记、公民弗·恩格斯给瓦伦西亚的西班牙联合会委员会写信如下：

致西班牙联合会委员会

公民们！

我们有证据证实，在国际内部，特别是在西班牙，存在着一个自称为**社会主义民主同盟**的秘密团体。这个团体的中央设在瑞士，它认为自己的专门使命就是要使我们伟大的协会适应它的特殊倾向，并且把协会引向绝大多数国际会员根本不知道的目标。此外，我们从塞维尔的《理智》[385]上知道，你们委员会中至少有三个委员是同盟的人。

1868 年当这个团体作为一个公开团体成立时，总委员会不得不拒绝在它仍然保持自己的国际性质的时候接受它加入国际，因为它妄图成为既在**国际工人协会**之内又在**国际工人协会**之外活动的第二个国际联合组织。同盟只是在答应仅仅作为日内瓦的一个普通地方支部存在之后，才加入了国际（见总委员会的内部通告《所谓国际内部的分裂》第 7 页及以下各页）。

当这个团体还是公开的时候，它的组织和性质就已经同我们章程的精神和文字相违背，所以，它违反自己承担的义务，而秘密存在于国际内部，就无异于直接背叛我们的协会。国际只承认有一种在权利和义务上一律平等的会员；同盟却把他们分成两类，即盟内的和盟外的即亲信者和非亲信者，而且后者注定要由前者通过一个后者根本不知道的组织来领导。国际要求自己的会员承认真理、正义和道德是自己行为的准则；同盟却责成自己的拥护者必须向国际的非亲信的会员隐瞒这个秘密组织的存在，以及自己言行的动机和真正目的。总委员会已经发出内部通告，要求在即将举行的代表大会上调查该同盟的反对国际的阴谋活动。总委员会还知道西班牙联合会委员会应同盟的先生们坚决要求而采取的那些有利于他们团体的措施，于是总委员会坚决决定取缔这些阴谋活动。为此，总委员会要求你们完成以下事项，以便起草即将向海牙代表大会提出的关于同盟的报告：

（1）把西班牙同盟的全体盟员的名单告知我们，并注明他们在国际中所担任的职务；

（2）调查同盟的性质和活动，及其组织和国外分支；

（3）寄一份你们1872**年7月7日的内部通告；**

（4）说明为什么你们认为，在你们的委员会中至少有三个知名的同盟盟员这一事实，同你们履行自己对国际的义务是可以并行不悖的。

如果总委员会收不到**作出确实的和最后的答复的回信**，它将被迫不仅在西班牙国内，而且也在西班牙国外公开宣布，你们违反了共同章程的精神和文字，并且为了一个不仅与国际背道而驰，而且敌视国际的秘密团体的利益而背叛了国际。

敬礼和兄弟情谊

受总委员会的委托

西班牙书记　**弗里德里希·恩格斯**

1872 年 7 月 24 日于伦敦拉脱本广场 33 号

　　西班牙联合会委员会在一封标有"8月1日于瓦伦西亚"字样并于8月5日在伦敦收到的信件中，对总委员会的要求作了如下的回答：

　　"同志们！我们收到了你们最近的来信，但是，由于这封信是用法文写的，而我们的常任翻译又不住瓦伦西亚，所以我们无法了解信的内容。我们已请另一个同志尽快把它翻译出来，然后我们就可以作出回答。"

　　总委员会执行委员会1872年8月8日会议决定，在等待西班牙联合会委员会回答的同时，必须公布这封信，以便敦促西班牙的所有联合会和支部对称为同盟的秘密团体的存在、活动和目的进行调查。

总委员会执行委员会：

莱奥·弗兰克尔——奥地利和匈牙利通讯书记

J. 帕·麦克詹奈——爱尔兰通讯书记

弗·恩格斯——西班牙和意大利通讯书记

奥·赛拉叶——法国通讯书记

勒穆修——美国通讯书记

海尔曼·荣克——瑞士通讯书记

卡尔·马克思——德国和俄国通讯书记

　　会议主席　　**瓦列里·符卢勃列夫斯基**（波兰书记）

　　会议秘书　　**弗·库尔奈**（荷兰书记）

马克思和恩格斯写于1872年8月8日
载于1872年8月17日《解放报》
第62号

参看《马克思恩格斯全集》中文第
1版第18卷第135—138页

总委员会致新马德里联合会[386]

执行委员会受总委员会委托暂行代理协会的一切组织工作，

鉴于新马德里联合会 8 月 5 日来信请求总委员会予以承认；

鉴于西班牙联合会委员会 7 月 16 日作出的拒绝接受上述联合会加入国际的决议；

考虑到，在这个问题上如果同意总委员会准备在代表大会上加以反对的、其大部分成员都是敌视国际的秘密团体的成员的联合委员会的观点，即使从形式上来看也是荒谬的；

考虑到，在西班牙首先敢于同这个叫做**社会主义民主同盟**的秘密团体划清界限、揭露并挫败其阴谋诡计的，实际上正是新马德里联合会的创建者，——

为此，执行委员会根据上述理由，代表总委员会，

决定承认新马德里联合会，并同它建立经常的和直接的联系。

代表执行委员会

西班牙书记　**弗里德里希·恩格斯**

1872 年 8 月 15 日于伦敦

载于 1872 年 8 月 24 日《解放报》
第 63 号

参看《马克思恩格斯全集》中文第
1 版第 18 卷第 139 页

就里米尼代表会议告意大利各支部书[387]

1872 年 8 月 23 日于伦敦拉脱本广场 33 号

我们收到了标明日期为"8 月 6 日于里米尼"的某个据称是属于国际工人协会的意大利联合会的代表会议的决议，决议断然表示同伦敦总委员会不再有任何团结一致，并**擅自**规定在纳沙泰尔（瑞士）召开①反权威主义的代表大会，建议这一派的各个支部都要派自己的代表前往纳沙泰尔，而不是前往即将举行国际应届代表大会的海牙。

必须指出，有代表在这个决议上签字的 21 个支部中，**只有一个支部**（那不勒斯支部）属于国际。其余 20 个支部中没有一个履行我们的共同章程和条例所规定的接受新支部的任何一个条件。因此，根本不存在任何国际工人协会意大利联合会。正是那些妄图建立这个联合会的人，在伟大的工人协会之外建立自己的国际。

海牙代表大会将就这种假冒名义的行为作出决议。

代表总委员会并根据总委员会的指示

意大利书记　　**弗里德里希·恩格斯**

部分载于 1872 年 8 月 28 日《人民报》第 95 号，全文载于 1872 年 9 月 29 日《平民》第 20 号

原文是意大利文
参看《马克思恩格斯全集》中文第 1 版第 18 卷第 140 页

---

① 在信稿中接着是："所谓的"。——编者注

总委员会向 1872 年 9 月 2—7 日在海牙举行的国际工人协会第五次年度代表大会的报告

（报告全文见《第一国际海牙代表大会文献》，本卷略。）

代表总委员会向海牙代表大会提出的关于社会主义民主同盟的报告

（报告全文见《第一国际海牙代表大会文献》，本卷略。）

注　释

1　指 1871 年 9 月 17—23 日召开的国际**伦敦代表会议**的决议。

　　召开这次代表会议是因为反动浪潮汹涌，国际会员到处遭到迫害，无法召集正常的代表大会。在这种情况下，有必要加强国际在思想上的统一和组织上的团结，并且同反无产阶级的宗派主义、无政府主义和改良主义分子进行斗争。

　　出席代表会议的代表 22 名有表决权，10 名无表决权。马克思代表德国，恩格斯代表意大利，杜邦代表法国，埃卡留斯代表美国。代表会议共举行了 9 次会议，都是秘密进行的。大会最重要的决议是第九项《关于工人阶级的政治行动》的决议，决议宣布必须在每个国家建立独立的无产阶级政党，作为工人阶级取得政权的必要条件。

　　代表会议还决定出版国际工人协会共同章程和组织条例的英文、法文和德文正式文本。由马克思、荣克和赛拉叶组成一个特别委员会，负责准备这个新版本（该委员会后来变成了审查新建支部章程的常设委员会）。然而，这项工作的大部分都是马克思做的。由于代表会议的决议是没有约束力的，总委员会在 1871 年 10 月间的一系列会议上确认了伦敦代表会议的决议，并委托马克思对这些决议加以整理，以给国际各联合会和支部的通告信的形式发表。

　　为了帮助侨居伦敦的生活困难的流亡者，总委员会委托原公社社员中的一些印刷工人出版伦敦代表会议决议的法文本，这一文本于 1871 年 11 月和 12 月出版。决议的德文本由莱比锡《人民国家报》编辑部出版。——3

2　这个委员会是伦敦代表会议指定的，负责准备共同章程的正式版本。——4

3　每张价值 1 便士的会费券是伦敦代表会议第四项决议决定采用的。这些会费券应粘贴在每个会员均须持有的会员证的专页上或者章程副本上。——4

4　1871 年 9 月 22 日伦敦代表会议通过决议，就意大利和法国政府对国际的迫害发表告意大利工人和法国工人的宣言。

工人团体代表大会是在罗马举行的（见注释21）。——4

5 指1871年伦敦代表会议按马克思的建议通过的第十二项决议。决议授权总委员会在伦敦建立一个临时联合会（委员会），以便把英国的所有支部联合成一个联合会。从国际成立之日起至伦敦代表会议止，英国联合会委员会的职能由总委员会自己承担。伦敦联合会委员会于1871年10月21日在海－霍尔本举行的一次会议上成立，参加联合会委员会的有伦敦各支部的代表及与国际有关系的各团体的代表。在10月27日的会议上，下列人员成为该委员会的委员：黑尔斯、基恩、巴里、埃利奥特、米切尔、坎汉、布列德尼克、吕尔、里兹蒂尔、麦克法林、贝利斯顿、西曼、韦斯顿、德沃尔什、勒克莱尔、列斯纳、霍兰、萨瑟恩、梅奥、罗奇、麦克唐奈、福斯特、德拉埃、埃迪罗特、哈里斯、巴特里。该委员会在得到国际在英国的各个组织承认后，将由总委员会批准成为不列颠联合会委员会。——5

6 关于1871年10月21日在海－霍尔本开会成立伦敦联合会委员会的报道载于1871年10月23日《泰晤士报》；黑尔斯的答复刊登在1871年10月28日《泰晤士报》上。黑尔斯批驳了国际是秘密团体、在英国工人中毫无影响以及所谓在国际的英国会员和大陆会员之间有分歧等言论。

《蜂房》是英国的一家工会周报，1861—1876年期间曾以《蜂房》、《蜂房报》、《便士蜂房》几个名称出版。该报深受资产阶级激进派和改良派的影响。1864年11月它被宣布为国际的机关报。《蜂房》发表过国际工人协会的正式文件和总委员会会议的报道，不过经常进行歪曲和删节。1869年它实际上成了一家资产阶级激进派的报纸。1870年4月，总委员会根据马克思的建议，同该报断绝了联系。然而1870年8月，在普法战争期间，总委员会由于没有自己的报纸，不得不在《蜂房》上刊登了几篇总委员会会议的报道。——5

7 1871年10月31日《泰晤士报》刊登了英国保守党议员贝利－柯克伦的一封信，柯克伦在信中重复了法国和英国的反动报刊关于国际的谰言，并且把巴枯宁派的社会主义民主同盟的文件说成是国际的文件，企图以此来诬蔑国际。恩格斯代表总委员会起草了一份声明，但《泰晤士报》的编辑拒绝刊登，因而该声明便被登在 1871 年 1 月 11 日《东邮报》第 163 号上。

《东邮报》是英国的一家工人周报，1868—1873 年在伦敦出版。1871 年 1 月起它开始刊登总委员会会议的报道，后来（到 1872 年 6 月）实际上是总委员会的机关报。——7

8　《写真》是英国的一家每周出版的画报，1869—1932 年在伦敦出版。——7

9　这次总委员会会议的报道载于 1871 年 11 月 7 日《东邮报》第 163 号。——8

10　指 1871 年 11 月 7 日英国出版商特鲁拉夫给马克思的信；特鲁拉夫出版了英文版的共同章程。——8

11　《旗帜报》是英国的一家保守派日报，1827 年在伦敦创刊。

《经济学家》是研究经济、政治问题的一家英国周刊，大工业资产阶级的喉舌，1843 年起在伦敦出版。——9

12　开姆尼茨的 1 万名机械工人和铸铁工人的罢工开始于 1871 年 10 月 28 日。罢工没有取得胜利，但是，正如李卜克内西在 1871 年 11 月 14 日给左尔格的信中所说的那样，它生动地向工人们展示了成立职工组织的必要性。——10

13　1871 年 10 月和 11 月初，恩格斯作为意大利通讯书记，收到了特尔察吉和卡菲埃罗（都灵支部）、纳布鲁齐、弗拉泰利和其他人（拉韦纳支部）、里焦（吉尔真蒂支部）等的来信。

加里波第在给马志尼的追随者、《人民罗马》的编辑朱泽培·佩特罗尼的信（1871 年 10 月 21 日）中谈到，鉴于马志尼对公社和国际的攻击，他决定与马志尼断绝关系。这封信登在意大利的报纸上。恩格斯把它翻译出来，并把它收在 1871 年 11 月 11 日《东邮报》第 163 号上刊登的关于这次总委员会会议的报道中。——10

14　这是指荷兰联合会委员会的会员格尔哈特 1871 年 10 月 30 日的来信，信中附有荷兰各支部缴纳的 1 年会费 11 镑 4 先令。——10

15　这显然是指约策维茨的来信，1871 年 11 月 6 日马克思给他回了信。——10

16　《东邮报》（1871 年 11 月 19 日第 164 号）关于这次总委员会会议的报道对这封信的内容作了较详细的介绍。——10

17　1871 年 11 月 11 日《东邮报》第 163 号比较详细地登载了波士顿支部书记沃克

的来信。它还报道了纽约联合会委员会的一封来信，信中描述了争取八小时工作日的示威游行，国际会员也参加了这次游行。——10

18　**1871 年法国人支部**是一些法国流亡者于 1871 年 9 月在伦敦建立的。它的领导人与在瑞士的流亡者有联系，这些流亡者受巴枯宁派的影响，支持巴枯宁派对总委员会的攻击。1871 年 10 月 14 日呈交总委员会的法国人支部章程被送交章程委员会审阅。1871 年 10 月 17 日总委员会根据马克思的提议通过决议，宣布国际不接纳该支部，原因是它的章程与国际协会的共同章程相抵触。该支部在 10 月 31 日的信中拒绝承认这项决议。章程委员会研究了它的这封回信，然后总委员会在它 1871 年 11 月 7 日的会议上进行了讨论。——10

19　1868 年 6 月—1872 年 2 月，总委员会作为转租户使用星期日同盟在伦敦海-霍尔本 256 号的办公室。1871 年 8 月 1 日，总委员会决定另找房子，为此指定了一个委员会，委员有罗奇、哈里斯和列斯纳。新房到 1872 年 2 月才找到（见注释 109）。——12

20　在 1871 年 11 月 19 日《东邮报》第 164 号关于这次会议的报道中引述了一封加拿大的来信。信中谈到了加拿大工人阶级的状况。此外还报道了倍倍尔在帝国议会上抨击军国主义和自由派对宪法的幻想的两次发言。——12

21　意大利工人团体（主要是一些互助团体）的例行（第十二次）代表大会于 1871 年 11 月 1—6 日在罗马举行。这些团体大多数都受马志尼的影响。那不勒斯和吉尔真蒂两地国际支部的代表（卡菲埃罗、蒙泰尔、图奇），批判了马志尼派违背工人利益的原则，于是代表大会发生了分裂。

　　11 月末，卡菲埃罗给恩格斯寄了一份关于这次代表大会的详细报告，报告是他和图奇共同起草的。——14

22　1871 年 11 月 7 日和 8 日，法国人支部在伦敦出版的日报《谁来了!》（第 31 号和 32 号）上刊登了伦敦代表会议的决议。11 月 11 日赛拉叶以总委员会的名义给该报编辑韦梅希写了一封信，声明总委员会不能对该报根据非正式消息来源发表的东西负责，并且指出该报歪曲了第十三项决议，该项决议说"德国工人在普法战争期间尽到了自己的职责"。

　　作为对赛拉叶的信（登在 1871 年 11 月 16 日《谁来了!》第 39 号上）的

答复，1871 年法国人支部的 15 名委员发表了一封《抗议信》（登在该报 11 月 19—20 日第 42 号上），认为出席 1871 年伦敦代表会议的法国代表和总委员会中的法国委员不能代表法国，并对赛拉叶进行了谴责。第十三项决议是沙文主义者公开进行攻击的目标。——14

23　总委员会于 1871 年 10 月 10 日指定由荣克、米尔纳和哈里斯组成这个委员会，调查苏格兰自由派报纸《苏格兰人报》怎么能在 10 月 2 日刊登关于本来不准备公开的伦敦代表会议情况的报道。关于这件事，恩格斯在 1872 年 5 月 27〔—28〕日给李卜克内西的信中是这样写的：“代表会议开完后过了几天，在《苏格兰人报》和《曼彻斯特卫报》上登了一篇文章（接着所有的英国报纸和欧洲报纸也都登了这篇文章），详细地报道了代表会议的一些会议情况和代表会议的决议。你可以想象得到，大家都很气愤。所有的人都说这是叛徒，要求惩罚叛徒，以儆效尤。凡是有国际的报纸的地方，都骂总委员会，说它竟让这样的东西登在资产阶级报纸上，而我们自己的报纸倒没有得到任何消息。

“谁是叛徒，我们马上就明白了。事情是这样的：报道出去的情况仅仅是埃卡留斯参加的那些会议的情况，至于其他的一些会议，除对一些决议作了不确切的转述之外，连一句话也没有提到。当我们有机会单独同埃卡留斯在一起时，马克思就直截了当地向他提出了这一点，并且友好地规劝他诚恳悔过，接受应得的责备，今后表现得谦虚一些。埃卡留斯跑到为此事而成立的调查委员会主席荣克那里，承认他确实把一篇关于代表会议的文章交给了纽约《世界报》在这里的代表机构，但是，附有一个必须遵守的条件：不能把文章透露给英国报纸。然而，他对这些人的诈骗性和他们同英国外省报纸的联系都是清楚的，他也应该知道，他无权把有关代表会议情况的消息出卖给美国报纸。”（参看《马克思恩格斯全集》中文第 1 版第 33 卷第 473—474 页）——15

24　埃卡留斯提出的决议案的原稿还保存着：“鉴于：

国际工人协会成立时就决定接受工联和其他工人团体为协会的分部，而不改变其原有的组织；

本着这个精神，协会派代表到各工人团体去邀请它们加入国际，已有很多团体加入；

协会的章程中没有任何内容可以作不承认这种团体为会员的理由；

况且，它们的会员资格，除了1871年10月31日的一次辩论，从未受到过任何一次代表大会或者总委员会的怀疑；

如果1871年10月31日的辩论中那种关于与国际有关的各个工人团体的关系的说法占上风，那么总委员会就得违背协会的章程，将这个国家和其他国家的大批协会会员赶出国际；

因此，极有必要正式宣布，赞成协会原则，声明加入国际，并照章缴纳会费的工人团体，无疑都是协会的分部，它们的成员都是协会的会员，从而消除一切怀疑。"——15

25　这次会议的报道发表在1871年11月26日《东邮报》第165号上。其中引用了莫特斯赫德收到的一封丹麦来信，这封信通知总委员会，单是哥本哈根一地就有将近2000名国际的会员，并且各省的大城市已经成立了支部。信的作者还写道，他们希望能在选举中争取到工人的代表权。——15

26　这里指的是巴黎公社的无产阶级流亡者在伦敦建立的**法语支部**。其成员中有马格里特、勒穆修和德·沃尔弗斯。1871年11月18日，该支部通过了后来在1872年2月由总委员会批准的章程。根据章程，任何一个承认国际工人协会原则的公民，不论国籍，都有资格成为支部成员。这个支部由一个七人委员会领导，他们的职责是同总委员会保持联系并积极地宣传国际的观点。这个支部支持总委员会同法国流亡者中的小资产阶级分子（韦梅希及其他人）进行斗争。——16

27　黑尔斯的发言和格拉斯哥的来信，在《东邮报》（1871年11月26日第165号）关于这次总委员会会议的报道中有较详细的叙述。——17

28　1871年11月12日，巴枯宁派的汝拉联合会在松维利耶举行代表大会，会上通过了《给国际工人协会所有联合会的通告信》，即所谓的松维利耶通告信。通告信反对总委员和1871年伦敦代表会议的决议，提出了政治冷淡主义和各支部完全自治的无政府主义教条。它还造谣攻击总委员会，并建议所有联合会要求立即召开一次代表大会来修订国际章程和谴责总委员会。——17

29　由于这次总委员会会议上讨论的实质问题不打算公布，《东邮报》（1871年12

月 2 日第 166 号）的报道仅限于介绍纽约联合会委员会 1871 年 10 月的
报告。——19

30　马克思由于健康原因缺席了一个月之后首次出席这次会议。——20

31　这是指报纸《谁来了!》未通知总委员会就发表了伦敦代表会议的决议，后来
《解放报》（*La Emancipation*）又作了转载。它们发表的材料中包含有一系列的
歪曲（见注释 22）。——20

32　1870 年 9 月 5 日，德国社会民主工党不伦瑞克委员会发表了一项关于战争的声
明，宣布德国工人忠于无产阶级国际事业，并建议组织群众大会抗议普鲁士政
府的兼并计划。这项声明中含有马克思给该委员会的一封信中的一部分（参看
《马克思恩格斯全集》中文第 1 版第 17 卷第 282—284 页）。由于发表了这一声
明，委员会委员白拉克、邦霍尔斯特、施皮尔、库恩和格拉勒在 1870 年 9 月 9
日被捕，并在拘禁数月后，于 1871 年 11 月按警察捏造的指控以违反治安条令
受到审判。虽然不伦瑞克地方法院判处他们不同期限的徒刑，但是由于没有事
实根据，上诉法院不得不取消这一判决，把刑期从 16 个月减为 3 个月，并把
审判前的拘禁时间计算在内，实际上等于无罪释放。——21

33　《法兰克福报和商报》—— 一家小资产阶级民主倾向的日报，从 1865 年（该
名称是从 1866 年开始使用的）至 1943 年在美因河畔法兰克福出版。——21

34　1871 年 11 月 16 日与 23 日，意大利民主派报纸《人民罗马》（第 38 号和 39
号）发表了马志尼的文章《国际的文件》，其中有对国际的造谣中伤。因此，
恩格斯代表总委员会给几家意大利报纸写了声明。根据恩格斯的记载，除了
《人民罗马》，这个声明于 1871 年 12 月 5—7 日还分别寄给了《口令报》、《雄
辩家报》、《平等》（*Eguaglianza*）、《人民报》、《意大利无产者报》和《玫瑰
小报》。——21

35　这封丹麦来信发表在 1871 年 11 月 26 日《东邮报》第 165 号上（见注释
25）。——21

36　沙兰是在 1871 年 11 月 19 日和 20 日《谁来了!》第 42 号上发表文章反对总委
员会的 1871 年法国人支部的 15 名委员之一（见注释 22）。——22

37　这次总委员会议的报道载于 1871 年 12 月 9 日《东邮报》第 167 号。经马克

思在会上批评之后，黑尔斯在报道中加上了在前一次会议上宣读过的关于对不伦瑞克委员会委员们判罪的报告（见注释32）。他还在报上发表了路易·皮奥给托马斯·莫特斯赫德的一封信（1871年11月3日），信中有丹麦联合会委员会给总委员会的报告，谈到在农业劳动者中间进行的工作，以及他们必须同城市无产者结成联盟，必须成立生产者合作社和土地国有化等问题。——22

38 这是指1871年12月4日由卡鲁西署名写给总委员会的一封信，此信告诉总委员会，1871年11月26日在伦敦的一批流亡者成立了一个意大利支部，并提出要求批准雷吉斯作为支部代表出席总委员会。——23

39 在这次总委员会会议上，赛拉叶宣读了鲁贝城机械工人委员会1871年11月30日的一封信，信中说有700名机械工人1871年11月16日宣布罢工。但是黑尔斯却把开始罢工的报告收在下次总委员会会议的记录中。——24

40 1871年8月7日至9月2日，军事法庭对巴黎公社社员和国民自卫军中央委员会进行的第三次审判，宣判了公安委员会委员、公社副检察长费雷的死刑。1871年11月28日执行了对费雷和公社前军事代表罗塞尔的判决，这引起了公众广泛的抗议。——24

41 英国和德国的资产阶级报纸刊登了一条假消息，说伦敦联合会委员会选举资产阶级共和党人查理·迪尔克为国际的名誉委员。总委员会在1871年11月28日的会议上通过了马克思起草的辟谣声明。但是，在这之后，贝特尼维尔格林支部在联合会委员会委员罗奇的参加下，还通过了一项对迪尔克的几次演讲表示感谢的决议。关于这件事的报道刊登在1871年12月2日《东邮报》上。——25

42 这次总委员会会议的报道载于12月16日《东邮报》第168号、12月17日《雷诺新闻》、1871年12月24日《平等报》第24号和1872年1月13日《哨兵报》第2号。

《雷诺新闻》还报道了关于加里波第与特里武尔齐的谈话和他对国际的态度的资料；报道说，他虽然不赞成国际的整个纲领，但是他支持国际这样的以促进工人阶级精神上和物质上的幸福和反对神权政治为宗旨的团体。——26

43 **争取九小时工作日同盟**（The Nine Hour's League）成立于纽卡斯尔，1871年5月至10月领导了纽卡斯尔建筑工人和机械工人的大罢工；这次罢工由于未加

入工会的工人的广泛参加和总委员会的有力支持而取得了胜利。——27

44　　这篇文章载于 1871 年 12 月 7 日《平等报》(*L'Égalité*) 第 23 号。

　　　　1871 年 11 月 23 日，佩雷在日内瓦国际会员讨论伦敦代表会议成果的大会上作了关于他访问伦敦和关于伦敦代表会议决议的报告，但是，在巴枯宁分子的压力下，大会没有作出任何决定。在 12 月 2 日的大会上，经过长时间的辩论之后，日内瓦的 30 个支部的代表拒绝接受巴枯宁主义的松维利耶通告信（见注释 28），并且通过一项决议，表示支持总委员会和完全赞同伦敦代表会议决议。——27

45　　这是指北美各支部中央委员会（见注释 198）在 1871 年 12 月发生的分裂。伦敦代表会议（1871 年）以后，委员会里的无产阶级分子同主要以第十二支部和第九支部为代表的小资产阶级分子之间的斗争日益激烈，分裂的结果是建立了两个委员会：各无产阶级支部支持的临时联合会委员会（左尔格在其中起了积极作用），即第一委员会，以及把各种企图利用工人运动来达到自己的政治目的的小资产阶级团体联合在其周围的第二委员会。——29

46　　布拉德洛在 1871 年 12 月 11 日发表了影射攻击巴黎公社和马克思的演说。

　　　　马克思的女儿燕妮在 1871 年 12 月 21—22 日写信给库格曼说："布拉德洛先生采取了最明显的歪曲事实的手法，来诽谤'这个委员会的最高首脑'。许多星期以来，他在非正式场合暗地里进行诽谤，而到最后，又在群众集会上公开宣扬说，卡尔·马克思过去和现在都是波拿巴分子。他的论断所依据的是《内战》中的一段话，这段话说，帝国**'是唯一可能的统治形式'**。在这里，布拉德洛却忽略了中间的一段话：'在资产阶级已经丧失治国能力而工人阶级又尚未获得这种能力时'。"——29

47　　这次总委员会会议的报道载于 1871 年 12 月 23 日《东邮报》第 169 号，1872 年 1 月 10 日《平等报》第 1 号和 1872 年 1 月 20 日《哨兵报》第 3 号。《东邮报》驳斥了某些报纸刊登的关于通过了一项向下院议员查理·迪尔克致谢的决议的报道。——30

48　　这封信是塞扎尔·德巴普在 1871 年 11 月 27 日至 12 月 8 日这一期间写的，信中对《国际报》推迟未发表伦敦代表会议（1871 年）决议作了说明；他

还谈到即将召开的比利时联合会代表大会，这次大会将讨论瑞士的分裂和国际章程。——30

49 这封信是梯布林于 1871 年 12 月 16 日写给马克思的。——31

50 这个通商条约是英国和法国于 1860 年 1 月 23 日缔结的。根据这个条约，法国放弃了它的禁止性关税政策，而代之以不超过货物价值 30% 的关税。——31

51 1858 年 2 月 8 日，帕麦斯顿在法国政府的压力下向下院提出《外侨管理法案》（又名《取缔阴谋活动法案》）。按照这一法案，凡居住在联合王国境内者，不论英国人或外国侨民，如组织或参与旨在刺杀英国或其他任何国家的官员的密谋活动，应交由英国法庭审判并予严惩。由于广大群众的抗议，下院否决了这一法案，帕麦斯顿被迫辞职。——31

52 记录不确切。这里指的是约策维茨 1871 年 12 月 6 日至 7 日写给马克思的一封信，他在信中向马克思报告拉萨尔派的报纸《新社会民主党人报》对伦敦代表会议和总委员会的诽谤性攻击，马克思把这家报纸看做是俾斯麦的喉舌之一。1871 年 12 月 3 日和 8 日，该报第 67 号和第 69 号连续发表了施奈德和韦伯的诽谤性文章，声明伦敦代表会议的召开是"非法"的，因而代表会议的决议以及总委员会的决定也是无效的，等等。——31

53 指左尔格 1871 年 11 月 21 日写给马克思的信。关于美国发生的分裂，见注释 45。——32

54 这封信是 T. 默勒写给马克思的（1871 年 11 月 20 日）；在《平等报》（*Égalité*）（1872 年 1 月 10 日第 1 号）关于这次总委员会会议的报道里对这封信的内容记述得更为详细。——32

55 尼古拉·吴亭在信中报告了国际在日内瓦的 30 个支部于 1871 年 12 月 2 日举行的大会的情况（见注释 44）。

　　1871 年 12 月 21—22 日，马克思的女儿燕妮在给库格曼的信中写道："在日内瓦这个阴谋策源地，有国际的 30 个支部代表参加的代表大会表示拥护总委员会，并且通过了如下内容的决议：分裂主义集团今后决不能被认为是国际的组成部分，因为它们的行动清楚地表明，它们的目的是破坏协会；这些支部只不过是旧同盟集团的残余，仅仅是名称不同而已，它们仍在继续制造纠纷，损害联合会的利益。这项决议在有 500 人出席的会议上获得一致通过。若不是被他们誉为'俾斯麦分子'、'权威主义者'的那些人——吴亭、培列等在场，那么，从纳沙泰尔来出席代表大会的巴枯宁派就会受到很坏的待遇。正是这些人救了他们，请求会议让他们发言（当然，吴亭很清楚地知道，让他们发言是彻底消灭他们的最好方法）。"——32

56　这封信载于 1871 年 7 月 16 日英国资产阶级激进派周刊《国民改革者》。——33

57　《自由》是法国的保守派晚报，大资产阶级的喉舌，1865—1944 年在巴黎出版；1870—1871 年巴黎被围期间先后在图尔和波尔多出版。1866—1872 年属于以毫无原则著称的波拿巴主义者艾米尔·日拉丹所有。——33

58　布拉德洛在 1871 年 12 月 16 日《东邮报》第 168 号上发表的一封信中，继续对马克思进行诽谤性攻击。马克思对布拉德洛的这封信和其他信的答复见 1871 年 12 月 23 日以及 1872 年 1 月 20 日和 28 日《东邮报》。——33

59　指 1871 年 11 月 27 日《解放报》（*La Emancipacion*）第 24 号上发表的《国际的政策》一文。编者在这篇文章中赞成伦敦会议《关于工人阶级的政治行动》的决议，但指出，由于策略方面的原因，在西班牙暂时必须实行放弃政治斗争的政策。这篇文章还载于 1871 年 12 月 3 日《联盟》报第 120 号；文章的大部分被转载于 1871 年 12 月 24 日《平等报》第 24 号。

　　《解放报》是西班牙工人的周报，国际马德里支部的机关报，1871—1873 年在马德里出版；1871 年 9 月至 1872 年 4 月作为西班牙联合会委员会的机关报，曾同西班牙的无政府主义影响进行斗争。1872—1873 年该报发表了《共产党宣言》，还发表了《哲学的贫困》的一些章节和《资本论》的一些章节，以及恩格斯的许多文章。——35

60　《东邮报》（1872 年 1 月 6 日第 171 号）关于这次总委员会会议的报道，生动地描述了纽约各支部为纪念巴黎公社烈士而组织的有 1 万人参加的示威游行。——36

61　1871 年 12 月 24—25 日在布鲁塞尔举行的比利时联合会代表大会在讨论松维利耶通告信（见注释28）时，没有支持瑞士无政府主义者关于立即召开国际的全协会代表大会的要求，虽然它确曾委托比利时联合会委员会为协会起草新的章程。1871 年 12 月 31 日《国际报》第 155 号载有这次代表大会的简要报道。——37

62 1871年底，在伦敦成立了一个新的波兰人支部，其成员主要是曾参加巴黎公社的波兰流亡者。这个支部与在普法战争前夕解散的前波兰人支部不同，它在思想上更一致，它的成员更理解社会主义理论。该支部的领导人是总委员会委员瓦列里·符卢勃列夫斯基。支部成员有约·罗兹瓦多夫斯基、E. 普鲁辛斯基、E. 希尔玛、维耶日比茨基等人。

这个支部的章程于1872年1月初由章程委员会审查，得到总委员会的一致通过。

1872年由伦敦的波兰人支部发起，建立了一个名为"波兰人"的团体，这个团体把几代革命民主运动流亡者集合到一起，从1830—1831年的起义者到巴黎公社的波兰社员全包括在内，如泰·东布罗夫斯基、M. 克林斯基、路·奥博尔斯基等等。——37

63 这封信上的日期是1871年11月28日，由荷兰联合会委员会书记格尔哈特署名。格尔哈特报告了国际在荷兰取得的胜利，谈到了在最近的将来翻译和出版共同章程的计划，并描述了阿姆斯特丹的示威。

随信附有一份关于该联合会委员会支持伦敦代表会议（1871年）决议并赞同总委员会行动的正式声明，以及格尔哈特翻译的该声明的法文译文。——38

64 见注释24。——40

65 关于这次总委员会会议的新闻报道（载于1872年1月14日《东邮报》第172号）主要写的是：国际在西班牙取得的成就，还有英国各支部的情况，其中特别谈到哈里埃特·罗在曼彻斯特为支援公社委员而作的讲演、哈德斯菲尔德支部的成立、伦敦一个以"伯罗特·皮尔爵士"酒店为开会地点的新支部的成立，以及邓迪制铁工人为争取51小时工作周而进行的斗争。——40

66 这里指的是不列颠联合会委员会书记基恩1872年1月9日写的信，他在信中列出了联合会委员会最初的26名委员（见注释5）和8名后来增补的委员（布兰福德、布莱尔、里沙尔、惠利、柯尔梅尔德、鲍特尔、斯特普尼、桑德斯）。他还列举了已经加入联合会委员会的分部（在曼彻斯特、米德尔斯伯勒、莱姆豪斯、拉夫伯勒、利物浦、马里勒本）以及受到邀请的工会——靴帮缝制工人工会、雪茄烟工人工会、海员工会、泥水匠工会、皮箱匠工会、装订工人

工会和细木工联合会。——42

67　杜邦曾在 1872 年 1 月 8 日写信给恩格斯。——42

68　亚罗 1866 年 7 月 3 日被选入总委员会。他的名字在会议记录里一直出现到 1869 年 6 月 1 日。——43

69　指 1869 年 5 月 4 日总委员会会议，这次会议讨论了关于在瑟兰和弗拉默里（比利时）发生残暴袭击罢工者事件的呼吁书，总委员会书记受托邀请各工会的代表参加这次会议。——43

70　共和大同盟（The Universal Republican League）是 1871 年 4 月成立的小资产阶级组织；这个组织的领导人有：奥哲尔、布拉德洛、勒吕贝。同盟宣布自己的目的是，用联合世界各国的共和主义者和传播各种著作和小册子的办法，以及用在各种集会上作学术报告和发表演说以实现全面交流知识的办法来达到人类智力上、道德上和物质上的幸福。同盟的纲领除了要求土地国有化和普选权，还要求废除封号，取消僧侣和贵族的特权，在未来的世界共和国中实现联邦原则。同盟产生的基础是，在 1870 年 9 月 4 日法兰西宣布成立共和国运动的影响下在英国日益发展的共和运动。——43

71　这里指的是总委员会 1868 年 12 月 22 日的决议，此项决议拒绝米哈伊尔·巴枯宁于 1868 年 10 月在日内瓦建立的国际社会主义民主同盟入会，因为“既在**国际工人协会**之内，又在该协会之外进行活动的第二个国际性组织的存在，必将使协会陷于瓦解”。——44

72　杜邦在 1872 年 1 月 3 日给恩格斯的信中说，在寄到国际曼彻斯特支部的英国联合会的章程中有一条允许联合会委员会吸收新的委员，这违反共同章程中关于联合会委员会由各支部的代表组成的原则。这个情况有助于揭穿黑尔斯企图把经过篡改的章程文本提交总委员会批准的阴谋。——44

73　1872 年 1 月 20 日《东邮报》第 173 号登载的关于这次会议的报道，比较详细地披露了曼彻斯特、米德尔斯伯勒、利物浦和邓迪的来信的内容。报纸还报道了国际协会在美国的一个会员格雷戈里逝世的消息。埃卡留斯在 1 月 23 日下一次总委员会会议上才向总委员会报告格雷戈里逝世。

　　1872 年 1 月 20 日（公历 2 月 1 日）《俄罗斯世界》第 18 号在“英国”的

标题下转载了这篇会议报道。这家报纸报道了恩格斯关于罗马发生罢工的发言，并强调说，这些在罗马首次发生的罢工"证实了工人阶级在国际协会的影响下取得的成就"；此外，还报道了对英国联合会委员会章程的讨论。——45

74 **全国改革同盟**（The National Reform League）是宪章主义者布朗特尔·奥勃莱恩和雷诺等人于1849年在伦敦建立的。同盟的纲领是争取普选权和实行社会改革。1866年该同盟加入国际，从而加强了具有社会主义思想的委员在总委员会中的地位，并促使国际布鲁塞尔代表大会和巴塞尔代表大会通过了社会主义的纲领。——48

75 看来这里是指阿普尔加思在诺丁汉市市长华德于1872年1月8日为第五次工联代表大会的代表举行的宴会上的讲话，关于这个演讲的报道载于1872年1月13日《蜂房报》第535号。——49

76 这次会议的报道发表在1872年1月28日《东邮报》第174号上，并转载在《伍德赫尔和克拉夫林周刊》（1872年8月2日第16期）上。《伍德赫尔和克拉夫林周刊》是一家美国报纸，由资产阶级女权主义者伍德赫尔和克拉夫林姐妹于1870—1876年在纽约出版。——50

77 萨克森社会民主主义者代表大会是1872年1月6—7日在开姆尼茨召开的。参加大会的有120名代表，代表着50多个地方组织。在一次秘密会议上，代表大会讨论了对松维利耶通告信（见注释28）应当采取的态度，一致支持总委员会，赞成伦敦代表会议（1871年）决议。李卜克内西于1872年1月10日给恩格斯写信说："会议开得非常好……在一次代表们的秘密会议上，一致决定支持你反对巴枯宁分子的斗争，并委托我把这一情况通知你……"——52

78 恩格斯收到的这封信来自都灵工人团体"无产者解放社"（日期是1872年1月19日）。该团体自称为国际的一个支部。《东邮报》关于总委员会这次会议的报道把意大利报纸上的这两条谣传都引用了。——52

79 指的是《国际工人协会共同章程》1872年阿姆斯特丹版。——53

80 这显然是指北美联合会委员会1872年1月7日的报告（由左尔格签名）和1871年12月24日洛格朗给勒穆修详细说明北美联合会分裂的信。——53

81 1872年1月28日《东邮报》转引了这次会议提出的如下要求：一切运输工具

国有化，在国有土地上修建住宅按成本出租；允许使用学校房屋和城镇厅堂集会，安装公共煤气管和自来水管；建造煤炭堆栈和公共市场；确立人民对公用事业的监督。——53

82　弗兰克尔指的是因造谣攻击总委员会而于 1871 年底被开除出伦敦德意志工人教育协会的一批拉萨尔分子。

　　1872 年 1 月 18 日，恩格斯在给威廉·李卜克内西的信中提到德意志工人协会时说："那里也发生了有趣的事。施奈德和老驴兼坏蛋谢尔策尔，以为自己拥有多数，便同韦伯一起，并在他的帮助下，同法国的分裂主义者串通一气，建议**协会脱离国际**。我们的人行动迟缓，错失许多机会，容忍了太多的坏蛋；但是这件事做得太过分了，于是他们就集合起来，以 27 票对 20 票否决了建议；紧接着又建议开除这 20 人，一时大闹了起来，无法进行表决。随后，我们的人立即采取措施挽救协会的财产，并集合在另一所房子里，把这 20 人开除了。现在，这些人陷入了窘境，毫无办法，但仍然厚颜无耻地于星期二派谢尔策尔**为自己的代表**到总委员会来！当然，没有接受他。"（参看《马克思恩格斯全集》中文第 1 版第 33 卷第 380 页）

　　德意志工人教育协会（Deutscher-Arbeiter-Bildungs-Verein）是由卡尔·沙佩尔、约瑟夫·莫尔和正义者同盟的其他领导人于 1840 年 2 月在伦敦建立的，一直存在到 1918 年被英国政府查封。从 1847 年起，该协会是以马克思和恩格斯为首的共产主义者同盟领导下的一个合法组织。国际成立后，它成为国际协会在伦敦的德国人支部，1871 年末加入不列颠联合会。——53

83　指的是伦敦的一个德国民族主义组织友谊社于 1870 年 10 月 11 日和 18 日召开的会议。据说这两次会议以德国工人名义提出兼并阿尔萨斯和洛林的要求。

　　作为回答，伦敦德意志工人教育协会和条顿尼亚社（Teutonia Society）联合向伦敦的德国工人发表了一篇宣言，宣告了无产阶级国际主义原则。——53

84　该委员会是 1871 年 10 月 10 日为调查发表有关 1871 年伦敦代表会议的材料一事而任命的（见注释 23）。——54

85　这个委员会叫做**仲裁委员会**，在 1872 年 2 月 13 日的总委员会会议上选举产生，瓦列里·符卢勃列夫斯基被选为主席。——55

86 这次会议的报道发表在 1872 年 2 月 3 日《东邮报》第 175 号上，转载在 1872 年 8 月 23 日《伍德赫尔和克拉夫林周刊》第 19 期上。报道还提到了汤顿共和派俱乐部的一封来信，宣布无条件地支持国际。——55

87 米兰支部，又称**无产者解放工人小组**，是在移居意大利的德国社会民主党人库诺的积极参与下于 1871 年 12 月底成立的。由库诺、佩察、泰斯蒂尼、图贝利组成该支部的临时委员会。——56

88 恩格斯是从阿尔图罗·瓜尔迪奥拉 1872 年 1 月 23 日的信中得知此事的。——56

89 恩格斯是从保尔·拉法格 1872 年 1 月 25 日和 26 日给他的信中得知西班牙支部这一消息的。萨加斯塔的通知注明日期为 1872 年 1 月。——56

90 《人民意志报》是一家奥地利工人的报纸，从 1870 年 1 月到 1874 年 6 月在维也纳出版。——56

91 1871 年 10 月 10 日，勒穆修被任命为美国的法语支部书记。马克思在 1872 年 3 月 8 日给左尔格的信中写道："对专职的'法国'通讯书记一事的控诉完全是不公正的，因为德国人也有自己的专职通讯书记，而合众国书记埃卡留斯尽管会用德文、英文通信，但不会用法文通信。此外，这种控诉极不策略，因为它似乎证实了总委员会法国委员们的那些怀疑，即第一支部企图对其他支部实行独裁。你们的控诉是同另一个委员会的控诉同时到达的，那个委员会说，第一支部违反章程，在老委员会里的代表过多。"（参看《马克思恩格斯全集》中文第 1 版第 33 卷第 421 页）

　　左尔格在 1872 年 8 月 8 日给马克思的信中写道，提出这一抗议的是国际的爱尔兰会员，他们一般反对分别给不同民族的人任命书记。——57

92 伦敦代表会议 1871 年 9 月 21 日通过的第十六项决议宣布："现有的分部和团体，今后不得再用宗派名称，如实证论派、互助主义派、集体主义派……或者用宣传支部、社会主义民主同盟以及诸如此类的名称成立旨在执行与协会共同目标不符的特殊任务的分立主义组织"。——57

93 指的是巴里寄来的信；它发表在 1872 年 1 月 14 日《东邮报》第 172 号上。——58

94 这次总委员会会议的报道发表在 1872 年 2 月 10 日《东邮报》第 176 号上，转载在 1872 年 8 月 23 日《伍德赫尔和克拉夫林周刊》第 19 期上。——60

95　这是指托马斯·戴维1872年1月16日写给马克思的信。

　　　　《世界报》是美国民主党的一家日报，1860—1931年在纽约出版。——60

96　阿·里沙尔和加·勃刚的《帝国和新法兰西。人民和青年向法国人的良心呼吁》，1872年布鲁塞尔版。——60

97　这里指的是1871年法国人支部（见注释18）解散后成立的、由韦梅希领导的支部。该支部自称**退休联合支部**（Section Fédéraliste de Retraite）。总委员会拒绝接受该支部加入国际，因为它的章程同国际工人协会共同章程中规定的原则相抵触。——61

98　凡尔赛政府要求欧洲各国引渡公社社员。瑞士联邦委员会在这一问题上采取了含糊立场，因为它不敢公开无视工人们为公社社员争取政治避难权的要求。该委员会决定按照1869年法国—瑞士协定办事，即给予政治流亡者避难权和引渡刑事犯。

　　　　1871年6月初，法国驻瑞士大使向联邦政府递交了一份被梯也尔政府通缉的公社社员的名单。瑞士当局正拟满足这一要求，然而大多数流亡者都设法躲藏了起来，警察只逮到一名公社社员——前巴黎公社军事法庭委员欧仁·腊祖阿。瑞士的工人们挺身保护他，群众的抗议集会遍及全国各地。两个月后，瑞士政府被迫释放腊祖阿，这样，随之解决了整个避难权问题。——61

99　向美国各支部发出的为巴黎流亡者筹集基金的呼吁书是马克思1871年秋写的。呼吁书本文没有找到。——62

100　这次总委员会会议的报道发表在1872年2月17日《东邮报》第177号上。——66

101　欣克利、伍里奇、森德兰支部的书记分别是泰勒、马多克斯、勒蒙。——67

102　此信是1872年2月9日威廉·赖利写给约翰·黑尔斯的。同一天，赖利写信给马克思，2月10日写给恩格斯，请他们为《国际先驱报》撰稿。这件事很快就谈妥了。

　　　　《国际先驱报》是英国的一家共和派的周报，1872年3月2日到1873年10月在伦敦出版；从1872年5月到1873年5月（有过间断），该报是国际不列颠联合会委员会的机关报。该报曾发表关于总委员会会议和不列颠委员会会议的报道、国际的文件以及马克思和恩格斯的文章。1873 年 6 月，因为该报的发行人和编辑赖利脱离了工人阶级运动，马克思和恩格斯停止为该报撰稿。——67

103 国际柏林支部书记费朗茨·约策维茨的来信，写于 1872 年 2 月 10 日。马克思说的联合会委员会是指德国社会民主工党中央委员会，后者是国际的一个分部。

　　马克思在 1872 年 2 月 24 日对这封信作了回复。——67

104 《自由报》（*La Liberté*）是比利时的一家民主派的报纸，1865—1873 年在布鲁塞尔出版；1871—1873 年每周出版一期；从 1867 年起，它实际上是国际协会在比利时的机关报之一。——69

105 赛拉叶指的是 1865 年秋成立的所谓在伦敦的法国人分部。参加过这个分部的一些小资产阶级流亡者同国际失去了联系，但却继续以国际的名义活动，并支持反无产阶级分子反对总委员会的斗争。——70

106 这次会议的报道载于 1872 年 2 月 24 日《东邮报》第 178 号和 1872 年 3 月 2 日《国际先驱报》第 1 号，后来又转载于 1872 年 4 月 6 日《伍德赫尔和克拉夫林周刊》第 21 期。——72

107 寄来的文件当中有由埃利奥特署名（日期为 1872 年 2 月 1 日）的临时联合会委员会的报告（第二委员会）。这次总委员会会议的新闻报道详细记载了该报告的内容。——72

108 **常务委员会**（Standing Committee）或称**小委员会**（Sub-Committee）由各国通讯书记、总委员会的书记和财务委员组成。它在马克思的领导下处理国际的日常领导工作，起草文件，然后提交总委员会审定（见注释 255）。——72

109 总委员会从 3 月 5 日起在牛津街拉脱本广场 33 号举行会议。在 1872 年 3 月 9 日《东邮报》第 180 号和 1872 年 3 月 16 日《国际先驱报》第 2 号登载的关于这次会议的报道中，这个地址被误写为拉脱本广场 23 号。——77

110 总委员会 1872 年 2 月 27 日并没有举行例会，因为那天有庆祝威尔士亲王病愈的群众游行，许多委员包括马克思在内都未能到达开会地点。

　　这次总委员会会议的报道载于 1872 年 3 月 9 日《东邮报》第 180 号、3

月17日《自由报》第11号、3月16日《国际先驱报》第2号和3月8日《当代新闻》第66号。——77

111 所谓的**退出者联合支部**（见注释97）是在1872年3月初给总委员会写这封信的。——78

112 这里指的是1872年3月1日雷吉斯给恩格斯的信。1872年2月后半个月雷吉斯到意大利的几个城市进行了一次旅行，对有关支部进行了调查。

　　在下一次总委员会会议上，恩格斯曾为1872年8月9日《东邮报》歪曲报道他这次所谈的情况提出抗议。——78

113 这里指的是1794年皮特政府通过的反对那些同情法兰西共和国的激进派组织的法令。——79

114 《东邮报》和《国际先驱报》对荣克的报告作了比较详细的报道，其中提到关于在国际会员、伦敦民主派和法国公社社员的主持下举行一次纪念3月18日大会的决定；会上演说使用英、法两种语言。——80

115 在《东邮报》和《国际先驱报》关于这次总委员会会议的报道中，马克思的话是这样的："通告有力地捍卫了协会的政策，极其雄辩地证明了'工人阶级应该放弃政治活动'的理论既荒谬又危险。"——80

116 马克思和恩格斯从1872年1月中到3月初起草了总委员会的内部通告《所谓国际内部的分裂》。通告揭露了巴枯宁派的社会主义民主同盟在国际内部进行的分裂活动，它标志着总委员会反对无政府主义的斗争进入一定的阶段；它向各国工人揭露了该同盟的宗派主义性质及其同反无产阶级分子的联系。

　　通告由总委员会全体委员署名，于1872年5月底用法文以小册子的形式出版，并分发给协会的所有联合会。——80

117 1870年12月，几个支部的代表在纽约组成了一个中央委员会，作为国际在美国的领导机关。以资产阶级女权主义者伍德赫尔和克拉夫林为首的第九支部和第十二支部，于1871年7月也加入了进来，它们以国际的名义展开了争取资产阶级改良的宣传。伍德赫尔和克拉夫林的拥护者们向"外国人支部"（德国人支部、法国人支部、爱尔兰人支部）特别是左尔格领导的纽约第一德国人支部进行挑战，企图利用国际的组织来达到自己的目的。1871年9月27

日，第十二支部背着纽约中央委员会要求总委员会承认它是国际在美国的领导支部。同时它还在报纸上掀起一个运动，反对那些为保持组织的无产阶级性而斗争的支部。总委员会在1871年11月5日的决议中拒绝了第十二支部的要求，并确认了纽约中央委员会的职权。但是在这以后，第十二支部仍然继续其活动，这使得国际在美国的一些组织中的小资产阶级成分得以加强，接着就导致了1871年12月无产阶级支部和小资产阶级支部的分裂（见注释45）。

　　总委员会在1872年8月5日和12日通过的以马克思的报告为基础的决议中，表示坚决支持北美联合会的无产阶级派；第十二支部在下届代表大会召开之前暂时被开除出国际。马克思在1872年3月8日给左尔格的信中这样写道："总委员会委托我全面报告美国发生分裂的情况（由于欧洲国际内部的复杂局面，我们不得不把这件事从一次会议推到另一次会议），所以我仔细地阅读了来自纽约的全部通讯和报纸上发表的全部材料，我发现我们远远没有及时地、准确地得到有关挑起分裂的那些因素的情报。我提出的决议案一部分已被通过，另一部分将在下星期二进行审查，最后的决定将寄往纽约。"（参看《马克思恩格斯全集》中文第1版第33卷第421页）——81

118 这次会议的报道载于1872年8月17日《东邮报》第181号。——81

119 恩格斯关于意大利的报告载于1872年3月17日《东邮报》第181号，并被收入会议记录。关于丹麦的报告从未在报上发表过。——83

120 马克思在1872年3月15日给左尔格的信中这样写道："埃卡留斯在3月12日的会议结束时私下告诉我，他将不给纽约寄去决议，并将在下一次会议上提出不再担任合众国书记的职务。……在讨论时，埃卡留斯对你们的委员会采取了非常敌视的态度。他在发言和表决时，都反对决议第三项的第二条。此外，使他恼火的是，为了节省时间，我没有把决议草案提交给有他参加的小委员会，而直接提交给了总委员会。而总委员会听取了我对这样做的原因的解释之后完全赞同这个做法，所以埃卡留斯才不得不压住自己的怒火。"（参看《马克思恩格斯全集》中文第1版第33卷第430—431页）——84

121 马克思给詹姆斯·姆弗尔逊的信没有找到。——86

122 **南海泡沫**是对南海公司实行的一套财政计划的讽刺称呼。该公司是英国于

1711 年为垄断对南美的贸易而成立的。1721 年议会的一个专门委员会对该公司的活动进行了调查，发现了惊人的贪污舞弊的事实。——87

123 看来这里是指里沙尔和勃朗在 1872 年 3 月 7 日写给总委员会的信，信中谈了他们为什么参加波拿巴派。——88

124 这次会议的报道载于 1872 年 3 月 30 日《国际先驱报》第 3 号。——88

125 这封由梅萨署名的西班牙联合会委员会的来信写于 1872 年 3 月 11 日。——89

126 国际里斯本支部的这封信是 1872 年 3 月 10 日写的，署名的是支部书记诺布雷-弗朗萨，还有特代斯基。

　　《社会思想报》是葡萄牙一家社会主义者的周报，1872 年 2 月至 1873 年 4 月在里斯本出版；该报作为国际葡萄牙各支部的报纸，刊登过国际的文件和马克思、恩格斯写的文章。——89

127 恩格斯给里斯本支部的回信没有保存下来。——89

128 恩格斯是 1872 年 4 月 16 日给费拉拉工人协会写的回信。他的信以及他给该协会寄去的国际文件，帮助该协会的成员克服了无政府主义的影响。5 月 7 日总委员会根据恩格斯的提议接纳它为国际的一个支部，恩格斯于 1872 年 5 月 10 日把总委员会的决定通知了费拉拉工人协会。——89

129 这封签署日期为 1872 年 3 月 13 日的信是布鲁诺·盖泽尔写来的。——89

130 在 1872 年 3 月科克的马车制造匠举行罢工期间，麦克唐奈作为爱尔兰的通讯书记，组织了援助罢工者的活动、集会和在爱尔兰及英国的募捐工作。3 月 26 日专门发表了一篇致爱尔兰支部以及整个工人阶级的特别呼吁书，号召他们行动起来，支援罢工者。——91

131 指 1872 年 3 月 14 日法国国民议会通过的所谓的杜弗尔法。这项法律规定对加入国际者处以徒刑。——91

132 **费雷支部**是公社失败后在巴黎最早成立的国际支部之一。支部的名称是为了纪念一位被凡尔赛政府杀害的布朗基派、公社的积极活动家泰奥菲尔·费雷。这个支部于 1872 年 4 月正式成立后，成了总委员会同重新恢复的法国工人阶级组织保持联系的桥梁。在章程委员会审查了该支部的章程后，总委员会根据马克思的提议于 1872 年 7 月 27 日承认了该支部。——91

133 社会科学小组（Cercle d'Etudes Sociales）是公社流亡者于 1872 年 1 月 20 日在伦敦成立的。它把那些宣布拥护"公社原则"的法国流亡者小组联合在一起。这个小组除讨论法国流亡者所共同关心的问题和研究一些社会问题外，还谋求同其他国家的革命者进行联系。小组的积极参加者当中有国际会员朗维埃、利沙加勒和于贝尔。在他们的提议下，马克思于 1872 年 2 月 3 日被一致推选为该小组的成员，并同该小组一起工作到 1872 年秋为止。——93

134 决议共三项，是由马克思起草，由泰斯、卡梅利纳和米尔纳提出的，曾发表于 1872 年 3 月 23 日《东邮报》第 182 号、3 月 24 日《自由报》第 12 号和 3 月 30 日《国际先驱报》第 3 号，发表时未指明起草人是谁。——93

135 这次总委员会会议的报道载于 1872 年 3 月 31 日《东邮报》第 183 号。——94

136 西班牙联合会委员会的来信是 1872 年 3 月 13 日写的，由莫拉签名。——95

137 为履行这一决定，恩格斯于 1872 年 4 月 3 日起草了一封祝贺信《致在萨拉戈萨举行的西班牙全国代表大会的代表公民们》，并且在 4 月 6 日给代表大会发了一封贺电。该信于 4 月 7 日在大会上宣读，并刊登在《解放报》上。

　　关于萨拉戈萨代表大会，见注释 162。——96

138 图卢兹的《解放报》刊载了一篇关于 1872 年 3 月 18 日卡文迪什广场（伦敦）事件的报道。当时一小群法国小资产阶级流亡者（韦济尼埃、里沙尔等人）企图用他们自己的群众大会来对抗在圣乔治大厅召开的大会，并且通过了谴责总委员会的决议。——96

139 这次总委员会会议的报道载于 1872 年 4 月 13 日《国际先驱报》第 4 号。——97

140 《爱尔兰人报》，是一家具有资产阶级民族主义倾向的爱尔兰周刊，1858—1885 年开始在贝尔法斯特，后来在都柏林出版。——98

141 黑尔斯是在 1872 年 3 月 29 日给麦克唐奈写这封信的。——99

142 黑尔斯对在英格兰和爱尔兰成立的爱尔兰支部和不列颠联合会委员会的关系问题采取了沙文主义的态度，1872 年 5 月 14 日总委员会讨论了这一问题。——100

143 1870 年 12 月 17 日，倍倍尔、李卜克内西和赫普纳以有叛国初步行动的罪名被捕，于 1872 年 3 月 11—26 日在莱比锡受审。德国统治集团想迅速除掉工人阶级领袖的企图，遭到了被告们为自己的观点公开辩护的英勇行为的回击。

　　　　虽然罪名无法证实，倍倍尔和李卜克内西还是被判处两年徒刑（判决前
的两个月羁押计算在内），赫普纳被无罪释放。——100

144　这次会议的报道载于 1872 年 4 月 14 日《东邮报》第 185 号。——103

145　此信是路易·皮奥于 1872 年 3 月 24 日写来的。——103

146　根据 1864 年 10 月 30 日，以丹麦为一方，以普鲁士和奥地利为另一方之间缔
结的布拉格条约，石勒苏益格公国暂时交由奥地利与普鲁士共管。但是 1866
年的普奥战争之后，石勒苏益格和荷尔斯泰因完全被普鲁士兼并。——103

147　李卜克内西 1872 年 4 月 2 日的信，驳斥了资产阶级报纸散布的关于莱比锡审
判案的谎言（见注释 143）。这封信以“莱比锡审判案”为标题，发表在 1872
年 4 月 14 日《东邮报》第 185 号上。——103

148　《东邮报》关于总委员会这次会议的报道转载了《解放报》（La Emancipation）
发表的驳斥文章。报道对韦济尼埃的文章中对总委员会的攻击表示遗
憾。——104

149　由马克思校阅的《法兰西内战》的法译本，于 1872 年 6 月以小册子形式在布
鲁塞尔出版。——104

150　这是指组织条例的第二节第五条。——104

151　德摩尔根关于他在科克遭受迫害的两封信，刊登在 1872 年 4 月 27 日《国际
先驱报》第 5 号上；其中一封是给马圭尔神父的公开信。——105

152　**都柏林城堡**，原是英国征服者在 13 世纪为与爱尔兰人民作战而修建的据点，
作为英国统治者在爱尔兰的官邸，体现了英国殖民主义者对爱尔兰人的压迫
与残暴。——106

153　库尔奈指的是马克思在 1867 年 11 月 20 日起草的总委员会声明《在曼彻斯特
被囚禁的芬尼亚社社员与国际工人协会》；1869 年 11 月 16 日总委员会关于不
列颠政府对被囚禁的爱尔兰人的政策的决议和 1870 年 1 月 1 日的通告信的第
五节。——108

154　由马克思参加的一个特别委员会起草的总委员会声明《爱尔兰的警察恐怖》，
当时也作为传单在伦敦发表，标题为“国际工人协会总委员会声明。爱尔兰
的警察恐怖”，并且在协会的几家报纸上转载：1872 年 4 月 13 日《东邮报》

第 185 号、6 月 23 日《平等报》（*L'Égalité*）第 13 号、5 月 18 日《解放报》（*La Emancipacion*）第 49 号和 4 月 10 日《社会思想报》第 10 号。——108

155　这次总委员会会议的报道载于 1872 年 4 月 20 日《东邮报》第 186 号和 4 月 27 日《国际先驱报》第 5 号。——109

156　马克思根据总委员会决议写成的这一声明，以"国际工人协会"［1872 年于伦敦］为标题用传单形式发表，并刊登在 1872 年 4 月 20 日《东邮报》第 186 号上。——111

157　含有工人阶级第一个国际组织的纲领性基本原则的《协会临时章程》绪论，原封不动地收入到经 1866 年日内瓦代表大会批准的共同章程中。无产阶级政治斗争的任务写在这个文件的第三节中，说"工人阶级的经济解放是一切政治运动都应该作为手段服从于它的伟大目标"。与《临时章程》同时起草的《国际工人协会成立宣言》提出了这样的主张："夺取政权已成为工人阶级的伟大使命"；国际号召无产阶级"要洞悉国际政治的秘密，监督本国政府的外交活动，在必要时就用能用的一切办法反抗它"。——112

158　这里谈到的小册子是 1871 年米兰出版的《国际对朱泽培·马志尼的回答》，作为 1871 年 8 月 16 日《玫瑰小报》第 227 号的增刊出版。——112

159　《度申老头报》是由韦梅希在 1871 年 8 月 6 日至 5 月 21 日在巴黎出版的一家讽刺性日报，立场接近于布朗基派的报纸。——115

160　此处及下面的引语均摘自 1872 年 4 月 12 日福塞特在下院的演说，演说词刊登在第二天的《泰晤士报》上。——115

161　美国众议院通过的这项法案后来被参议院否决，从未颁布。——117

162　国际西班牙联合会代表大会于 1872 年 4 月 4—11 日在萨拉戈萨举行。在这次大会上巴枯宁的追随者同总委员会的拥护者之间展开了激烈的斗争。大会拒绝了瑞士的巴枯宁分子提出立即召开共同代表大会的要求，但是在无政府主义者的压力之下，它通过了一项决议，支持比利时联合会关于修改共同章程以加强地方组织自治的提议。大会还否决了一些巴枯宁派代表要求按无政府主义精神修改西班牙联合会章程的提议。但是在选举新的联合会委员会时，他们还是设法使同盟的成员占了优势。自莫拉拒绝参加委员会和洛伦佐退出

委员会以后，西班牙联合会委员会便完全落到巴枯宁派手中。——118

163 这里指的显然是 1872 年 5 月 21 日会议通过的总委员会关于**世界联邦主义委员会**（见注释172）的声明草案。——119

164 这次总委员会会议的报道载于 1872 年 4 月 27 日《东邮报》第 187 号。——119

165 1871 年伦敦代表会议关于总委员会构成的决议要求总委员会保证"不要过多地拣选一个民族的公民"。——120

166 由于美国谣传麦克唐奈有错误行为，总委员会在选举他为总委员会委员之前调查了这一问题；总委员会的调查结果证明这些传闻是没有根据的。——120

167 见注释51。——121

168 1872 年 3 月 15 日，马克思在写信给左尔格谈到总委员会开除哈勒克夫妇一事时写道："告诉你们的委员会一个**秘密**消息，哈勒克夫妇（男的是个蠢货，女的是个'卑鄙的阴谋家'）在我们多数人缺席的情况下，曾一度钻进了总委员会，但这对可敬的夫妇由于同**所谓法国人分部**勾勾搭搭而很快被撵了出去。这个法国人分部是被国际开除的，在全民投票前夕，我们曾在《马赛曲报》和《觉悟报》上揭露它是'警察支部'。此外，这两人回到纽约后就成立了一个与国际敌对的协会，并同伦敦法国人分部的余孽保持经常的联系。"（参看《马克思恩格斯全集》中文第 1 版第 33 卷第 431 页）

　　黑尔斯的答复载于 1872 年 6 月 15 日《伍德赫尔和克拉夫林周刊》。——123

169 恩格斯从库诺 1872 年 4 月 17 日的信中和意大利报纸上获悉，库诺受到了警察当局的迫害。他认为对库诺的迫害是欧洲各国反动政府反对国际的阴谋的具体表现，觉得揭露这一事实具有重大意义。他撰写的关于库诺受迫害的经过，发表在 1872 年 4 月 27 日《东邮报》第 187 号和 5 月 7 日《玫瑰小报》第 127 号有关这次总委员会会议的报道里。5 月 7 日《平等报》也刊登了一篇有关这一内容的报道。在恩格斯的建议下，库诺亲自给《人民国家报》的编辑写了一封信。这封信发表在 1872 年 5 月 11 日《人民国家报》第 38 号上。

　　1872 年 4 月 22—23 日，恩格斯写信告诉库诺，总委员会将要讨论"普鲁士、奥地利和意大利警察之间国际勾结的第一个功绩"，信中写道："明天晚上我将把这个问题提交给总委员会，然后，将整个事件列入正式报道，登在

《东邮报》上，并分发到世界各地去。同时，您可以用您自己的名义，就这件事写一篇报道，寄到《人民国家报》、日内瓦的《平等报》和《玫瑰小报》去。至于英国、美国、西班牙以及法国，我们在这里会想办法的。恶棍们最后必定会感到，这件事不会那么简单就了结的，国际的胳膊毕竟要比意大利国王的胳膊还长一些。所有这些东西一经刊登，我就寄一份给您，同时也把能为您收集到的报纸一并寄去，不过不会很多。"（参看《马克思恩格斯全集》中文第 1 版第 33 卷第 445—446 页）——124

170 布宜诺斯艾利斯的第一个国际支部是 1872 年 1 月由法国流亡者建立的。支部的组织者是原国际巴黎支部成员奥古斯特·莫诺和埃米尔·弗莱施。1872 年 2 月 10 日至 3 月 15 日期间，该支部写信给总委员会要求加入国际。到 1872 年 7 月，该支部已有 273 人。当巴黎公社流亡者，尤其是与马克思和恩格斯保持通讯联系的海牙代表大会代表维尔马来到布宜诺斯艾利斯后，布宜诺斯艾利斯的国际组织加强了活动。维尔马在布宜诺斯艾利斯各支部中散发马克思和恩格斯的著作，如《资本论》、《法兰西内战》等等。1873 年，一批新的支部在布宜诺斯艾利斯（主要在流亡者中间）相继建立。——124

171 这次会议的报道载于 1872 年 5 月 4 日《东邮报》第 188 号和 5 月 11 日《国际先驱报》第 6 号。——124

172 1872 年 4 月出现了一本小册子，名为《国际工人协会和所属共和社会主义团体的世界联邦主义委员会》（1872 年伦敦版）；小册子用法文、英文和德文同时出版。

这本小册子是由所谓的**世界联邦主义委员会**（Universal Federalist Council）发行的。该组织于 1872 年初成立，所包括的成员有：1871 年法国人支部的残余，被伦敦德意志工人教育协会开除的一些拉萨尔分子，以及其他一些力图钻进国际的领导机构的分子。他们主要攻击的是伦敦代表会议关于工人阶级的政治行动和关于同宗派主义进行斗争的两项决议。马克思在 5 月 20 日总委员会声明里揭露了这个自封的组织的阴谋。——125

173 恩格斯的报告所提供的关于意大利政府企图诬告国际工人协会会员在米兰农学院纵火的消息，是库诺 1872 年 4 月 25 日写信告诉他的。恩格斯于 5 月 7—

8 日写信给库诺谈到 5 月 4 日《东邮报》刊登的这次总委员会会议的报道时写道:"我还谈了关于纵火的阴谋,但是,这一点在报道中反映得很不好,每当我没有亲自来写此类东西的时候,事情往往就是这样。"(参看《马克思恩格斯全集》中文第 1 版第 33 卷第 458 页)——127

174 恩格斯在 1872 年 5 月 9 日致约翰·菲力浦·贝克尔的信中谈到这一问题时写道:"许多事情说明你们关于在日内瓦召开代表大会的建议是对的,这个建议在这里也很受欢迎,不过……在对这个问题作出最后决定以前,我们需要了解,你们那里的情况怎么样,你们是否能够**确有把握**在瑞士代表中取得一个巩固的、可靠的多数。同盟的先生们会竭尽全力用那套老的手腕(像在巴塞尔那样)来保证自己的多数。汝拉人将代表一些虚设的支部;意大利人(除都灵外)会派出**清一色**的巴枯宁的朋友;甚至米兰也会如此,自从库诺被驱逐之后,这些先生又在那里重新占了上风;西班牙人将会分裂,力量对比如何,现在还不好说;德国将同往常一样,代表人数很少,英国也如此;法国只能派几个在瑞士的流亡者,或许还有这里的几个人;比利时人很靠不住,这样看来,要保证一个**强大的**多数,还必须作巨大的努力,因为一个微弱的多数并不比没有任何多数更好些,而那样一开始就又会发生争吵。所以,请你们把你们那里以及瑞士德语区的情况开诚布公地告诉我们,免得我们失算。"(参看《马克思恩格斯全集》中文第 1 版第 33 卷第 464—465 页)——131

175 这次总委员会会议的报道载于 1872 年 5 月 12 日《东邮报》第 189 号和 5 月 18 日《国际先驱报》第 7 号。——133

176 关于米兰支部,见注释 87。

《铁锤报》是国际米兰支部的机关报,1872 年 2—3 月出版;该报在编委库诺的影响下发表了许多反巴枯宁派的文章。——133

177 1872 年 5 月 4 日夜,警察在驱散哥本哈根示威游行的工人后,逮捕了国际丹麦联合会委员会(中央委员会)的 4 名委员,其中有《社会主义者报》编辑路易·皮奥。——134

178 **土地和劳动同盟**(The Land and Labour League)是 1869 年 10 月在总委员会委员的参加下在伦敦成立的。同盟的纲领除了资产阶级激进派的要求,还列入了土地国有化、缩短工作日等要求，以及宪章运动的普选权和建立农业移民区的要求。然而，由于资产阶级分子的影响在同盟中加强，同盟不久便同国际失去了联系。——135

179 1871 年 7 月，匈牙利工人总联合会（见注释 399）的领导人因组织了声援巴黎公社的游行示威而被逮捕；他们被控犯了叛国罪，但是由于指控没有任何证据，并且由于社会舆论的压力，被宣告无罪。——136

180 这里指的是 1872 年 5 月 5 日写的两封信：一封是罗曼语区联合会委员会写给总委员会的（由培列署名），另一封是培列写给荣克的。——139

181 此后不久即发现，设立“爱尔兰宣传基金”是爱尔兰通讯书记麦克唐奈的主意，他专门用这个标题印发了一个传单。——140

182 这里指的是马克思 1871 年 11 月 6 日给左尔格的信，马克思的这封信见《马克思恩格斯全集》中文第 1 版第 33 卷第 315 页。——141

183 这里指的是克里斯特奈 1872 年 4 月 19 日给荣克的信。——142

184 这次总委员会会议的报道载于 1872 年 5 月 18 日《东邮报》第 190 号和 5 月 25 日《国际先驱报》第 8 号。——144

185 这封信是西班牙联合会委员在 1872 年 5 月 4 日写的（由该委员会书记洛伦佐署名）。——145

186 除了记录本上的这一段短短的记录，还保存下来恩格斯为供《东邮报》发表而写的报道全文的手稿。由于总委员会决定不发表关于爱尔兰问题的辩论，报道没有在报纸上登出。——147

187 芬尼亚社社员（Fenians）是爱尔兰的革命者，他们的组织最早于 1857 年在爱尔兰和美国出现。他们的纲领和行动反映了爱尔兰人民对英国殖民压迫的反抗。但是他们的密谋活动在 1867 年失败了；芬尼亚社社员受到迫害，他们的领导人遭到逮捕和审判，他们的报纸被封闭，人身保护法中止生效。在英国发起的为被控告的芬尼亚社社员辩护的运动得到国际总委员会的支持。——149

188 这次会议的报道载于 1872 年 5 月 26 日《东邮报》第 191 号和 6 月 1 日《国际先驱报》第 9 号。这篇报道里转载了总委员会关于世界联邦主义委员会的声明。——150

189　下面是马克思起草的总委员会关于世界联邦主义委员会的声明（见注释 172）。实际上几乎国际所有的报纸都发表了这个声明，这些报纸是：1872 年 5 月 26 日《东邮报》第 191 号、6 月 1 日《国际先驱报》第 9 号、6 月 1 日《人民国家报》第 44 号、6 月 8 日《解放报》（La Emancipacion）第 52 号、6 月份的《社会思想报》第 16 号、6 月 23 日《平等报》第 13 号。

　　《解放报》编辑加了这样一段结尾："这个重要文件由于确实揭露了资产阶级派别的阴谋，揭示出它们要在国际内部制造分裂并使国际的活动陷于瘫痪的企图。在所有的国家，在英国和德国，在比利时和瑞士，在美国和意大利，资产阶级都在竭力歪曲工人团结的原则，以求在我们协会内部制造混乱。让我们把这个文件作为一课来学习吧。"——151

190　关于**共和大同盟**，见注释 70。——152

191　关于**土地和劳动同盟**，见注释 178。——152

192　鉴于韦济尼埃对国际法国会员的诽谤引起了抗议，1868 年的布鲁塞尔代表大会指示布鲁塞尔支部要韦济尼埃对他的控告提出证据，如证据不足，就把他开除出国际。1868 年 10 月 26 日布鲁塞尔支部决定把韦济尼埃开除出国际。——152

193　见《对巴黎国际工人协会的第三次审判》巴黎 1870 年版第 4 页。——152

194　马克思这里的发言，同他在 1872 年 3 月 5 日和 12 日关于美国问题的报告中一样，是以他本人从美国各支部的各种文件中作的摘录为依据的。——153

195　国际北美各支部的代表大会是在 1872 年 7 月 6—8 日举行的（见注释 279）。——153

196　这里指的是第十二支部 1871 年 8 月 30 日的呼吁，载于 1871 年 9 月 23 日《伍德赫尔和克拉夫林周刊》第 71 期。——154

197　这里指的是北美各支部中央委员会在 1871 年 8 月 20 日发出的给国际工人协会伦敦代表会议的备忘录。在这个文件上署名的人当中有：H. 西奥多·班克斯、R. 德比什、爱·格罗塞、T. 米洛、乔·斯蒂贝林、威·威斯特、B. 休伯特。——155

198　北美各支部中央委员会是 1870 年 12 月 1 日由几个支部的代表组成的，任期定为一年。美国最老的支部——德国人第一支部（见注释 117）在其中占有重要地位。马克思认为，北美联合会的领导机构还是在各支部的代表大会上选出比较合适；他担心如果不这样做的话，敌视工人运动的人就可能作为支部的代表钻进这个委员会。——155

199 **纽约新民主或政治共同体会**（The New Democracy of New York or Political Commonwealth）是美国的一个改良主义组织，1869 年成立，存在时间不超过一年。1869 年 10 月 11 日它专门给总委员会写信，尖锐地批评全国劳工同盟的活动及其纲领。——155

200 指 1871 年 5 月巴黎大主教若尔日·达尔布瓦和马德兰教堂神父加斯帕尔·德凯里被处死。——156

201 黑尔斯批评总委员会关于美国的分裂的决定的信发表于 1872 年 3 月 2 日《社会主义者报》。该周报从 1871 年 10 月—1873 年 5 月在纽约出版，是在美国的各法国人支部的机关报，它支持北美联合会中的资产阶级和小资产阶级分子，海牙代表大会以后与国际断绝了关系。——156

202 这次会议的报道载于 1872 年 6 月 2 日《东邮报》第 192 号和 6 月 8 日《国际先驱报》第 10 号。——157

203 黑尔斯宣读的是北美各支部临时联合会委员会 1872 年 4 月份的工作报告，报告是该委员会书记查理·普雷钦签署的，还有一封圣路易斯德国人支部 1872 年 5 月 9 日的来信，是由古斯塔夫·文特签署的。

关于这一情况，马克思 1872 年 5 月 29 日在给左尔格的信中写道：“在昨天几乎所有公社委员都出席的总委员会会议上，黑尔斯宣读了普雷钦的来信。

此后，我部分根据您的来信，部分根据您寄来的《世界报》，报告了另一个委员会的越轨行动，并强调指出，这些事实证明，根据我的建议通过的决议是必要的。埃卡留斯大为惊恐。

接着，出现了一个有利的情况，我立即利用了这一情况。

埃卡留斯收到一封从圣路易斯寄来的信，那里成立的德国人支部在信中征求意见，它应该参加两个联合会委员会中的哪一个。我说，当然应该参加同我们站在一起的那个老委员会。黑尔斯和埃卡留斯（附带说一下，他们两个人是死对头）对此表示反对。我对他们进行了反驳，并在这次人数众多的会议上获得通过了一项决议，反对的只有三票（黑尔斯、埃卡留斯和那个为其他公社委员所看不起的德拉埃）。"（参看《马克思恩格斯全集》中文第 1 版第 33 卷第 482—483 页）——158

204 马克思是从左尔格 1872 年 5 月 7 日给他的信中得知这一切消息的。总委员会根据马克思的报告通过了一个决议，但黑尔斯没有记入会议记录。——158

205 1872 年 5 月 19—20 日在布鲁塞尔举行的比利时联合会代表大会，审查了巴枯宁的追随者安斯根据上届代表大会（1871 年 12 月 24—25 日）决定起草的章程草案。——158

206 见注释 181。——159

207 这次会议的报道载于 1872 年 6 月 8 日《东邮报》第 193 号和 6 月 15 日《国际先驱报》第 11 号。——162

208 这次会议的报道载于 1872 年 6 月 16 日《东邮报》第 194 号和 6 月 22 日《国际先驱报》第 12 号。——164

209 这封 1872 年 6 月 1 日的信（由施维茨格尔签名），是汝拉联合会寄来的。就在这封信的信纸上有荣克手记的总委员会的决定："37 法郎 20 生丁收到；不接受日内瓦的宣传与革命行动支部的 6 法郎 20 生丁会费。"——166

210 总委员会曾在 1870 年 8 月 2 日的会议上讨论比利时人建议在阿姆斯特丹召开应届代表大会的提议；当时决定，因为战争爆发，无法召开代表大会。——167

211 这一决定发表在 1872 年 6 月 16 日《东邮报》第 194 号和 6 月 29 日《国际先驱报》第 13 号关于这次会议的新闻报道中。——168

212 1866 年日内瓦代表大会的决议要求各联合会委员会按照马克思拟定的调查表，向总委员会提供无产阶级经济斗争的统计材料；这一决议作为第二节第三项写进了协会组织条例。——168

213 1872 年 6 月 8 日和 15 日，《解放报》（*La Emancipacion*）（第 52 号和 53 号）刊登文章，尖锐地批判比利时联合会委员会提出的共同章程草案。——168

214 马克思在 1872 年 5 月 28 日写给德巴普的信中，批评了比利时代表大会修改章程的提议："这是同盟的策略非常突出的特点：在西班牙，虽然它不再得到西班牙联合会委员会的支持，但它在那里有一个强大的组织，因此，在巴塞罗纳联合会委员会的会议上，它对任何一个组织，不管是联合会委员会之类的组织，还是总委员会，都进行了攻击。而在比利时，由于考虑到‘各种偏见’，则建议取消总委员会，将总委员会的职能（在巴塞罗纳是反对这种职能的）交给联合会委员会，甚至还要加以扩大。"（参看《马克思恩格斯全集》中文第 1 版第 33 卷第 480—481 页）——168

215 这次会议的报道载于 1872 年 6 月 22 日《东邮报》第 195 号和 6 月 29 日《国际先驱报》第 13 号。——170

216 **维多利亚民主协会**（The Democratic Association of Victoria）成立于 1872 年 6 月 8 日。该协会出版了《国际报》，宣布加入国际，这样就开始了澳大利亚有组织的工人阶级运动。——171

217 这是一封西班牙联合会委员会的来信（由安赛尔莫·洛伦佐签名），写信日期是 1872 年 6 月 15 日。——171

218 小委员会讨论了《东邮报》所采取的立场，并在 1872 年 6 月 28 日的会议上通过决定，停止在这份报上发表总委员会会议的报道。——179

219 仲裁委员会（见注释 85）于 1872 年 7 月开始考虑黑尔斯的行为。——180

220 1871 年版的第二项（第二节"总委员会"）是这样的："总委员会必须执行代表大会的决议"。——180

221 第三项（第二节）涉及的是定期发表公告的问题。——180

222 第五项（第二节）未作改动，因为"小组"一词已经写在过去的文本中。——181

223 第六项（第二节）是："总委员会在下次代表大会召开之前还有开除国际任何分部的权力"。——181

224 这是指巴塞尔代表大会（1869）关于接纳新的支部加入国际工人协会的决议。这次代表大会的报告的法文文本谈到不仅对支部而且对整个联合会都有接纳或拒绝接纳的权利（见《国际工人协会。1869 年 9 月巴塞尔国际第四次代表大会报告》1869 年布鲁塞尔版）。——181

225 关于与《东邮报》断绝关系的决定是小委员会于 1872 年 6 月 28 日通过的。

　　关于即将召开代表大会的正式通知是恩格斯写的，发表在 1872 年 6 月 29

日《国际先驱报》第13号、7月3日《人民国家报》第53号、7月7日《平等报》第14号、7月13日《解放报》（La Emancipacion）第57号和7月14日《自由报》（La Liberté）第28号上。

恩格斯用英文和法文草拟的手稿现有保存。——184

226 会议记录本上接着为恩格斯提出的第二项第六条留有一段空白；这一条的条文恩格斯用英文写在单独的另一张纸上：

"6. 总委员会也有权将国际的任何分部、支部、联合会委员会及联合会暂时开除，直到应届代表大会为止。

但是对属于了某一个联合会的支部，总委员会只有在事先听取了有关联合会委员会的意见以后，才能使用这一权利。

总委员会在解散联合会委员会时，应同时要求该联合会各支部在30天以内选出新的联合会委员会。

总委员会在暂时开除整个联合会时，应立即通知其余各联合会。如果大多数联合会都提出要求，总委员会应在一个月内召开非常代表会议，由每一个民族各派一名代表出席，对这个问题作出最后决定。

不言而喻，国际遭到禁止的那些国家，享有与正规的联合会同样的权利。"（参看《马克思恩格斯全集》中文第1版第44卷第580页）

这一条文被通过并被写入章程草案。——184

227 指关于劳动统计的条文，见注释212。——189

228 关于这次会议的报道载于1872年7月27日《国际先驱报》第17号。——196

229 此处指的是一些法国的普鲁东主义者特有的宗派主义观点，即只有工人才能在工人组织中担任负责职务。——198

230 章程第四条规定："每次代表大会规定下次代表大会召开的时间和地点。代表按规定的时间在规定的地点集会，不再另行通知。总委员会有权在必要时改变集会地点，但无权推迟集会时间。代表大会每年确定总委员会驻在地，并选举总委员会委员。这样选出的总委员会有权增加新的委员。"——199

231 章程第六条为："总委员会是在协会各国的全国性组织和地方性组织之间进行联系的国际机关，应使一国工人能经常了解其他各国工人阶级运动的情况；在统一领导下对欧洲各国社会状况同时进行调查；使一个团体中提出的但具有普遍意义的问题能由一切团体加以讨论，并且在需要立刻采取实际措施，例如在发生国际冲突时，使加入协会的团体能同时一致行动。在一切适当场合，总委员会应主动向各国的全国性团体或地方性团体提出建议。为了加强联系，总委员会发表定期报告。"（参看《马克思恩格斯文集》第 3 卷第 228 页）——201

232 章程第七条为："既然每个国家的工人运动的成功只能靠团结和联合的力量来保证，而国际总委员会活动的成效又在很大程度上取决于它是同少数全国性的工人协会中心还是同许多小而分散的地方性团体联系，所以，国际协会的会员应竭力使他们本国的分散的工人团体联合成以全国性中央机关为代表的全国性组织。但是，不言而喻，本条规定的运用要取决于每一国家法律的特点，并且除非存在法律障碍，任何独立的地方性团体均可与总委员会直接通信。"——202

233 伦敦决议全文见本卷的《国际工人协会的共同章程和组织条例》。它被收入章程草案作为第七条（a）。——202

234 章程第八条和第九条为："每一个支部均有权任命一名与总委员会通讯的书记。""每一个承认并维护国际工人协会原则的人，均可成为国际工人协会的会员。每一支部应对接受的会员的品行负责。"——204

235 1872 年 7 月 21—22 日，不列颠联合会在诺丁汉举行第一次代表大会。黑尔斯在讨论美国和爱尔兰问题时已充分暴露了他的改良主义立场。他企图把不列颠联合会变成一个自由派的工人政党（Liberal Labour Party），使它摆脱总委员会的领导和反对马克思及其在国际中的拥护者的无产阶级革命路线。在代表大会上，黑尔斯提出一些初看起来似乎符合国际纲领的决议案，其实是想获得对总委员会的不信任投票。例如，他提出一项允许各国联合会委员会不经过总委员会而保持直接关系的决议草案，可是这种关系在章程中并没有被禁止。提出这项决议草案的用意，是促使各支部的代表反对总委员会。

　　但是，代表大会批准了伦敦代表会议的决议，并对总委员会表示信任。黑尔斯不得不作出让步，以避免引起其支持者不满而使他不能重新选入联合会委员会的尖锐发言。——206

236 这里指的是恩格斯按照小委员会指示起草的《总委员会告国际工人协会全体会员书》。为了说明告会员书有根据，恩格斯宣读了新马德里联合会 1872 年 7 月 22 日发表的一份揭露同盟在西班牙的分裂活动的通告信（《国际工人协会新马德里联合会通告信，1872 年 7 月 22 日于马德里》）。小委员会在 1872 年 8 月 4 日的会议上委托恩格斯把这一文件翻译成法文、英文和德文。

　　新马德里联合会（The New Madrid Federation）是《解放报》（*La Emancipacion*）编辑部一些成员由于揭露同盟在西班牙的活动而被无政府主义者多数派从马德里联合会中开除后于 1872 年 7 月 8 日成立的。保尔·拉法格为成立这一组织起了作用。在西班牙联合会委员会拒绝接纳新马德里联合会之后，后者写信给总委员会，总委员会在于 1872 年 8 月 15 日承认它是国际的一个联合会。新马德里联合会同西班牙的无政府主义影响展开了激烈的斗争，宣传科学社会主义的思想，为争取在西班牙建立一个独立的工人政党而斗争。——208

237 在拉法格于 1872 年 4 月与 5 月初进行揭露之后，恩格斯在他给拉法格、梅萨、莫拉和其他一些西班牙联合会委员会前委员及《解放报》编辑的信中，坚持要求尽快把证明存在秘密同盟的文件寄给他。1872 年 8 月初，恩格斯收到了从西班牙寄来的拉法格揭露同盟的几篇文章和讲稿；此外，还有 1872 年 4 月 5 日巴枯宁给莫拉的信的抄件、在西班牙的同盟的组织章程和 1872 年 6 月 2 日同盟马德里支部建议解散同盟各小组的通告信等。——209

238 会费问题在海牙代表大会上进行了讨论，大会通过决定不作变动。——215

239 1872 年 3 月 12 日，总委员会通过一项决议，在代表大会召开前暂时开除第十二支部。海牙代表大会最后决定开除该支部，大会未接受威斯特的委托书。——219

240 恩格斯带着布雷斯劳支部和纽约第六支部的委托书出席了海牙代表大会。——219

241 这里指的是总委员会给代表大会的报告；马克思在 1872 年 7 月 19 日小委员会会议上接受委托起草该报告（见注释 388）。——220

242 恩格斯的这一报告收在 1871 年 11 月 11 日《东邮报》第 163 号刊载的 1871 年 11 月 7 日总委员会会议报道中。这次会议的记录记载着，恩格斯答应一收到加里波第的来信立即把他的关于意大利形势的报告交由总委员会书记在《东邮报》上发表。——225

243 这里指的是马志尼在 1871 年《人民罗马》7 月 13 日第 20 号、9 月 7 日第 28 号、9 月 14 日第 29 号、9 月 21—22 日第 30—31 号上的文章。这些文章是关于即将召开的意大利工人团体代表大会的，其中有攻击国际协会的言论。——225

244 加里波第指的是他的革命活动中的战友，他参加的这些革命活动包括：南美民族解放斗争（19 世纪 30 年代）、1848—1849 年意大利革命，特别是 1849 年罗马的英勇保卫战。1859 年的革命活动以及实际上导致了意大利统一的著名的 1860 年对西西里岛的"千人远征"。——225

245 1871 年 4 月 26 日《人民罗马》刊载了马志尼攻击巴黎公社的第一篇文章。从那以后马志尼常常写文章攻击公社和国际。1871 年底，他的这些文章在罗马以小册子形式印发。——226

246 关于罗马代表大会（见注释 21）的详细报告载于 1871 年 11 月 19 日《东邮报》第 164 号。——228

247 看来这是 1871 年 12 月 5 日作的报告，没有记入会议记录。恩格斯在作此报告时使用了丹麦联合会委员会的报告和路易·皮奥在《社会主义者报》（*Socialisten*）上的文章；恩格斯的报告发表在 1871 年 12 月 9 日《东邮报》第 167 号关于这次总委员会会议的报道中。——229

248 1869 年 9 月 10 国际巴塞尔代表大会通过决议，对布鲁塞尔代表大会（1868 年）已经通过的主张土地公有的决议加以肯定。巴塞尔代表大会决议如下："（1）社会有权废除土地私有制并把它变为公有制。（2）有必要废除土地私有制并把它变为公有制。"（见《国际工人协会第四次年度代表大会的报告，1869 年 9 月 6—11 日于瑞士巴塞尔》总委员会 1869 年伦敦版第 26 页）——229

249 这个报告没有记入本次会议的记录；会议记录本上留有一处空白，准备用来粘贴发表在《东邮报》报道中的这一报告。恩格斯所谈的西班牙各支部在萨拉戈萨代表大会（1872 年 4 月 4—11 日）召开时的情况，是以拉法格从马德里寄给他的材料为依据的，这个材料并没有完全反映出西班牙联合会内部反对无政府主义影响的斗争中力量对比的真实情况。恩格斯在 1872 年 5 月 15 [—22] 日给李卜克内西的信中这样写道："寄去的《东邮报》上关于西班牙的那篇报道，你也许还没有收到，请**不要**发表。这篇报道是根据拉法格的来信写的，但是由于汝拉人把代表大会的另一项决议作了有利于自己的解释，而拉法格关于胜利的最初几次报道无论如何是有些夸大的，所以，最好**不要**用总委员会的名义向外宣传；我也不把这些报道寄往意大利和西班牙。"

关于萨拉戈萨代表大会，见注释162。——231

250 这里指的是松维利耶通告信（见注释28）。——231

251 **卡洛斯派**是19世纪西班牙的一个反动的教权派专制集团。——232

252 这个工人团体代表大会是1872年4月17日在罗马举行的。参加代表大会的工人团体主要是受自由资产阶级（所谓的温和资产阶级）影响的互助会。这个代表大会的组织者——政府官吏和自由派政客——企图利用代表大会来加强他们的影响并阻挠国际思想在工人中的传播。代表大会的参加者自称代表全体意大利工人，遭到了罗马一些工人组织的反对，这些组织打算召开自己的真正的工人代表大会。但是，由于警察当局的迫害，它们只是在4月21日举行了一次抗议集会。会上根据国际会员卢恰尼的抗议通过了一项决议，强烈抗议资产阶级企图用工人的名义讲话。——233

253 保留下来的这份记述是恩格斯的英文手稿，比会议记录本上书记记的内容完整得多。见注释186。——235

254 1842年3月8日，宪章派和爱尔兰人在曼彻斯特发生冲突。这场冲突是由对英国工人运动持敌视态度的资产阶级民族主义者——全爱尔兰合并取消派（主张取消1801年合并的人）协会的领导人挑起的。奥康瑙尔和一些宪章派的人被合并取消派赶出了科学厅，而奥康瑙尔本来是要在那里作报告的。——236

255 总委员会因忙于准备应届代表大会，于1872年6月18日决定把所有的组织工作转交给小委员会。因此小委员会有权以自己的名义发表文件。——241

256 临时联合会委员会1872年5月的报告附在左尔格1872年6月7日给马克思的信中。

6月11日总委员会收到由卡·施派尔签名的下述决议：

"鉴于纽约及其附近的细木工、钢琴匠、裱糊匠、油漆匠、钳工和相近工种的工人正在为争取合法的八小时正常工作日举行罢工；

鉴于一些最大的工厂主和老板关闭工厂，企图以饥饿迫使工人屈服，并为从欧洲招募工人争取时间；

　　决定：

　　特此要求国际工人协会总委员会尽最大努力阻止欧洲工人在争取八小时工作日罢工期间受雇来纽约及其附近地区。

　　根据国际工人协会临时联合会委员会的指示。

书记　卡·施派尔"——241

257 1872 年春夏，一批法国流亡者，其中包括布朗基主义者，定期在马克思的住宅会晤。

　　赛拉叶的文章一直未能找到。——241

258 马克思报告的是 1871 年 12 月 24 日洛格朗给勒穆修的信。——242

259 指都灵的**无产者解放社** 1871 年 7 月 1 日给恩格斯的信。信中告诉总委员会，1872 年 8 月 4—6 日在里米尼召开了意大利无政府主义者小组的代表会议，他们擅自称为国际意大利联合会。代表会议在 1872 年 8 月 6 日通过的特别决议中呼吁国际各支部派代表参加拟于 1872 年 9 月 2 日在纳沙泰尔举行的巴枯宁分子单独的代表大会，而不参加海牙的应届代表大会。这个提议没有得到任何支部的支持，甚至没有得到巴枯宁主义组织的支持。在收到里米尼代表会议的决议后，恩格斯以国际的名义发表了告意大利各支部书，揭露巴枯宁主义者的阴谋。

　　都灵的来信还提到了汝拉联合会的松维利耶通告信（见注释28）。——242

260 指里斯本联合会委员会 1872 年 6 月 24 日给恩格斯的信（由诺布雷-弗朗萨署名）。——244

261 巴枯宁的信发表在 1872 年 6 月 15 日《汝拉联合会简报》第 10—11 期专刊上，以后出版了单行本。——244

262 为执行小委员会的这项决议，恩格斯起草了告国际工人协会全体会员书，1872 年 8 月 6 日总委员会会议讨论了这一文件。——244

263 指赫尔曼 1872 年 6 月 18 日给恩格斯的信。关于比利时代表大会，见注释205。——244

264 黑尔斯作为不列颠委员会的书记推行两面派的政策，阻止地方支部的建立和

不列颠联合会的最后组成。他特地给曼彻斯特支部的成员写信，警告他们在联合会委员会成立以前，不要采取任何措施。——246

265　这里显然是指黑尔斯打算在诺丁汉代表大会（见注释235）上通过决定，授予各联合会委员会以改组总委员会的权力。——246

266　1872年7月23日总委员会通过决定暂时解除黑尔斯的总委员会书记职务，听候仲裁委员会对他的问题作出最后决定。——247

267　杜邦在诺丁汉代表大会上坚决维护无产阶级革命路线。1872年7月21日，他写信给恩格斯说：“我们从昨晚开始做代表的**工作**。黑尔斯提出的有关联合会委员会的决议案有可能被撤销……我们提议投票表示信任总委员会和赞成代表会议的决议。我们将要求对这两点进行**唱名表决**；将有一场激战。”

　　　　关于诺丁汉代表大会，见注释235。——247

268　指培列1872年7月7日给荣克的信，和1872年6月2—3日在沃韦举行的罗曼语区联合会第四次代表大会通过的瑞士德语区联合会章程草案。——247

269　库尔奈宣读的是荷兰委员会书记格尔特1872年7月21日写给他的信。——249

270　这封信是施维茨格贝尔在1872年7月15日以汝拉联合会的名义寄给总委员会的，发表在1872年7月27日《汝拉联合会简报》第13期附刊上。——249

271　荣克对汝拉联合会的抗议的答复发表在1872年8月1日的《汝拉联合会简报》上。——250

272　1872年4月，费雷支部（见注释132）通过了章程，这个章程后来被送交总委员会批准。根据这个章程，支部成员不得超过20人。有两份推荐书才能被接受加入国际。根据第二十三条，主席一职被废除，全部工作交由通讯书记（他的职责是与其他支部保持联系）、内务书记（拟定议程等）、财务委员和参加联合会委员会的代表处理；这些负责人员的任期为3个月。马克思指的显然是第二十一条，其条文是：“支部的代表在联合会委员会内代表支部。他起草关于委员会每次会议的报告，在支部每次会议开始时宣读。”——250

273　恩格斯的这封信写于1872年7月24日。——250

274　库诺在1872年7月26日的信中写道，1872年7月21日在佛尔维耶国际会员大会上讨论比利时联合会委员会制定的章程草案时，德国人支部的成员表示支持总委员会。比利时委员会为此将该支部从联合会中开除出去。根据库诺（他当时在比利时的各德国人支部中进行宣传）的建议，佛尔维耶支部请求总委员会调查这一冲突。1872 年 8 月 4 日恩格斯写信给库诺说："比利时联合会委员会给予我们的最大帮助，莫过于反对佛尔维耶德国人支部的行动。它以此证明，为了使支部的独立免受**联合会委员会**的侵犯，总委员会的存在是多么必要。"——251

275　巴枯宁 1872 年 1 月在写给莫拉戈的信中，提出了他的由同盟在国际内部夺权的秘密计划。梅萨在 1872 年 9 月 1 日给海牙代表大会的代表寄去一份声明，详细叙述了巴枯宁的信的内容。——251

276　指梅萨 1872 年 7 月 28 日的信，信内附有新马德里联合会 7 月 22 日的通告（见注释 236），这封信发表在 1872 年 7 月 27 日《解放报》（*La Emancipacion*）第 59 号上。

　　　贝克尔在信中表示不赞成海牙作为代表大会的会址。恩格斯在 1872 年 8 月 5 日给他写了复信。——252

277　葡萄牙联合会委员会书记诺布雷-弗朗萨在给恩格斯的这封信中报告了联合会的活动和它反对巴枯宁主义的社会主义民主同盟的斗争。——252

278　巴塞尔代表大会关于组织问题决议的第八条规定，只有加入了国际并缴纳会费的团体、支部或小组才允许派代表出席代表大会和进行投票，国际组织处于非法状态的那些国家除外。这个决议的第十条是要地方支部及时向总委员会提交报告，以便综合成为一个总报告。

　　　小委员会关于向国际各支部发通知的决定似乎未执行。——252

279　北美联合会的代表大会于 1872 年 7 月 6—8 日在纽约举行。代表大会通过了下列重要决议：确定联合会委员会的人数（9 人）；规定支部的成员至少要有四分之三是无产者；确定对工会的态度；根据伦敦代表会议（1871 年）的第 9 项决议，规定联合会对本国现有资产阶级政党的态度；承认和赞同总委员会有关北美联合会状况的各项决议，以及 1871 年伦敦代表会议的各项决议。

　　　左尔格和巴黎公社参加者西蒙·德勒尔被选为出席海牙代表大会的代表。——255

280 这些札记是马克思在 1872 年 2 月底至 5 月底写的，在此期间他就北美联合会分裂的问题研究了北美中央委员会和联合会总委员会的报告和信件以及美国报刊。马克思在小委员会，后来在总委员会作关于这个问题的报告时都使用了这些札记。恩格斯在他的《国际在美国》一文中也使用了这些札记。——259

281 震颤派（Shakers），是从英国公谊会分出的美国基督教新教的一个教派，因在宗教仪式中浑身颤抖而得名。——260

282 指的是 1871 年 10 月 15 日德国人第一支部针对第十二支部宣言而提出的抗议。——261

283 1872 年 5 月 28 日的决议确认了总委员会以前关于分裂问题所作的决议。它是在马克思的这篇札记里以及寄给美国勒穆修并于 1872 年 6 月 17 日发表在《纽约联合会报》上的一封正式信件里保存下来的。——268

284 见注释 7。——271

285 指的是总委员会给《泰晤士报》的信。——272

286 《日内瓦报》是一家保守派日报，1826 年起出版。——272

287 这里所指的那段话摘自 1870 年 1 月 1 日总委员会就巴枯宁派在《平等报》上攻击国际领导一事写给瑞士法语区联合会委员会的通告信。这一通告信是马克思写的，分别由各相关国家的通讯书记署名，寄给所有的支部。奥·泰斯蒂发表在供警察人员使用的国际文件汇编里的那段话，系摘自法国警察所截获的由法国通讯书记欧仁·杜邦署名的那份通告信（见奥·泰斯蒂《国际》，1871 年巴黎–凡尔赛第 3 版第 237—238 页）。——272

288 该决议是在马克思的参加下由常务委员会（见注释 108）起草的，1871 年 11 月 5 日由总委员会通过。

　　保存下来的决议文本，是埃卡留斯的记录，上面有马克思作的修改。决议曾在 1871 年 11 月 25 日用法文发表于法国共和主义团体的报纸《社会主义者报》（La Socialiste）（从 1871 年 12 月起是美国的国际各法国人支部的机关报），1871 年 12 月 2 日用英文载于《伍德赫尔和克拉夫林周刊》，但附有歪曲决议精神的评语。——274

289 总委员会在赛拉叶报告（见注释 18 和注释 22）的基础上通过的这些决议的文本，保存下来两份手稿：一份是马克思的笔迹，另一份不知是谁的笔迹，但由赛拉叶签名。本书刊印的决议以马克思的手稿为基础。两份手稿中主要的和次要的不同之处分别用卷末注和脚注加以说明。——275

290 见《给各支部的机密通知》（见《第一国际总委员会文献（1870—1871）》）。——275

291 见《第一国际总委员会文献（1870—1871）》的《国际工人协会的共同章程和组织条例》。——276

292 同注释 291。——278

293 见《国际工人协会。关于 1869 年 9 月在巴塞尔举行的第四次国际代表大会的报告》1869 年布鲁塞尔版第 172 页。——279

294 在第二份手稿中这句话后面接下去还有："这种论点首先是对共性的否定，对国际的各组织和各委员会借以联合起来的团结原则的否定；其次，这是加给总委员会的束缚，也是加给各联合会委员会的束缚。"——280

295 在第二份手稿中这句话后面接下去还有："最后，如果这一条被接受，各联合会委员会，甚至各国代表大会都会受到极大的限制，因为它们所提出的代表必须作出抉择：是当支部成员还是当代表。比利时全国代表大会和公民埃尔曼所属的列日支部的情况就会如此，如果列日支部像 1871 年法国人支部显然要求的那样在自己的章程里写上这样一条的话。"——280

296 在第二份手稿中，第一段改写为："总委员会坚持它在 1871 年 10 月 17 日作出的决议，并宣布此项决议是最终决议"；第二段全部被删掉。——280

297 在第二份手稿中此处是这样写的："法国通讯书记奥古斯特·赛拉叶。致'1871 年法国人支部'的公民们。"——280

298 在总委员会 1871 年 11 月 28 日的会议上，马克思通知总委员会说，他给该报寄去了一份答复；这个答复的文本除《法兰克福报和商报》（1871 年 11 月 28 日第 333 号）发表的以外，其余的马克思的手稿被保存起来，手稿写在印有国际协会名称的信笺上。——281

299 关于**共和大同盟**，见注释 70。——281

300　1871 年 11 月 23 日《意大利无产者报》刊登了无政府主义者以都灵工人名义对总委员会和伦敦代表会议决议提出的指责，因此恩格斯写了这封信作为回答。

　　　　《意大利无产者报》1871 年在都灵每周出版两次，由后来证明是警探的特尔察吉主编。该报支持巴枯宁派，反对总委员会和伦敦代表会议决议。1872—1874 年该报用《无产者报》的名称出版。——282

301　见《第一国际总委员会文献（1864—1867）》的《国际工人协会成立章程》。——283

302　《1867 年 9 月 2—8 日在洛桑举行的国际工人协会代表大会会议记录》1867 年绍德封版第 19 页。——283

303　同注释 291。——283

304　《社会革命报》是 1871 年 10 月—1872 年 1 月在日内瓦出版的法文周报，1871 年 11 月起为汝拉联合会的机关报。——283

305　这个文件是恩格斯为答复洛迪支部的一位领导人恩里科·比尼亚米 1871 年 11 月 14 日的来信而草拟的。比尼亚米向总委员会报告了在费拉拉以及意大利的其他一些城市建立支部的消息，并要求总委员会对罗马涅的某些公民（其中包括朱·博里安尼）发给必要的文件。这件事在总委员会的会议记录中没有得到反映。——284

306　这篇声明是恩格斯为答复《人民罗马》发表的马志尼的诽谤性文章而写的。——285

307　根据这一决定，布鲁塞尔代表大会拒绝了和平和自由同盟发出的正式参加该同盟即将举行的伯尔尼代表大会的邀请；它还建议国际会员只以个人身份参加伯尔尼代表大会（见《国际工人协会第三次代表大会——正式报告》1869 年布鲁塞尔版第 40 页）。

　　　　和平和自由同盟（The League of Peace and Freedom）是 1867 年由资产阶级民主派和自由派在瑞士建立起来的一个国际组织。——286

308　恩格斯写这封信，是因为《自由思想》杂志上掀起了一个诽谤国际的运动。《自由思想》于 1866—1876 年在佛罗伦萨出版，由资产阶级民主主义者、巴枯宁的社会主义民主同盟的成员路易吉·斯蒂凡诺尼担任编辑。

　　为了破坏国际的影响，斯蒂凡诺尼在 1871 年 11 月把自己装扮成唯理论者总协会（Universal Rational Society）的创办人，这个协会声称的目的是实现国际的原则，但是没有"协会的缺点"。他的纲领没有被意大利工人接受，他的建立唯理论者协会的方案也根本没有实现。

　　恩格斯把唯理论者讽刺地称为"受俸神父"（"prebendaries"，该词来自拉丁文"praebenda"——天主教教会通过接受捐赠和遗产得来的财产；从这笔财产里领取薪俸的神父叫做"受俸神父"），这是暗指他们的那套解决社会问题的计划：通过接受捐赠而筹得土地，并用这些土地来建立乌托邦式的新农村。

　　恩格斯的这封信除了首先在《玫瑰小报》上刊登，还于 1872 年 2 月 22 日在《自由思想》杂志上发表过（除了向《玫瑰小报》编辑说明情况的那一部分）。

　　《玫瑰小报》是意大利的一家日报，1867—1873 年在米兰出版，该报在1871—1872 年维护巴黎公社，发表国际工人协会的报告和文件；从 1872 年起，受巴枯宁派控制。——288

309 《新社会民主党人报》是一家德文报纸，1871—1876 年在柏林每周出版 3 次。作为拉萨尔派的全德工人联合会的机关报，该报完全反映了拉萨尔派所执行的迎合俾斯麦政权和巴结统治阶级的政策，反映了拉萨尔派领导人的机会主义和民族主义。该报支持巴枯宁分子和其他宗派分子，反对国际，反对国际的马克思主义领导者，反对德国社会民主工党。——289

310 指的是**共产主义者同盟**（1847—1852 年）——马克思和恩格斯所领导的第一个国际共产主义组织。它是培养无产阶级革命家的学校，无产阶级政党的萌芽，国际工人协会的前身。——289

311 《维斯巴登日报》是德国的保守派报纸，1872—1881 年出版。——290

312 **科隆共产党人审判案**（1852 年 10 月 4 日—11 月 12 日）是由普鲁士政府策划的对共产主义者同盟 11 名成员的审判案。作为控告材料的都是普鲁士警探伪造的文件。马克思（在其小册子《揭露科隆共产党人案件》中）和恩格斯

（在其《最近的科隆案件》一文中）揭露了审判案策划者的挑衅行为和普鲁
士警察国家对国际工人运动所采用的卑鄙手段。——290

313　《所谓国际内部的分裂》这篇通告是马克思和恩格斯起草并于 1872 年 3 月 5
日由总委员会通过的。1872 年 5 月末第一次用法文印成小册子发表，并分发
给协会的所有联合会。——291

314　为了回答资产阶级报刊因总委员会发表《法兰西内战》这篇宣言而对国际进
行的诽谤，马克思和恩格斯以总委员会的名义写信给《泰晤士报》、《旗帜
报》、《每日新闻》等英国报纸，捍卫巴黎公社并阐述国际的立场。——292

315　1871 年 6 月，总委员会在马克思的倡导下开展了援助为躲避凡尔赛政府迫害
而从法国逃到英国的公社社员的工作。总委员会筹集救济金发放给流亡者，
并为他们寻找工作。7 月间总委员会专门成立了一个公社流亡者救济委员会，
由马克思、恩格斯、荣克和其他总委员会委员组成。由于 1871 年伦敦代表会
议的筹备工作繁重，马克思和恩格斯于 1871 年 9 月 5 日退出了该委员会。总
委员会在 1871—1872 年间继续促进救济公社社员的工作。——292

316　指的是 1871 年 5—10 月纽卡斯尔建筑和机械工人大罢工（见注释 43）。——292

317　指 1871 年伦敦代表会议（9 月 17—23 日举行）。——292

318　同注释 317。——292

319　总委员会关于在美因兹召开下次代表大会的决定是 1870 年 5 月 17 日通过的。
7 月 12 日，总委员会根据马克思的建议通过了美因兹代表大会的议程
草案。——293

320　在 1870 年 6 月 28 日的总委员会会议上，马克思建议让各支部讨论是否改变
总委员会驻在地的问题；为此目的起草了一份《给各支部的机密通知》（见
《第一国际总委员会文献（1870—1871）》），各支部反对改变总委员会的驻在
地，认为伦敦是总委员会进行活动的最适宜的地方。——293

321　1865 年 9 月 25—29 日在伦敦召开了预备性代表会议，以代替原拟在布鲁塞尔
举行的代表大会。总委员会关于推迟代表大会和召开预备性代表会议的决定，
是在马克思的坚持下作出的，马克思认为国际的地方组织在思想方面和组织
方面还不够巩固。——293

322 见注释131。——293

323 1871年夏，俾斯麦和奥匈帝国首相博伊斯特采取了对工人运动进行共同斗争的步骤。1871年6月7日，俾斯麦向德国驻维也纳大使施魏尼茨发出指示，要他就采取共同行动来反对工人组织一事同奥地利政府进行磋商；6月17日，俾斯麦向博伊斯特送交了一份关于在德国和法国所采取的反对国际的措施的备忘录。1871年8月，德奥两国皇帝在加斯泰因会晤，9月又在萨尔茨堡会晤，在这两次会晤中专门讨论了关于共同对国际进行斗争的办法。

意大利政府加入了这场对国际的大进攻：1871年8月，意大利政府取缔那不勒斯支部，开始迫害国际会员，尤其是迫害泰·库诺。

1871年春天和夏天，西班牙政府也对工人组织和国际支部采取了镇压措施，这一情况迫使西班牙联合会委员会委员莫拉、莫拉戈和洛伦佐转移到里斯本。——293

324 在奥匈帝国，奥地利社会民主党党员奥伯温德、安·肖伊、莫斯特和帕普斯特于1870年7月以叛国罪名被逮捕并送交法庭审判；一些工人团体也遭到了迫害。

关于对不伦瑞克委员会成员的迫害，见注释32；关于倍倍尔和李卜克内西的被捕，见注释143。——294

325 关于这一备忘录，见注释197。——294

326 关于不列颠联合会委员会的成立，见注释5。——294

327 指1871年伦敦代表会议的第九项决议——《关于工人阶级的政治行动》。这项决议表述了这样的主张：必须组织一个工人的政党，这是保证社会主义革命胜利和达到其最终目的——建立没有阶级的社会——的必要条件（见《第一国际总委员会文献（1870—1871）》）。——294

328 指1871年伦敦代表会议的第二项决议——《关于各国委员会等组织的名称》。这项决议使各种宗派主义组织无法钻入国际。——294

329 指巴枯宁的宣言《告俄国、波兰和全体斯拉夫族友人书》。这篇宣言发表在1862年2月15日《钟声》第122—123号附刊上。

《钟声》是俄国革命民主主义的报纸，先在伦敦出版（1857—1865年），

后来在日内瓦出版（到1867年）。——295

330 指1868年9月23日巴枯宁在和平和自由同盟（见注释307）的伯尔尼代表大会上提出的决议案。他为维护这一决议草案而作的两次发言发表在1868年12月1日《钟声》第14—15号上。——295

331 这封通告信是马克思在总委员会讨论接受同盟加入国际的问题之后于1868年12月22日起草的。——295

332 这封通告信是对同盟中央局1869年2月27日写给总委员会的第二封信的答复。同盟中央局的信表示，如果总委员会赞同它的纲领并接受同盟的各个地方支部加入国际，它准备解散国际同盟。这封通告信由马克思起草，在1869年3月9日的总委员会会议上被一致通过。——297

333 指的是1871年7—8月在彼得堡对被控进行秘密革命活动的青年学生进行的审判案。

1871年伦敦代表会议委托总委员会正式声明涅恰耶夫的活动与国际毫无关系。——299

334 《进步报》是公开反对总委员会的巴枯宁派报纸；该报1868年12月—1870年4月在洛克勒用法文出版，主编是吉约姆。——299

335 指由马克思起草的通告信《总委员会致瑞士罗曼语区联合会委员会》（见《第一国际总委员会文献（1870—1871）》）。——300

336 《劳动报》是巴黎各支部的一家周报，1869年10月8日—12月12日在巴黎出版；该报的主要撰稿人之一是积极从事法国工人运动的装订工人欧仁·瓦尔兰。——300

337 这是1464年末在法国成立的一个封建贵族联盟，它反对路易十一所制定的把法兰西统一成一个单一的中央集权国家的政策。同盟成员声称他们的行动是为了法兰西的"共同福利"。——300

338 《团结报》是巴枯宁派的周报，1870年4—9月在纳沙泰尔出版，1871年3—5月在日内瓦出版。——301

339 指在工场手工业类型的大小作坊里从事钟表和珠宝首饰生产的工人，以及这种行业的家庭手工工人。——301

340 支持日内瓦罗曼语区联合会委员会的决议是总委员会于 1870 年 6 月 28 日根据马克思的提议通过，并由瑞士通讯书记荣克于 1870 年 6 月 29 日通知有关各方的。——302

341 指由马克思起草并经总委员会在 1870 年 9 月 9 日通过的总委员会关于普法战争的第二篇宣言。——302

342 指詹姆斯·吉约姆和加斯帕尔·勃朗写的 1870 年 9 月 5 日告国际各支部的宣言。这篇宣言在纳沙泰尔作为《团结报》的附刊发表。——302

343 里昂起义是由于色当战败的消息传来而于 1870 年 9 月 4 日爆发的。巴枯宁于 9 月 15 日来到里昂。他企图把运动的领导权抓到自己手里，并实现他的无政府主义纲领。9 月 28 日巴枯宁的追随者企图发动突然袭击进行夺权，但由于得不到工人的支持和没有确定的行动计划，这一企图遭到了失败。——302

344 1871 年 8 月 10 日，名称叫"社会主义民主同盟中央支部"的日内瓦巴枯宁主义者支部的书记尼·茹柯夫斯基写了一封信给瑞士通讯书记荣克，信中附有一份 8 月 6 日关于该支部自行解散的决议。——303

345 见注释 224。——303

346 1870 年 4 月，巴枯宁的追随者保尔·罗班向巴黎联合会委员会提出如下建议：承认无政府主义者在绍德封代表大会上成立的联合会委员会为罗曼语区联合会委员会，并在《马赛曲报》上宣布只有它的拥护者才是国际的真正会员。因为此事属于总委员会权限之内，巴黎联合会委员会拒绝考虑。——303

347 指 1871 年伦敦代表会议第十七项决议——《关于瑞士罗曼语区的分裂》（见《第一国际总委员会文献（1870—1871）》的《1871 年 9 月 17 日至 23 日在伦敦举行的国际工人协会代表会议的决议》）。1871 年 10 月 21 日《平等报》（*L'Égalité*）第 20 号刊登了该决议的较详细的条文。——304

348 贝·马隆《法国无产阶级的第三次失败》1871 年纳沙泰尔版。——304

349 这个支部是 1871 年 9 月 6 日由刚解散的巴枯宁分子的支部"社会主义民主同盟"（见注释 344）的成员在日内瓦成立的。支部成员当中有茹尔·盖得、贝努瓦·马隆及其他法国流亡者。——304

350 见注释 304。——305

351 安·莱奥《社会战争。在1871年和平同盟洛桑代表大会上发表的演说》1871年纳沙泰尔版第7页。——305

352 《费加罗报》是法国的一家反动报纸，从1826年起在巴黎出版；该报同第二帝国政府有关系。

《高卢人报》是保守的君主派日报，大资产阶级和贵族的喉舌，1867—1929年在巴黎出版。

《巴黎报》是一家和警察当局有联系的反动日报，1868—1874年由昂利·德·佩恩在巴黎出版。它支持第二帝国的政策，第二帝国崩溃后支持国防政府和梯也尔政府；不遗余力地对国际和巴黎公社进行诽谤。——305

353 总委员会否认皮阿是国际会员的声明指的是1868年7月7日根据马克思的提议通过的决议。由马克思起草的1870年5月10日的决议见《第一国际总委员会文献（1870—1871）》。

《马赛曲报》是法国左派共和党人的日报，1869年12月—1870年9月在巴黎出版。该报经常刊载有关国际的活动和工人运动的材料。

《觉醒报》是法国左派共和党人的机关报，原为周报，从1869年5月起改为日报；1868年7月—1871年1月在巴黎出版，由沙尔·德勒克吕兹主编。该报发表国际的文件和关于工人运动的各方面的报道。——307

354 总委员会在1871年10月7日的非常会议上讨论了这一问题。——307

355 《在伦敦的1871年法国联邦主义者支部宣言》1871年伦敦版。该支部在这本小册子的标题前面加上了"国际工人协会"字样，尽管总委员会拒绝接受该支部加入国际。——310

356 指《代表会议的特别决议》的第二个决议，这个决议指出"德国工人在普法战争期间尽到了自己的职责"；决议是以马克思关于国际在德国和英国的状况的演说中所包含的结论为基础的。——310

357 指法国通讯书记奥古斯特·赛拉叶给《谁来了!》报编辑的信（见注释22）。——311

358 见《1866年9月3—8日在日内瓦召开的国际工人协会工人代表大会》1866年日内瓦版第27页注释。——311

359 见注释193。——312

360 指伦敦代表会议第十七项决议——《关于瑞士罗曼语区的分裂》。该决议建议从罗曼语区联合会分裂出去的各无政府主义支部"此后定名为'汝拉联合会'"。——312

361 在1871年12月2日日内瓦各支部会议上，马隆、勒弗朗塞和奥斯坦提出了一项反对总委员会、反对伦敦代表会议决议的决议案，这项决议案依据的是用蒲鲁东思想歪曲了的国际章程法文译本。但会议否决了这个决议案，赞同伦敦代表会议决议，表示完全信任总委员会。马隆的决议案发表在1871年12月7日《社会革命报》第7号上。——314

362 见《第一国际总委员会文献（1870—1871）》的《1871年9月17日至23日在伦敦举行的国际工人协会代表会议的决议》。——315

363 1871年6月6日法国外交部长茹尔·法夫尔给法国驻各国外交代表发了通告。法夫尔在通告中呼吁各国政府共同对国际进行斗争。萨卡兹的报告是在1872年2月5日代表杜弗尔法（见注释131）审查委员会作的。——319

364 在这里和下面其他地方，马克思引用的是经日内瓦代表大会通过并以小册子形式出版的《国际工人协会章程》1867年伦敦版。——321

365 这里有错误。共同章程第六条是在1866年国际日内瓦代表大会上通过的，见《1866年9月3—8日在日内瓦召开的国际工人协会工人代表大会》1866年日内瓦版第13—14页。——323

366 工人联合会于1871年秋在都灵成立，它受到马志尼分子的影响。1872年1月联合会中的无产阶级分子分离出去，组成一个叫做**无产者解放社**的团体，后来这个团体被接受为国际的一个支部。在1872年2月以前这个团体的领导人是卡洛·特尔察吉。

　　《无产者报》是意大利的一家报纸，1872—1874年在都灵出版；该报支持巴枯宁派，反对总委员会和伦敦代表会议决议。——323

367 《国际工人协会第三次代表大会。正式报告》1868年布鲁塞尔版。《比利时人民报》附刊第50页。——324

368 国际社会主义民主同盟的纲领是巴枯宁起草的，1868年在日内瓦用法文和德

文印成传单发表。马克思和恩格斯的《社会主义民主同盟和国际工人协会》这一著作引用了纲领的全文。——327

369　指在无政府主义者的《1872年人民年鉴》上发表的巴枯宁的文章《国际的组织》。——328

370　在唯理论者总协会（见注释308）的纲领草案公布后展开的论战中，斯蒂凡诺尼站在巴枯宁分子一边，并写文章诽谤总委员会，诽谤马克思和恩格斯。恩格斯给《玫瑰小报》编辑的信和马克思的文章《再论斯蒂凡诺尼和国际》揭露了斯蒂凡诺尼的真正目的和他同无政府主义者的联系，并促使他想把意大利工人运动置于资产阶级影响之下的企图遭到失败。——332

371　指的是第二帝国警察当局所组织的匪帮，这些由游民组成的匪帮冒充工人，举行挑衅性的示威游行和动乱，为当局迫害真正的工人组织提供借口。——332

372　见注释61。——333

373　关于北美联合会的分裂，见注释45。这些决议发表于国际在各国的正式刊物：1872年5月8日《人民国家报》第37号、4月6日《解放报》第43号、5月4日《伍德赫尔和克拉夫林周刊》第103期。

　　　还有两份手稿保存了下来——一份是马克思用英文写的草稿，一份是由沙尔·罗沙书写在印有"国际工人协会"字样的信笺上的法文译文，上面有马克思作的修改。——339

374　巴塞尔代表大会第六项关于将支部开除出国际的程序的决议，授权总委员会可以暂时把个别支部开除出国际，听候应届代表大会裁决。见《国际工人协会。关于1869年9月在巴塞尔举行的国际第四次代表大会的报告》1869年布鲁塞尔版。——340

375　这里指的是苏黎世的一些塞尔维亚和保加利亚的大学生，他们在无政府主义者的直接影响下组成了一个同盟小组，名称叫做"斯拉夫人之幕"。——341

376　这些决议发表于1872年3月24日《自由报》第12号、8月30日《国家先驱报》第8号上。此外，还有法文手稿保存下来，手稿由马克思的女儿燕妮抄写并经作者修改过。——342

377　恩格斯受总委员会委托写了这封信（见注释137）。1872年4月和5月这封信发表在《解放报》（*La Emancipacion*）、《自由报》（*La Liberté*）、《人民国家报》上。还有保留下来的恩格斯用西班牙文写的草稿。

关于萨拉戈萨代表大会，见注释162。——344

378 见注释225。——347

379 这个文件的译文分两部分，其中《共同章程》依据的是英文版，译文参看《马克思恩格斯文集》第3卷第226—229页；《组织条例》依据的是法文版，译文参看《马克思恩格斯全集》中文第1版第44卷第572—585页。英文版《第一国际总委员会会议记录（1871—1872）》收录的是法文版，苏联编者在介绍法文版文件时指出："这个文件是1871年共同章程和组织条例的正式法文本，上边有总委员会1872年6—8月间所通过的修改（笔迹是拉法格的）。小的修改由拉法格改在这本小册子的字里行间，较重大的修改则作了剪贴。全部修改工作是由拉法格按照马克思修改过的、至今仍然保存的另一本1871年的小册子上进行的。由拉法格修改好的本子后又经马克思重新审阅，并在个别地方加以改进。

据认为，章程和条例草案就是以这种形式提请海牙代表大会（1872年9月）批准的。但是马克思和他的战友们提请代表大会审议的只有下列几个主要的地方：在共同章程里加进了第八条——经海牙代表大会通过后标码改为第七条（a），在组织条例第二节里加进了在国际组织内部加强纪律与集中的第二条和第六条。"——编者注——349

380 总委员会执行委员会在1872年7月27日的会议上委托瑞士通讯书记海尔曼·荣克以总委员会名义写信答复汝拉联合会1872年7月15日抗议国际代表大会在海牙召开的来信。荣克的答复是1872年7月28日写的，刊登在1872年8月1日汝拉联合会的机关报《汝拉联合会简报》上。——362

381 由于筹备海牙代表大会，揭穿秘密的社会主义民主同盟的分裂活动就具有了头等重要意义。

执行委员会在1872年7月5日的会议上研究了从西班牙得到的关于同盟的秘密活动的文件，决定要求总委员会向应届代表大会建议把巴枯宁和同盟的其他盟员开除出国际。马克思和恩格斯受托整理所提出的提议，并提交给总委员会。8月6日恩格斯向总委员会提交了这篇告国际全体会员书草案。在对草案的热烈讨论中，总委员会的一些委员反对在同盟案件调查清楚以前公布告会员书。多数票决定把草案留做参考材料。保存下来的是恩格斯用法文和英文写的手稿。——364

382 这里讲的是总委员会对社会主义民主同盟第一次请求加入国际的答复。接下来恩格斯讲的是总委员会1869年3月9日的第二封信。——364

383 见注释236。——366

384 这个文件是在执行委员会1872年8月8日的会议上通过的（此次会议记录没有保存下来）。从手稿上可以看出，第一段是马克思写的。——370

385 《理智》是一家无政府主义周报，1871—1872年在塞维利亚出版。——370

386 新马德里联合会在1872年8月24日《解放报》（*La Emancipacion*）第63号上发表了执行委员会的这一通告，其中宣布了总委员会对该联合会的承认。——373

387 总委员会就无政府主义者的里米尼代表会议（见注释259）给意大利各支部的呼吁书，是经恩格斯之手寄往米兰、都灵、费拉拉和罗马的，这些地方的支部得到总委员会的正式承认并同它保持经常联系。

国际都灵支部的正式机关报《平民》周报（1872年4—10月出版）编辑部在发表这个呼吁书时加了下面一段按语："我们在刊载下面这封信时，必须向大家说明，我们之所以不能更早一些刊载它，是因为《无产者解放报》（这封信就是寄给它的）编委会的编委们由于一次罢工事件而被监禁起来，同他们中断了的联系直到最近才恢复。"——374

人名索引

A

阿尔诺，安东（Arnaud, Antoine 1831—1885）——法国布朗基主义者，职业是铁路工人；《马赛曲报》编辑部工作人员，国民自卫军中央委员会委员和巴黎公社委员，被缺席判处死刑，巴黎公社被镇压后流亡英国，国际总委员会委员（1871—1872），海牙代表大会（1872）代表，因代表大会决定将总委员会迁往纽约而退出国际。

阿尔瓦拉辛，塞韦里诺（Albarracin, Severino）——西班牙无政府主义者，职业是教师；西班牙联合会委员会委员（1872—1873），1873年阿尔科伊起义的领导者之一，革命失败后流亡瑞士。

阿夫里亚尔，奥古斯坦（Avrial, Augustin 1840—1904）——法国工人运动活动家，左派蒲鲁东主义者，职业是机械匠；机械工人联合会的组织者，巴黎工人团体联合会会员，巴黎国际会员第二次审判案（1868）的被告之一，巴黎公社委员，公社劳动和交换委员会委员、执行委员会和军事委员会委员，公社被镇压后流亡英国，在那里曾一度加入反对总委员会的1871年法国人支部。

阿普尔加思，罗伯特（Applegarth, Robert 1834—1924）——英国工联主义运动改良派领袖，职业是红木工；粗细木工工联总书记（1862—1871），工联伦敦理事会理事（1863年起）；1865年起为国际会员，国际总委员会委员（1868—1872）；巴塞尔代表大会（1869）代表，改革同盟和工人代表同盟的领导人之一；1871年拒绝在总委员会的宣言《法兰西内战》上签名；后脱离工人运动。

埃尔曼，阿尔弗勒德（Herman, Alfred 1843—1890）——比利时工人运动活动家，职业是雕刻家；国际比利时支部的组织者（1868）和列日支部领导成员（1871

奥康瑙尔，菲格斯·爱德华（O'Connor, Feargus Edward 1794—1855）——英国宪章运动左翼领袖之一，《北极星报》创办人和出版者，1848 年后为宪章运动的右翼代表人物。

奥赖（Ory）——英国新闻工作者。

奥利维埃，埃米尔（Ollivier, Émile 1825—1913）——法国政治活动家，温和的资产阶级共和党人，第二帝国时期为立法团议员（1857 年起），60 年代末为波拿巴主义者，曾任政府首脑（1870 年 1—8 月）。

奥斯坦，弗朗索瓦·沙尔（Ostyn, François Charles 1823—1912）——比利时蒲鲁东主义者，职业是镟工，后来是商人；国际巴黎各支部联合会委员会委员，国民自卫军中央委员会委员和巴黎公社委员，公社被镇压后流亡瑞士，在那里加入巴枯宁派，无政府主义者日内瓦代表大会（1873）代表。

奥哲尔，乔治（Odger, George 1820—1877）——英国工联改良派领袖，职业是鞋匠；工联伦敦理事会创建人之一，1862—1872 年为理事会书记，英国波兰独立全国同盟、土地和劳动同盟和工人代表同盟盟员，改革同盟执行委员会委员；1864 年 9 月 28 日伦敦圣马丁堂会议的参加者，国际总委员会委员（1864—1871）和主席（1864—1867），伦敦代表会议（1865）和日内瓦代表大会（1866）的参加者，在争取英国选举改革的斗争期间与资产阶级有勾结；1871 年拒绝在总委员会的宣言《法兰西内战》上签名并退出总委员会。

B

巴枯宁，米哈伊尔·亚历山德罗维奇（Бакунин, Михаил Александрович 1814—1876）——俄国无政府主义和民粹主义创始人和理论家；1840 年起侨居国外，曾参加德国 1848—1849 年革命，1849 年因参与领导德累斯顿起义被判死刑，后改为终身监禁，1851 年被引渡给沙皇政府，囚禁期间向沙皇写了《忏悔书》，1861 年从西伯利亚流放地逃往伦敦，1868 年参加第一国际活动后，在国际内部组织秘密团体——社会主义民主同盟，妄图夺取总委员会的领导权，由于进行分裂国际的阴谋活动，1872 年在海牙代表大会上被开除出第一国际。

巴莱尔，卡米耶（Barrère, Camille 1851—1940）——法国外交官和新闻工作者，巴黎公社的参加者，巴黎公社被镇压后流亡伦敦，《写真》报（每周出版一次的画报）编辑和《谁来了!》报的撰稿人。

巴里，马尔特曼（Barry, Maltman 1842—1909）——英国社会主义者，职业是新闻工作；国际会员，海牙代表大会（1872）代表，国际总委员会委员（1872—1873）和不列颠联合会委员会委员（1872—1874），支持马克思和恩格斯反对巴枯宁派和英国工联改良派，国际停止活动后仍继续参加英国的社会主义运动，同时为保守党的报纸《旗帜报》撰稿，19 世纪 90 年代支持所谓的保守党人"社会主义派"。

巴斯特利卡，安德烈（Bastelica, André 1845—1884）——法国工人运动活动家，巴枯宁主义者，职业是印刷工人；国际会员，1870 年 10—11 月马赛革命行动的参加者，参加巴黎公社，国际总委员会委员（1871），1871 年伦敦代表会议代表。

巴特里（Buttery, G. H.）——国际总委员会委员（1871—1872）和不列颠联合会委员会委员（1871—1872）。

巴希，乌果（Bassi, Ugo 1801—1849）——意大利革命家和资产阶级民主派；1848—1849 年革命的参加者，被奥地利人枪杀。

白拉克，威廉（Bracke, Wilhelm 1842—1880）——德国出版商和书商，全德工人联合会不伦瑞克支部创始人（1865），1867 年起领导全德工人联合会中的反对派；社会民主工党（爱森纳赫派）创始人（1869）和领导人之一；曾进行反对拉萨尔派的斗争；不伦瑞克白拉克出版社的创办人（1871），《不伦瑞克人民之友》（1871—1878）和《人民历书》（1875—1880）的出版人；德意志帝国国会议员（1877—1879）；马克思、恩格斯的朋友和战友。

班克斯，西奥多（Banks, Theodore）——美国资产阶级激进派，职业是彩画匠；国际北美各支部中央委员会委员（1871）。

邦霍尔斯特，莱昂哈德·冯（Bonhorst, Leonhard von 生于 1840 年）——德国社会民主党人，职业是技师；60 年代中是维斯巴顿工人教育协会会员，1867 年春与国际日内瓦中央委员会建立联系，1867 年秋天起是全德工人联合会驻维斯巴顿的全权代表，1869 年退出全德工人联合会，爱森纳赫代表大会（1869）代表，社会民主工党（爱森纳赫派）不伦瑞克委员会书记，1872 年是莱比锡叛国案的被告之一；后来脱离政治活动。

倍倍尔，奥古斯特（Bebel, August 1840—1913）——德国工人运动和国际工人运动活动家，职业是镟工；德国工人协会联合会创始人之一，1867 年起为主席；第一国际会员，1867 年起为国会议员，1869 年是德国社会民主党创始人和领袖之一，《社会民主党人报》创办人之一；曾进行反对拉萨尔派的斗争，普法战争时期站在无产阶级国际主义立场，捍卫巴黎公社；1889、1891 和 1893 年国际社会主义工人代表大会代表；第二国际活动家，19 世纪 90 年代和 20 世纪初反对改良主义和修正主义；马克思、恩格斯的朋友和战友。

贝尔坦（Bertin, G.）——巴黎公社的参加者；流亡伦敦后，所谓的法语支部的成员。

贝克尔，海尔曼·亨利希（Becker, Hermann Heinrich 1820—1885）——德国地方法院见习法官和政论家；科隆工人和业主联合会的领导人之一，民主主义者莱茵区域委员会委员（1848—1849），《西德意志报》发行人（1849 年 5 月—1850 年 7 月）；1850 年底起为共产主义者同盟盟员，科隆共产党人案件（1852）的被告之一，被判 5 年徒刑；19 世纪 60 年代是进步党人，后为民族自由党人；普鲁士第二议院议员（1862—1866），国会议员（1867—1874）；1875 年起为科隆市长。

贝克尔，约翰·菲力浦（Becker, Johann Philipp 1809—1886）——德国工人运动和国际工人运动活动家，职业是制刷工，1848 年加入瑞士籍；三月革命以前的民主运动和 1848—1849 年革命的参加者；以瑞士军队军官身份参加了反对宗得崩德的战争；在巴登-普法尔茨起义时指挥巴登人民自卫团和志愿军；1848—1849 年革命后转向无产阶级共产主义立场，瑞士"革命集中"成员（1850），国际日内瓦第一支部的创建人（1864），国际日内瓦支部委员会、德国和瑞士德语区中央委员会主席（1865），国际德语区支部主席（1866 年起），在瑞士的国际德国人支部组织者，国际伦敦代表会议（1865）和国际各次代表大会代表，《先驱》杂志出版者和编辑（1866—1871），《先驱者》杂志编辑（1877—1882）；马克思、恩格斯的朋友和战友。

贝利-柯克伦（Baillie-Cochrane）——见柯克伦-贝利。

毕尔格尔斯，约翰·亨利希（Bürgers, Johann Heinrich 1820—1878）——德国政论

家，《莱茵报》撰稿人（1842—1843），1846 年参加共产主义通讯委员会的活动，
1848—1849 年是《新莱茵报》编辑；共产主义者同盟盟员，1850—1851 年是共
产主义者同盟中央委员会委员，科隆共产党人案件（1852）的被告之一，被判 6
年徒刑；后为民族自由党人；60 年代为民族联盟盟员和杜塞尔多夫《莱茵报》
的编辑；19 世纪 60—70 年代是进步党人。

庇护九世（Pius IX [Pio Nono]，世俗名乔万尼·马里亚·马斯塔伊–费雷蒂，Giovanni
Maria Mastai-Ferretti 1792—1878）——罗马教皇（1846—1878）。

俾斯麦公爵，奥托（Bismarck [Bismark]，Otto Fürst von 1815—1898）——普鲁士和
德国国务活动家和外交家，普鲁士容克的代表；曾任驻彼得堡大使（1859—
1862）和驻巴黎大使（1862）；普鲁士首相（1862—1872 和 1873—1890），北德
意志联邦首相（1867—1871）和德意志帝国首相（1871—1890）；1870 年发动普
法战争，1871 年支持法国资产阶级镇压巴黎公社；主张以"自上而下"的方法
实现德国的统一；曾采取一系列内政措施，以保证容克和大资产阶级的联盟；
1878 年颁布反社会党人非常法。

伯克（Burke 或 Bourke）——爱尔兰人，曾参加争取赦免爱尔兰囚犯的运动。

勃朗，加斯帕尔·安东（Blanc, Gaspard-Antoine 生于 1845 年）——法国印刷工人，
1866 年在里昂成为国际会员；曾为《团结报》撰稿，同巴枯宁关系甚密；1870
年里昂九月起义的参加者，1871 年 3 月 23 日在里昂宣布巴黎公社成立；公社失
败后流亡瑞士；1871 年在巴黎被缺席判处要塞监禁，后成为波拿巴主义者。

博里安尼，朱泽培（Boriani, Giuseppe）——意大利工人运动的参加者，国际会员。

波利策，吉格蒙特（Politzer, Gigmont 死于 1880 年以后）——匈牙利新闻工作者，
工人总联合会会员。

波拿巴，路易（Bonaparte, Louis）。拿破仑第三（路易–拿破仑·波拿巴）（Napoléon
III [Louis-Napoléon Bonaparte] 1808—1873）——法兰西第二共和国总统（1848—
1851），法国皇帝（1852—1870），拿破仑第一的侄子。

波拿巴，拿破仑·约瑟夫·沙尔·保尔，拿破仑亲王（Bonaparte, Napoléon-Joseph-
Charles-Paul, prince Napoléon, 又名日罗姆 Jérôme，绰号普隆–普隆 1822—1891）——
法国政治家，第二共和国时期是制宪议会和立法议会议员（1848—1851），1854

年在克里木指挥一个师，在 1859 年奥意法战争中任军长，普法战争初期曾参加关于法意反普同盟的谈判，日·波拿巴的儿子，拿破仑第三的堂弟，其兄死后（1847）改名日罗姆。

博伊斯特伯爵，弗里德里希（Beust, Friedrich, Count 1809—1886）——萨克森和奥地利国务活动家和外交家，奥匈帝国首相（1867—1871），驻伦敦大使（1871—1878）。

布恩，马丁·詹姆斯（Boon, Martin James）——英国工人运动活动家，职业是机械师；宪章主义者詹·奥勃莱恩的社会改良主义观点的拥护者，国际总委员会委员（1869—1872），土地和劳动同盟书记，不列颠联合会委员会委员（1872）。

布拉德，詹姆斯（Blood, James）——美国资产阶级激进派，维多利亚·伍德赫尔的丈夫。

布拉德洛，查理（Bradlaugh, Charles 1833—1891）——英国新闻工作者和政治活动家，资产阶级激进派，无神论者，《国民改革者》周刊编辑，巴黎公社后猛烈攻击马克思和国际工人协会。

布拉德尼克，弗雷德里克（Bradnick, Frederick）——英国工人，国际总委员会委员（1870—1872），伦敦代表会议（1871）代表；海牙代表大会（1872）以后加入不列颠联合会委员会中的改良派，1873 年 5 月 30 日总委员会通过决议将其开除出国际。

布莱尔，塔尔弗德（Blair, J. Talfourd）——苏格兰人，国际格拉斯哥支部书记（1872），不列颠联合会委员会委员（1871—1872）。

布莱特，约翰（Bright, John 1811—1889）——英国政治家，棉纺厂主，自由贸易派领袖和反谷物法同盟创始人；19 世纪 60 年代初起为自由党（资产阶级激进派）左翼领袖；曾多次任自由党内阁大臣。

布兰福德，威廉（Blandford, William）——国际不列颠联合会委员（1871—1872）。

布里克斯，哈罗德（Brix, Harold 1841—1881）——丹麦工人运动和社会主义运动活动家。职业是新闻工作；国际在哥本哈根的一个支部的创建人，《社会主义者》报编辑，丹麦社会民主党的组织者和领导人之一（1876）。

布鲁内蒂，安吉洛（绰号小西塞罗）（Brunetti, Angelo [Ciceruachio] 1800—1849）——

意大利革命家，1848—1849 年革命和 1849 年罗马共和国英勇保卫战的参加者；被奥地利人枪杀。

布罗德里克（Broderick, F. N.）——国际会员和不列颠联合会委员会委员。

C

查多克，约瑟夫（Chaddock, Joseph）——国际会员，不列颠联合会委员会委员（1871），共和大同盟盟员。

D

戴特鲁瓦亚，皮埃尔·莱昂斯（Détroyat, Pierre Léon 1829—1898）——法国新闻工作者和作家，波拿巴主义者，克里木战争（1856）的参加者；《自由》报（巴黎，波尔多）的撰稿人，后来是该报的所有人。

戴维斯，艾拉（Davis, Ira）——美国小资产阶级激进派，纽约新民主会和第九支部的成员。

但丁，阿利格埃里（Dante, Alighieri 1265—1321）——伟大的意大利诗人。

道格拉斯，弗雷德里克（Douglass, Frederick 1817—1895）——废奴运动著名领袖；1855 年约·布朗组织的武装斗争和美国内战的参加者；女权的积极提倡者。

德·摩尔根，约翰（De Morgan, John）——爱尔兰社会主义者，英国共和主义运动的参加者；国际会员；支持不列颠联合会中的革命派。

德拉埃，皮埃尔·路易（Delahaye, Pierre-Louis 生于 1820 年）——法国机械工人，1864 年起为国际会员，巴黎公社委员，公社被镇压后流亡英国；国际总委员会委员（1871—1872），不列颠联合会委员会委员（1871—1872），伦敦代表会议（1871）代表。

德沃尔弗斯，阿尔弗勒德（De Wolfers, Alfred）——国际总委员会委员（1871—1872）。

德沃尔什，詹姆斯（De Walsche, James）——国际会员，不列颠联合会委员会委员（1871—1872）和财务委员，改良主义者。

蒂巴尔迪，帕奥洛（Tibaldi, Paolo 1825—1901）——意大利革命家，加里波第的拥护者，由于刺杀拿破仑未遂被判处在凯恩服苦役；国际会员，巴黎公社的参加者。

迪尔克，查理·温特沃思（Dilke, Charles Wentworth 1843—1911）——英国政治活动家和作家，自由党激进派领袖之一，下院议员。

杜邦，昂蒂姆·让·马（Dupont, Anthime Jean-Marcial 生于 1842 年）——法国职员；布朗基主义者；巴黎公社委员，参加公安委员会。

杜邦，欧仁（Dupont, Eugène 1831 前后—1881）——法国工人，国际工人运动活动家，1848 年巴黎六月起义的参加者，1862 年起住在伦敦，1870 年起住在曼彻斯特，国际总委员会委员（1864—1872），法国通讯书记（1865—1871），伦敦代表会议（1865）和日内瓦代表大会（1866）的参加者，洛桑代表大会（1867）主席，布鲁塞尔代表大会（1868）、伦敦代表会议（1871）和海牙代表大会（1872）的代表；《法兰西信使报》撰稿人，伦敦法国人支部成员（1868 年以前），曼彻斯特法国人支部创建人之一（1870），国际不列颠联合会委员会委员（1872—1873），1874 年迁居美国；马克思和恩格斯的战友。

杜弗尔，茹尔·阿尔芒·斯塔尼斯拉斯（Dufaure, Jules Armand Stanislas 1798—1881）——法国律师和政治活动家，奥尔良党人，曾任社会公共工程大臣（1839—1840），第二共和国时期是制宪议会和立法议会议员（1848—1851），卡芬雅克政府内务部长（1848 年 10—12 月）和波拿巴政府内务部长（1849 年 6—10 月）；第三共和国时期任司法部长，内阁总理。

杜兰特，托马斯（Durant, Thomas）——国际华盛顿支部的成员。

杜朗，古斯塔夫·保尔·埃米尔（Durand, Gustave Paul émile 生于 1835 年）——法国首饰匠，警探，公社被镇压后在伦敦冒充流亡者；1871 年为法国人支部书记，同年 10 月被揭发并被开除出国际。

杜朗，若弗鲁瓦（Durand, Geoffroy）——法国流亡者，彩画匠，《写真》周刊的撰稿人。

E

恩格斯，弗里德里希（Engels, Friedrich 1820—1895）。

F

法夫尔，茹尔（Favre, Jules 1809—1880）——法国律师和政治活动家，温和的资产阶级共和派领袖之一；第二共和国时期先后任内务部秘书长、外交部副部长、制宪议会和立法议会议员（1848—1851），19世纪60年代为立法团议员，国防政府和梯也尔政府外交部长（1870—1871），曾到法兰克福参加同德国关于巴黎投降及签订和约的谈判（1871）。

费雷，泰奥菲尔（Ferré, Théophile 1846—1871）——法国新闻工作者，布朗基主义者；19世纪60年代法国共和主义运动的积极参加者；巴黎公社委员，公社公安委员会领导人和副检察长；被凡尔赛分子枪杀。

福格尔·冯·法尔肯施坦，爱德华（Vogel von Falckenstein, Eduard 1797—1885）——德国将军。

福格特，古斯塔夫（Vogt, Gustav 1829—1901）——瑞士法学家、政论家和政治活动家，原系德国人，资产阶级和平主义者，和平和自由同盟组织者之一，统计局局长（1860—1862），《欧洲联邦》编辑（1867—1870）。

弗兰克尔，莱奥（Frankel, Leo 1844—1896）——匈牙利工人运动和国际工人运动活动家，职业是首饰匠；19世纪60年代去伦敦，后迁居法国；1867年在里昂成为国际会员；巴黎德国人支部创建人之一（1870），巴黎联合会委员会委员和书记；巴黎公社委员，公社劳动、商业和财政委员会委员，后流亡伦敦；伦敦社会研究小组成员；1872年在巴黎被缺席判处死刑；国际总委员会委员（1871—1872），奥地利—匈牙利通讯书记；国际伦敦代表会议（1871）和海牙代表大会（1872）代表，1876年返回匈牙利，匈牙利全国工人党（1880）的创始人之一，第二国际几次代表大会的代表（1889年任代表大会副主席）；马克思和恩格斯的战友。

弗朗萨（França）——见诺布雷-弗朗萨，若瑟（Nobre-França, José）。

符卢勃列夫斯基，瓦列里（Wróblewski, Walery 1836—1908）——波兰革命民主主义者，1863—1864年波兰民族解放起义领导人，起义失败后流亡法国；巴黎公社的将军；公社失败后流亡伦敦，被缺席判处死刑；国际总委员会委员和波兰通讯书记（1871—1872），海牙代表大会（1872）代表，积极参加反对巴枯宁派的斗争，1880年大赦后回到法国。

福塞特，亨利（Fawcett, Henry 1833—1884）——英国庸俗经济学家，约翰·斯图亚特·穆勒的信徒，1865 年起为议会议员，自由党人。

G

盖列夫，保尔·约翰森（Geleff, Paul Johansen 1842—1928）——丹麦工人运动和社会主义运动活动家，国际丹麦支部（1871）创建人之一，丹麦社会民主工党（1876）创建人和领导人之一；1877 年侨居美国，后脱离工人运动。

格尔哈特，亨德里克（Gerhard, Hendrik 1829 前后—1886）——荷兰裁缝；荷兰工人运动的参加者，荷兰联合会委员会委员，海牙代表大会（1878）代表，追随巴枯宁派。

格拉泽·德·维尔布罗尔（Glaser de Willebrord, E.）——比利时工人运动活动家，国际布鲁塞尔支部成员。

格莱斯顿，罗伯特（Gladstone, Robert 1811—1872）——英国商业家，资产阶级慈善家；威廉·格莱斯顿的堂弟。

格莱斯顿，威廉·尤尔特（Gladstone, William Ewart 1809—1898）——英国国家活动家，托利党人，后为皮尔分子；19 世纪下半叶为自由党领袖，曾任财政大臣（1852—1855 和 1859—1866）和首相（1868—1874、1880—1885、1886 和 1892—1894）。

格兰维尔伯爵，乔治·鲁桑–高尔（Granville, George Leveson-Gower, Earl 1815—1891）——英国国家活动家，辉格党人，后为自由党人；曾任外交大臣（1851—1852、1870—1874 和 1880—1885），殖民大臣（1868—1870 和 1886），枢密院院长（1852—1854、1855—1858 和 1859—1865）。

格雷哥里（Gregory, J. W. 死于 1872 年 1 月 1 日）——美国小资产阶级民主主义者，改良派组织纽约新民主协会会员和世界主义会会员。女权主义者伍德赫尔和克拉夫林的拥护者。（《马克思恩格斯全集》中文第 1 版第 33 卷第 833 页提供的名字缩写不是 J 而是 I。——编者注）

格罗塞，爱德华（Grosse, Eduard）——拉萨尔主义者；在美国的德侨，国际第六支部成员和北美各支部中央委员会委员，支持资产阶级改良主义者。

戈麦斯，桑特亚戈（Gómez, Santiago）——西班牙工人，机械匠；国际会员，萨拉戈萨代表大会（1872）代表。

H

哈科特（Harcourt, W. E.）——矿工，国际澳大利亚联合会的组织者之一，国际海牙代表大会（1872）的代表。

哈勒克，玛丽（Huleck, Maria）——国际总委员会委员（1868），流亡美国。

哈里斯，乔治（Harris, George）——英国工人运动活动家，前宪章主义者，詹·奥勃莱恩的社会改良主义观点的信徒，全国改革同盟盟员，国际总委员会委员（1869—1872），总委员会财务书记（1870—1871）。

哈里逊，弗雷德里克（Harrison, Frederick 1831—1923）——英国资产阶级激进派、法学家和历史学家；19世纪60年代和70年代民主运动活动家，同马克思一起援助流亡的公社社员。

哈尼，乔治·朱利安（Harney, George Julian 1817—1897）——英国工人运动活动家，宪章派左翼领袖；正义者同盟盟员，后为共产主义者同盟盟员，民主派兄弟协会创建人之一，《北极星报》编辑，《民主评论》、《人民之友》、《红色共和党人》等宪章派刊物的出版人；1862—1888年曾几度住在美国；国际会员；曾同马克思和恩格斯保持友好联系；19世纪50年代初和小资产阶级民主派接近，一度同工人运动中的革命派疏远。

哈森克莱维尔，威廉（Hasenclever, Wilhelm 1837—1889）——德国鞣革工人，新闻工作者，社会民主党人，拉萨尔分子，全德工人联合会会员（1864）、书记（1866）、司库（1868—1870）、主席（1871—1875），《社会民主党人报》编辑（1870年起）、《新社会民主党人报》编辑（1871—1876），德国社会主义工人党两主席之一（1875—1876）；1876—1878年同李卜克内西一起编辑《前进报》；国会议员（1869—1870和1874—1888）。

黑尔斯，威廉（Hales, William）——国际总委员会委员（1867和1869—1872）。

黑尔斯，约翰（Hales, John 生于1839年）——英国工人，工联主义运动活动家，改革同盟执行委员会委员及土地和劳动同盟、工人代表同盟的成员，国际总委员

会委员（1866—1872）和书记（1871—1872）；国际伦敦代表会议（1871）和海
牙代表大会（1872）的代表；曾参加巴枯宁的少数派；国际不列颠联合会委员会
委员（1871 年 11 月）；反对马克思，企图夺取国际在英国的组织的领导权；
1872 年初起领导不列颠联合会委员会中的改良派和分裂派；该派伦敦代表大会
（1873）的组织者；1873 年 5 月 30 日总委员会通过决议将其开除出国际。

胡利曼（Hurliman）——瑞士人，国际总委员会委员（1871—1872），伦敦瑞士协
会的代表。

华德（Ward, W. G.）——英国诺丁汉市市长。

惠勒，乔治·威廉（Wheeler, George William）——英国工人运动活动家；1864 年 9
月 28 日伦敦圣马丁堂会议的参加者，国际总委员会委员（1864—1867），总委员
会财务委员（1864—1865 和 1865—1867），国际伦敦代表会议（1865）的参加
者，改革同盟执行委员会委员及土地和劳动同盟的成员。

惠利，托马斯（Whalley, Thomas 1850—1924）——英国冶铁工人，国际米德尔斯伯
勒支部的创始人和不列颠联合会委员会委员；《国际先驱报》撰稿人；巴黎公社
失败后积极援助公社流亡者。

J

吉尔罗伊-霍兰，乔治（Gilroy-Holland, George）——国际利物浦支部书记，不列颠
联合会委员会委员（1871—1872）。

基恩，查理（Keen, Charles）——英国工人运动的参加者，国际总委员会委员
（1871—1872）和不列颠联合会委员会委员（1871—1872）。

吉约姆，詹姆斯（Guillaume, James 1844—1916）——瑞士教师、政论家，巴枯宁的
拥护者，国际会员，国际勒洛克勒支部的创建人（1866），1868 年起同巴枯宁建
立联系，国际兄弟会的创建人之一；《进步报》（1868—1870）、《团结报》（1870—
1871）和《国际工人协会汝拉联合会简报》（1872—1878）的编辑；国际日内瓦代
表大会（1866）、洛桑代表大会（1867）、巴塞尔代表大会（1869）和海牙代表大
会（1872）的参加者，社会主义民主同盟组织者之一，由于进行分裂活动在海牙
代表大会上被开除出国际；第一次世界大战期间为社会沙文主义者。

加里波第，朱泽培（Garibaldi, Giuseppe 1807—1882）——意大利革命家，民主主义
者，意大利民族解放运动领袖，意大利 1848—1849 年革命的参加者；1849 年
4—7 月是罗马共和国保卫战的主要组织者；19 世纪 50—60 年代领导意大利人民
争取民族解放和国家统一的斗争；1860 年领导向南意大利的进军；1862 年为了
把罗马从教皇军队和法国侵略者手中解放出来而组织了远征；反奥地利战争的参
加者（1848—1849、1859 和 1866），在普法战争中站在法兰西共和国一边，19 世
纪 70 年代声援巴黎公社，赞成在意大利建立国际的支部。

杰勒德（Gerard）——英国新闻工作者。

杰瑟普，威廉（Jessup, William J. 1827—1873）——美国工人运动活动家，职业是
造船木工；1866 年起为美国全国劳工同盟副主席，1867 年起为同盟纽约州通讯
书记，纽约工人联合会领导人之一；赞成加入国际。

K

卡恩（Kahn）——英国医生。

卡利奥斯特罗，亚历山大罗（原名朱泽培·巴尔萨莫）（Cagliostro, Alessandro [Gi-
useppe Balsamo] 1743—1795）——意大利冒险家、神秘主义者和大骗子；1789 年
被判处无期徒刑。

卡梅利纳，泽菲兰·雷米（Caméinat, Zéphirin Rémy 1840—1932）——法国青铜匠；
法国工人运动的卓越活动家，国际巴黎支部领导人之一，巴黎公社的参加者，造
币厂厂长；公社被镇压后流亡英国；法国社会主义运动的积极参加者；1920 年
起是法国共产党党员。

卡缅斯基，加夫利尔·巴甫洛维奇（Каменский, Гаврил Павлович 1824—
1898）——俄国资产阶级经济学家，沙皇政府的国外间谍；1872 年由于制造假
的俄国纸币而受到瑞士法庭缺席审判，并被判处徒刑。

凯腊特里，埃米尔·德（Kératry, Émile de 1832—1905）——法国政治活动家，奥
尔良派，1871 年任巴黎警察局局长（9—10 月）；后领导组织布列塔尼地方武装
力量；1871 年任上加龙省省长，1871 年 4 月在图卢兹镇压过公社。

坎汉（Canham, H. G.）——1871 年 10 月 21 日会议（会上决定成立不列颠联合会

委员会）的参加者，共和大同盟盟员；1872 年 6 月起任伦敦援助农业工人中央
委员会书记；曾参加争取赦免爱尔兰囚犯的运动。

考林考特（Caulincourt, A.）——在伦敦的流亡者，德意志工人教育协会书记。

科耳曼，帕特里克·约翰（Coleman, Patrick John）——在伦敦的一个国际爱尔兰支
部书记，工人代表同盟及土地和劳动同盟盟员。

科恩，詹姆斯（Cohn [Cohen], James）——英国工人运动活动家，雪茄烟工人，伦
敦雪茄烟工人协会主席，国际总委员会委员（1867—1871），丹麦通讯书记
（1870—1871），国际布鲁塞尔代表大会（1868）和伦敦代表会议（1871）的代
表；工人代表同盟执行委员会成员（1870）。

柯克伦-贝利，亚历山大（Cochrane-Baillie, Alexander 1816—1890）——英国保守党
人，下院议员，文学家。

克拉夫林，田纳西（Claflin, Tennessee 1845—1923）——美国资产阶级女权主义者，
曾企图利用在美国的国际组织为自己的利益服务，曾和姐姐维多利亚·伍德赫尔
一起出版《伍德赫尔和克拉夫林周刊》。

克莱因，约翰·雅科布（Klein, Johann Jacob 1817—约 1897）——德国医生，共产
主义者同盟盟员，科隆共产党人案件（1852）的被告之一，被陪审法庭宣告无
罪；19 世纪 60 年代初曾参加德国工人运动。

克里默，威廉·兰德尔（Cremer, William Randall 1838—1908）——英国工联主义运
动和资产阶级和平主义运动活动家，改良主义者；粗细木工工联的创建人和领导
人之一，工联伦敦理事会理事，英国波兰独立全国同盟、土地和劳动同盟盟员；
1864 年 9 月 28 日伦敦圣马丁堂会议的参加者，国际总委员会委员和总书记
（1864—1866），国际伦敦代表会议（1865）和日内瓦代表大会（1866）的参加
者，曾参加改革同盟执行委员会；反对革命策略，在争取选举法改革斗争时期同
资产阶级进行勾结，普法战争时期反对英国工人声援法兰西共和国的行动，后来
是自由党议会议员（1885—1895 和 1900—1908）。

克里斯特奈，孔斯旦（Cristenet, Constant）——在美国的法国侨民，纽约第二联合
会委员会委员。

克朗普顿，亨利（Crompton, Henri 1836—1904）——英国资产阶级激进派，法学家

和政治活动家；曾参加工会运动。

克吕泽烈，古斯塔夫·保尔（Cluseret, Gustave-Paul 1823—1900）——法国政治和军事活动家，镇压 1848 年法国六月起义的参加者；克里木战争（1853—1856）和阿尔及利亚战争的参加者，1858 年辞去军官职务；爱尔兰芬尼社社员的支持者；后侨居美国，站在北部方面参加美国内战（1861—1865），获将军衔，1865年起在纽约成为国际会员；1867 年返回法国，多家反对派报纸的出版者；法国中央委员会第二十选区的成员并成为该选区的代表；后返回美国，纽约第二支部的创建人；1870 年 9 月返回巴黎，巴枯宁的追随者；1870 年 9 月 28 日里昂起义和随后的马赛起义的参加者；巴黎公社委员，军事代表（1871 年 4 月）；公社被镇压后流亡比利时；1873 年在巴黎被缺席判处死刑，1880 年大赦后回到法国；1888 年是众议院社会党议员；1889 年国际社会主义工人代表大会代表。

科苏特，拉约什（路易，路德维希）（Kossuth, Lajos [Louis, Ludwig] 1802—1894）——匈牙利政治活动家，匈牙利民族解放运动领袖，1848—1849 年革命时期领导资产阶级民主派，匈牙利革命政府首脑，革命失败后流亡国外；19 世纪50 年代曾向波拿巴集团求援。

孔博，阿梅代·本杰明（Combault, Amédée Benjamin 1838 前后—1884 以后）——法国工人运动活动家，珠宝匠；侨居伦敦期间成为国际总委员会委员（1866—1867）；后在巴黎积极参加国际活动，1870 年建立了一个支部，并成为巴黎联合会委员会委员；法国国际会员第三次审判案的被告之一；巴黎公社的参加者，直接税局局长。

库尔奈，弗雷德里克（Cournet, Frédéric 1839—1885）——法国政论家，布朗基主义者，商人；巴黎公社委员，公社被镇压后流亡英国；国际总委员会委员（1871—1872），国际海牙代表大会（1872）代表；由于代表大会决定将总委员会迁往纽约而退出国际；19 世纪 80 年代法国布朗基主义组织领导人之一。

库诺，泰奥多尔·弗里德里希（笔名弗雷德里科·卡佩斯特罗）（Cuno, Theodor Friedrich [Frederico Capestro] 1847—1934）——德国工程师，1869 年起为社会民主工党党员，1870 年是维也纳工人教育协会会员和国际日内瓦德语区支部成员；国际米兰第一支部和无产阶级解放工人俱乐部（1871）的创建人之一，1872 年被捕并被驱逐出意大利；国际海牙代表大会（1872）代表，会后侨居美国，在那里参加国际的活动；后参加美国的工人运动和社会主义运动，为美国工人组织劳动骑士团的领导人之一；曾为《纽约人民报》等多家社会主义报刊撰稿。

L

拉法格，保尔（笔名保尔·洛朗）（Lafargue, Paul [Paul Laurent] 1842—1911）——法国医生和政论家，法国工人运动和国际工人运动活动家，大学生运动的参加者，1865 年流亡英国，国际总委员会委员，西班牙通讯书记（1866—1869），曾参加建立国际在法国的支部（1869—1870）及在西班牙和葡萄牙的支部（1871—1872）；巴黎公社的支持者（1871），公社失败后逃往西班牙；《解放报》编辑部成员，新马德里联合会（1872）的创建人之一，海牙代表大会（1872）代表，法国工人党（1879）创始人之一；1882 年回到法国，《社会主义者报》编辑；1889 年国际社会主义工人代表大会的组织者之一和代表，1891 年国际社会主义工人代表大会代表；法国众议院议员（1891—1893）；马克思和恩格斯的学生和战友；马克思女儿劳拉的丈夫。

拉萨尔，斐迪南（Lassalle, Ferdinand 1825—1864）——德国政论家，律师；德国工人运动中的机会主义代表，1848—1849 年革命的参加者；19 世纪 60 年代初参加工人运动，全德工人联合会（1863）创始人之一和主席；写有古典古代哲学史和法学史方面的著作。

拉塞西利亚，拿破仑涅（La Cecilia, Napoleone 1835—1878）——法国革命家（生于意大利），数学教授；1860 年加里波第进军的参加者；国际在巴黎的组织成员；《号召报》编辑之一；巴黎公社的将军，公社被镇压后流亡英国；同马克思和恩格斯保持联系。

莱奥，安德烈（真名莱奥迪尔·尚普塞）（Léo, André [real name Léodile Champseix] 1829—1900）——法国女作家和新闻工作者；巴黎公社的参加者，公社被镇压后流亡瑞士，支持巴枯宁派；贝努瓦·马隆的妻子。

赖利，威廉·哈里逊（Riley, William Harrison 1835—1907）——英国记者；共和党人，社会主义者；《国际先驱报》的编辑和发行人；国际不列颠联合会委员会委

（1872）代表，支持马克思和恩格斯反对巴枯宁主义，1874 年脱离国际。

雷吉斯，维塔勒（化名埃蒂耶纳·佩沙尔；博焦，卡洛）（Regis, Vitale［Pseudo-nym étienne Pechard; Boggio, Carlo］）——意大利革命家，在伦敦的国际意大利人支部成员；巴黎公社参加者；国际总委员会委员（1871—1872）；西班牙 1873 年各次革命事件的参加者。

李卜克内西，威廉（Liebknecht, Wilhelm 1826—1900）——德国工人运动和国际工人运动活动家、语文学家和政论家；1848—1849 年革命的参加者，革命失败后流亡瑞士，1850 年 5 月前往英国，在那里成为共产主义者同盟盟员，1862 年回到德国；国际会员，德国工人运动中反对拉萨尔主义、捍卫国际的原则的积极战士，国际巴塞尔代表大会（1869）代表；1867 年起为议会议员，德国社会民主党创建人和领袖之一；《人民国家报》（1869—1876）和《前进报》（1890—1900）的编辑；1889、1891 和 1893 年国际社会主义工人代表大会代表；马克思和恩格斯的朋友和战友。

里果，拉乌尔（Rigault, Raoul 1846—1871）——法国革命家，布朗基主义者；巴黎公社委员，公安委员会代表，4 月 26 日起任公社检察长；1871 年 5 月 24 日被凡尔赛分子枪杀。

里奇（Ritchie）——英国细木工。

里沙尔（Richard）——在伦敦的法国流亡者，国际不列颠联合会委员会委员（1871—1872）。

里沙尔，阿尔伯（Richard, Albert 1846—1925）——法国新闻工作者，1865—1871 年是国际里昂支部领导人之一，秘密社会主义民主同盟盟员，国际巴塞尔代表大会（1869）代表；1870 年 9 月里昂起义的参加者，起义失败后流亡伦敦，1871 年在里昂被缺席判处要塞监禁；巴黎公社被镇压后成为波拿巴主义者（1872）；19 世纪 80 年代追随法国社会主义运动中的机会主义派别——阿列曼派。

列斯纳，弗里德里希（Leβner［Lessner］, Friedrich 1825—1910）——德国工人运动和国际工人运动活动家，职业是裁缝；共产主义者同盟盟员，1848—1849 年革命的参加者，1850 年为威斯巴登工人教育协会会员；1850—1851 年为美因茨工人教育协会主席和同盟美因茨支部领导人；在科隆共产党人案件（1852）中被判处

3 年徒刑，1856 年起侨居伦敦，伦敦德意志工人共产主义教育协会会员，国际总
委员会委员（1864—1872），国际伦敦代表会议（1865）、洛桑代表大会
（1867）、布鲁塞尔代表大会（1868）、巴塞尔代表大会（1869）、伦敦代表会议
（1871）和海牙代表大会（1872）的参加者，不列颠联合会委员会委员；在国际
中为马克思的路线积极斗争，后为英国独立工党的创始人之一；马克思、恩格斯
的朋友和战友。

龙格，沙尔（Longuet, Charles 1839—1903）——法国工人运动活动家，蒲鲁东主义
者，职业是新闻工作者；《左岸》的编辑（1864—1866）；国际总委员会委员
（1866—1867 和 1871—1872），比利时通讯书记（1866），国际洛桑代表大会
（1867）、布鲁塞尔代表大会（1868）、伦敦代表会议（1871）和海牙代表大会
（1872）代表；国民自卫军中央委员会委员，巴黎公社委员，《法兰西共和国公
报》主编；公社被镇压后流亡英国，1880 年大赦后回到法国；后加入法国社会
主义运动中的机会主义派别——可能派，1889 年国际社会主义工人代表大会代
表，19 世纪 80—90 年代被选为巴黎市参议会参议员；马克思女儿燕妮的丈夫。

鲁克拉夫特，本杰明（Lucraft, Benjamin 1809—1897）——英国工联改良派领袖之
一，职业是木器匠；1864 年 9 月 28 日伦敦圣马丁堂会议的参加者，国际总委员
会委员（1864—1871），国际布鲁塞尔代表大会（1868）和巴塞尔代表大会
（1869）代表，改革同盟执行委员会委员，工人代表同盟盟员，1871 年拒绝在总
委员会的宣言《法兰西内战》上签名并退出总委员会。

路易-拿破仑·波拿巴；路易·波拿巴；路易·拿破仑（Louis-Napoléon Bonaparte;
Louis Bonaparte; Louis Napoléon）。

路易十四（Louis XIV [Ludwig XIV] 1638—1715）——法国国王（1643—1715）。

罗，哈丽雅特（Law, Harriet 1832—1897）——英国无神论运动女活动家，国际总
委员会委员（1867—1872）和国际曼彻斯特支部成员（1872）。

罗班，保尔（Robin, Paul 1837—1912）——法国教师，巴枯宁主义者，社会主义民主
同盟领导人之一（1869 年起），国际总委员会委员（1870—1871），国际巴塞尔代
表大会（1869）和伦敦代表会议（1871）代表；1871 年 10 月被开除出总委员会。

罗伯尔，弗里茨（Robert, Fritz 1845—1899）——瑞士教师，巴枯宁的追随者；国

际布鲁塞尔代表大会（1868）和巴塞尔代表大会（1869）代表，曾参加《团结报》编辑部。

洛德（Lord）——英国工人，国际会员。

洛格朗（Laugrand, R.）——在美国的法国侨民，第二临时联合会委员会的成员。

罗赫纳，格奥尔格（Lochner, Georg 1824—1910）——德国工人运动和国际工人运动活动家，职业是细木工；共产主义者同盟盟员；1848—1849 年革命的参加者，1851 年底流亡伦敦；伦敦德意志工人共产主义教育协会会员；国际总委员会委员（1864—1867 和 1871—1872），国际伦敦代表会议（1865 和 1871）代表；马克思、恩格斯的朋友和战友。

洛伦佐，安塞尔莫（Lorenzo, Anselmo 1841—1915）——西班牙工人运动活动家，职业是印刷工人，国际西班牙支部的组织者之一，西班牙联合会委员会委员（1870—1872），国际伦敦代表会议（1871）代表。

罗奇，约翰（Roach, John）——英国工人运动活动家，国际总委员会委员（1871—1872），海牙代表大会（1872）代表，不列颠联合会委员会通讯书记（1872），曾领导联合会委员会中的改良派，1873 年 5 月 30 日总委员会通过决议将其开除出国际。

罗塞尔，路易（Rossell, Louis 1844—1871）——法国军官，普法战争和巴黎公社的参加者，1871 年 11 月 28 日被枪杀。

罗塞耳，维森特（Rossell, Vicente）——西班牙织工，无政府主义者；西班牙联合会委员会委员（1872—1873），1873 年 5 月 30 日总委员会通过决议将其开除出国际。

罗沙，沙尔·米歇尔（Rochat, Charles-Michel 生于 1844 年）——法国商业部门的雇员，国际巴黎联合会委员会委员，巴黎公社参加者，公社执行委员会书记，公社失败后逃往伦敦；国际总委员会委员和荷兰通讯书记（1871—1872），伦敦代表会议（1871）代表；1872 年移居比利时；1873 年在巴黎被缺席判处服苦役。

罗斯科（Roscoe）——英国法学家，大工会的法律顾问。

罗兹瓦多夫赫基，约瑟夫（Rozwadowski, Joséf 生于 1846 年）——波兰革命家，波兰 1863—1864 年解放起义的参加者，巴黎公社的积极参加者，公社被镇压后流亡英国；国际总委员会委员（1872）。

吕德尔（Rüder）——莱比锡警察局局长。

吕尔（Rühl, J.）——德国工人，伦敦德意志工人教育协会会员，国际总委员会委员（1870—1872）。

M

马丁，孔斯坦（人称圣马丁）（Martin, Constant [Saint-Martin] 1839—1906）——法国革命家，职业是职员，布朗基主义者；国际巴黎联合会委员会委员，巴黎公社的参加者，公社被镇压后流亡伦敦；国际总委员会委员（1871—1872），伦敦代表会议（1871）代表，1874 年是革命公社的创建人之一；1874 年去比利时；1880 年大赦后回到法国。

马丁内斯，弗朗科（Martinez, Franco）——西班牙染色工人，无政府主义者，国际西班牙联合会委员会委员（1872—1873）。

马多斯或马多克（Maddoss or Maddock, G. W.）——美国资产阶级激进主义者，在美国的国际第九支部和纽约第二委员会成员。

马格里特（Margueritte）——法国革命家，布朗基主义者，巴黎公社的参加者；公社被镇压后流亡伦敦，国际总委员会委员（1871—1872）。

马圭尔（Maguire）——科克郡的爱尔兰牧师，约翰·马圭尔的兄弟。

马圭尔，约翰·弗兰西斯（Maguire, John Francis）——爱尔兰政治活动家，新闻工作者，作家，《科克观察家报》出版人，议会议员（1865—1872）。

马克思，卡尔（Marx, Karl 1818—1883）。

马克西，弗雷德里克·奥古斯塔特斯（Maxse, Frederick Augustus 1833—1900）——英国政论家和海军上校，曾参加支持法兰西共和国的民主运动，土地改革协会会员。

马林斯（Mullins）——英国编筐工人。

马隆，贝努瓦（Malon, Benoît 1841—1893）——法国政论家，染整工，小资产阶级社会主义者；国际会员（1865 年起），日内瓦代表大会（1868）代表，社会主义革命同盟和巴枯宁的国际兄弟会成员（1868 年起）；1871 年国民议会议员，后辞职；国民自卫军中央委员会委员和巴黎公社公共工程委员会委员，公社被镇压后流亡意大利，后迁居瑞士，被缺席判处死刑；国际日内瓦支部成员，社会主义革命宣传和行动支部创建人之一，汝拉联合会会员，《社会革命报》编辑部成员；1880 年大赦后回到巴黎；法国工人党党员，后来成为法国社会主义运动中的机会主义派别——可能派的首领和思想家。

马鲁，茹尔（Malou, Jules 1810—1886）——比利时国家活动家，属于天主教党，财政大臣（1844—1847 和 1870—1878），内阁首相（1871—1878）。

马修斯，罗伯特（Matthews, Robert）——国际在爱尔兰的积极会员，米德尔斯伯勒支部的通讯书记。

马志尼，朱泽培（Mazzini, Giuseppe 1805—1872）——意大利革命家，民主主义者，意大利民族解放运动领袖，意大利 1848—1849 年革命的参加者，1849 年为罗马共和国临时政府首脑；1850 年是伦敦欧洲民主派中央委员会组织者之一；1853 年是米兰起义的主要领导人，19 世纪 50 年代后反对波拿巴法国干涉意大利人民的民族解放斗争；1864 年成立第一国际时企图置国际于自己的影响之下，1871 年反对巴黎公社和国际，阻碍意大利独立工人运动的发展。

麦基翁或麦基恩（McKeon or McKeen）——爱尔兰雪茄烟工人，国际都柏林支部成员。

麦卡锡（McCarthy）——国际在爱尔兰的积极会员，恩尼斯支部成员。

麦克唐奈，约瑟夫·帕特里克（McDonnell [MacDonnell], J. Patrick 1847—1916）——爱尔兰工人运动活动家，国际总委员会委员和爱尔兰通讯书记（1871—1872），国际伦敦代表会议（1871）和海牙代表大会（1872）代表；不列颠联合会委员会委员（1872），1872 年侨居美国，积极参加美国工人运动。

毛奇伯爵，赫尔穆特·卡尔·伯恩哈德（Moltke, Helmut Karl Bernhard Graf von 1800—1891）——普鲁士陆军元帅和军事理论家，普鲁士军国主义和沙文主义思想家；1819 年起在丹麦军队中服役，1822 年转入普鲁士军队供职，1833 年调任总参谋部测绘局，1836—1839 年在土耳其军队中任军事顾问；曾任普鲁士总参谋长（1857—1871）和帝国总参谋长（1871—1888）；普法战争（1870—1871）中任野战司令部参谋长，实际上是总司令；1867—1891 年是国会议员，1872 年起为普鲁士第二议院终身议员；著有《军事论文集》等军事著作。

梅奥·亨利（Mayo, Henry）——英国工人运动活动家，国际总委员会委员
（1871—1872）和不列颠联合会委员会委员（1871—1872），加入联合会委员会里
的改良派，反对国际海牙代表大会的决议；1873 年 5 月 30 日总委员会通过决议
将其开除出国际。

梅萨-列奥姆帕特，何塞（Mesa y Leompart, José 1840—1904）——西班牙印刷工人；
西班牙工人运动和社会主义运动的著名活动家，国际西班牙支部的组织者之一；
西班牙联合会委员会委员（1871—1872），《解放报》编委（1871—1873），新马
德里联合会委员（1872—1873）；曾积极与无政府主义进行斗争；西班牙的第一
批马克思主义宣传者之一，西班牙社会主义工人党（1879）创始人之一；曾将马
克思和恩格斯的许多著作译成西班牙文。

蒙托罗，佩雷格林（假名达蒙）（Montoro, Peregrin [Damon] ）——西班牙织工；无
政府主义者，国际西班牙联合会委员会委员（1872—1873）。

米尔纳，乔治（Milner, George）——英国工人运动活动家，爱尔兰人，职业是裁
缝；詹·奥勃莱恩的社会改良主义观点的信徒，全国改革同盟、土地和劳动同盟
成员，国际总委员会委员（1868—1872），伦敦代表会议（1871）代表，1872 年
秋起为不列颠联合会委员会委员和通讯书记，反对脱离派。

米洛（Millot, T. ）——法国装订工人，在美国的流亡者；国际北美各支部中央委员
会委员，采取资产阶级激进主义立场。

米切尔，詹姆斯（Mitchell, James）——不列颠联合会委员会委员（1871—1873），
曾反对委员会里的改良派。

米歇切尔，路易丝（Michel, Louise 1830—1905）——法国革命家，1871 年巴黎公
社委员，教师，第二帝国时期靠拢布朗基派；公社被镇压后被流放新喀里多尼亚
岛；1880 年大赦后参加了法国、比利时和荷兰的工人运动，曾追随无政府主
义者。

莫拉，弗朗西斯科（Mora, Francisco 1842—1924）——西班牙工人运动和社会主义
运动活动家，职业是鞋匠，国际西班牙和葡萄牙各支部的组织者之一，国际西班
牙联合会委员会委员（1870—1872），《解放报》编委（1871—1873），新马德里
联合会会员（1872—1873）；曾与无政府主义进行斗争，同马克思和恩格斯通信；

西班牙社会主义工人党的组织者之一（1879）。

莫拉戈，托马斯·冈萨雷斯（Morago, Tomás González 死于 1885 年）——西班牙雕刻工人，无政府主义者，西班牙的同盟创始人和领导人之一；国际西班牙联合会委员会委员（1870—1871），国际海牙代表大会（1872）代表；1873 年 5 月 30 日总委员会通过决议将其开除出国际。

莫兰，本杰明（Moran, Benjamin 1820—1886）——美国外交官，新闻工作者，作家；美国驻伦敦大使馆的官员，后为秘书（1853—1874）。

默里，查理（Murray, Charles）——英国工联领导人，职业是鞋匠；国际总委员会委员（1870—1872）和不列颠联合会委员会委员（1872—1873）；诺曼底支部的代表，不列颠联合会委员会曼彻斯特第二次年度代表大会代表（1872），19 世纪80 年代是社会民主联盟的成员；马克思和恩格斯的拥护者。

莫里斯（Maurice）——捷维·莫里斯之妻。

莫里斯，捷维（Maurice, Zévy）——匈牙利裁缝和店主，流亡伦敦；国际总委员会委员（1866—1872），匈牙利通讯书记（1870—1871）。

莫让（Maujean）——在伦敦的法国流亡者。

莫特斯赫德，托马斯（Mottershead [Mothershead], Thomas 1826 前后—1884）——英国织布工人，土地和劳动同盟成员，工人代表同盟书记，国际总委员会委员（1869—1872），丹麦通讯书记（1871—1872），伦敦代表会议（1871）和海牙代表大会（1872）代表；海牙代表大会以后领导不列颠联合会委员会中的改良派，站在脱离派一边；1873 年 5 月 30 日总委员会通过决议将其开除出国际。

姆弗尔逊，詹姆斯（M'Pherson, James）——新西兰农业工人，坎特伯雷一个工人互助组织的创建者。

穆勒，约翰·斯图亚特（Mill, John Stuart 1806—1873）——英国资产阶级经济学家和实证论哲学家，政治经济学古典学派的模仿者；詹·穆勒的儿子。

N

拿破仑第三（Napoléon III 1808—1873）——法兰西第二共和国总统（1848—1851），法国皇帝（1852—1870），拿破仑第一的侄子。

拿破仑亲王（Napoleon, Prince）——见波拿巴，约瑟夫。

纳斯（纳泽）（Naas [Naze]）——法国巴黎公社社员，在伦敦的流亡者。

尼科尔森（Nicholson, W. J. ）——在纽约的国际爱尔兰人支部的成员，临时联合会委员会财务委员（1872 年 6 月以前）。

涅恰耶夫，谢尔盖（Нечаев, Сергей 1847—1882）——俄国密谋革命家，1868—1869 彼得堡学生运动的参加者，1869—1871 年流亡瑞士期间与巴枯宁有密切关系；创建了密谋组织"人民惩治会"（1869）；1872 年被瑞士当局引渡给俄国政府，死于狱中。

诺布雷-弗朗萨，若瑟·科雷亚（Nobre-França, José Correia）——葡萄牙工人运动的参加者；国际里斯本第一批支部的组织者之一，1872—1873 年同马克思和恩格斯通信。

诺伊迈尔，路德维希（Neumayer, Ludwig）——奥地利社会民主党人，政论家；巴塞尔代表大会（1869）代表，《维也纳新城周报》和《人民意志报》的编辑。

O

欧文，罗伯特（Owen, Robert 1771—1858）——伟大的英国空想社会主义者。

P

帕麦斯顿子爵，亨利·约翰·坦普尔（Palmerston, Henry John Temple, Viscount 1784—1865）——英国国务活动家，初为托利党人，1830 年起为辉格党领袖，依靠该党右派；曾任陆军大臣（1809—1828），外交大臣（1830—1834、1835—1841 和 1846—1851），内务大臣（1852—1855）和首相（1855—1858 和 1859—1865）。

帕米亚斯，何塞（Pamias, José）——西班牙鞋匠，国际会员，萨拉戈萨代表大会（1872）的巴塞罗纳代表。

佩龙（Perron）——厂主。

佩龙，沙尔·欧仁（Perron, Charles-Eugène 1837—1919）——瑞士工人运动活动家，珐琅彩绘工，后为绘图员；巴枯宁主义者，国际洛桑代表大会（1867）和布鲁塞尔代表大会（1868）代表，社会主义民主同盟中央局委员，《平等报》编辑（1869），《团结报》编辑和汝拉联合会领导人之一；后脱离工人运动。

佩特罗尼，朱泽培（Petroni, Giuseppe 1812—1888）——意大利资产阶级革命家，新闻工作者和政治活动家；马志尼的追随者；1848—1849 年革命的参加者；1853 年被判处无期徒刑，1870 年获释；《人民罗马》报编辑。

皮阿，费里克斯（Pyat, Felix 1810—1889）——法国政论家、剧作家和政治活动家，小资产阶级民主主义者；1848—1849 年革命的参加者，1849 年起侨居瑞士、比利时和英国；在小资产阶级流亡者中活动，1869 年回到法国；反对独立的工人运动；伦敦的法国人支部成员；1871 年国民议会议员，巴黎公社委员，公社被镇压后流亡英国，1880 年大赦后回到法国；《公社报》（1880 年 9—11 月）的出版者和编辑。

皮埃特里，约瑟夫·玛丽（Piétri, Joseph Marie 1820—1902）——法国政治活动家，波拿巴主义者；曾任巴黎警察局局长（1866—1870）。

皮奥，路易·阿尔伯特·弗朗索瓦（Pio, Louis-Albert-François 1841—1894）——丹麦工人运动和社会主义运动活动家，国际丹麦支部创建人（1871）之一；《社会主义者报》编辑；丹麦社会民主工党创建人（1876）和领导人之一；1877 年迁居美国。

皮罗，马泰奥（Pirro Matteo）——君士坦丁堡的国际会员。

皮诺，米格尔（Pino, Miguel）——西班牙机械匠，无政府主义者；社会主义民主同盟马拉加小组的创建人。

普芬德，卡尔（Pfänder, Karl 1818—1876）——德国微型画画家，德国工人运动和国际工人运动活动家，1845 年起侨居伦敦，正义者同盟盟员，伦敦德意志工人共产主义教育协会会员；1849 年巴登–普法尔茨起义的参加者，起义失败后流亡英国；共产主义者同盟中央委员会委员，1850 年共产主义者同盟分裂后支持马克思、恩格斯；国际总委员会委员（1864—1867 和 1870—1872）；马克思、恩格斯的朋友和战友。

Q

琼斯·爱德华（Jones, Edward）——国际曼彻斯特支部书记，1872 年秋起是曼彻斯特区域委员会书记，支持总委员会反对改良主义者的斗争。

琼斯·厄内斯特·查理（Jones, Ernest Charles 1819—1869）——英国工人运动活动家、诗人和政论家，职业是律师，宪章派领袖；《北极星报》编辑，《寄语人民》和《人民报》的出版者；马克思和恩格斯的朋友；1858 年与资产阶级激进派妥协，因此马克思和恩格斯同他暂时断交。

屈恩，约翰·奥古斯特·卡尔（Kühn, Johann August Karl 约生于 1829 年）——德国裁缝，德国社会民主工党不伦瑞克委员会主席（1870）。

R

日拉丹，埃米尔·德（Girardin, Émile de 1806—1881）——法国资产阶级政论家和政治活动家；1836—1866 年曾断续地担任《新闻报》编辑，后为《自由报》编辑（1866—1870）；1848 年革命前反对基佐政府，革命时期是资产阶级共和党人，第二共和国时期是立法议会议员（1850—1851），第二帝国时期为波拿巴主义者。

荣克，海尔曼（Jung, Hermann 1830—1901）——瑞士工人运动和国际工人运动活动家，职业是钟表匠，德国 1848—1849 年革命的参加者，侨居伦敦；国际总委员会委员和瑞士通讯书记（1864 年 11 月—1872 年），总委员会财务委员（1871—1872），国际伦敦代表会议（1865）副主席、日内瓦代表大会（1866）、布鲁塞尔代表大会（1868）和巴塞尔代表大会（1869）以及伦敦代表会议（1871）主席，不列颠联合会委员会委员；海牙代表大会（1872）以前在国际中执行马克思的路线，1872 年秋加入不列颠联合会委员会里的改良派，1877 年后脱离工人运动。

茹柯夫斯基，尼古拉·伊万诺维奇（Жуковский, Николай Иванович 1833—1895）——俄国无政府主义者，19 世纪 60 年代初彼得堡革命小组的参加者，1862 年流亡瑞士；社会主义民主同盟日内瓦支部书记，1872 年为抗议开除巴枯宁而退出国际。

若昂纳尔，茹尔·保尔（Johannard, Jules-Paul 1843—1892）——法国工人运动活动家，花商；国际总委员会委员（1868—1869 和 1871—1872），意大利通讯书记（1868—1869），1870 年在圣丹尼建立国际支部；巴黎公社军事委员会委员；拉塞西利亚将军手下的民政委员，追随布朗基派，公社被镇压后流亡伦敦；国际海牙代表大会（1872）代表。

S

萨德勒，托马斯（Sadler, Thomas）——英国工人运动的参加者，国际总委员会委员（1871—1872）。

萨加斯塔，普拉克塞德斯·马泰奥（Sagasta, Práxedes Mateo 1825—1903）——西班牙国家活动家，自由党领袖，内务大臣（1871—1872）。

萨卡兹，弗朗索瓦（Sacase, François 1808—1884）——法国法官，保皇派，从1871年起为国民议会议员。

赛克斯顿，乔治（Sexton, George）——英国社会主义者，职业是医生；国际总委员会委员（1872年5—8月），海牙代表大会（1872）代表；不列颠联合会委员会委员（1872—1873），反对该委员会中的改良派分子。

赛拉叶，奥古斯特·丹尼尔（Serrailler, Auguste-Daniel 1840—约1874）——法国工人运动和国际工人运动活动家，职业是制楦工人，国际总委员会委员（1869—1872），比利时通讯书记（1870）和法国通讯书记（1871—1872）；1870年9月第二帝国崩溃后，曾作为总委员会全权代表被派往巴黎；巴黎公社劳动和商业委员会委员；国际伦敦代表会议（1871）和海牙代表大会（1872）代表；不列颠联合会委员会委员（1873—1874）和第二次年度代表大会代表；马克思的战友。

桑德斯，托马斯（Sanders, Thomas）——不列颠联合会委员会委员（1872）。

沙兰，路易（Chalain, Louis 生于1845年）——法国工人运动活动家，职业是镟工；左派蒲鲁东主义者，巴黎国际会员第三次审判案的被告之一；巴黎公社的参加者，公社公安委员会、劳动和交换委员会委员；公社被镇压后流亡英国，在那里曾一度加入反对总委员会的1871年法国人支部，后成为无政府主义者。

莎士比亚，威廉（Shakespeare, William 1564—1616）——伟大的英国诗人和剧作家。

尚博尔伯爵，昂利·沙尔（Chambord, Henri Charles, Count 1820—1883）——波旁王朝长系的最后代表，查理十世之孙，法国皇位的追求者，号称亨利五世。

绍耳（Scholl）——法国工人，国际里昂支部成员，侨居伦敦，1872年支持波拿巴集团复辟帝国的计划。

绍塔尔（Chautard）——法国警探，曾钻进工人组织；伦敦 1871 年法国人支部成员。

舍瓦累，昂利（Chevalley, Henri 生于 1839 年）——瑞士裁缝，无政府主义者。

申克，罗伯特·凯明（Schenck, Robert Kamming 1809—1890）——美国政治活动家和外交家，共和党人，驻伦敦的公使（1871—1876）。

施奈德尔，约瑟夫（Schneider, Josef）——德国工人，拉萨尔分子，伦敦德意志工人教育协会会员；由于进行分裂活动和发表诽谤总委员会的演说于 1871 年底被开除出该协会。

施皮尔，赛米尔（Spier, Samuel 1838—1903）——德国社会民主主义者，国际会员，巴塞尔代表大会（1869）代表，社会民主工党不伦瑞克委员会委员（1870）。

施梯伯，威廉（Stieber, Wilhelm 1818—1882）——普鲁士警官，普鲁士政治警察局局长（1850—1860），普法战争时期为军事警察局局长和普鲁士情报机关的头子。

施韦泽，约翰·巴蒂斯特·冯（Schweitzer, Johann Baptist von 1833—1875）——德国律师和新闻工作者，拉萨尔派，《社会民主党人报》创办人和编辑（1864—1871）；全德工人联合会会员（1863 年起）和主席（1867—1871）；支持俾斯麦所奉行的在普鲁士霸权下"自上"统一德国的政策，阻挠德国工人加入第一国际，反对社会民主工党；国会议员（1867—1871）；1872 年因同普鲁士当局的勾结被揭露而被开除出全德工人联合会。

施维茨格贝尔，阿代马尔（Schwitzguébel, Adhémar 1844—1895）——瑞士工人运动活动家，职业是雕刻工，国际会员，巴枯宁主义者，社会主义民主同盟和汝拉联合会的领导人之一，国际海牙代表大会（1872）代表，1873 年 5 月 30 日总委员会通过决议将其开除出国际。

斯蒂凡诺尼，路易吉（Stefanoni, Luigi 1842—1905）——意大利作家和政论家，资产阶级民主主义者；加里波第进军的参加者；《自由思想》杂志的创办人和编辑；支持巴枯宁派。

斯密斯（Smith）——旧金山的国际会员。

斯密斯（Smith, J.）——英国细木工人，国际会员，细木工联合会书记；诺丁汉工会代表大会（1872）的参加者。

斯密斯，阿道夫（黑丁利）（Smith, Adolphe [Headingley] 1846—1924）——英国新闻工作者；社会主义者；支持敌视国际总委员会的伦敦 1871 年法国人支部；80年代起是社会民主联盟盟员；接近法国可能派；曾发表反对马克思和他的拥护者的污蔑性文章。

斯坦斯比，威廉（Stainsby, William）——英国工联主义者，职业是裁缝；1864 年 9月 28 日圣马丁堂会议的参加者，国际总委员会委员（1864—1868），改革同盟执行委员会和工人代表同盟执行委员会委员。

斯特普尼，考埃尔·威廉·弗雷德里克（Stepney, Cowell William Frederick 1820—1872）——英国社会主义者，改革同盟盟员和和平与自由同盟盟员；国际总委员会委员（1866—1872）和财务委员（1868—1870），国际布鲁塞尔代表大会（1868）、巴塞尔代表大会（1869）和伦敦代表会议（1871）代表，不列颠联合会委员会委员（1872）。

T

塔普利，马克（Tapley, Marc）——国际不列颠联合会委员会委员（1872）。

泰勒，阿尔弗勒德（Taylor, Alfred）——英国工人；国际总委员会委员（1871—1872）和不列颠联合会委员会委员（1872—1873）。

泰斯，阿尔伯·费利克斯（Theisz, Albert Félix 1839—1881）——法国工人运动活动家，蒲鲁东主义者，金属切割工；国际布鲁塞尔代表大会（1868）参加者，巴黎公社委员，公社被镇压后流亡英国；国际总委员会委员（1871）和财务委员。

泰斯蒂，奥斯卡尔（Testut, Oscar）——法国法学家，与警察方面联系密切，写过几本关于国际的组织和历史的书，出版这些书是为了向警察提供情报。

泰亚诺（Teano）。

唐森，威廉（Townshend, William）——英国工人，国际总委员会委员（1869—1872），19 世纪 80 年代英国社会主义运动的参加者。

陶伊斯（Thaisz）——维也纳警监。

特尔察吉，卡洛（Terzaghi, Carlo 约生于 1845 年）——意大利新闻工作者，都灵工人协会和国际都灵支部"无产者解放社"的创建人之一和书记，《意大利无产者报》创办人和编辑；1872年2月因其警察局密探身份被揭露而被开除出"无产者解放社"，1873年在波洛尼亚代表大会上被开除出意大利联合会委员会；巴枯宁派的日内瓦代表大会的参加者；1874年移居瑞士。

特鲁拉夫，爱德华（Truelove, Edward 1809—1899）——英国出版商，欧文的信徒，宪章主义者，改革同盟和全国星期日同盟盟员；曾出版马克思的著作。

特罗胥，路易·茹尔（Trochu, Louis Jules 1815—1896）——法国将军和政治活动家，奥尔良党人，曾参加侵占阿尔及利亚的战争（19世纪30—40年代）、克里木战争（1853—1856）和意大利战争（1859），国防政府的首脑，巴黎武装力量总司令（1870年9月—1871年1月），1871年国民议会议员。

梯布林，尼古拉·莱昂（Thieblin, Nicolas Léon 1834—1888）——英国新闻工作者，意大利人；曾在俄国圣彼得堡军事学院学习，克里木战争的参加者，曾为伦敦的许多报纸撰稿；1874年起住在纽约。

梯也尔，阿道夫（Thiers, Adolphe 1797—1877）——法国国务活动家和历史学家，奥尔良党人，曾先后任内务大臣、贸易和公共事务大臣（1832—1836）、首相（1836和1840）；第二共和国时期是制宪议会和立法议会议员（1848）；第三共和国政府首脑（内阁总理）（1871）、总统（1871—1873）；镇压巴黎公社的刽子手。

托伦，昂利·路易（Tolain, Henri-Louis 1828—1897）——法国雕刻工，右派蒲鲁东主义者，1864年9月28日伦敦圣马丁堂会议的参加者，国际巴黎支部领导人之一，国际伦敦代表会议（1865）、日内瓦代表大会（1866）、洛桑代表大会（1867）、布鲁塞尔代表大会（1868）和巴塞尔代表大会（1869）的代表；1871年为国民议会议员；在巴黎公社时期投向凡尔赛分子，1871年被开除出国际；第三共和国时期为参议员。

托马，克莱芒（Thomas, Clément 1809—1871）——法国政治活动家，将军，温和的资产阶级共和党人，《国民报》发行人，1848年革命时期为《国民报》的临时编辑；第二共和国时期是制宪议会议员，镇压1848年巴黎六月起义的参加者，巴黎国民自卫军司令（1870年11月—1871年2月）；1871年3月18日被起义士兵枪毙。

托马斯，弗朗西斯科（Tomas, Francisco 约 1850—1903）——西班牙砌砖工，无政府主义者；国际西班牙联合会委员会委员（1872—1873），西班牙无政府主义组织的领导人之一；1873 年 5 月 30 日总委员会通过决议将其开除出国际。

W

维贝尔，约瑟夫·瓦伦亭（Weber, Josef Valentin 1814—1895）——德国钟表匠，1848—1849 年革命的参加者；革命失败先后流亡瑞士和伦敦，共产主义者同盟盟员，伦敦德意志工人共产主义教育协会会员。1871 年 12 月由于诽谤国际总委员会和进行分裂活动而被开除出伦敦德意志工人教育协会。

伍德赫尔，维多利亚（Woodhull, Vietoria 1838—1927）——美国资产阶级女权主义者；1871 年国际纽约第十二支部创建人之一，曾和妹妹田·克拉夫林共同出版《伍德赫尔和克拉夫林周刊》，1872 年被开除出国际。

沃尔弗斯（Wolfers）——见德沃尔弗斯。

威尔金森（Wilkinson）——伦敦圣乔治大厅的所有者。

韦梅希，欧仁（Vermersch, Eugène 1845—1878）——法国新闻工作者，19 世纪 70 年代民主主义运动的参加者；《费加罗报》和《度申老头》的编辑，巴黎公社参加者，公社被镇压后流亡伦敦；1871 年法国人支部成员；在巴黎被缺席判处死刑（1871）；《警觉报》和《韦梅希氏周报》的出版人，反对公社和国际。

瓦尔兰，路易·欧仁（Varlin, Louis-Eugène 1839—1871）——法国装订工人，左派蒲鲁东主义者，国际法国支部领导人之一，国际伦敦代表会议（1865）、日内瓦代表大会（1866）和巴塞尔代表大会（1869）代表，曾一度流亡比利时；国民自卫军中央委员会委员，巴黎公社委员，1871 年 5 月 25 日起为公社军事委员会委员，28 日即被凡尔赛分子杀害。

维尔马，莱蒙（假名维尔莫）（Vilmart, Raimont [Wilmot]）——法国革命家，巴黎公社的参加者，波尔多支部出席国际海牙代表大会（1872）的代表；1873 年流亡布宜诺斯艾利斯，在那里宣传国际的思想。

韦济尼埃，皮埃尔（Vésinier, Pierre 1826—1902）——法国新闻工作者和政论家，反波拿巴主义者，后流亡伦敦，伦敦的法国人支部组织者之一，国际总委员会委员（1865—1866），曾参加1865年国际伦敦代表会议的工作，因诽谤总委员会于1866年被开除出总委员会，根据布鲁塞尔代表大会（1868）的决议被开除出国际；巴黎公社委员，公社被镇压后流亡英国，在伦敦出版《联盟报》，为世界联盟委员会委员，该组织反对马克思和国际总委员会；1880年大赦后返回法国。

沃克（Walker）——英国波士顿的国际会员。

维克多-艾曼努尔二世（Victor-Emanuele II 1820—1878）——撒丁国王（1849—1861）和意大利国王（1861—1878）。

魏勒尔，亚当（Weiler, Adam 死于1894年）——德国细木工人，侨居伦敦；国际不列颠联合会委员会委员（1872—1873），支持马克思和恩格斯反对英国改良派的斗争；后来是社会民主联盟盟员。

威廉斯，休（Williams, Hugh）——英国细木工人，国际总委员会委员（1864—1868），英国改良运动的参加者。

威廉一世（胜者威廉）（Wilhelm I [William the Victorious] 1797—1888）——普鲁士亲王，摄政王（1858—1861），普鲁士国王（1861—1888），德国皇帝（1871—1888）。

维努瓦，约瑟夫（Vinoy, Joseph 1800—1880）——法国将军，波拿巴主义者，1851年十二月二日政变的参加者；在1859年奥意法战争中任师长，普法战争时期任第十三军军长，后任巴黎第二军团第一军军长和巴黎第三军团司令，1871年1月22日起为巴黎武装力量总司令；凡尔赛分子预备军的指挥官。

韦斯顿，约翰（Weston, John）——英国工人运动活动家，职业是木匠，后为厂主；欧文主义者，1864年9月28日伦敦圣马丁堂会议的参加者，国际总委员会委员（1864—1872），1865年伦敦代表会议代表，改革同盟执行委员会委员，土地和劳动同盟的领导人，不列颠联合会委员会委员（1872）。

威斯特，威廉（West, William）——美国资产阶级激进主义者，伍德赫尔银行职员；国际北美联合会中央委员会委员，第十二支部（纽约）书记；在海牙代表大会（1872）上被开除出国际。

吴亭，尼古拉·伊萨柯维奇（Утин, Николай Исаакович 1841—1883）——俄国革命家，尼古拉·车尔尼雪夫斯基的学生；19世纪60年代革命运动的参加者，土地和自由社中央委员会委员，1863 年流亡英国，后迁瑞士；在俄国被缺席判处死刑；国际俄国支部的组织者之一，和平和自由同盟第一次代表大会（1867）代表，国际日内瓦中央支部成员；罗马联合会成立大会（1869）的参加者，拉绍德封代表大会（1870）代表；《人民事业》编辑部委员（1868—1870），《平等报》编辑（1870—1871）；1871 年国际伦敦代表会议代表；1877 年返回俄国；曾积极进行反对巴枯宁及其信徒的斗争，马克思、恩格斯的朋友和战友。

瓦扬，爱德华·玛丽（Vaillant, édouard-Marie 1840—1915）——法国自然科学家、工程师和医师，布朗基主义者，国际会员，洛桑代表大会（1867）代表，巴黎公社执行委员会委员，教育委员会委员；1871 年在巴黎被判处死刑，后逃往伦敦，国际总委员会委员（1871—1872），国际伦敦代表会议（1871）和海牙代表大会（1872）的参加者；由于代表大会决定将总委员会迁往纽约而退出国际；1880 年大赦后回到法国；布朗基派革命中央委员会（1881）创建人之一，1884 年起是巴黎市参议院议员，1889 年和 1891 年国际社会主义工人代表大会代表；法国社会党（工人国际法国支部）（1901）创建人之一，第一次世界大战期间采取社会沙文主义立场。

X

西尔维斯，威廉（Sylvis, William 1828—1869）——美国工人运动活动家，职业是铸工，国际铸工联合会创始人之一（1859）和主席（1863—1869）；站在北部方面参加美国内战（1861—1865）；美国全国劳工同盟创始人之一（1866）和主席（1868—1869），赞成加入国际。

西卡尔，奥古斯特·亚历山大（Sicard, Auguste Alexandre 生于 1829 年）——法国鞋匠；二十区中央委员会委员和巴黎公社委员，公社军事委员会和粮食委员会委员；公社被镇压后流亡伦敦。

肖，罗伯特（Shaw, Robert 死于 1869 年）——英国工人运动活动家，职业是彩画匠，1864 年 9 月 28 日圣马丁堂国际成立大会的参加者，国际总委员会委员（1864—1869），积极参加了总委员会的工作，在工联基层组织中宣传国际的思想；总书记（1866—1867），总委员会财务委员（1867—1868），美国通讯书记（1867—1869），国际伦敦代表会议（1865）和布鲁塞尔代表大会（1868）的参加者。

肖伊，安德列亚斯（Scheu, Andreas 1844—1927）——奥地利社会主义运动
（1868—1874）和英国社会主义运动著名活动家；《平等报》编辑，国际会员；
1874年侨居英国；英国社会民主联盟的创建人之一，该联盟的积极成员。

小西塞罗（Ciceruachio）——见布鲁内蒂，安吉洛。

谢恩（Shaen, Wm.）——英国律师，大工会的法律顾问。

休伯特（Hubert, B.）——纽约的一个国际支部成员。

休谟，罗伯特·威廉（Hume, Robert William）——美国小资产阶级激进主义者，新
闻工作者，全国劳工同盟领袖之一，国际会员。

Y

耶罗（Yarrow, F. J）——英国细木工人，工联主义者，国际总委员会委员（1866—
1868和1872）。

伊斯特威克，爱德华·巴克豪斯（Eastwick, Edward Backhouse 1814—1883）——英
国东方学家和外交家，保守党人，议会议员（1868—1874）。

Z

左尔格，弗里德里希·阿道夫（Sorge, Friedrich Adolf 1828—1906）——德国教师和
新闻工作者，国际工人运动、美国工人运动和社会主义运动卓越活动家，德国
1848年革命运动参加者；1852年侨居美国；国际的积极会员，国地际美国各支
部的组织者，纽约总委员会委员和总书记（1872—1874），海牙代表大会
（1872）代表，纽约总委员会委员和总书记（1872—1874），北美社会主义工人
党（1876）创始人之一；马克思、恩格斯的朋友和战友。

报刊索引

《劳动报》(*Le Travail*), 巴黎。

《雷诺新闻周报》(*Reynolds's Weekly Newspaper*), 伦敦。

《里昂进步报》(*Le Progrès de Lyon*)。

《理智》(*Le Razon*), 塞维尔。

《联合会》(*La Federacion*), 巴塞罗那。

《马赛曲报》(*La Marseillaise*), 巴黎。

《玫瑰小报》(*Gazzettino Rosa*), 米兰。

《每日新闻报》(*Die Tages-Presse*), 维也纳。

《莫斯科新闻》(*Московские Ведомости*)。

《纽约民主主义者报》(*New-Yorker Democrat*)。

《纽约先驱报》(*The New-York Herald*)。

《欧洲》(*Europe*)。

《平等报》(*L' Égalité*), 日内瓦。

《平民》(*II Popolino*), 都灵。

《旗帜报》(*The Standard*), 伦敦。

《人民报》(*La Plebe*), 洛迪。

《人民国家报》(*Der Volksstaat*), 莱比锡。

《人民呼声报》(*Die Volksstimme*), 维也纳。

《人民罗马》(*La Roma del Popolo*)。

《人民年鉴》(*L'Almanach du Peuple*), 日内瓦。

《人民意志报》(*Volkswille*), 维也纳。

《人民之声报》(*La Voix du Peuple*), 马赛。

《日内瓦报》(*Journal de Genève*)。

《社会革命报》(*La Révolution Sociale*), 日内瓦。

《社会思想报》(*O Pensamento Social*), 里斯本。

《社会主义者报》(*Socialisten*), 哥本哈根。

《社会主义者报》(*Le Socialiste*), 纽约。

《世界报》(*World*), 纽约。

《谁来了！》（*Qui Vive!*），伦敦。

《苏格兰人报》（*The Scotsman*），爱丁堡。

《泰晤士报》（*The Times*），伦敦。

《铁锤报》（*Il Martello*），米兰。

《团结报》（*La Solidarité*），纳沙泰尔-日内瓦。

《维斯巴登日报》（*Wiesbadener Zeitung*）。

《无产者报》（*Il Proletario*），都灵。

《伍德赫尔和克拉夫林周刊》（*Woodhull and Claflin's Weekly*），纽约。

《先驱报》（*Herald*），见《纽约先驱报》。

《宪法报》（*La Constitution*），巴黎。

《小报》（*Le Petit-Journal*），巴黎。

《写真》（*The Graphic*），伦敦。

《新社会民主党人报》（*Neuer Social-Demokrat*），柏林。

《夜晚报》（*Le Soir*），巴黎。

《意大利无产者报》（*Il Proletario Italiano*），都灵。

《钟声》（*Колокол*），伦敦、日内瓦。

《自由报》（*La Liberté*），巴黎。

《自由报》（*La Liberté*），布鲁塞尔。

《自由思想》（*Il Libero Pensiero*），佛罗伦萨。

图书在版编目(CIP)数据

第一国际总委员会文献(1871—1872)/张文成主编.
—北京:中央编译出版社,2011.12
(国际共产主义运动历史文献. 第8卷)
ISBN 978 - 7 - 5117 - 1143 - 4

Ⅰ.①第…

Ⅱ.①张…

Ⅲ.①第一国际 - 会议资料 - 1871—1872

Ⅳ.①D125

中国版本图书馆 CIP 数据核字(2011)第 246276 号

第一国际总委员会文献(1871—1872)

出 版 人	和 龑
责任编辑	李小燕
责任印制	尹 珺
装帧设计	田晗工作室
排版制作	醍醐(北京)文化发展有限公司
出版发行	中央编译出版社
地 址	北京西城区车公庄大街乙 5 号鸿儒大厦 B 座(100044)
电 话	(010)52612345(总编室) (010)52612340(编辑室)
	(010)66161011(团购部) (010)52612332(网络销售)
	(010)66130345(发行部) (010)66509618(读者服务部)
网 址	www.cctphome.com
经 销	全国新华书店
印 刷	北京印刷一厂
开 本	787 毫米×960 毫米 1/16
字 数	390 千字
印 张	30.25
版 次	2011 年 12 月第 1 版第 1 次印刷
定 价	180.00 元

本社常年法律顾问:北京大成律师事务所首席顾问律师 鲁哈达
凡有印装质量问题,本社负责调换,电话:(010)66509618